Rafael G Fernandes

Nanotecnologia, Segurança Alimentar e Direito

Os Nanofoods em foco

A presente obra foi realizada com apoio da Coordenação de Aperfeiçoamento de Pessoal de Nível Superior - Brasil (CAPES) - Código de Financiamento 001

This study was financed in part by the Coordenação de Aperfeiçoamento de Pessoal de Nível Superior - Brasil (CAPES) - Finance Code 001

Centro Universitário de Brasília
Programa de Mestrado em Direito
Brasília, 2020

FERNANDES, Rafael Gonçalves.

Nanotecnologia, Segurança Alimentar e Direito: os nanofoods em foco. Brasília, DF: Ed. do Autor, 2022.

Bibliografia.

ISBN 9798841674078

1. Direito do consumidor – Leis e legislação
2. Nanotecnologia
3. Segurança alimentar

CDD-34 : 381 . 6 (81)

1. Segurança alimentar: nanoalimentos : Direito do Consumidor : Brasil 34 : 381.6 (81)

ÍNDICE

APRESENTAÇÃO DA OBRA

O termo nanotecnologia advém da fusão do prefixo grego *nannos*, que significa anão, com as expressões *techne* e *logos*, compreendidas como ofício e conhecimento, respectivamente. A definição refere-se à compreensão e à utilização das propriedades da matéria em nanoescala, cuja unidade de medida denomina-se de nanômetro (nm).[1] Cada nanômetro equivale a uma bilionésima parte de um metro. Nessa dimensão, a matéria é invisível a olho nu ou através de microscópios convencionais (ópticos). O objeto de estudo desse campo científico envolve a manipulação de nanomateriais que possuem em sua composição substâncias denominadas de nanopartículas, com as medidas situadas entre 1 nm à 100 nm.[2]

Os materiais em nanoescala (ou nanomateriais) não são uma novidade na natureza ou nas ciências e, tão pouco, um invento do século XX ou XXI. Evidências científicas apontam que a manipulação acidental de nanomateriais ocorre desde meados do século XIV. Nesse período, mesmo sem o domínio técnico da nanotecnologia, nanopartículas de ouro já eram utilizadas na pintura de vitrais de catedrais europeias, e as nanopartículas de prata e de cobre eram aplicadas nos acabamentos realizados em cerâmicas e objetos artesanais no mundo islâmico.[3] As nanopartículas também estão presentes em alguns processos naturais que independem da ação humana, como, por exemplo, as substâncias geradas pelas cinzas vulcânicas, pela maresia e pela fumaça decorrente da combustão de materiais.[4] Até mesmo algumas funções vitais do corpo humano ocorrem em nanoescala, tal como o transporte de oxigênio na corrente sanguínea através da hemoglobina, uma proteína que possui cerca de 5 (cinco)

---

[1] Existem divergências sobre a definição técnica de nanotecnologia. A definição exposta baseou-se nos documentos emitidos pela *National Nanotechnology Initiative* (NNI), instituição pioneira na sua elaboração. Cabe mencionar que a NNI foi criada em 2001, como o primeiro órgão americano voltado ao desenvolvimento de pesquisas científicas no setor da nanotecnologia. ABOUT the NNI. In: NNI. [s.l., 2019?]. Disponível em: https://www.nano.gov/. Acesso em: 25 maio 2019.

[2] Os nanomateriais foram definidos por diferentes nações e instituições. A definição utilizada nesta obra teve como escopo a Recomendação n. 2011/696/EU, da Comissão Europeia. Tal documento elenca outros elementos que fazem parte da definição completa de nanomaterial. UNIÃO EUROPEIA. *Recomendação da Comissão n. 2011/696/EU*, de 18 de outubro de 2011, relativa a definição de nanomaterial. Disponível em: https://eur-lex.europa.eu/LexUriServ/LexUriServ.do?uri=OJ:L:2011:275:0038:0040:pt:PDF. Acesso em: 10 jun. 2019.

[3] BARTOLUCCI, Cecilia. Nanotechnologies for agriculture and foods: past and future. In PUERS, Robert *et al.* (orgs.) *Nanotechnology in Agriculture and Food Science*. Weinheim: Wiley-VCH, 2017. p. 3.

[4] HABER, Bernd; STÄHLE, Sieglinde. Nanotechnology in foods: fact or fiction? *EFLL - European Food and Feed Law Review*. v. 6 n. 3, p. 400-4006, Berlin: Lexxion, 2008. p. 400.

nanômetros de diâmetro.[5]

A manipulação intencional dessas partículas apenas se tornou possível após os avanços alcançados na área microscópica em 1981, com a criação do microscópio de tunelamento por Gerd Binning e Heinrich Rohrer. Evento que marcou o início formal da nanotecnologia e forneceu aos cientistas novas ferramentas para estudar os fenômenos que ocorrem em nanoescala.[6] Importante ressaltar que a definição mais aceita de nanotecnologia abrange somente a manipulação intencional de nanopartículas, ou seja, excluem-se aquelas acidentais e naturais, pois nesses dois últimos casos não há manufatura da matéria.[7]

A singularidade e a potencialidade da nanotecnologia são delineadas através das caraterísticas físico-químicas exclusivas dessas partículas artificiais, também denominadas de nanopartículas manipuladas intencionalmente (*Enginerred Nanoparticles* – ENPs). Em decorrência do seu tamanho minúsculo, há uma modificação na proporção entre a área de superfície e de volume da matéria, o que torna possível uma concentração maior de substâncias em espaços menores, aumentando, dessa maneira, a sua reatividade e os seus efeitos.[8]

Partindo dessas peculiaridades, até pouco tempo inexploradas pelos cientistas, surge a possibilidade de revolucionar produtos, serviços e processos industriais. Atualmente há uma ampla gama de oportunidades de aplicação da nanotecnologia em diversos setores da produção de bens e serviços. Isso se tornou possível através do seu viés interdisciplinar[9] que envolve a comunhão de diversas ciências, tais como: a Matemática, a Física e a Química e a sua confluência com a Biologia, Tecnologia da Informação e com as Ciências Cognitivas, denominadas conjuntamente pela sigla

---

[5] ZHOU, Gushen. *Nanotechnology in the food system*: consumer acceptance and willingness to pay. Tese (Doctor of Philosophy). College of Agriculture at the University of Kentucky, Lexington, 2013. p. 2.

[6] BARTOLUCCI, Cecilia. Nanotechnologies for agriculture and foods: past and future. In PUERS, Robert *et al.* (orgs.) *Nanotechnology in Agriculture and Food Science*. Weinheim: Wiley-VCH, 2017. p. 3.

[7] Os dois critérios mais importantes na definição de nanotecnologia consistem na dimensão da nanoescala e na utilização de nanopartículas artificiais. Assim, a abrangência apenas das nanopartículas que sejam artificiais, ou seja, produzidas sinteticamente, conduz a especialização dessa área. Caso contrário, todas as partículas, biomoléculas e materiais naturais deveriam ser incluídas nesse campo científico, levando a redefinição de outros campos correlatos, tais como a Biologia e a Química. NANOWERK. *What is nanotechnology?* [s.l/s.d]. Disponível em: https://www.nanowerk.com/nanotechnology/introduction/introduction_to_nanotec-hnology_1.php. Acesso em: 29 abr. 2019.

[8] COMISSAO EUROPEIA. *Nanotechnologies: principles, applications, implications and hands-on activities* – A compendium for educators. Luxembourg: Publications Office of the European Union, 2012. p. 22.

[9] Nesse sentido, Basarab Niscolescu afirma que há diferenças entre interdisciplinariedade e pluridisciplinariedade: "A pluridisciplinaridade diz respeito ao estudo de um objeto de uma mesma e única disciplina por várias disciplinas ao mesmo tempo. (...) A interdisciplinaridade tem uma ambição diferente daquela da pluridisciplinaridade. Ela diz respeito à transferência de métodos de uma disciplina para outra." NICOLESCU, Basarab. *Um novo tipo de conhecimento*: Transdisciplinariedade. 1º Encontro Catalisador do CETRANS – Escola do Futuro USP. São Paulo: USP, 1999. Disponível em: http://www.ufrrj.br/leptrans/arquivos/conhecimento.pdf. Acesso em: 23 jun. 2019. p. 2.

NBIC.[10]

A nanotecnologia também compõe o rol das chamadas Tecnologias Convergentes e Habilitadoras (*Key Enabling Technologies* – KET). É convergente porque revela a união de esforços de várias áreas do conhecimento para sustentar um alto desenvolvimento tecnológico em tempo recorde. Constitui-se como habilitadora porque demonstra a transformação acelerada de hábitos culturais em diversos setores da sociedade, impactando o mercado de trabalho, a economia, o consumo e os diferentes estilos de vida.[11] A junção dessas mudanças provocadas por essa nova tecnologia revela, também, o seu caráter disruptivo, pois ela pressiona os fornecedores de bens e serviços a se realinharem ao redor de sua introdução e a criarem soluções tecnológicas.[12]

Dentre as principais utilidades comerciais da nanotecnologia, destacam-se a sua incorporação nos produtos alimentícios, nos produtos farmacêuticos, nos produtos cosméticos e na indústria química e de eletrônicos em geral. Uma pequena amostra de produtos que contêm nanotecnologias[13] incluem películas transparentes e comestíveis para conservar alimentos; higienizadores de hortaliças; corantes artificiais com cores mais vibrantes e aromas artificiais mais intensos; agrotóxicos potencializados com uma maior concentração de ativos químicos; smartphones mais rápidos, leves e finos; artigos esportivos resistentes à choques e à raios solares; cosméticos com princípios ativos concentrados e medicamentos mais eficientes; câmeras digitais de alta resolução e computadores com processadores mais velozes.

As inovações propostas são extraordinárias, seja pela facilitação de diversos processos científicos e tecnológicos, seja pelo desenvolvimento socioeconômico que podem proporcionar. Especificamente sobre o setor alimentar, existe um grande entusiasmo depositado na comercialização de alimentos com nanotecnologia, os denominados nanoalimentos ou nanofoods, principalmente pelos interesses mercantis envolvidos. Não obstante, são diversas as preocupações com os riscos que essa

---

[10] SIMS BAINBRIDGE, William; C. ROCO, Mihail. *Managing Nano-Bio-Info-Cogno Innovations*: Converging Technologies in Society. Dordrecht: Springer, 2005. p. 2.

[11] "'Nanotecnologia' é um termo utilizado para descrever uma ampla categoria de tecnologias que envolvem a manipulação da matéria e suas novas propriedades nos níveis atômico e molecular. Como uma tecnologia habilitadora, a nanotecnologia tem o potencial de alterar todos os aspectos da condição humana nas próximas décadas. As previsões sobre como, quando e onde isso ocorrerá variam muito, mas todos concordam que há uma grande possibilidade de impactos positivos e de consequências indesejáveis. [tradução nossa]." BENNETT-WOODS, Deb. *Nanotechnology*: Ethics and society. Série Perspectives in nanotechnology. Boca Raton: CRC Press, 2008. p. xvii.

[12] MILLER, John et al. *The Handbook of Nanotechnology*: Business, policy, and intellectual property law. New Jersey: John Wiley & Sons, 2005. p. 261, 281.

[13] "Por que utilizar a expressão [nanotecnologias] no plural? trata-se de um conjunto variado de tecnologias que possibilitam a pesquisa e a produção de objetos na escala nano. A sua utilização poderá estar presente na indústria dos cosméticos, medicamentos, alimentação, vestuário, entre outros." ENGELMANN, Wilson; ALDROVANDI, Andrea; BERGER FILHO, Airton Guilherme. Perspectivas para a regulação das nanotecnologias aplicadas a alimentos e biocombustíveis. *Vigilância Sanitária em Debate*, v. 1, n. 4, p. 115–127, 2014. p. 117.

tecnologia pode representar para o consumidor e para o meio ambiente.

O recorte temático realizado nesta obra, que deriva da dissertação de mestrado defendida pelo autor no Programa de Mestrado em Direito do CEUB em 2020, abrange apenas os nanoalimentos. A *justificativa técnica* para investigar essa temática específica, concentra-se nos estudos científicos que indicam riscos no consumo desses produtos, tendo em vista que alguns pesquisadores apontam que determinadas nanopartículas podem causar danos ao sistema digestivo do ser humano. Para tais estudos, existe a possibilidade de bioacumulação de nanopartículas artificiais nos órgãos humanos. Essa bioacumulação pode ocasionar o desenvolvimento de determinadas doenças, que envolvem processos neurodegenerativos (a doença de Alzheimer), processos inflamatórios (doença de Crohn), complicações respiratórias (por exemplo, a mesotelioma) e alguns tipos de canceres. Outrossim, parte da literatura especializada indica que existem muitas dúvidas e incertezas sobre a potencialidade danosa de grande parte dessas substâncias.[14]

Além da área alimentícia, a utilização de medicamentos e cosméticos produzidos com nanotecnologia também podem oferecer maiores riscos. Essas áreas são consideradas mais sensíveis porque geram a ingestão, a inalação ou a aplicação do produto na epiderme do consumidor. Apesar disso, a Organização Mundial da Saúde (OMS) e a Organização das Nações Unidas para a Alimentação e Agricultura (FAO), indicam que a área dos nanoalimentos recebe menor atenção científica (inclusive das ciências sociais aplicadas), quando comparada com as áreas dos cosméticos e dos medicamentos.[15] Esse cenário pode ser constatado quando se observa o número de trabalhos acadêmicos publicados sobre a temática.

Entre os anos de 2008 e 2019, foram publicados 90 artigos científicos com o termo "nanofoods" e "nanoalimentos", todos eles revisados por pares e indexados nas principais bases de dados mundiais.[16] Contudo, apenas 9 artigos discorreram sobre

---

[14] NEL, Andre E. et al. Understanding Biophysicochemical Interactions at the Nano-Bio Interface. *Nature Materials*, v. 8, p. 543-550, 2009. p. 549; REED, Robert et al. *Detecting Engineered Nanomaterials in Processed Foods from Australia*. Relatório encomendado pela Friends Of the Earth. 2015. Disponível em: http://emergingtech.foe.org.au/wp-content/uploads/2015/09/FoE-Aus-Report-Final-web.pdf. Acesso em: 6 jun. 2019.

[15] Para ambas as Organizações, "A exposição oral aos nanomateriais artificiais utilizados nos setores da alimentação e da agricultura tem recebido menor atenção que a via dérmica e de inalação (...) [tradução nossa]" FAO; OMS. *Reunión Conjunta de Expertos acerca de la aplicación de la nanotecnología en los sectores alimentario y agropecuario*: posibles consecuencias para la inocuidad de los alimentos. Informe de la Reunión. Roma: FAO/OMS, 2010. p. 39.

[16] A pesquisa foi realizada pelo autor a partir do Portal de periódicos da CAPES (CAFe). Foram utilizadas as palavras-chave "nanofoods" e "nanoalimentos". O critério de seleção utilizado na pesquisa adotou um recorte baseado apenas em artigos científicos aprovados pelo sistema "double blind review", nas principais bases de dados elencadas pelo Portal da CAPES. O critério de inclusão foram aqueles artigos que possuíssem as respectivas palavras-chave no título, no resumo ou na lista de palavras-chave. Por consequência, os artigos que não tivessem esses termos nos tópicos preestabelecidos, foram excluídos do resultado exposto nesta obra.

algum aspecto jurídico, por exemplo a regulação da temática ou a proteção jurídica do consumidor.[17] Isso revela que o tema desta obra é atual e traz inovações para a comunidade científica, pois aborda um assunto pouco estudado pelos juristas.[18]

O contra-argumento acerca da baixa produção científica (e jurídica) está no volume de produção dos nanoalimentos. Atualmente o setor ainda não se desenvolveu na mesma magnitude da indústria dos Organismos Geneticamente Modificados (OGMs), por exemplo.[19] Contudo, já existem centenas de produtos sendo comercializados, bem como um crescente interesse econômico na exploração dos potenciais dessa tecnologia, sendo possível identificar diversas pesquisas de inovação em andamento. Nesse ponto, os nanoalimentos já estão sendo considerados como a próxima tecnologia de massa após a introdução dos OGMs.[20]

O Brasil não possui nenhuma regra específica sobre nanotecnologia. A temática dos riscos nanotecnológicos também é pouco explorada no cenário nacional, principalmente no que tange à regulação, à segurança alimentar e à proteção do consumidor. É nesse ponto que se encontra a *justificativa jurídica* da obra. Há o crescimento acelerado dessa nova tecnologia sem o acompanhamento dos pressupostos de segurança na confecção, na manipulação, no transporte e no descarte de nanomateriais. A importância do tema também pode ser observada através do recente Projeto de Lei n. 880, de 2019, que está tramitando no Senado Federal e pretende instituir o Marco Legal da Nanotecnologia e Materiais Avançados.[21]

A *delimitação do tema* foi centralizada na proteção do consumidor diante da ausência de regulação específica para a nanotecnologia. O recorte geográfico abrange

---

[17] Oliveira et al. ressaltam que entre 2004-2014, foram publicados 14 artigos científicos com o termo "nanofoods" e "nanoalimentos", indexados nas bases Scopus, Scielo e Espacenet, sendo que apenas 6,7% deles foram produzidos por pesquisadores das ciências sociais. OLIVEIRA, Alice Monteiro; Otávio, Silvia Maria Gonçalves; ABREU, Joelma Moreira; SANTOS, Maria Rita de Morais Chaves. Nanoalimentos: uma prospecção tecnológica. *Revista Saúde em Foco*. Teresina, v.1, n.2, p. 123-133, ago./dez. 2014, p. 6-7.

[18] Em decorrência da especificidade regulatória de cada tema (alimentos, medicamentos e cosméticos), optou-se por aprofundar apenas a temática dos alimentos. Área eleita com base nos argumentos elencados pela OMS e pela FAO, elencados acima.

[19] NANOTECHNOLOGY. IFST. Jan. 2019. Disponível em: https://www.ifst.org/resources/information-statements/nanotechnology Acesso em: 25 abr. 2019. Acesso em: 25 maio 2019.

[20] YUE, C. et al. Investigating factors influencing consumer willingness to buy GM food and nano-food. *Journal of Nanoparticle Research*, v. 17, n. 7, p. 1-19. 2015. p. 3.

[21] BRASIL. Senado Federal. *Projeto de Lei n° 880, de 2019*. (2019). Institui o Marco Legal da Nanotecnologia e Materiais Avançados; dispõe sobre estímulos ao desenvolvimento científico, à pesquisa, à capacitação científica e tecnológica e à inovação nanotecnológica; altera as Leis nº 10.973, de 2 de dezembro de 2004, e nº 8.666, de 21 de junho de 1993; e dá outras providências. Disponível em:https://legis.senado.leg.br/sdleg-getter/documento?dm=7919258&ts=1559247337975&disposition-=inline. Acesso em: 10 jun. 2019.

o cenário nacional e o recorte setorial abarca o campo alimentar.[22] Em decorrência do aspecto interdisciplinar da nanotecnologia, conveio adotar três pontos centrais que costuram a pesquisa, quais sejam: os aspectos técnicos da nanotecnologia, a regulação da segurança alimentar no Brasil e o arcabouço normativo do Direito Privado direcionado à proteção da pessoa humana.

O afunilamento realizado nesta obra conduziu o seu autor ao seguinte *problema de pesquisa:* Há necessidade de modificação do quadro normativo brasileiro para concretizar a proteção do consumidor, no que tange à oferta de produtos alimentícios que incorporam a nanotecnologia?

A *hipótese central* indica que existem normas no ordenamento jurídico brasileiro que visam tutelar a vida, a saúde e a segurança dos consumidores, seja através da previsão de um arranjo institucional dedicado a segurança alimentar, seja na garantia do direito à segurança e à informação ou, ainda, na reparação de eventuais danos causados. Contudo, tais normas gerais não concretizam a proteção do consumidor diante da presença de nanoalimentos no mercado de consumo. A *resposta prévia, portanto, é afirmativa*, pois há a necessidade de uma intervenção normativa advinda do Estado que preveja, através de um marco regulatório, disposições sobre a pesquisa, a comercialização e a fiscalização do uso dessa tecnologia nos produtos comercializados, tal como ocorreu com os OGMs, por intermédio da Lei de Biossegurança.

O *objetivo geral* é verificar se a proteção do consumidor depende ou não da alteração do quadro normativo brasileiro, no que diz respeito à oferta de alimentos que incorporam a nanotecnologia. Para tanto, elencou-se 3 (três) objetivos específicos, diluídos nos respectivos capítulos desse trabalho.

O *primeiro objetivo específico* da obra consiste no conhecimento do terreno a ser explorado. Essa tarefa foi dividida em dois tópicos. O primeiro fornece o perfil histórico e técnico da nanotecnologia e, por este motivo, revela uma vertente pluridisciplinar.[23] Serão esclarecidos os conceitos técnicos, os dados de investimentos do setor, os

---

[22] Segundo o regulamento da ANVISA RDC n. 259/2002, o alimento "é toda substância que se ingere no estado natural, semi-elaborada ou elaborada, destinada ao consumo humano, incluídas as bebidas e qualquer outra substância utilizada em sua elaboração, preparo ou tratamento, excluídos os cosméticos, o tabaco e as substâncias utilizadas unicamente como medicamentos." ANVISA. Resolução n. 259, de 20 de setembro de 2002. Regulamento técnico para a rotulagem de alimentos embalados. *Diário Oficial da União*: seção 1, Brasília, DF, n. 184 p. 33-34. 23 de setembro de 2002. Disponível em: http://portal.anvisa.gov.br/documents/33880/2568070/RDC_259_2-002.pdf/e40c2ecb-6be6-4a3d-83ad-f3cf7c332ae2. Acesso em: 11 ago. 2019.

[23] Conforme a conceituação elencada na nota de rodapé n. 9, a presente obra traz um estudo pluridisciplinar no item 1.1. Nesse sentido: NICOLESCU, Basarab. *Um novo tipo de conhecimento*: Transdisciplinariedade. 1º Encontro Catalisador do CETRANS – Escola do Futuro USP. São Paulo: USP, 1999. Disponível em: http://www.ufrrj.br/leptrans/arquivos/conhecimento.pdf. Acesso em: 23 jun. 2019. p. 2.

benefícios e os potenciais riscos, perigos e incertezas no consumo de nanoalimentos. O segundo tópico traz o perfil jurídico do tema. Nessa oportunidade são mapeadas as iniciativas regulatórias e não regulatórias, nos níveis internacional, regional e nacional. Cabe mencionar que não se trata de um trabalho de direito comparado, mas de um estudo sobre as principais fontes mundiais responsáveis pela regulação jurídica da nanotecnologia.[24] Todos esses pontos são os temas abordados no *capítulo 1*.

O *segundo objetivo específico* vem exposto no *capítulo 2*. Nesse ponto elabora-se um aprofundamento sobre o desenvolvimento dos conceitos de segurança alimentar no cenário internacional e nacional, temática que oferece aporte para compreender outros fenômenos interconectados, quais sejam: os princípios da prevenção e da precaução e a sua relação com os alimentos. Em decorrência da abertura axiológica do princípio da precaução, foram observadas dissonâncias na sua aplicação e interpretação. Em seguida, aborda-se o arranjo institucional brasileiro para a segurança alimentar, que busca localizar no aparato administrativo quais são as regras aplicáveis e quais são os agentes responsáveis pelo controle e a fiscalização da comercialização de nanofoods.

O *terceiro objetivo específico* permanece engajado em uma análise normativa. Contudo, diferencia-se porque especializa a discussão da proteção do consumidor, mediante o debate sobre o dever geral de segurança dos bens de consumo, do dever/direito à informação e das dificuldades que poderão ser encontradas pelos juristas na reparação das possíveis vítimas do acidente de consumo nanotecnológico. A abordagem também abrange as dificuldades no processo de comunicação entre agentes econômicos, principalmente na entrega da informação ao consumidor. São os temas contidos no *capítulo 3*. Nesse sentido, os dois capítulos anteriores servem de aporte para: (a) compreender o *status quo* da nanotecnologia; para, em seguida, (b) investigar se o atual sistema de segurança alimentar brasileiro é adequado para absorver a comercialização dos nanoalimentos.

A *opção metodológica* adotada nesta obra situa-se nos limites da linha jurídico-dogmática. Isso porque se busca compreender as "(...) relações normativas nos vários campos do Direito e com a avaliação das estruturas interiores ao ordenamento jurídico."[25] Nesse ponto, o diálogo das fontes auxiliará na interpretação sistemática das

---

[24] Em determinados pontos desta pesquisa, a legislação estrangeira é abordada para demonstrar o estado atual da regulação dos nanoalimentos. Nesse sentido, (...) quando se deseja fazer um estudo comparado tem-se que ir muito além das normas postas, entendendo sua existência no contexto jurídico-normativo e aceitando analisar os ensinamentos doutrinários sobre o assunto, para que a desenvoltura do cunho científico da pesquisa não seja prejudicada pela limitação ditada no próprio texto da norma." OLIVEIRA, Liliana Saraiva de. O Mercosul e a União Europeia: Uma breve comparação. *Publicações da Escola da AGU*. v. 2. n.21. p. 203-224. 2012. p. 208-209.

[25] GUSTIN, Miracy Barbosa de Sousa. *[Re]pensando a pesquisa jurídica*: teoria e prática. 2. ed. Belo Horizonte: Del Rey, 2006. p. 21

normas correlatas ao tema.[26] Contudo, essas constatações não afastam a necessidade de pensar as relações normativas no seu aspecto externo. É justamente a opção realizada no primeiro capítulo que aborda uma vertente externa ao Direito, sobre os aspectos técnicos da nanotecnologia com aporte na literatura especializada.

O tipo de investigação mais adequado à procura por respostas ao problema de pesquisa eleito, parece ser o jurídico-prospectivo.[27] A justificativa está no ponto de partida da investigação que consiste na análise do "estado da arte"[28] da nanotecnologia e da segurança alimentar no Brasil, com o objetivo de identificar "tendências futuras" na aplicação desse arcabouço jurídico existente à uma nova realidade tecnológica. A prospecção é seguida da proposição, pois se questionará a adequação e a necessidade de modificação do atual quadro normativo brasileiro frente aos avanços da comercialização dos nanoalimentos.

Em decorrência da baixa produção de pesquisas científicas sobre a temática no cenário nacional, o caráter exploratório foi empregado para expandir as buscas por materiais produzidos pela literatura especializada em outras três línguas (inglês, espanhol e francês).[29] Trata-se de uma pesquisa documental e de levantamento. As principais bases de dados mundiais foram consultadas e os bancos de teses e dissertações do UniCEUB e das demais Instituições de Ensino Superior (IES) no nível nacional também foram observados. Nesse ponto, cabe mencionar que dentre as IES que trabalham a temática, está a Universidade do Vale do Sinos (UNISINOS), que se destaca na produção de trabalhos científicos, entre dissertações, teses e artigos sobre os aspectos jurídicos das nanotecnologias. Wilson Engelmann, lidera grande parte dessas pesquisas científicas e também coordena o grupo de pesquisa denominado "Jusnano".[30] Já na área das ciências duras, destacam-se a Universidade de São Paulo

---

[26] MARQUES, Claudia Lima. 25 Years to Celebrate: Horizons Reached by the 1990 Brazilian Consumer Protection Code and Horizons to Come, Especially on the International Protection of Consumers. In: MARQUES, Claudia Lima; WEI, Dan. (orgs.) *Consumer Law and socioeconomic development*: National and International dimensions. Cham: Springer, 2017. p. 104.

[27] GUSTIN, Miracy Barbosa de Sousa. *[Re]pensando a pesquisa jurídica*: teoria e prática. 2. ed. Belo Horizonte: Del Rey, 2006. p. 29.

[28] Para Hironaka não existe um conceito preciso de "estado da arte". A nomenclatura decorre de uma tradução direta de *state of the art*. A noção aqui empregada consiste no emprego desse termo para representar "(...) uma condição de máximo desenvolvimento de uma técnica em determinado momento, e que por isso mesmo está fadado a ser superado por estágios mais avançados com o correr do tempo." HIRONAKA, Giselda Maria F. Novaes. *Responsabilidade pressuposta*. Belo Horizonte: Del Rey, 2005. p. 116.

[29] Nota Metodológica: Em decorrência do grande volume de literatura em língua estrangeira utilizada nesta obra, as citações diretas serão compostas pela tradução para o português oferecida pelo autor, sem acompanhar o respectivo trecho no original.

[30] Para consultar as informações sobre o Grupo de Pesquisa, acesse: http://jusnano.blogspot.com/.

(USP) e a Universidade Estadual Paulista (UNESP).[31]

O raciocínio dedutivo marca o desenvolvimento dessa pesquisa. Isso pode ser demonstrado a partir do ponto de arranque que está no campo geral (a premissa da proteção do consumidor frente às novas tecnologias), para o ponto específico delimitado nesta obra (a adequação das regras, princípios e interpretações já existentes ao caso da comercialização de nanoalimentos).

No que tange à *contribuição desta obra* à comunidade científica em geral, é possível afirmar que ela pode elevar a compreensão dos juristas sobre as aplicações da nanotecnologia nos bens de consumo, servindo também de fonte de pesquisa à comunidade em geral, tendo em vista que a temática alimentar afeta toda a coletividade. Nesse sentido, o acréscimo de pesquisas científicas é importante para desmitificar a evolução "invisível e silenciosa" dessa nova tecnologia e impulsionar o engajamento científico. A contribuição também pode ser identificada na inclusão da alimentação adequada como um dos *Objetivos de Desenvolvimento Sustentável (ODS)*, mais especificamente no segundo objetivo: "Fome zero e agricultura sustentável".[32]

---

[31] A análise foi realizada a partir da Biblioteca Digital brasileira de Teses e Dissertações (BDTD) e do Catálogo de Teses e Dissertações da CAPES.   BDTD. *Biblioteca Digital Brasileira de Teses e Dissertações*. Disponível em: http://bdtd.ibict.br/vufind/. Acesso em: 10 jun. 2019; CAPES. *Catálogo de Teses e Dissertações*. Disponível em: https://catalogodeteses.capes.gov.br/catalogo-teses/#!/. Acesso em: 10 jun. 2019.

[32] "Objetivo 2. Acabar com a fome, alcançar a *segurança alimentar* e melhoria da nutrição e promover a agricultura sustentável. (...) 2.1: Até 2030, acabar com a fome e garantir o acesso de todas as pessoas, em particular os pobres e pessoas em situações vulneráveis, incluindo crianças, a alimentos seguros, nutritivos e suficientes durante todo o ano." ONU. 2: Fome zero e agricultura sustentável. [s.l/s.d]. Disponível em: https://nacoesunidas.org/pos2015/ods2/. Acesso em: 23 jun. 2019.

CAPÍTULO 1

O CENÁRIO ATUAL DA NANOTECNOLOGIA APLICADA AOS ALIMENTOS

Nos próximos itens serão abordados os questionamentos que se referem ao *status quo* da nanotecnologia aplicada aos alimentos. Assim, partindo do desmembramento da problemática central, os seguintes questionamentos sobre o perfil histórico e técnico da nanotecnologia serão abordados no tópico 1.1: O que é nanotecnologia? Qual é a sua origem? De que forma ela é aplicada nos bens de consumo? Existem investimentos direcionados ao setor alimentar? Quais sociedades empresárias já comercializam nanofoods no cenário nacional e internacional? E, quais são as incertezas e os riscos envolvidos?

O tópico 1.2, por outro lado, tem como enfoque o mapeamento do perfil jurídico da nanotecnologia nos cenários internacional, regional e nacional, diluídos em outro grupo de questionamentos: O que é regulação no contexto do desenvolvimento tecnológico? Qual é o posicionamento das Organizações Internacionais na temática da nanotecnologia na seara alimentar? A União Europeia e o Mercosul possuem regras específicas? No Brasil, quais são as políticas públicas e Projetos de Lei sobre a temática? E, qual é a postura regulatória dos EUA, o maior centro de desenvolvimento de nanotecnologias do mundo?

1.1. A Comida do futuro (ou do presente?)

O presente tópico se inicia com a evolução da aplicação das novas tecnologias no sistema agroindustrial (item 1.1.1), para em seguida adentrar no desenvolvimento histórico da nanotecnologia e na sua utilização nos bens de consumo, principalmente nos alimentos (item 1.1.2). Esse aporte da literatura especializada demonstrará ao leitor que essa nova tecnologia possui inúmeros benefícios, sustentados pelos investimentos bilionários destinados ao setor (item 1.1.3). Dados que não afastam os riscos à saúde humana, conforme apontam alguns estudos científicos. (item 1.1.4).

1.1.1 Algumas premissas sobre a utilização de novas tecnologias no sistema agroindustrial

O sistema de produção de alimentos foi construído a partir da necessidade dos seres humanos de satisfazerem as carências básicas na alimentação.[33] A busca por alimentos mais seguros, acessíveis e nutritivos parte de um longo período histórico que atravessa séculos.[34] O marco histórico que deu origem às tecnologias aplicadas aos alimentos, pode ser remetido aos eventos pré-históricos de transição do "forrageamento" para a agricultura, ocorrida há aproximadamente dez mil anos.[35] Tal mudança de hábitos faz parte dos eventos abrangidos pela Revolução Agrícola.[36]

A Revolução Agrícola partiu da união da inteligência humana ao esforço físico de animais domesticados. O trabalho dos caçadores-coletores foi substituído gradualmente pela agricultura, que deu início a uma constante evolução no plantio, na criação de animais, no transporte de produtos agrícolas e na conservação dos alimentos.[37] Foi através do lento desenvolvimento das técnicas agrícolas, inicialmente rudimentares, que ocorreu o aumento da oferta de alimentos.[38] As mudanças também facilitaram o crescimento e a multiplicação de agrupamentos humanos que formaram grandes assentamentos, desbocando, mais tarde, na criação de centros urbanos. Realidade que reforçou e multiplicou o ciclo de produção de alimentos.[39]

Com o surgimento das cidades, a demanda por diversos bens de consumo aumentou. A concentração populacional fomentou a divisão de tarefas e a sua especialização, através da criação de novas ferramentas e de novas habilidades. Esses

---

[33] GRASSI NETO, Roberto. *Segurança alimentar*: da produção agrária à proteção do consumidor. São Paulo: Saraiva, 2013. p. 31.

[34] CHAUDHRY, Qasim; WATKINS, Richard; CASTLE, Laurence. Nanotechnologies in the food arena: new opportunities, new questions, new concerns. In: CHAUDHRY, Qasim; WATKINS, Richard; CASTLE, Laurence (orgs.) *Nanotechnologies in food*. Cambridge: Royal Society of Chemistry, 2010. p. 19.

[35] "Forrageamento" refere-se a busca do ser humano e dos animais por alimentos. Nesse sentido: SCHWAB, Klaus. *A quarta revolução industrial*. Tradução de Daniel Moreira Miranda. São Paulo: Edipro, 2016. p. 18.

[36] HARARI, Yuval Noah. *Uma breve história da humanidade*: sapiens. Tradução de Janaína Marcoantonio. São Paulo. Editora LPM. E-book (não paginado); SCHWAB, Klaus. *A quarta revolução industrial*. Tradução de Daniel Moreira Miranda. São Paulo: Edipro, 2016. p. 19-20.

[37] Segundo Roberto Grassi Neto, historicamente há uma preocupação com a autossuficiência dos alimentos no mercado interno dos Estados. Juntamente com essa agenda, se desenvolveram atividades administrativas estatais de controle das condições de sanidade, de pesos e medidas e da proteção dos consumidores. GRASSI NETO, Roberto. *Segurança alimentar*: da produção agrária à proteção do consumidor. São Paulo: Saraiva, 2013, p. 31.

[38] Um dos exemplos de técnica agrícola rudimentar está na seleção e o cruzamento entre as melhores espécies de plantas e de animais, para otimizar os resultados na agricultura e na pecuária. Tal atividade rudimentar também está abarcada pela biotecnologia, se considerada a sua definição clássica. Sobre a temática ver: VARELLA, Marcelo Dias; BARROS-PLATIAU, Ana Flávia (orgs.). *Organismos geneticamente modificados*. Belo Horizonte: Del Rey, 2005.

[39] DREXLER, K. Eric. *Radical Abundance*: how a revolution in nanotechnology will change civilization. New York: BBS, 2013. p. 39.

passos favoreceram a ascensão das novas tecnologias, principalmente no século XVIII, quando houve a eclosão de uma série de inovações. Nessa oportunidade, a Revolução Agrícola cedeu lugar à Revolução Industrial. A força muscular foi substituída pela força mecânica, cuja obtenção se deu através das inovações que partiram das máquinas de vapor – e também da criação de estradas e rodovias, seguida da introdução da energia elétrica (século XIX) e, consequentemente, da produção de bens de consumo em larga escala, iniciada no século XX.[40] Ainda no século XX, houve um aperfeiçoamento das normas jurídicas domésticas sobre produção, transporte e comércio de alimentos, pois o novo cenário denotava a aplicação de diferentes tecnologias aos alimentos. Nessa época, a carência de regulação envolvia a comercialização de fertilizantes sintéticos, agrotóxicos, antibióticos e hormônios para a pecuária.[41]

Na segunda metade do século XX, a Revolução Verde[42] auxiliou no aumento progressivo da produção de alimentos e na caraterização da atual formatação da indústria alimentícia e agropecuária. O processo industrial incorporou novas formas de conservar, de armazenar e de transportar alimentos, recebendo posteriormente as inovações advindas da pesquisa genética, através do estudo do ADN (na língua inglesa: deoxyribonucleic acid – DNA). Foi dentro da biotecnologia que ocorreram os avanços na combinação dos genomas de microrganismos, de plantas e de animais.[43] Tal ciência conseguiu promover o melhoramento controlado através da modificação do material genético de células vivas, com o objetivo de aprimorar funções no controle de pragas, na resistência contra as mudanças climáticas, na produção de sementes e no aumento do valor nutricional dos alimentos.[44]

---

[40] SCHWAB, Klaus. *A quarta Revolução Industrial*. Tradução de Daniel Moreira Miranda. São Paulo: Edipro, 2016. p. 19-21.

[41] CHAUDHRY, Qasim; WATKINS, Richard; CASTLE, Laurence. Nanotechnologies in the food arena: new opportunities, new questions, new concerns. In: CHAUDHRY, Qasim; WATKINS, Richard; CASTLE, Laurence (orgs.) *Nanotechnologies in food*. Cambridge: Royal Society of Chemistry, 2010. p. 4.

[42] A Revolução Verde consiste na junção de eventos internacionais ocorridos na segunda metade do Século XX, que proporcionaram a expansão da utilização de agrotóxicos, de sementes geneticamente modificadas e da mecanização da produção agrícola. Sobre a temática consultar: MAZZAGLIA, Angelo *et al*. Nanomaterials in plant protection. In: PUERS, Robert *et al*. (orgs). *Nanotechnology in Agriculture and Food Science*. Weinheim: Wiley-VCH, 2017. p. 115-134; CHAUDHRY, Qasim; WATKINS, Richard; CASTLE, Laurence. Nanotechnologies in the food arena: new opportunities, new questions, new concerns. In: CHAUDHRY, Qasim; WATKINS, Richard; CASTLE, Laurence (orgs.) *Nanotechnologies in food*. Cambridge: Royal Society of Chemistry, 2010. p. 4, 19.

[43] Para a Organização de Cooperação e Desenvolvimento Econômico (OCDE), a biotecnologia é "a aplicação de princípios científicos e técnicos ao tratamento de matérias por agentes biológicos para obter bens e serviços. [tradução nossa]" BULL, Alan T.; HOLT, Geoffrey; LILLY, Malcolm D. *Biotechnology*. International trends and perspectives. Paris: OCDE, 1982. Disponível em: http://www.oecd.org/sti/emerging-tech/2097562.pdf. Acesso em: 10 jun. 2019. p. 59.

[44] A biotecnologia tem sua origem nas antigas cervejarias, padarias e na produção de alimentos fermentados, como queijos e outros derivados de leite. Essa técnica começou a ser utilizada acerca de 4.500 anos antes de Cristo (A.C.). Apenas em meados de 1859, os microorganismos foram detectados como causadores de transformações desejáveis e indesejáveis nos alimentos. Sobre a temática ver: NEWTON, David E. *GMO food: A reference handbook*. Santa Barbara: ABC-Clio, 2014. p. 17.

A partir da década de 1960, o setor de produção de alimentos também foi beneficiado com o desenvolvimento da Revolução da Informação, através da tecnologia dos semicondutores e da computação. Trata-se de uma revolução que derivou das Revoluções anteriores e baseia-se na transmissão da informação. Recentemente, a internet das coisas (*Internet of things* - IoT) e a inteligência artificial (IA), tecnologias pertencentes a essa Revolução, começaram a ser empregadas em toda a cadeia alimentar.[45][46] Nesse nicho se insere a agricultura de precisão e a automação industrial, responsáveis pela economia de recursos naturais, pela diminuição da utilização de insumos agrícolas e pelo aumento da segurança alimentar.[47]

Grande parte das inovações científicas e tecnológicas[48] supracitadas já estão sendo aplicadas em larga escala no sistema agroindustrial. Nesse passo, o conceito de "sistema agroindustrial"[49] (*Commodities System Approach*), foi desenvolvido por Ray Goldberg para integrar em uma mesma nomenclatura todos os agentes responsáveis pela produção, pelo processamento, pela comercialização e pela divulgação do alimento. Esse sistema condensa todas as atividades "do campo à mesa", realizadas pelas sociedades empresárias envolvidas direta ou indiretamente com o setor alimentício. Assim, o conceito abrange os suprimentos agrícolas, o cultivo e a criação de animais, a estocagem, o processamento de alimentos e todas as etapas industriais posteriores.[50]

---

[45] SCHWAB, Klaus. *A quarta Revolução Industrial*. Tradução de Daniel Moreira Miranda. São Paulo: Edipro, 2016. p. 18.

[46] Cecilia Bartolucci explica que na agricultura e na pecuária já existem tecnologias de sensores que monitoram por sistema de internet sem fio (Wi-Fi) a qualidade e a umidade do solo, bem como os estágios de desenvolvimento das plantas e dos animais. Ela acrescenta que os avanços da inteligência artificial aprimoram continuamente a mecanização da produção agrícola e industrial. BARTOLUCCI, Cecilia. Nanotechnologies for agriculture and foods: past and future. In PUERS, Robert *et al.* (orgs.) *Nanotechnology in Agriculture and Food Science*. Weinheim: Wiley-VCH, 2017. p. 9.

[47] MCTIC. *Plano de ação de CT&I para tecnologias convergentes e habilitadoras*: Volume I – Nanotecnologia. Brasília: MCTIC, 2019. Disponível em: https://www.mctic.gov.br/mctic/export/sites/institucional/tecnologia/tecnologias_convergentes/arquivos/cartilha_pl ano_de_acao_nanotecnologia.pdf. Acesso em: 9 jun. 2019.

[48] Segundo o Manual de Oslo, elaborado pela OCDE, "uma inovação consiste na implementação de um produto (bem ou serviço) novo ou significativamente melhorado, ou um processo, ou um novo método de marketing, ou um novo método organizacional nas práticas de negócios, na organização do local de trabalho ou nas relações externas. (...) As atividades de inovação são etapas científicas, tecnológicas, organizacionais, financeiras e comerciais que conduzem, ou visam conduzir, à implementação de inovações. Algumas atividades de inovação são em si inovadoras, outras não são atividades novas, mas são necessárias para a implementação de inovações. As atividades de inovação também inserem a P&D que não está diretamente relacionada ao desenvolvimento de uma inovação específica." OCDE (1997). *Manual de Oslo*: Proposta de Diretrizes para Coleta e Interpretação de Dados sobre Inovação tecnológica. organização para a Cooperação e Desenvolvimento Econômico. 2ª edição. traduzido por FINEP. Rio de janeiro: Finep, 2004, p. 55-56.

[49] A tradução para a língua portuguesa do termo *Commodities System Approach*, adotado e conceituado por Ray Goldeberger em 1968, foi extraído da obra de: GRASSI NETO, Roberto. *Segurança alimentar*: da produção agrária à proteção do consumidor. São Paulo: Saraiva, 2013. p. 73.

[50] GOLDBERG, Ray A. *Agribusiness Coordination*: A systems Approach to the Wheat, Soybean, and Florida Orange Economies. Boston: Harvard Business School, 1968. p. 3.

Especificamente sobre a nanotecnologia, a indústria de alimentos despertou interesse por essa inovação em 2003, quando um relatório norte-americano denominado *"Nanoscale science and engineering for agriculture and food systems"* foi publicado pelo *The United States Department of Agriculture*.[51] O relatório expôs as possíveis aplicações da nanotecnologia no sistema agroindustrial, resumindo os temas discutidos em um workshop realizado nos EUA em 2002 (evento denominado de *National Planning Workshop*). Estabeleceu-se também estimativas para a concretização de pesquisas científicas e a introdução de novos produtos e serviços nanotecnológicos.[52] Alguns anos após a concretização dessas iniciativas, a manipulação da matéria em nível atômico e molecular gerou o desenvolvimento tecnológico e a inserção de nanopartículas artificiais nos produtos alimentícios e nas suas embalagens.

Nesse ponto cabe mencionar que a nanotecnologia aplicada aos alimentos tem potencial de realçar cores e sabores, melhorar a textura, otimizar suplementos vitamínicos e aumentar o prazo de validade.[53] Os nanomateriais artificiais podem ser utilizados na própria composição do alimento e nas embalagens e pigmentos comestíveis que o envolvem.[54] Diferentemente dos OGMs, que abarcam uma mudança genética nos ingredientes dos alimentos, a nanotecnologia proporciona uma alteração química e/ou estrutural que ocorre em nanoescala.[55]

Parte da literatura especializada entende que a nanotecnologia pode ser considerada a "faísca motriz"[56] de uma nova fase da Revolução Industrial.[57] A justificativa está na confluência entre diferentes tecnologias que envolvem novos materiais e novos processos. Há uma transformação rápida e "radical" da produção

---

[51] HE, Xiaojia; DENG, Hua; HWANG, Huey-min. The current application of nanotechnology in food and agriculture. *Journal of Food and Drug Analysis*, v. 27, n. 1, p. 1–21, jan. 2019. p. 1.

[52] THE UNITED STATES DEPARTMENT OF AGRICULTURE. *Nanoscale science and engineering for agriculture and food systems*: a report submitted to cooperative state research, education and extension service. Department of Agriculture, Washington, DC (2003). National Planning Workshop. Disponível em: http://www.agronavigator.cz/userfiles/File/Agronavigator/Kvasnickova/USDA_nanotech.pdf. Acesso em: 19 jun. 2019.

[53] HABER, Bernd; STÄHLE, Sieglinde. Nanotechnology in foods: fact or fiction? *EFLL - European Food and Feed Law Review*. v. 6 n. 3, p. 400-4006, Berlin: Lexxion, 2008. p. 404.

[54] ALDROVANDI, Andréa; ELGENMANN, Wilson. O direito à informação sobre a toxidade dos nanoalimentos. *Revista Pensar*, Fortaleza, v. 17, n. 2, p. 672-698, jul./dez. 2012.

[55] YUE, Chengyan; ZHAO, Shuoli; KUZMA, Jennifer. Heterogeneous Consumer Preferences for Nanotechnology and Genetic-modification Technology in Food Products. *Journal of Agricultural Economics*, v. 66, n. 2, p. 308–328, 2015. p. 310.

[56] PRIESTLY, Brian G.; HARFORD, Andrew J.; SIM, Malcolm R. Nanotechnology: A Promising New Technology—But How Safe? *The Medical Journal of Australia*, v. 186, n. 3, p. 187-188, 2007. p. 187; BUZBY, J. C. Nanotechnology for food applications: More questions than answers. *Journal of Consumer Affairs*, v. 44, n. 3, p. 528–545, 2010. p. 528.

[57] Sobre o tema, consultar: OCDE. *The next Production revolution*: Implications for governments and business. Paris: OCDE, 2017; SCHWAB, Klaus. *A quarta Revolução Industrial*. Tradução de Daniel Moreira Miranda. São Paulo: Edipro, 2016; DREXLER, K. Eric. *Radical Abundance*: how a revolution in nanotechnology will change civilization. New York: BBS, 2013. p. 39-54.

industrial em diversos aspectos, como, por exemplo, a economia de recursos, a modificação ou extinção de postos de trabalho e a especialização dos mecanismos de produção e de segurança.[58] [59]

Para Klaus Schwab, a nanotecnologia faz parte da "Indústria 4.0", pois revela a quarta fase da Revolução Industrial, marcada pelas três fases anteriores do advento da máquina de vapor, da energia elétrica e da produção automatizada baseada na inovação eletrônica. Essa nova fase faz parte de uma série de inovações da automação baseada em tecnologias digitais, ciência de dados, robótica avançada e inteligência artificial.[60] Por outro lado, Stephen Ezell entende que essa nova tecnologia pertence a uma "quinta geração da Revolução Industrial", pois ela estaria além da produção de tecnologia digital, e envolveria uma indústria multifacetada e baseada na convergência entre as NBICs.[61] Já Eric Drexler afirma que a nanotecnologia faz parte de uma Quarta Revolução, mas que não é industrial. Para esse autor, três grandes revoluções anteriores marcaram a civilização, a Revolução Agrícola, a Revolução Industrial e a Revolução da Informação. A atual e Quarta Revolução consiste na Revolução APM (*Atomically Precise Manufacturing*), baseada no desenvolvimento de tecnologias em nanoescola de precisão atômica. Essa revolução permite a manufatura de átomos e moléculas individuais, reduzindo ou excluindo os "ruídos" pertencentes às tecnologias fabricadas a partir da macroescala, que fazem surgir produtos inovadores.[62]

Essa nova Revolução, ainda pendente de alocação adequada na história da humanidade e que abarca um conjunto de diferentes e novas tecnologias, pode revelar para o setor alimentar uma corrida rumo ao desenvolvimento de novos alimentos mais atrativos ao mercado de consumo.[63] Já se cogita a comercialização de alimentos

---

[58] Schwab menciona que "A palavra 'revolução' denota uma mudança abrupta e radical. Em nossa história, as revoluções têm ocorrido quando novas tecnologias e novas formas de perceber o mundo desencadeiam uma alteração profunda nas estruturas sociais e nos sistemas econômicos. Já que a história é usada como referência, as alterações podem levar anos para se desdobrarem." SCHWAB, Klaus. *A quarta Revolução Industrial*. Tradução de Daniel Moreira Miranda. São Paulo: Edipro, 2016. p. 18.

[59] Bennet-Woods acrescenta que "O termo revolução, derivado do latim *revolvere* que significa virar/revolver, é comumente aplicado a uma mudança relativamente súbita e radical em uma determinada situação. [tradução nossa]." BENNETT-WOODS, Deb. *Nanotechnology*: Ethics and society. Série Perspectives in nanotechnology. Boca Raton: CRC Press, 2008. p. 6.

[60] Cabe mencionar que a nanotecnologia também tem o potencial de inovar rapidamente a indústria de eletrônicos. SCHWAB, Klaus. *A quarta Revolução Industrial*. Tradução de Daniel Moreira Miranda. São Paulo: Edipro, 2016. p. 14.

[61] EZELL, Stephen J. A policymaker's Guide to smart manufacturing. *Information technology & Innovation Foundation*. [s.a/s.n.] nov. 2016. P. 1-44. Disponível em: http://www2.itif.org/2016-policymakers-guide-smart-manufacturing.pdf?_ga=1.%20260516741.904228042.1489586683. Acesso em: 21 jun. 2019.

[62] DREXLER, K. Eric. *Radical Abundance*: how a revolution in nanotechnology will change civilization. New York: BBS, 2013. p. 7-8, 49-51.

[63] Em publicação recente, o Ministério da Ciência, Tecnologia, Inovações e Comunicações (MCTIC), ressaltou a

artificiais, tais como carnes e ovos, sem a necessidade de utilização de pastos, de rações e, surpreendentemente, dos próprios animais.[64] A humanidade parece estar caminhando para uma nova fase da alimentação humana. Diversos "frutos" da modificação genética, da irradiação alimentar e da nanotecnologia, já estão no mercado de consumo. Portanto, é possível afirmar que se trata de uma comida já introduzida no cotidiano dos consumidores.

1.1.2 Da nanociência aos nanoalimentos: Os aspectos evolutivos de uma tecnologia emergente

Nanociência consiste no estudo da manipulação intencional de materiais em escala atômica e molecular.[65] Já a nanotecnologia refere-se à aplicação prática da nanociência, por meio do desenvolvimento de partículas artificiais que são inseridas em estruturas, serviços e sistemas.[66] A nomenclatura "N&N" (nanociência e nanotecnologia) é utilizada na literatura especializada para englobar as duas definições.[67]

Os primeiros estudos sobre a viabilidade de manipulação individual de átomos e

---

importância na nanotecnologia na agricultura: "Devido à expressiva participação do agronegócio na economia brasileira, as tecnologias convergentes e habilitadoras detêm aqui um nicho de estratégica inserção e de possibilidades de aumento do valor agregado dos produtos, de sua melhoria na qualidade e de economia na sua produção. A nanotecnologia alça a agricultura tradicional para a agricultura de precisão que, por meio, por exemplo, do desenvolvimento de nanossensores para analisar as condições do solo e diagnosticar fitopatologias, de sistemas de liberação controlada e de detecção de agroquímicos, de sistemas catalíticos de pesticidas e de sistemas de entrega de fertilizantes, possibilitará regular o crescimento das plantas, entregar nutrientes e água na dosagem ideal, diminuir a aplicação e a dispersão caótica de agroquímicos, melhorando, no fim de todo este processo, a qualidade e a segurança dos alimentos produzidos." MCTIC. *Plano de ação de CT&I para tecnologias convergentes e habilitadoras*: Volume I – Nanotecnologia. Brasília: MCTIC, 2019. Disponível em: https://www.mctic.gov.br/mctic/export/sites/institucional/tecnologia/tecnologias_convergentes/arquivos/cartilha_plano_de_acao_nanotecnologia.pdf. Acesso em: 9 jun. 2019. p.11.

[64] VAN TASSEL, K. Regulating in Uncertainty: Animating the Public Health Product Safety Net to Capture Consumer Products Regulated by the FDA that Use Innovative Technologies, Including Nanotechnologies, Genetic Modification, Cloning, and Lab Grown Meat. *University of Chicago Legal Forum*, [s.v./s.n.], p. 433-488, 2013. p. 434.

[65] THE ROYAL SOCIETY. *Nanoscience and nanotechnologies*: Opportunities and uncertainties. Londres: Clyvedon Press, 2004.

[66] "A nanociência é uma 'ciência interdisciplinar', o que significa que envolve conceitos de mais de uma disciplina, como química, física, etc. Existem outras disciplinas que são inerentemente interdisciplinares, como a ciência dos materiais (e engenharia), que cobrem, no mínimo, ao mesmo tempo, conceitos de química e física. Nanociência expande ainda mais as fronteiras da ciência dos materiais adicionando biologia e bioquímica à mistura. [tradução nossa]" COMISSAO EUROPEIA. *Nanotechnologies, applications, implications and hands-on activities*. Luxembourg: Publications Office of the European Union, 2012. p. 26.

[67] BERTI, Leandro Antunes. *Nanotecnologia Aplicada ao Agronegócio*. Cartilha do Ministério da Ciência, Tecnologia, Inovações e Comunicações, Brasília: CGTC, 2018.

moléculas são atribuídos ao físico Richard Feynman.[68] [69] Vencedor do Prêmio Nobel de Física de 1965, o pesquisador não chegou a utilizar os termos nanociência ou nanotecnologia, mas ministrou uma palestra em 1959, no Instituto de Tecnologia da Califórnia, cujo título *There's plenty of room at the bottom*, indicava que as pesquisas cientificas da matéria em uma escala muito pequena (nanométrica) revolucionaria o Mundo.[70]

Em seguida, o pesquisador Norio Taniguichi da Universidade de Ciência de Tóquio, afirmou pela primeira vez que o termo nanotecnologia indicava a possibilidade de construir, manipular e empregar nanomateriais em produtos eletrônicos, principalmente para o desenvolvimento de dispositivos menores e mais velozes. Ele conceituou a nanotecnologia como "o processo de separação, consolidação e deformação de materiais, mediante a manipulação de átomo por átomo ou molécula por molécula. [tradução nossa]."[71]

Alguns anos depois, Eric Drexler publicou o livro intitulado *Engines of creation: the comung era of nanotechnology*, atribuindo uma conotação mais ampla à nanotecnologia. A obra consiste em um exercício de previsões do que poderia acontecer caso o ser humano conseguisse organizar os átomos e as moléculas da maneira que desejasse.[72] Ele já previa que o microscópio seria o ponto chave nessa revolução.[73] Uma nova obra de Drexler foi publicada recentemente para demonstrar que as nanotecnologias já são reais e estão adentrando na vida das pessoas "pelos bastidores", rumo à otimização de recursos naturais e à melhora da relação custo-

---

[68] Apesar da maioria dos artigos científicos mencionarem Feynman como criador da nanotecnologia, Chris Toumey, pesquisadora do centro de nanotecnologia da Universidade da Carolina do Sul, explica que há divergências sobre a autoria dessa criação. TOUMEY, Chris. Plenty of room, plenty of history. *Nature Nanotechnology*, v. 4, n. 12, p. 783–784, 2009.

[69] Contudo, Eric Drexler ressalta que foi ele quem criou o termo nanotecnologia. DREXLER, K. Eric. *Radical Abundance*: how a revolution in nanotechnology will change civilization. New York: BBS, 2013. p. x.

[70] FEYNMAN, Richard Phillips. *There's Plenty of Room at the Bottom*. 1960. Disponível em: <http://www.zyvex.com/nanotech/feynman.html>. Acesso em: 27 maio 2019. p. 22-36; TOUMEY, Chris. Plenty of room, plenty of history. *Nature Nanotechnology*, v. 4, n. 12, p. 783–784, 2009.

[71] TANIGUCHI, Norio. On the basic concept of nano-technology. in Proc. Intl. Conf. Prod. Eng. Tokyo, part II, Japan Society of precision engineering. 1974. p. 18. apud. OCDE. *Small sizes that matter*: Opportunities and risks of nanotechnologies. Report in co-operation with the OECD International Futures Programme. Paris: OCDE. [s.d.], p. 6.

[72] Drexler, K. Eric. *Engines of Creation*. New York: Anchor Press/Doubleday, 1986.

[73] O invento previsto por Drexler foi concretizado com as inovações dos microscópios: "Os métodos microscópicos desenvolvidos para sondar o mundo nano, como o microscópio eletrônico (EM) e o microscópio de força atômica (AFM), nos permitem observar esses sistemas complexos e entender seu comportamento e provaram ser particularmente úteis para sondar estruturas moleculares em alimentos. Tal conhecimento permite a compreensão dos mecanismos envolvidos na formação de nanoestruturas alimentares e sustenta a capacidade de projetar racionalmente nanoestruturas de alimentos para alcançar a funcionalidade desejada. [tradução nossa]" NANOTECHNOLOGY. Institute of Food Science and Technology (IFST). 2019. Disponível em: https://www.ifst.org/resources/information-statements/nanotechnology Acesso em: 25 maio 2019. [s./p.]

benefício dos bens de consumo.[74]

Após a fase inicial de consolidação científica e acadêmica, a nanotecnologia começou a ser utilizada no mercado de consumo no ano de 2001. Segundo Mihail Roco, existem quatro gerações que demonstram o desenvolvimento dessa nova tecnologia.[75] A primeira geração (2001-2004) foi responsável por introduzir os primeiros protótipos comerciais nas indústrias, através da aplicação em material a granel e em alguns produtos específicos (plásticos e cerâmicas, por exemplo). A segunda geração (2005-2009), foi marcada pela utilização de nanomateriais mais complexos e diretamente aplicados em eletrônicos, em drogas e em alimentos. Na terceira geração (2010-2014), houve uma intensificação nas pesquisas científicas multidisciplinares, que ficaram conhecidas pelo seu viés convergente (NBIC[76]), com o objetivo de alavancar ainda mais o desenvolvimento científico. A quarta geração (2015-atual), está voltada para a criação de máquinas em nanoescala, de sistemas biológicos programáveis e de drogas inteligentes auto administráveis.[77] Essa última fase ainda é embrionária, mas promete revolucionar diversos bens de consumo.

A primeira geração mencionada por Mihal Roco foi impulsionada pela criação da *US National Nanotechnology Initiative* (NNI), no ano 2000. Os Estados Unidos da América (EUA), investiram cerca de 500 milhões de dólares no biênio 2000-2001, para fomentar a inovação em nanotecnologia. Tal Programa acelerou as pesquisas e disseminou estudos mundialmente conhecidos sobre a temática. O NNI foi responsável pela criação da primeira definição de nanotecnologia. Essa definição continua a ser a mais aceita pela maioria dos países.[78]

Em poucos anos diversos centros de pesquisas espalhados pelo mundo começaram a se dedicar ao estudo dessa nova tecnologia. Ao mesmo tempo, houve um aumento

---

[74] Drexler entende que um conjunto de novas tecnologias, incluindo a nanotecnologia e que trabalham com átomos e moléculas, tem o potencial de revolucionar o mercado de consumo. DREXLER, K. Eric. *Radical Abundance*: how a revolution in nanotechnology will change civilization. New York: BBS, 2013.

[75] ROCO, Mihal. Governance of new generations of nanotechnology products and processes. *Apresentação realizada na Reunião da National Nanotechnology Initiative (NNI)*. Health & Consumers DG. Brussels: 2009. Disponível em: https://www.researchgate.net/figure/Timeline-for-the-Beginning-of-Industrial-Prototyping-and-Nanotechnology_fig1_226028649. Acesso em: 10 jun. 2019.

[76] A sigla corresponde às nomenclaturas das Ciências em língua inglesa: "*Nanotechnology, Information technology and Cognitive Science.*" SIMS BAINBRIDGE, William; C. ROCO, Mihail. *Managing Nano-Bio-Info-Cogno Innovations*: Converging Technologies in Society. Dordrecht: Springer, 2005.

[77] BENNETT-WOODS, Deb. *Nanotechnology*: Ethics and society. Série Perspectives in nanotechnology. Boca Raton: CRC Press, 2008. p. 110; MILLER, John et al. *The Handbook of Nanotechnology*: Business, policy, and intellectual property law. New Jersey: John Wiley & Sons, 2005. p. 23.

[78] NNI. *The National nanotechnology initiative supplement to the President's 2019 budget.* Subcommittee on nanoscale science, engineering, and technology. 2018. NNI. Disponível em: https://www.nano.gov/sites/default/files/pub_resource/NNI-FY19-Budget-Supplement.pdf. Acesso em: 16 jun. 2019. p. 5.

substancial dos investimentos nesse setor, sendo que atualmente há uma alta produtividade em pesquisa científica na inciativa pública e privada, inclusive em âmbito nacional, para desenvolvimento de novos produtos e serviços.[79]

O histórico da evolução da nanotecnologia denota o seu caráter emergente[80], pois ela está revolucionando diversos setores da sociedade.[81] Por outro lado, revela as dificuldades no estabelecimento de conceitos específicos, tendo em vista que existem divergências sobre a dimensão exata da escala nanométrica e isso ocorre porque dezenas de países trabalham simultaneamente no desenvolvimento nanotecnológico, o que gera uma pluralidade de opiniões técnicas sobre quais nanopartículas devem ser abrangidas pela nanotecnologia e quais são as dimensões exatas da nanoescala. Isso impacta diretamente o setor regulatório e de avaliação de riscos.

Outra justificativa para a ausência de unanimidade nessa delimitação de conceitos envolve aspectos externos à própria ciência. Segundo a UNESCO, existe uma dimensão política e ética que também está preocupada com os impactos desses conceitos na proteção do meio ambiente e dos consumidores, pois através deles existe uma série de áreas afetadas.[82] Dentre tais áreas, estão, por exemplo, a rotulagem de produtos e a realização de testes de toxicologia.

Para diminuir essas controvérsias cientificas, a Organização Internacional de Padronização (ISO),[83] elaborou um relatório em 2005, derivado do Grupo de Trabalho

---

[79] Sobre a temática ver o item 1.1.3, que aprofunda a questão dos investimentos em nanotecnologia e o item 2.2.4, que aborda a criação brasileira de um Sistema Nacional de Laboratórios em Nanotecnologias (SisNano).

[80] A literatura especializada considera a nanotecnologia como uma tecnologia emergente: "As nanotecnologias são saudadas por muitos como a próxima Revolução Industrial. A nanotecnologia promete mudar tudo, desde os carros que dirigimos até as roupas que vestimos, dos tratamentos médicos oferecidos pelos nossos médicos às nossas fontes de energia e locais de trabalho. (...) De novas terapias contra o câncer a compostos poluidores, de produtos de consumo mais duráveis a detectores de riscos biológicos como o antraz, de novos alimentos a células solares mais eficientes, as nanotecnologias estão mudando a forma como as pessoas pensam o futuro. [tradução nossa]" The Project on Emerging Nanotechnologies (PEN). Mission. United States: 2005. Disponível em: https://www.nanotechproject.org/about/mission/. Acesso em: 9 jun. 2019.

[81] Sobre o tema ver: BUSQUETS, Rosa; MBUNDI, Lubinda. Concepts of nanotechnology. In: BUSQUETS, Rosa. (org.) *Emerging nanotechnologies in food science*. Cambridge: Elsevier, 2017. p. 1-10; WINICKOFF, David E. Public acceptance and emerging production technologies. In: OCDE (org.). *The next Production revolution*: Implications for governments and business. Paris: OCDE, 2017. P. 277-298; HOLLEY, Steven E. Nano Revolution – Big Impact: How Emerging Nanotechnologies Will Change the Future of Education and Industry in America [...]. *The journal of Technology studies*, v. 35, n.1, p. 9-19, 2009.

[82] UNESCO. *Ética y política de la nanotecnología*. França: UNESCO, 2006. Disponível em: http://unesdoc.unesco.org/images/0014/001459/145951e.pdf. Acesso em: 10 jun. 2019.

[83] "A ISO, Organização Internacional de Padronização, Organização Internacional Não-Governamental, sem fins lucrativos, composta por mais de 100 países-membros, é também identificada como uma federação internacional de organizações de normalizações que emite normas técnicas internacionais com o objetivo de proporcionar benefícios tecnológicos, econômicos e sociais." ENGELMANN, Wilson; MARTINS, Patrícia Santos. A ISO, suas normas e

"ISO TC 229", que define as dimensões da nanoescala, seguindo a tendência que já estava sendo sedimentada na comunidade científica, principalmente com as iniciativas da NNI. Segundo esse relatório, a nanotecnologia abrange:

> Entendimento e controle de matéria e processos em nanoescala, tipicamente, *mas não exclusivamente*, abaixo de 100 nanômetros em uma ou mais dimensões, em que o aparecimento de fenômenos dependentes de tamanho geralmente permite novas aplicações; 2.Utilização da nanoescala de propriedades de materiais que diferem das propriedades individuais de átomos, moléculas e matéria em massa, para criar melhores materiais, dispositivos e sistemas que explorem estas novas propriedades. [tradução não oficial/destaque nosso].[84]

O segundo documento elaborado pela ISO (ISO TS 80004-1:2015)[85], também derivado do Grupo de Trabalho supramencionado,[86] reforça algumas definições já elencadas no documento anterior e traz outras, tais como: nanoestrutura, material manufaturado, nanofabricação e propriedades em nanoescala.[87] Nesse passo, a presente obra utilizará os conceitos criados pela ISO, pois são aceitos por grande parte da comunidade internacional. É importante ressaltar que a grande parte das normas técnicas produzidas no cenário global advêm dessa organização não governamental internacional.[88]

As divergências conceituais não impediram a introdução da nanotecnologia no mercado de consumo, a sua incorporação ocorre em produtos cosméticos e de cuidados pessoais, medicamentos, alimentos, produtos eletrônicos e na indústria química em geral.[89] Os nanomateriais artificiais mais utilizados nesses setores são o boro, cromo, cobre, iodo, magnésio, carbono, cobalto, cobre, selênio, sílica, prata,

---

estruturação: possíveis interfaces regulatórias. In: ENGELMANN, Wilson; MARTINS, Patrícia Santos. (orgs.) *As Normas ISO e as Nanotecnologias: entre a autorregulação e o pluralismo jurídico*. São Leopoldo: Editora Karywa, 2017, p. 75-120. p 75.

[84] ISO. *ISO/TC 229*: Technical Committees. Suíça, [s.d]. Disponível em: https://www.iso.org/committee/381983.html. Acesso em: 6 jun. 2019. [n. p.].

[85] ISO. *ISO TS 800004-1:2015*: Nanotechnologies — Vocabulary — Part 1: Core terms. Suíça, 2015. Disponível em: https://www.iso.org/obp/ui/#iso:std:iso:ts:80004:-1:en. Acesso em: 21 jun. 2018.

[86] O Brasil participa como membro da Comissão Técnica da ISO "TC 229" da ISO, através da ABNT. Tal entidade auxilia na elaboração de padrões sobre nanotecnologia, conjuntamente com outros 34 (trinta e quatro) Estados.

[87] EFSA. Guidance on risk assessment of the application of nanoscience and nanotechnologies in the food and feed chain: Part 1, human and animal health. *EFSA Journal*, v. 16, n. 7, p. 1–210, jul. 2018. p. 11.

[88] Até novembro de 2019, existiam mais de 70 normas específicas sobre nanotecnologia na ISO. Para consultar as temáticas das referidas normas veja o "Anexo B", desta obra.

[89] BARTOLUCCI, Cecilia. Nanotechnologies for agriculture and foods: past and future. In PUERS, Robert *et al.* (orgs.) *Nanotechnology in Agriculture and Food Science*. Weinheim: Wiley-VCH, 2017. p. 4.

óxido de zinco e grafeno.[90]

Especificamente sobre o campo alimentar, há uma vasta capacidade de aplicação da nanotecnologia, em qualquer estágio do ciclo produtivo. Os nanomateriais costumeiramente utilizados no ciclo de produção do alimento envolvem prata, argila, dióxido de titânio, ouro, Q10 (vitamina C e E), dióxido de silício, cobre, cálcio e zinco.[91]

É importante ressaltar que a literatura especializada costuma utilizar os termos "nanoalimento" ou *"nanofood"* para descrever aqueles alimentos que possuem nanopartículas artificiais em sua composição ou que foram beneficiados com técnicas ou ferramentas nanotecnológicas durante o cultivo, a produção industrial ou no momento do empacotamento. Os nanoalimentos não precisam ser geneticamente modificados ou ter os seus átomos alterados para serem considerados como tal, necessitam apenas da presença de nanomateriais em sua composição ou em sua embalagem.[92]

Quatro áreas estratégicas são listadas com o potencial de receber avanços nanotecnológicos. Nesse rol estão a agricultura, o processamento industrial, a suplementação alimentar por aditivos artificiais[93] e o empacotamento de alimentos.[94] É possível acrescentar, ainda, outra área nesta classificação, trata-se do setor de produtos destinados à higienização de alimentos.

Na agricultura e na pecuária, a nanotecnologia pode beneficiar o cultivo de culturas e a criação de animais. Especificamente, a utilização de pesticidas e fertilizantes é

---

[90] Para consultar a lista de nanomateriais mais utilizados na indústria em geral, acesse a base de dados: NANOTECHNOLOGY PRODUCTS DATABASE. [s.l.], 2019. Disponível em: https://product.statnano.com/. Acesso em: 9 jun. 2019.

[91] Para consultar a lista de nanomateriais mais utilizadas nos alimentos, acesse a base de dados: CENTER FOR FOOD SAFETY. Nanotechnology in Our Food. [s.l.] 2015. Disponível em: http://salsa3.salsalabs.com/o/1881/p/salsa/web/common/public/content?content_item_KEY=14112%20#showJoin. Acesso em: 9 jun. 2019.

[92] Definição inspirada na publicação de: BERGER, Michael. What's happening with nanofoods? *Portal NanoWerk*. [s.l.], 2012. Disponível em: https://www.nanowerk.com/spotlight/spotid=24155.php. Acesso em: 6 jun. 2019.

[93] O padrão brasileiro de aditivos artificiais (coadjuvantes de tecnologia de fabricação e outros aditivos intencionais de alimentos), estão dispostos na Resolução CNNPA n. 17, de 9 de maio de 1977. No Portal da ANVISA, é possível observar todas as normas sobre aditivos alimentares: ANVISA. *Aditivos alimentares e coadjuvantes de tecnologia*. Disponível em: http://portal.anvisa.gov.br/aditivos-alimentares-e-coadjuvantes. Acesso em: 10 jun. 2019.

[94] Sobre o tema ver: BUZBY, J. C. Nanotechnology for food applications: More questions than answers. *Journal of Consumer Affairs*, v. 44, n. 3, p. 528–545, 2010; OPREA, Alexandra Elena; GRUMEZESCU, Alexandru Mihai. *Nanotechnology applications in food*: flavor, stability, nutrition and safety. Londres: Elsevier, 2017; SZAKAL, Christopher et al. Measurement of nanomaterials in foods: Integrative consideration of challenges and future prospects. *ACS Nano*, v. 8, n. 4, p. 3128–3135, 2014; HOUSE OF LORDS. *Nanotechnologies and food* – Volume I (1 st Report of Session 2009-10). Londres: House of Lords, 2010; CHAUDHRY, Qasim; WATKINS, Richard; CASTLE, Laurence. Nanotechnologies in the food arena: new opportunities, new questions, new concerns. In: CHAUDHRY, Qasim; WATKINS, Richard; CASTLE, Laurence (orgs.) *Nanotechnologies in food*. Cambridge: Royal Society of Chemistry, 2010; INN. *Nano 101*: Benefits and Applications. [s.l / s.d]. Disponível em: https://www.nano.gov/you/nanotechnology-benefits. Acesso em: 9 jun. 2019.

potencializada com a concentração de aditivos químicos em nanoescala, o que favorece o crescimento das plantas e o controle de pragas. Por outro lado, mecanismos de aplicação controlada dos hormônios destinados à pecuária (através de *nanochips* com medicamentos), prometem aumentar a qualidade do produto final. O monitoramento ambiental mediante nano-sensores inteligentes pode auxiliar na economia de recursos naturais, principalmente na redução do consumo de água.

No processamento de alimentos, os nanomateriais artificiais são empregados para melhorar a qualidade e segurança, através da modificação no valor nutricional, na conservação da textura, no aumento do prazo de validade e no realce do sabor ou do aroma.[95] A suplementação nanoalimentar auxilia na inserção de diversos nutrientes (tais como cálcio, ferro e magnésio) nos alimentos, sem que haja alterações no sabor e no aroma original do produto. Bennett-Woods afirma que "além disso, e mais importante, é que eles [os nutrientes] são absorvidos mais rapidamente no corpo quando estão no estado nano. [tradução nossa]"[96] As nanopartículas também podem ajudar na remoção de resquícios de agrotóxicos e de patógenos que estejam presentes no alimento, bem como aumentar o prazo de validade dos produtos, o que evitaria o descarte decorrente do rápido apodrecimento.

A área de empacotamento demonstra que as embalagens, que tradicionalmente têm a função de proteger os alimentos de danos físicos e da deterioração química e microbiana, poderão realizar outras tarefas avançadas. Funcionarão para conservar os alimentos por longos períodos e para identificar automaticamente quais deles estão impróprios para o consumo.[97] Isso se torna possível com as chamadas "embalagens inteligentes":

> A embalagem ativa [ou "inteligente"] trabalha para diminuir a oxidação ou mudanças de umidade no produto aumentando a sua vida útil. Exemplos de embalagens ativas incluem as garrafas plásticas de cerveja ou embalagens de sucos com nanomateriais incorporados ao plástico para retardar a transferência de oxigênio, e nano-prata para impedir o crescimento microbiano. A embalagem inteligente informa o consumidor ou o fornecedor quando o produto não é mais seguro ou utilizável [...]. Exemplos de

---

[95] BOUCHER, Patrick M. *Nanotechnology*: Legal aspects. Boca Raton: CRC Press, 2008. p. 102; KHAN, Ahmed S. Nanomaterials in food applications. In: RAI, V. Ravishankar; BAI, Jamuna A. (orgs.) *Nanotechnology applications in the food industry*. Boca Raton: CRC Press, 2018. p. 45-57.

[96] BENNETT-WOODS, Deb. *Nanotechnology*: Ethics and society (Perspectives in nanotechnology). Boca Raton: CRC Press, 2008. p. 110.

[97] Nesse passo, "A aplicação de nanopartículas não se limita ao empacotamento de alimentos antimicrobianos, contudo nanocompósitos e nanolaminados têm sido usados em embalagens ativas para fornecer uma barreira contra os choques térmicos e mecânicos extremos, isso prolonga o prazo de validade dos alimentos. Desta forma, a incorporação de nanopartículas em materiais de embalagem oferece alimentos de qualidade com maior prazo de validade. [tradução nossa]" SINGH, Trepti et al. Application of Nanotechnology in Food Science: Perception and Overview. *Frontiers in Microbiology*, v. 8, n. 1501, 2017. p. 5.

embalagem inteligente incluem etiquetas que ficam vermelhas quando o produto começa a estragar, assim como *QRcodes* que fornecem informações selecionadas que são enviadas diretamente para smartphones. [Tradução nossa].[98]

Nos alimentos *in natura*, as embalagens podem consistir em filmes transparentes que são aplicados diretamente no produto. Por exemplo, uma sociedade empresária da Nova Zelândia comercializa a embalagem denominada de "RipeSense" que contém nanosensores que medem o teor de oxigênio no interior dessa embalagem. A leitura pelo consumidor é feita através de um indicador que muda de cor quando o produto atinge a maturação adequada. A embalagem é destinada à comercialização de frutas frescas.[99]

Por fim, a higienização de alimentos também pode ser mencionada nessa categorização. Produtos destinados ao consumidor final que utilizam nanopartículas de prata são empregados para promover a esterilização das superfícies que recebem alimentos. Existem sprays antibacterianos e produtos para uso doméstico que prometem controlar a proliferação de patógenos em talheres, vasilhas e em geladeiras.[100]

Tendo como base as utilidades da nanotecnologia, foi possível compreender o seu rápido desenvolvimento em menos de duas décadas. São inúmeras inovações que ela pode proporcionar, em diversos setores industriais. O objetivo do tópico, que não teve pretensão de esgotar a temática, foi revelar os caminhos percorridos pela nanotecnologia que vão desde os primeiros estudos científicos, perpassam por divergências técnicas e desbocam no desenvolvimento de novas nanotecnologias que agregam diversos benefícios em todo o ciclo de produção dos alimentos.

1.1.3 O potencial disruptivo da nanotecnologia movimentando o mercado de bens de consumo

O movimento inicial que fez surgir a possibilidade de estudar e manipular a matéria em nível molecular logo impulsionou o crescimento da produção científica. Apenas uma década depois, nasceram programas públicos e privados de fomento à pesquisa e ao desenvolvimento de produtos nanotecnológicos, que equivalem atualmente à bilhões de dólares. As pesquisas renderam frutos e transformaram grandes ramos empresariais, que já introduzem novos produtos no mercado, com marcas tradicionais

---

98 IFST. *Nanotechnology*. 2019. Disponível em: https://www.ifst.org/resources/information-statements/nanotechnology Acesso em: 25 abr. 2019.

99 TAGER, Jeremy; SALES, Louise. *Way too little:* our government's failure to regulate nanomaterials in food and agriculture. [s.l], Friends of the earth Australia, 2014.

100 HANSEN, Steffen Foss. *Regulation and Risk Assessment of Nanomaterials – Too Little, Too Late?* Tese (Doutorado em Engenharia Ambiental). Technical University of Denmark, Denmark, 2009. p. 45.

e mundialmente conhecidas pelos consumidores.[101]

A rápida evolução da nanotecnologia revela além do seu caráter emergente, o seu potencial disruptivo.[102] Para a OCDE, as tecnologias consideradas disruptivas possuem duas características principais: a) o potencial de modificar drasticamente o formato de funcionamento dos mercados; e, b) a capacidade de introduzir novos produtos e novos processos, bem como de instituir novos modelos de negócios diferenciados daqueles já existentes. A Organização entende que apesar de não existir uma definição singular de inovação disruptiva, alguns pontos característicos auxiliam na sua delimitação, tendo em vista que: a) elas advêm de novas sociedades empresárias ou já existentes no mercado e modificam as estratégias comerciais de grandes setores; b) visam oferecer novas ferramentas para diminuir custos e otimizar tarefas e aumentam os benefícios destinados ao consumidor final; e, c) têm o potencial de desequilibrar ou extinguir modelos de negócios existentes, aumentando a competitividade entre as sociedades empresárias.[103]

Nesse sentido, a nanotecnologia pode ser considerada disruptiva porque altera rapidamente os mecanismos e as ferramentas da produção convencional, o que a torna mais eficiente, competitiva e sustentável.[104]

No que tange aos investimentos realizados no setor, a literatura especializada indica que em 1997, os investimentos em pesquisa e desenvolvimento da nanotecnologia (em todos os setores e no mundo inteiro) totalizou aproximadamente 432 milhões de dólares, sendo que em 2005, o valor aumentou nove vezes e alcançou a marca dos 4,1 bilhões de dólares. No ano de 2012, o investimento saltou para a quantia aproximada de 693 bilhões de dólares e em 2015 já representava 2,95 trilhões de dólares.[105]

Os países que atualmente lideram a produção de bens de consumo com nanotecnologia são Estados Unidos, China, Alemanha, Suíça, Japão, Reino Unido, Coreia do Sul, Iran, Rússia e Taiwan. Os produtos mais produzidos envolvem

---

[101] Tal afirmação foi extraída das bases de dados das sociedades empresárias que possuem produtos cadastrados em inventários específicos para a nanotecnologia. Vide: NANOTECHNOLOGY PRODUCTS DATABASE. [s.l.], 2019. Base de dados virtual atualizada periodicamente. Disponível em: https://product.statnano.com/. Acesso em: 9 jun. 2019.

[102] DREXLER, K. Eric. *Radical Abundance*: how a revolution in nanotechnology will change civilization. New York: BBS, 2013. p. 22-30.

[103] OCDE. *Key points of the hearing on disruptive innovation*. DAF/COMP/M(2015)1/ANN8/FINAL. 2015. Disponível em: https://one.oecd.org/document/DAF/COMP/M(2015)1/ANN8/FINAL/en-/pdf#_ga=2.165766584.788006979.1560172690-1038759775.1560172690. Acesso em: 16 nov. 2019. p. 2-3.

[104] HELMUT KAISER CONSULTORIA. *Nanotechnology in Food and Food Processing Industry Worldwide*: 2011-2025. Informações sobre o estudo realizado. Disponível em: http://www.hkc22.com/Nanofood.html. Acesso em: 9 jun. 2019.

[105] AGÊNCIA BRASILEIRA DE DESENVOLVIMENTO INDUSTRIAL. *Estudo prospectivo nanotecnologia*. Brasília: ABDI, 2010. p. 76.

cosméticos, têxteis, medicina, construção civil, meio ambiente, energias renováveis e a indústria petroleira.[106]

O mercado dos nanoalimentos, que abrange todas as áreas do ciclo produtivo do alimento, recebe grandes investimentos da indústria alimentícia. Conforme relatório da sociedade empresária de consultoria Helmut Kaiser do ano de 2019, a rápida incorporação da nanotecnologia no sistema agroindustrial decorre da preocupação com os efeitos negativos da mudança climática na produção de alimentos que podem levar a inviabilidade de cultivo de algumas culturas e o aumento nos custos de produção.[107]

Nesse sentido, os investimentos em nanotecnologia na indústria alimentícia crescem anualmente. Em 2002, a venda mundial desses produtos representava U$ 150 milhões de dólares. Em 2004, o valor cresceu quase seis vezes, ultrapassando os U$ 860 milhões de dólares.[108] Já em 2012, o valor saltou para U$ 5,8 bilhões de dólares[109] e ano de 2013, o valor alcançou U$ 6,5 bilhões de dólares. Estima-se que em 2020 o valor chegará aos U$ 15 bilhões de dólares.[110] Os Estados Unidos lideram esse mercado, sendo que já produzem mais de 200 tipos de produtos alimentícios com nanotecnologia.[111]

Além das informações sobre os investimentos realizados, algumas bases de dados, que visam rastrear e catalogar os produtos com nanomateriais, foram criadas na tentativa de mapear os setores que aplicam a nanotecnologia em bens de consumo. Algumas delas foram desenvolvidas em decorrência da preocupação com o descontrole na utilização dessas substâncias. Os dados são fornecidos voluntariamente pelos laboratórios e pelas sociedades empresárias que desenvolvem e utilizam a nanotecnologia. Em decorrência desse caráter facultativo, não existem informações concretas sobre a média da produção científica e industrial desses produtos.

---

[106] NANOTECHNOLOGY PRODUCTS DATABASE. [s.l.], 2019. Base de dados virtual atualizada periodicamente. Disponível em: https://product.statnano.com/. Acesso em: 9 jun. 2019.

[107] HELMUT KAISER CONSULTORIA. *Nanotechnology in Food and Food Processing Industry Worldwide*: 2011-2025. Relatório. Disponível em: http://www.hkc22.com/Nanofood.html. Acesso em: 9 jun. 2019.

[108] BUZBY, J. C. Nanotechnology for food applications: More questions than answers. *Journal of Consumer Affairs*, v. 44, n. 3, p. 528–545, 2010. p. 543.

[109] NANOWERK. *What is nanotechnology?* 2019. Disponível em: https://www.nanowerk.com/nanotechnology/introduction/introduction_to_nanotechnology_1.php Acesso em: 29 abr. 2019. [s.p.].

[110] KHAN, Ahmed S. Nanomaterials in food applications. In: RAI, V. Ravishankar; BAI, Jamuna A. (orgs.) *Nanotechnology applications in the food industry*. Boca Raton: CRC Press, 2018. p. 45-57; HELMUT KAISER CONSULTORIA. *Nanotechnology in Food and Food Processing Industry Worldwide*: 2011-2025. Relatório. Disponível em: http://www.hkc22.com/Nanofood.html. Acesso em: 9 jun. 2019.

[111] NANOTECHNOLOGY PRODUCTS DATABASE. [s.l.], 2019. Base de dados virtual atualizada periodicamente. Disponível em: https://product.statnano.com/. Acesso em: 9 jun. 2019.

Em 2016, a StatNano (organização privada sem fins lucrativos) criou o banco de dados intitulado de *Nanotechnology Products Database* (NPD), que possui abrangência mundial[112] e tem o objetivo de ser uma fonte de pesquisa aos cidadãos, aos pesquisadores, aos agentes formuladores de políticas públicas e ao mercado.[113] [114]A verificação é feita com base em duas normas da ISO sobre nanotecnologia, sob os números "TS 80004-1: 2015" e "TS 18110:2015". O objetivo da plataforma é coletar dados, analisar e publicar informações sobre produtos que, de acordo com os fabricantes, utilizam a nanotecnologia. A StatNano estima que existam atualmente 8.884 produtos com nanotecnologia, produzidos por 2.343 companhias, em 60 países.[115]

Especificamente sobre alimentos, existem 231 produtos alimentícios cadastrados na plataforma NPD. Contudo, nesse rol estão apenas os alimentos com algum aditivo artificial em nanoescala adicionados na fase de processamento industrial. Os dados de produtos e técnicas utilizadas na agricultura ou no empacotamento estão diluídas em outras categorias, impossibilitando a contabilização do total de nanoalimentos que circulam no mercado.

Por outro lado, o *Center for Food Safety* (CFS) - organização sem fins lucrativos - lançou em 2015, um banco de dados que une informações apenas sobre nanoalimentos. As pesquisas apontaram que existem aproximadamente 40 tipos de nanopartículas artificiais utilizadas na indústria alimentícia. Além disso, o CFS identificou um aumento na utilização de ingredientes com nanopartículas artificiais nos

---

[112] Outro banco de dados mundial denominado de "Nanotechnology Consumer Products Inventory" (CPI), está desatualizado desde 2013, não revelando mais a abrangência atual desse mercado. Segundo Vance et. al.: "O relatório lista 1814 produtos de consumo de 622 empresas em 32 países. A categoria Saúde e boa forma contém mais produtos (762 produtos ou 42% do total). A prata é o nanomaterial mais utilizado (435 produtos, ou 24%); no entanto, 49% dos produtos (889) incluídos no CPI não fornecem a composição do nanomaterial usado neles. Cerca de 29% do CPI (528 produtos) contêm nanomateriais suspensos numa variedade de meios líquidos e o contato dérmico é o cenário de exposição mais provável na sua utilização. A maioria (1288 produtos, ou 71%) dos produtos não apresentam informações suficientes sobre o nanomaterial utilizado. [tradução nossa]" VANCE, M. et al. Nanotechnology in the real world: Redeveloping the nanomaterial consumer products inventory. *Beilstein Journal of Nanotechnology*, v. 6, p. 1769-1780, 2015. p.1769-1770.

[113] Existem outras bases de dados regionais ou nacionais que fazem levantamentos semelhantes à base mundial "NPD". Uma delas consiste em um Inventário de produtos com nanoprata da BEUC (European Consumers Organisation) e ANEC (European Association or the Co-ordination of Consumer Representation in Standardisation) que abrangem apenas a União Europeia, bem como os relatórios das Universidades de Arizona (EUA) e do Quebec (Canadá). BEUC/ANEC. Inventory of products claiming to contain nano-silver particles available on the EU Market. Disponível em: https://www.beuc.eu/publications/2013-00141-01-e.xls. Acesso em: 9 jun. 2019.

[114] Outro estudo pode ser mencionado. Trata-se do Relatório sobre nanomateriais detectados em alimentos comercializados na Australia. REED, Robert et al. *Detecting Engineered Nanomaterials in Processed Foods from Australia*. Relatório encomendado pela Friends Of the Earth. 2015. Disponível em: http://emergingtech.foe.org.au/wp-content/uploads/2015/09/FoE-Aus-Report-Final-web.pdf. Acesso em: 6 jun. 2019.

[115] A plataforma NPD é atualizada periodicamente. A metodologia de medição pode ser consultada no Portal da StatNano: Disponível em: https://statnano.com/ Acesso em: 22 nov. 2019.

alimentos destinados ao público infantil.[116] Isso decorre dos benefícios decorrentes das nanopartículas que podem intensificar as cores e os sabores de alimentos adocicados. No total, o relatório do Centro estimou que em 2018 haviam aproximadamente 340 nanoalimentos no mercado mundial.

Entre as sociedades empresárias líderes mundiais no processamento de alimentos com nanomateriais artificiais, estão a Nestlé, a Altria, a HJ Heinz e a Unilever.[117] Já a Kraft, a Bayer e a Kodak desenvolvem embalagens inteligentes que são utilizadas para empacotar alimentos e contêm nanoprata ou nanopartículas de dióxido de titânio, por exemplo.[118]

Dentre os produtos mais famosos vendidos nos mercados de diversos países estão os doces M & M's, Trident, Skittles, Mentos Pure Fresh, chocolate Hershey amargo e Twix. Outros produtos, tais como o café solúvel instantâneo da Nestlé (Coffe Mate Creamer) e alguns itens da linha IÖGO também possuem nanopartículas artificiais.[119]

Nessa perspectiva, a literatura especializada cita inúmeros benefícios na aplicação desses nanomateriais nos alimentos. A nanosílica é utilizada como aditivo alimentar para aumentar a solubilidade de alimentos em pó e como revestimento alimentar que atua como uma barreira de proteção e conservação. O dióxido de titânio é aplicado para deixar os alimentos mais brancos ou brilhosos. O cobre é aplicado em suplementos dietéticos. A nanoprata, uma das substâncias mais utilizadas na indústria em geral, pode ser aplicada em recipientes para alimentos, refrigeradores, embalagens, talheres e tábuas de corte para atuar como agente antibacteriano e microbiano. Ela também pode ser aplicada em fertilizantes e esterilizantes agrícolas. Já os nanotubos de carbono são utilizados nas embalagens e nos sensores alimentares.[120]

O fortalecimento desse setor na seara nacional se dá através de Iniciativas em pesquisa e desenvolvimento de nanotecnologias. Dentre as iniciativas, está a criação

---

[116] CENTER FOR FOOD SAFETY. Searchable inventory provides new tool for consumers and researchers as food safety agency fails in its duty. 2015. Disponível em: http://www.centerforfoodsafety.org/press-releases/4075/new-database-shows-nanotechnology-in-common-food-products. Acesso em: 5 jun. 2019.
[117] NANOWERK. Nanotechnology food coming to a fridge near you. 2006. Disponível em: https://www.nanowerk.com/spotlight/spotid=1360.php. Acesso em: 29 abr. 2019.
[118] INSTITUTE OF FOOD SCIENCE TECHNOLOGY. Nanotechnology. 2019. Disponível em: https://www.ifst.org/resources/information-statements/nanotechnology Acesso em: 25 abr. 2019.
[119] CENTER FOR FOOD SAFETY. Searchable inventory provides new tool for consumers and researchers as food safety agency fails in its duty. 2015. Disponível em: http://www.centerforfoodsafety.org/press-releases/4075/new-database-shows-nanotechnology-in-common-food-products. Acesso em: 5 jun. 2019; NANOTECHNOLOGY PRODUCTS DATABASE. [s.l.], 2019. Base de dados virtual atualizada periodicamente. Disponível em: https://product.statnano.com/. Acesso em: 9 jun. 2019.
[120] TAGER, Jeremy; SALES, Louise. *Way too little*: our government's failure to regulate nanomaterials in food and agriculture. [s.l], Friends of the earth Australia, 2014.

de sociedades empresárias encubadas por Universidades brasileiras.[121] Estima-se que existam mais de 50 sociedades empresárias do ramo atuando no Brasil.[122] Duas delas já comercializam nanoalimentos. Uma delas criou biscoitos direcionados ao público infantil que contêm a nanotecnologia denominada "cooling". Tal tecnologia permite que o aroma mentolado do biscoito seja encapsulado através da utilização de nanopartículas que quando mastigadas proporcionam uma experiência diferenciada de frescor.[123] Já a outra desenvolveu um pigmento esterilizante de nanoprata que triplica o prazo de validade dos alimentos. O produto já é exportado para o México e para os EUA.[124]

Em geral, o volume de nanoalimentos comercializados no Brasil e no exterior ainda é incipiente, se comparado com a quantidade de produtos nanotecnológicos na construção civil, nos eletrônicos, nos cosméticos e nos medicamentos. Contudo, tal setor além de ser promissor, já é objeto de debates sobre os riscos à saúde dos consumidores/trabalhadores e ao meio ambiente. Isso porque a alimentação é considerada uma área sensível e constantemente cercada de polêmicas, como já ocorreu com os Organismos Geneticamente Modificados (OGMs).

1.1.4 Os perigos, as incertezas e os riscos no consumo de nanofoods

Há benefícios na aplicação da nanotecnologia em todas as etapas da produção do alimento. Entretanto, algumas preocupações foram levantadas pela literatura especializada acerca dos possíveis danos ao meio ambiente, à segurança dos trabalhadores e à saúde do público consumidor. Apesar das divergências sobre quais seriam esses riscos, alguns estudos de toxicologia identificaram consequências danosas à integridade física da pessoa que manipula ou consome alguns tipos de nanopartículas artificiais, bem como danos ambientais decorrentes do descarte dessas substâncias no meio ambiente.[125]

---

[121] A Universidade Feevale, por exemplo, conta com seis empresas encubadas: Marina Tecnologia, NanoPlus, Tech-Maschinen Engenharia, Wirklich, HugKids e Nanowear. FEEVALE TECHPARK. Nanotecnologia e nanomateriais. Disponível em: https://www.feevale.br/techpark/nossas-empresas/empresas-vigentes/materiais-e-nanotecnologia. Acesso em: 9 jun. 2019.

[122] VERAS, Dauro. Santa Catarina concentra indústrias de nanotecnologia. In: *Valor Econômico*. Florianópolis, 27 set. 2018. Disponível em: https://www.valor.com.br/empresas/5691379/santa-catarina-concentra-industria-de-nanotecnologia. Acesso em: 9 jun. 2019.

[123] ARCOR lança biscoito com nanotecnologia. *Exame*, 2011. Disponível em: https://exame.abril.com.br/marketing/arcor-lanca-biscoito-com-nanotecnologia/. Acesso em: 13 nov. 2018.

[124] RYDLEWSKI, Carlos. Empresa paulista cria tecnologia que triplica o prazo de validade dos alimentos. *Época Negócios*, 2013. Disponível em: https://epocanegocios.globo.com/Informacao/Visao/noticia/2013/04/empresa-paulista-cria-tecnologia-que-triplica-o-prazo-de-validade-de-alimentos.html. Acesso em: 4 jan. 2019.

[125] Sobre o tema dos resíduos da nanotecnologia ver: OLIVEIRA, Liziane Paixão Silva; MARINHO, Maria Edelvacy;

Primeiramente, é importante ressaltar que as expressões "perigo", "incerteza" e "risco" possuem conteúdos distintos, não sendo consideradas sinônimas. Teresa Ancona Lopez, afirma que o "perigo" consiste naquilo que ameaça ou traz insegurança para algo ou alguém, ou seja, há concretude e conhecimento científico sobre o evento.[126] Berger Filho ressalta que a expressão "incerteza" advém da literatura econômica e identifica os eventos que não possuem probabilidades conhecidas ou calculadas, devido à ausência de elementos objetivos aptos a avaliar o resultado de uma ação.[127] O "risco", por outro lado, consiste no "perigo eventual", pois há certa previsibilidade na ocorrência do dano.[128]

O risco possui uma vertente quantitativa, que decorre da possibilidade de medir a ocorrência de um dano, mesmo que a probabilidade seja "abstrata e eventual". A incerteza é uma categoria autônoma, mas também está presente no conteúdo do risco, pois sempre haverá certa dose de dúvida na concretização do dano, por este motivo o risco poderia ser denominado de "perigo eventual". Berger afirma que "a opção de separar risco e incerteza parte de uma preocupação pragmática ligada à necessidade de diferenciação do contexto para formular uma ação pretendida, seja ela a avalição de risco ou a formação de fóruns híbridos."[129]

A visão nativa de risco, necessita da observância da sociologia, com o intuito de debatê-la também em outros campos das ciências sociais.[130] Ulrich Beck, sociólogo alemão autor de uma das obras mais conhecidas sobre o tema, afirma que o risco possui um elemento que remete ao "futuro". Tal elemento "baseia-se em parte na extensão futura dos danos atualmente previsíveis (...)" e acrescenta que eles possuem relação "(...) com a antecipação de destruições que ainda não ocorreram mas que são

---

FUMAGALI, Ellen de Oliveira. Nanowastes riscos para saúde humana e meio ambiente: diálogos entre o princípio da precaução e a sociedade de risco. *Araucaria*: Revista Iberoamericana de Filosofía, Política y Humanidades, v. 17, n. 33, p. 183–209, 2015.

[126] LOPEZ, Teresa Ancona. *Princípio da precaução e evolução da responsabilidade civil*. São Paulo: Quartier Latin, 2010. p. 24.

[127] A origem está na teoria econômica, mas o sentido jurídico de risco aqui empregado não guarda relação com a noção econômica. BERGER FILHO, Aírton Guilherme. *A governança dos riscos das nanotecnologias e o princípio da precaução*: um estudo a partir da teoria dialética da rede. Tese (Doutorado em Direito). Universidade do Vale do Rio dos Sinos, São Leopoldo, 2016. p. 178.

[128] LOPEZ, Teresa Ancona. *Princípio da precaução e evolução da responsabilidade civil*. São Paulo: Quartier Latin, 2010. p. 25.

[129] BERGER FILHO, Aírton Guilherme. *A governança dos riscos das nanotecnologias e o princípio da precaução*: um estudo a partir da teoria dialética da rede. Tese (Doutorado em Direito). Universidade do Vale do Rio dos Sinos, São Leopoldo, 2016. p. 180.

[130] MOTTA, Renata. Risco e modernidade: uma nova teoria social? In: *Revista Brasileira de ciências Sociais*, v. 29, n. 86, out. 2014. p. 20.

iminentes, e que nesse sentido, já são reais hoje."[131]

Para Raffaele di Giorgi, sociólogo italiano, o risco é uma construção concebida em sociedade e se constitui como a possibilidade de um evento ou invento ocasionar um dano. Para o autor, quanto mais incrementos são realizados nos mecanismos de segurança, mais se criam riscos.[132] O "aumento do risco significa, paradoxalmente, incremento das possibilidades de evitar o risco à medida que se disponha correr outros riscos."[133]

Quando o risco é transposto para o mundo jurídico, ele guarda relação com o seu núcleo semântico.[134] Foi com a responsabilidade civil, no início do século XX, que ele ganhou importância jurídica. A adoção de uma "teoria do risco" afastou a importância do elemento culpa e facilitou o ônus probatório, principalmente para abranger os danos decorrentes das inovações tecnológicas. Outros ramos do Direito também se apropriaram da expressão, fornecendo releituras do seu conteúdo, como, por exemplo, no direito ambiental.[135] Cabe mencionar que alguns princípios jurídicos foram calcados na ideia de risco e de perigo. Entre eles estão o princípio da prevenção que é atribuído aos eventos que causam perigo e o princípio da precaução que se refere aos eventos que geram riscos.[136]

A identificação de riscos, perigos e incertezas na aplicação da nanotecnologia perpassa pela análise de estudos das ciências duras que abordam a temática da nanotoxicologia. O conhecimento científico dessas áreas auxilia o jurista a delimitar e avaliar os impactos da introdução dessa nova tecnologia nos bens de consumo, com a finalidade de proteger o consumidor dos possíveis danos à sua integridade física

---

[131] BECK, Ulrich. *Sociedade de risco*. Tradução de Sebastião Nascimento. São Paulo: Editora 34, 2011. p. 39. A teoria da "sociedade de risco" será aprofundada no item 3.1.2, desta obra.

[132] DI GIORGI, Rafaelle. Il rischio nella società contemporanea. In: *Revista do Tribunal Regional Federal da Primeira Região*. Nov./dez. 2007. p. 47.

[133] A contextualização dessa passagem está nos avanços de áreas como a medicina que proporcionam a cura ou tratamento de doenças, mas que ocasionam outros tipos de riscos, por exemplo, os efeitos colaterais dos medicamentos. Nesse sentido, quanto mais incrementos são realizados na proteção das pessoas, mais riscos podem ser criados. Aqui podemos encaixar a questão do tratamento de água realizado através de nanopartículas artificiais que prometem ser mais eficazes na eliminação de patógenos e impurezas. Teremos uma água mais limpa, mas sujeita aos riscos de bioacumulação de nanopartículas nos órgãos e tecido do corpo humano. DI GIORGI, Rafaelle. Il rischio nella società contemporanea. In: *Revista do Tribunal Regional Federal da Primeira Região*. Nov./dez. 2007. p. 53.

[134] LOPEZ, Teresa Ancona. *Princípio da precaução e evolução da responsabilidade civil*. São Paulo: Quartier Latin, 2010. p. 27.

[135] LOPEZ, Teresa Ancona. *Princípio da precaução e evolução da responsabilidade civil*. São Paulo: Quartier Latin, 2010. p. 28.

[136] Os princípios da prevenção e da precaução serão aprofundados no item 3.1, desta obra.

(através da tutela dos direitos extrapatrimoniais da vida, da saúde e da segurança).[137] Sobre o tema, cabe mencionar que o Código de Defesa de Consumidor (CDC) proíbe a colocação, pelo fornecedor, de produtos ou serviços com alto grau de nocividade ou periculosidade tanto à saúde quanto à segurança do consumidor, admitindo apenas a comercialização de produtos com periculosidade inerente, desde que observados os pressupostos legais.

Nesse passo, algumas pesquisas científicas indicam que a escala nanométrica de determinadas nanopartículas artificiais agravam o risco de bioacumulação de substâncias nos órgãos e nos tecidos do corpo humano, podendo levar ao desenvolvimento de doenças.[138] Quando ingeridas, podem extravasar o trato digestivo e se alojar em outros órgãos, tais como coração, rim, baço, pulmão e cérebro.[139] Alterações nas funções do intestino também foram notadas, principalmente com a ingestão de nanopoliestireno, comumente encontrado em embalagens de alimentos.[140]

Pesquisadores afirmam que a absorção das nanopartículas artificiais pelo trato digestivo é diferente a depender das propriedades dessas substâncias, tal como o tamanho e a estrutura de superfície. Tais efeitos advêm da alta reatividade e mobilidade das partículas que dificultam ou impossibilitam a remoção natural dessas substâncias pelo corpo humano, que se tornam mais "adesivas" que as partículas maiores.[141]

Cabe mencionar que existem divergências sobre o maior potencial das

---

[137] Ao longo desta pesquisa e em razão da delimitação temática realizada na introdução e do problema de pesquisa eleito, serão abordados apenas os riscos e os perigos à saúde dos consumidores. O recorte temático, entretanto, não retira a importância do estudo dos riscos ambientais e laborais na aplicação da nanotecnologia. Sobre o tema consultar: RODINE-HARDY, Kirsten. Nanotechnology and Global Environmental Politics: Transatlantic Divergence. *Global Environmental Politics*, v. 16, n. 3, p. 89–105, ago. 2016; SUPPAN, Steve. *Nanomaterials in Soil:* Our Future Food Chain? Institute for Agriculture and Trade Policy (IATP), [s.l.]: IATP, 2013; HULL, Matthew S.; BOWMAN, Diana M. *Nanotechnology Environmental Health and Safety*: Risks, Regulation, and Management. 2.ed., EUA: Elsevier, 2014; PATRA, Debasmita; EJNAVARZALA, Haribabu; BASU, Prajit K. Nanoscience and nanotechnology: Ethical, legal, social and environmental issues. *Current Science*, v. 96, n. 5, p. 651–657, 2009; GÓES, Maurício de Carvalho; ENGELMANN, Wilson. *Direito das nanotecnologias e o meio ambiente do trabalho*. Porto Alegre: Livraria do Advogado, 2015.

[138] SAVOLAINEN, K. et al. Nanotechnologies, engineered nanomaterials and occupational health and safety – A review. *Safety Science*. v. 48. n. 8. [S. l.]: Elsevier, Out. 2010; VAN TASSEL, Katherine. Regulating in Uncertainty: Animating the Public Health Product Safety Net to Capture Consumer Products Regulated by the FDA that Use Innovative Technologies, Including Nanotechnologies, Genetic Modification, Cloning, and Lab Grown Meat. *University of Chicago Legal Forum*, [s.v./s.n.], p. 433-488, 2013. p. 453.

[139] TAGER, Jeremy; SALES, Louise. *Way too little*: our government's failure to regulate nanomaterials in food and agriculture. [s.l], Friends of the earth Australia, 2014. p. 17.

[140] BRADLEY, E et al. Applications of nanomaterials in food packaging with a consideration of opportunities for developing countries. *Trends Food Science and Technology*. v. 22. n. 11. p. 603-610, 2011.

[141] , Jeremy; SALES, Louise. *Way too little*: our government's failure to regulate nanomaterials in food and agriculture. [s.l], Friends of the earth Australia, 2014. p. 18

nanopartículas de causarem canceres, se comparadas com as mesmas partículas em estado macro. Contudo, já existem indícios da possibilidade de desenvolvimentos de patologias, em decorrência da acumulação dessas substâncias no corpo humano por longos períodos, causando granulomas, lesões em tecidos e células, cancro e coágulos sanguíneos.[142]

Dentre as nanopartículas artificiais que são citadas como causadoras de danos à saúde do consumidor, estão a sílica, a prata, o dióxido de titânio, óxido de zinco e o carbono. Segundo o compilado de estudos científicos realizado pela organização sem fins lucrativos Amigos da Terra Austrália, a nano-nanosílica e a nano-prata podem causar toxidade hepática e a partir da sua absorção pelo trato gastrointestinal, causar bioacumulação e, também gerar contaminação da placenta.[143] O nano-dióxido de titânio pode danificar o DNA, prejudicar a função celular e o sistema imunológico.[144] O nano-óxido de zinco pode causar lesões no fígado, no pâncreas, no coração e no estômago. Já os nanotubos de carbono quando inalados podem causar mesotelioma, gerando efeitos parecidos com a exposição ao abesto.[145]

---

[142] TAGER, Jeremy; SALES, Louise. *Way too little*: our government's failure to regulate nanomaterials in food and agriculture. [s.l], Friends of the earth Australia, 2014. p. 18.

[143] Em 2014, a US Environmental Protection Agency (EPA), emitiu uma ordem para impedir a venda de alguns modelos de recipientes plásticos destinados armazenamento de alimentos. Tais produtos continham nanoprata e não foram submetidos aos testes de toxidade, carecendo, ainda de registro na Agência. A EPA entendeu que era competente para avaliar a toxidade desses recipientes, uma vez que regula os pesticidas no território americano. Ela entendeu que o potencial da nanoprata de controlar ou matar fungos, mofo e bactérias, transforma tal produto em um pesticida. Grandes sociedades empresárias foram afetadas com a decisão 31 de março de 2014: "(...) a EPA também emitiu cartas de aviso para a Amazon, Sears, Wal-Mart e outros grandes varejistas, determinando que não vendessem esses produtos. Esses fornecedores estão vendendo as embalagens inteligentes para alimentos da Kinetic através de seus sites. Sob a ordem anunciada hoje, a Pathway não pode vender os seguintes produtos: Recipientes de Armazenamento de Alimentos Kinetic Go Green Premium; Recipientes Cinéticos da Série Smartwist; TRITAN Food Storage; e StackSmart Storage. [tradução nossa]." UNITED STATES ENVIRONMENTAL PROTECTION AGENCY (US EPA). Takes Action to Protect Public from an Illegal Nano Silver Pesticide in Food Containers: Cites NJ Company for Selling Food Containers with an Unregistered Pesticide Warns Large Retailers Not to Sell These Products. *US EPA*, 2014. Disponível em: https://yosemite.epa.gov/opa/admpress.nsf/0/6469952cdbc19a4585257cac0053e637. Acesso em: 10 jun. 2019.

[144] Jaydee Hanson, analista sênior de políticas da organização americana sem fins lucrativos denominada de *Center for Food Safety*, afirma que "um dos nano ingredientes mais comuns em produtos infantis é o nano-dióxido de titânio, que é conhecido por causar mutações no DNA e tumores nos descendentes de animais que o comem. Grandes empresas como a Kraft-Heinz, McDonalds, Dunkin Donuts e Mars começaram a retirar todo o nano dióxido de titânio de seus produtos alimentícios, mas o governo dos EUA ainda tem que tomar medidas para impedir que produtos alimentícios infantis contenham este nano-ingrediente. É preocupante ver um aumento contínuo de alimentos contendo nano no mercado dos EUA. [tradução nossa]". OVER 40 new products added to nanotechnology database. Center for Food Safety. [s.l.], 2018. Disponível em: http://www.centerforfoodsafety.org/press-releases/5284/over-40-new-products-added-to-nanotechnology-database. Acesso em: 9 jun. 2019.

[145] Sobre o tema, Hull e Bowman explicam que "Quando o amianto [o amianto é a variedade mais limpa do abesto] é envolvido, forma uma poeira de pequenas fibras que podem ser inaladas. Algumas fibras de amianto podem se dividir em pequenos pedaços de agulha e viajar profundamente no sistema respiratório de uma pessoa, onde perfuram o

Contudo, a comunidade científica carece de pesquisas sobre toxidade para a maioria das nanopartículas artificiais utilizadas na indústria de alimentos.[146] Especialistas afirmam que existem poucos testes adequados ao tamanho nanométrico dessas substâncias. Para alguns pesquisadores, a metodologia utilizada para os testes em escala macro, não é suficiente para a avaliação da área de superfície e das propriedades químicas, físicas e biológicas.[147] Stern e McNeil afirmam que os testes realizados são problemáticos porque envolveriam níveis de exposição às substâncias testadas que são muito elevadas e que não replicam a real exposição à nanopartícula.[148]

Os investimentos em nanotoxocologia são muito aquém dos investimentos dedicados ao desenvolvimento de novos produtos. Em 2019, a NNI, agência norte-americana, publicou o relatório de previsão orçamentária indicando que foram utilizados U$ 1.552 bilhões de dólares em desenvolvimento nanotecnólogo nos EUA. Apenas 83 milhões de dólares foram dedicados aos estudos de segurança, saúde e meio ambiente.[149] No cenário nacional não existem dados atualizados do investimento total em nanotecnologia ou nanotoxicologia. Estima-se que desde a criação do SisNano (Sistema Nacional de Laboratórios em Nanotecnologias) em 2012, foram investidos cerca de R$ 149 milhões de reais em desenvolvimento de novos produtos e serviços. Contudo, não há uma base de dados específica sobre investimentos em desenvolvimento e em toxicologia nesse setor.[150]

---

revestimento dos pulmões e ficam permanentemente alojados. As doenças relacionadas ao asbesto são causadas pela inalação ou ingestão dessas partículas de amianto. As doenças causadas pela exposição incluem asbestose, placas pleurais, câncer de pulmão, mesotelioma e câncer do trato intestinal. [tradução nossa]" HULL, Matthew S.; BOWMAN, Diana M. *Nanotechnology Environmental Health and Safety*: Risks, Regulation, and Management. 2.ed., EUA: Elsevier, 2014.

[146] Nesse passo, Van Tassel entende que: "Apesar de infeliz, não é surpresa que existam poucos estudos sobre os efeitos na saúde da exposição a nanopartículas, tendo em conta as quantidades relativas de investimento no desenvolvimento de produtos, em comparação com o investimento em testes de segurança. [tradução nossa]" VAN TASSEL, Katherine. Regulating in Uncertainty: Animating the Public Health Product Safety Net to Capture Consumer Products Regulated by the FDA that Use Innovative Technologies, Including Nanotechnologies, Genetic Modification, Cloning, and Lab Grown Meat. *University of Chicago Legal Forum*, [s.v./s.n.], p. 433-488, 2013. p. 449.

[147] MARCHANT, Gary E. et al. Big issues for small stuff: nanotechnology regulation and risk management. *Jurimetrics*: The Journal of Law, Science & Technology, v. 52, n. 3, p. 243-277, 2012. p. 3.

[148] STERN, Stephan T.; MCNEIL, Scott E. Nanotechnology Safety Concerns Revisited. *Toxicological Sciences*, v. 101, n. 1, p. 4–21, jan. 2008. p. 4.

[149] Portanto, a nanotoxicologia representa apenas 5% do orçamento destinado aos estudos de nanotecnologia. US COMMITTE ON TECHNOLOGY. *Supplement to the President's 2019 Budget request submitted to Congress on February 12, 2018*. Product of the Subcommittee on Nanoscale Science, Engineering, and technology. EUA: National science and technology Council, 2018. p. 6.

[150]ASCOM. Para ministro, investimento em nanotecnologia pode acelerar desenvolvimento econômico. *MCTIC*. Brasília, 22 maio 2019. Disponível em: http://www.mctic.gov.br/mctic/opencms/salaImprensa/noticias/arquivos/2018/10/Para_ministro_investimento_em_nanotecnologia_pode_acelerar_desenvolvimento_economico_do_pais.html. Acesso em: 10 jun. 2019.

Dessa forma, o *status quo* das pesquisas revelam a sua aplicação da nanotecnologia nos bens de consumo pode gerar: (a) perigos, em decorrência de nanopartículas artificiais que são, em tese, prejudiciais à saúde do consumidor; (b) riscos, a partir dos estudos que divergem ou são incapazes de concluir que existe potencialidade danosa; c) incertezas, em razão da ausência de testes de toxidade para algumas nanopartículas que indiquem prejuízos à saúde.

Para gerenciar o risco é preciso conhecê-lo, ou seja, elencar quais são os efeitos indesejáveis de todas as nanopartículas utilizadas na produção de alimentos e realizar o planejamento fundado na noção de *safe by design* (segurança pelo projeto). Para isso, é necessário criar ferramentas adequadas, instituir métodos de análise confiáveis, calcular os possíveis danos e monitorar constantemente os resultados das pesquisas realizadas.

Conforme afirma Beck e De Giorgi, os riscos sempre existirão, mas podem ser diminuídos ou mitigados.[151] Um dos pontos de tensão está na regulação dessa nova tecnologia. Um dos exemplos de regulação de tecnologia alimentar está na Lei de Biossegurança brasileira, que instituiu um aparato administrativo voltado ao estabelecimento de critérios de avaliação e monitoramento dos OGMs.[152] Por esse motivo, o próximo tópico analisará o estado atual da regulação em nanotecnologia e apresentará as divergências sobre quais seriam as saídas (ou opções) regulatórias para esse fenômeno tecnológico.

1.2 Os desafios regulatórios e as medidas concretas em nanoalimentação

O objetivo deste tópico é compreender o sentido jurídico da expressão regulação (item 1.2.1) e destacar o estado da arte da regulação nanotecnológica em três planos geográficos: no plano internacional, através do arcabouço de *soft laws* presente nas organizações internacionais (item 1.2.2); no plano regional, mediante a identificação de regulamentos específicos adotados pela União Europeia e das discussões embrionárias presentes no Mercosul sobre alimentos (item 1.2.3); no plano nacional (item 2.2.4), por meio do estudo das iniciativas brasileiras no Poder Executivo e no Poder Legislativo (item 2.2.4.1), e dos debates norte-americanos sobre a temática (item 2.2.4.2).

1.2.1 Entre regular, regulamentar e autorregular a nanotecnologia

Regulação consiste em um termo multidisciplinar que pode ser aplicado em uma

---

[151] BECK, Ulrich. *Sociedade de risco*. Tradução de Sebastião Nascimento. São Paulo: Editora 34, 2011; DI GIORGI, Rafaelle. Il rischio nella società contemporanea. In: *Revista do Tribunal Regional Federal da Primeira Região*. Nov./dez. 2007.
[152] A Lei n. 11.105/2005 (Lei de Biossegurança) será analisada no Segundo Capítulo desta obra.

ampla gama de áreas, como, por exemplo, economia, ciência política, políticas públicas, sociologia, história, psicologia, geografia, antropologia e administração. Chevallier explica que o termo regulação adveio de estudos da área da física no século XVIII. Após a Segunda Guerra Mundial, a expressão ganhou força nas ciências sociais, primeiramente com a Sociologia e a Economia, até ser amplamente empregada na ciência jurídica. O autor ressalta que não existe uma definição unânime para o Direito.[153] Existem, ao revés, diferentes conceitos com múltiplos significados e com sentidos distintos, a depender da área em que é aplicada e da literatura jurídica eleita.[154]

Em estudo multidisciplinar sobre o tema, Bladwin, Cave e Lodge[155] apontam três características para a regulação. A primeira característica revela que ela perfaz um "conjunto específico de comandos que envolve a promulgação de um conglomerado de regras vinculativas a serem aplicadas por um órgão estatal dedicado a essa finalidade." A segunda característica demonstra que a regulação abarca a "influência deliberada do Estado, onde regulação tem um sentido mais amplo e abrange todas as ações estatais que são projetadas para influenciar os negócios ou o comportamento social". A terceira característica revela uma ampliação do conteúdo da regulação, a qual desponta "toda forma de influência social e/ou econômica, onde todos os mecanismos que afetam o comportamento – estatais ou de outras fontes – são considerados regulação."[156] Nesse último ponto, os autores acrescentam a questão da *smart regulation*,[157] que admite outras formas de regulação não jurídicas elaboradas e geridas "fora" do Estado, tais como a autorregulação de sociedade empresárias e de corporações profissionais.[158] É possível encaixar nesse rol, ainda, a regulação das Organizações Internacionais e de organizações não governamentais de normalização,

---

[153] CHEVALLIER, Jacques. La régulation juridique en question. Editions juridiques associées: *Droit et Société*. V. 3 n. 49, p. 827-846, 2001. p. 828.

[154] MALEC, Mieczyslaw. *A regulatory framework for nanotechnology*. Obra (Master of Arts in Security Studies). Naval Postgraduate School, Monterey, 2018. p. 27; CHEVALLIER, Jacques. La régulation juridique en question. Editions juridiques associées: *Droit et Société*. V. 3 n. 49, p. 827-846, 2001. p. 830.

[155] BALDWIN, Robert; CAVE, Martin; LODGE, Martin. *Understanding Regulation*: Theory, Strategy, and Practice. 2. ed. New York: Oxford, 2012. p. 3.

[156] BALDWIN, Robert; CAVE, Martin; LODGE, Martin. *Understanding Regulation*: Theory, Strategy, and Practice. 2. ed. New York: Oxford, 2012. p. 3. Os trechos foram traduzidos pelo autor desta obra.

[157] Para Gunningham, "(...) o papel preferencial do governo acerca da 'smart regulation' é criar as condições prévias necessárias para que terceiros assumam uma parcela maior da carga regulatória, em vez de se engajar em intervenção direta. Isso também reduzirá escassez de regulação específica e proporcionará maior apropriação de questões regulatórias pela indústria e pela comunidade em geral. Desta forma, o governo age principalmente como catalisador ou facilitador dessa regulação. (...) [tradução nossa]" GUNNINGHAM, Neil. *Enforcement and Compliance Strategies*. In: BALDWIN, Robert; CAVE, Martin; LODGE, Martin. *The oxford Handbook of regulation*. New York: Oxford University Press, 2016. p. 10.

[158] BALDWIN, Robert; CAVE, Martin; LODGE, Martin. *Understanding Regulation*: Theory, Strategy, and Practice. 2. ed. New York: Oxford, 2012. p. 3.

tal como a ISO.

Por outro lado, dois outros autores Ost e Kerchove entendem que o termo "regulação" se refere à forma de produzir o direito de maneira flexível, em rede, através da negociação. Diferenciando-se, portanto, da "regulamentação" que é marcada pela centralidade no Estado, pelo formalismo e pela rigidez.[159] Nesse passo, Berger Filho em análise aos argumentos dos autores, afirma que há "(...) um sentido amplo da regulação jurídica, como novo modo de produção do Direito em rede, que inclui a regula(menta)ção estatal enquanto heterorregulação e distintas formas de (auto)regulação."[160]

Em comparação aos autores citados acima, enquanto Bladwin, Cave e Lodge dão ênfase ao aspecto estatal da regulação e demonstram a existência de diferentes formas de regular, Ost e Kerchove ressaltam o importante papel da autorregulação na construção de uma governança entre atores "dentro" e "fora" do Estado.[161]

Nesta obra empregou-se o termo regulação como o gênero que abrange espécies distintas de regulação estatal (regulamentação) e não estatal (autorregulação). Isso não quer dizer que se partilha do entendimento dos autores Ost e Kerchove acerca da absorção dos produtos da autorregulação como "fontes do Direito".[162] Conforme ressalta Marc Tarrés Vives, durante a confecção da regulação que ocorre "fora" do Estado, alguns elementos essenciais para a constituição de uma norma jurídica são deixados de lado (trata-se da legalidade, da legitimidade e da eficácia). Tais elementos referem-se à legitimidade para a sua confecção, a publicidade dos atos, a eficácia

---

[159] KERCHOVE, Michel van de; OST, François. *De la pyramide au réseau?* Pour une théorie dialectique du droit, Bruxelles: Publications des Facultés Universitaires Saint-Louis, 2002.

[160] A conexão entre a obra dos autores e a regulação da nanotecnologia foi realizada por: BERGER FILHO, Aírton Guilherme. *A governança dos riscos das nanotecnologias e o princípio da precaução*: um estudo a partir da teoria dialética da rede. Tese (Doutorado em Direito). Universidade do Vale do Rio dos Sinos, São Leopoldo, 2016. p. 118.

[161] Em análise sobre o tema do Estado regulador, Yeung entende que "Na medida em que a tarefa de regulação é uma das muitas tarefas de governança, então é plausível prever que a linguagem da Nova Governança irá subsumir a do Estado regulador, enquanto a segunda gradualmente se desvanece. Na medida em que a Nova Governança tenha indiscutivelmente atraído um nível mais elevado de interesse acadêmico, de uma gama mais diversificada de perspectivas disciplinares, então talvez isso não seja uma coisa ruim. Por outro lado, seria bastante prematuro consignar o fim do Estado regulador. (...) [tradução nossa]" YEUNG, Karen. The regulatory state. In: BALDWIN, Robert; CAVE, Martin; LODGE, Martin. *The oxford Handbook of regulation*. New York: Oxford University Press, 2016. p. 11.

[162] Ost e Kerchove colocam em pauta novas formas de produção da lei. Os autores compreendem que o sistema jurídico baseado na "pirâmide", ou seja, na hierarquia das normas, está com a sua estrutura fragilizada e em crise, pois um novo paradigma baseado nas "redes" evidencia-se na atualidade. Os autores questionam a hierarquia presente no modelo piramidal de constituição do Direito. Nesse contexto, a "rede" refere-se ao sistema jurídico que adote uma estrutura aberta e complexa, composta por diferentes elementos interconectados e sem um critério de subordinação, que conta com a participação da regulação plural, emitida por diferentes atores dentro e fora do Estado. Nesse passo, enquanto a "pirâmide" seria orientada por uma verticalidade das normas, a "rede" baseia-se na sua produção horizontal. KERCHOVE, Michel van de; OST, François. *De la pyramide au réseau?* Pour une théorie dialectique du droit, Bruxelles: Publications des Facultés Universitaires Saint-Louis, 2002. p. 14, 24, 300.

jurídica e o regime de modificação e de revogação. O autor afirma que apesar do reconhecimento público de determinadas instituições privadas de padronização, as normas técnicas emitidas por elas são estranhas ao Direito, pois não fazem parte do sistema jurídico.[163]

Cabe mencionar que a regulação denominada de "não tradicional" pode ser considerada uma forma "marginal" de produção de padrões técnicos, que não pressupõe o papel central do Estado, revelando uma norma técnica negociada, que resulta da deliberação de atores específicos e que não acarreta sanções pelo descumprimento.[164] Em sentido amplo, essa espécie de regulação – a autorregulação - pode ser encaixada dentro da categoria chamada "soft law".

Na literatura jurídica, comumente se importam dois termos do Direito Internacional Público para identificar esses fenômenos regulatórios em outras áreas.[165] Utiliza-se o termo "hard law" para identificar as normas tradicionais, bem como o termo "soft law" para referir-se à regulação não tradicional. Conforme afirma Guido Soares, os dois termos indicam cenários distintos, mas que se "auto-implicam". A hard law revela um produto acabado, alcançado após uma "evolução geracional". Por outro lado, a soft law indica um "vir a ser", uma construção que não parte, como regra, da vontade estatal. As finalidades de cada uma também se contrapõem, haja vista que a hard law contém obrigações juridicamente fortes e a soft law possui um programa meramente recomendado aos Estados ou aos particulares, sendo considerado juridicamente inexigível.[166]

A visão ampla de soft law abrange uma série de normas técnicas criadas pelas organizações intergovernamentais, sistemas regionais de integração e organizações privadas nacionais ou internacionais. Essa produção envolve declarações, manuais, orientações e normas específicas elaboradas com o objetivo de apontar certos princípios, valores, diretrizes e objetivos a serem observados por um conjunto de atores públicos e privados.[167]

---

[163] VIVES, Marc Tarrés. Normas técnicas y ordenamento juridico. Valencia: Tirant lo Blanch, 2003, p. 239-240. Disponível em: https://dialnet.unirioja.es/servlet/tesis?codigo=85678. Acesso em: 4 jan. 2020.

[164] CHEVALLIER, Jacques. La régulation juridique en question. Editions juridiques associées: *Droit et Société*. V. 3 n. 49, p. 827-846, 2001. p. 834; BERGER FILHO, Aírton Guilherme. *A governança dos riscos das nanotecnologias e o princípio da precaução*: um estudo a partir da teoria dialética da rede. Tese (Doutorado em Direito). Universidade do Vale do Rio dos Sinos, São Leopoldo, 2016. p. 126.

[165] ABBOTT, Kenneth W.; SNIDAL, Duncan. Hard and Soft Law in International Governance. *International Organization*, v. 54, n. 3, p. 421–456, 2000.

[166] SOARES, Guido F. da Silva. *Curso de Direito Internacional Público*. 2. ed. São Paulo: Atlas, 2004. p. 127.

[167] BERGER FILHO, Aírton Guilherme. *A governança dos riscos das nanotecnologias e o princípio da precaução*: um estudo a partir da teoria dialética da rede. Tese (Doutorado em Direito). Universidade do Vale do Rio dos Sinos, São Leopoldo, 2016. p. 126.

Nesse ponto, é possível pontuar que a proliferação de "esquemas de autorregulação", advém de "fatores de natureza ideológica", com a noção neoliberal do Estado mínimo, somado aos "fatores de ordem técnica", devido à complexidade das novas tecnologias.[168] Pode-se acrescentar, ainda, a globalização na sua vertente privada, que acaba gerando centros de regulação descolados do Estado, com o objetivo de facilitar os processos industriais e, consequentemente, a troca de bens, serviços e mercadorias.[169]

A forma de produção soft law, especialmente na vertente da autorregulação, tem um papel importante no desenvolvimento do cenário jurídico da nanotecnologia, especialmente diante das incertezas e riscos presentes na sua utilização nos bens de consumo. Na visão de Berger Filho é possível citar três maneiras de autorregular a nanotecnologia:

> a) normas voluntárias criadas pelos próprios destinatários (autorregulação privada); b) normas de certificação (standards) que constituem sistemas de certificação provenientes de diversos atores privados, como organizações não governamentais, entidades profissionais, associações de empresas, organizações certificadoras privadas e normas técnicas estabelecidos por organismos normalização e normatização; c) normas híbridas resultantes da atuação cooperativa público/privada em sua elaboração e aplicação, conhecidas como 'co-regulação' ou 'co-determinação', quando há o envolvimento do Estado com os padrões de responsabilidade social corporativa, ou o caminho inverso, 'metarregulação' ou 'autorregulação regulada', quando parte de metas, princípios e diretrizes é estabelecida por instituições governamentais para orientar a autorregulação privada.[170]

Todo esse conjunto de soft laws podem ter duas funções no cenário regulatório: a) ser um fim em si mesmo, ou seja, estabelecer regras que podem ser observadas por aqueles agentes que participam da discussão técnica da nanotecnologia, por exemplo os Estados que seguem as normas da ISO; ou, b) serem atos preparatórios para uma futura regulação por parte dos Estados individualmente considerados (normas internas) ou através de normas editadas por grupos de Estados (normas transnacionais), ou por Tratados elaborados pelos sujeitos de Direito Internacional público (Estados e Organizações Internacionais).

---

[168] GRASSI NETO, Roberto. *Segurança alimentar*: da produção agrária à proteção do consumidor. São Paulo: Saraiva, 2013. p. 257.

[169] FERRAZ, Daniel Amin. *Direito empresarial*: marco jurídico de internacionalização das empresas brasileiras. Curitiba: CRV, 2012.

[170] BERGER FILHO, Aírton Guilherme. *A governança dos riscos das nanotecnologias e o princípio da precaução*: um estudo a partir da teoria dialética da rede. Tese (Doutorado em Direito). Universidade do Vale do Rio dos Sinos, São Leopoldo, 2016. p. 128.

1.2.2 Plano internacional: As contribuições das Organizações Internacionais

A natureza transfonteiriça da nanotecnologia indica que as organizações internacionais são relevantes para a harmonização das especificações técnicas nos diversos locais e setores nos quais ela é utilizada.[171] Não existe um marco regulatório internacional para a nanotecnologia, grande parte das Organizações Internacionais editam recomendações, manuais, padrões de gerenciamento de risco e guias de boas práticas. Poucas delas são responsáveis pela criação de *standards* que ajustam as divergências científicas para padronizar a rotina dos desenvolvedores dessa tecnologia. Portanto, no âmbito internacional existem apenas *soft laws* sobre a temática.

A Conferência das Nações Unidas sobre o Meio Ambiente e o Desenvolvimento sediada no Rio de Janeiro em 1992, foi a primeira Conferência internacional a debater a nanotecnologia. Dentre as discussões sobre os problemas ambientais mundiais, a temática das "Novas Tecnologias para um Mundo Sustentável", contou com a presença de Eric Drexler[172] que ressaltou os pontos positivos da nanotecnologia na otimização de recursos naturais. Segundo ele, a nanotecnologia seria "a tecnologia mais limpa e eficiente que qualquer outra. [tradução nossa]"[173] [174] Além disso, no mesmo evento, o então Senador norte-americano Albert Gore realizou uma audiência sobre as novas tecnologias que poderiam criar um futuro mais sustentável e dentre elas elencou a importância dos avanços da nanotecnologia.[175]

Outras iniciativas surgiram, principalmente no âmbito da Organização para a Cooperação e o Desenvolvimento Econômico (OCDE). A OCDE é um dos principais fóruns de debate e construção científica para a nanotecnologia.[176] Dentro da estrutura da Organização existe um Programa específico para assuntos relacionados ao Meio Ambiente, Saúde e Segurança (EHS). Nesse programa, constam dois Grupos de Trabalhos que estudam nanotecnologia, sendo um sobre nanotecnologia em geral (OECD WPN) e outro específico sobre nanomateriais artificiais (OECD WPMN). Os Grupos de trabalho têm como objetivo a realização de pesquisas científicas e de estudos de toxidade de substâncias químicas para a cooperação internacional em

---

[171] NGARIZE, Sekai; MAKUCH, Karen E; PEREIRA, Ricardo. The Case for Regulating Nanotechnologies: International, European and National Perspectives. *RECIEL*. v. 17, n. 37, p. 1-27, 2015, p. 4.

[172] Sobre K. Eric Drexler veja o item 1.1.2, desta obra.

[173] MCCRAY, W. Patrick. Will small be beautiful? Making policies for our nanotech future. *History and Technology*, v. 21, n. 2, p. 177–203, 2005. p.183.

[174] DREXLER, K. Eric. *Radical Abundance*: how a revolution in nanotechnology will change civilization. New York: BBS, 2013. p. ix.

[175] NAIDU, David B. *Biotechnology & nanotechnology*: regulation under environmental, health, and safety laws. New York: Oxford, 2009. p. 60.

[176] NGARIZE, Sekai; MAKUCH, Karen E; PEREIRA, Ricardo. The Case for Regulating Nanotechnologies: International, European and National Perspectives. *RECIEL*. v. 17, n. 37, p. 1-27, 2015. p. 5.

segurança sanitária e ambiental. As diretrizes não têm força vinculante aos membros da OCDE, mas geram guias de boas práticas na pesquisa e desenvolvimento científico.[177]

A OCDE não possui grupos de trabalho para o setor alimentar, tendo em vista que as suas atividades não envolvem diretamente tal área.[178] Entretanto, o Grupo de Trabalho "OECD WPN" em 2010, iniciou um projeto para a criação de um inventário voluntário que resumisse as abordagens regulatórias para os nanoalimentos e nanomedicamentos existentes no âmbito nacional e regional dos Membros da OCDE. Em 2013, a pesquisa foi compilada no Relatório *Regulatory Frameworks for Nanotechnology in Foods and Medical Products*.[179] Todos os Membros participantes do estudo afirmaram que as normas internas atuais abrangem a aplicação da nanotecnologia nos alimentos e medicamentos. Apenas a União Europeia, a França e a Rússia indicaram a existência de legislação criada para regular alguns pontos da nanotecnologia. A União Europeia mencionou seis regulamentos sobre a temática que se aplicam automaticamente aos seus Estados membros.[180] A França mencionou a alteração na Lei Grenelle (Decreto n. 2012-232), que estabelece um sistema de declaração compulsória para os nanomateriais. A Rússia através da Lei Federal *Fundamentals of Protection of the Public Health*, afirmou que desenvolve programas para avaliação de risco e classificação de nanomateriais artificiais aplicados na indústria de alimentos, de químicos, de embalagens e na agricultura.[181]

Ainda em 2013, o Conselho da OCDE publicou uma recomendação sobre os critérios de avaliação de riscos dos nanomateriais artificiais nos bens de consumo. Nessa oportunidade a Organização convidou os Estados-membros a "(...) aplicarem as estruturas regulatórias nacionais e internacionais existentes (...)" para incluir os avanços da nanotecnologia e, além disso, "(...) a utilizar as ferramentas listadas no Anexo para testes e avaliações, em conjunto com as Diretrizes de Teste da OCDE para

---

[177] LAAS, Kelly; WEIL, Vivian. Taking a Proactive Approach Towards Responsibility: Indications of Nano Policy-Making Around the World, 2001-2008. *Annals of Economics and Statistics*, b. 115/116, p. 255-275, 2014. p. 261.

[178] Para consultar os relatórios dos Grupos de Trabalho, acesse a plataforma de buscas da OCDE: OCDE. *Search results*. 2019. Disponível em: http://www.oecd.org/general/searchresults/?q=nanofood&cx=012432601748511391518:xzeadub0b0a&cof=FORID:11&ie=UTF-8. Acesso em: 10 jun. 2019.

[179] Cabe mencionar que apenas 12 (doze) Estados-membros da OCDE aceitaram enviar os dados para compor o Relatório adotado pelo Grupo de Trabalho. OCDE. *Regulatory Frameworks for Nanotechnology in Foods and Medical Products*: Summary Results of a Survey Activity. OECD Science, Technology and Industry Policy Papers, n. 4, Paris: OECD Publishing, 2013.

[180] Os regulamentos específicos emitidos pela União Europeia serão analisados no item 2.2.3, desta obra.

[181] OCDE. *Regulatory Frameworks for Nanotechnology in Foods and Medical Products*: Summary Results of a Survey Activity. OECD Science, Technology and Industry Policy Papers, n. 4, Paris: OECD Publishing, 2013. p. 16.

nanomateriais manufaturados. [tradução nossa]"[182] Além disso, os critérios atuais de avaliação de riscos foram considerados pela Organização como adequados e seguros para os testes dos nanomateriais.

Já a Organização das Nações Unidas para a Educação, a Ciência e a Cultura (UNESCO), pertencente ao Sistema da ONU, também reúne e publica estudos sobre nanotecnologia. A principal atividade desenvolvida consiste no estabelecimento de parâmetros éticos para o desenvolvimento nanotecnológico.[183] Desde 1998, a UNESCO conta com a Comissão Mundial de Ética do Conhecimento Científico e da Tecnologia (COMEST). Entretanto, apenas em 2007, a temática da nanotecnologia ganhou força na Organização, com a publicação do documento "Ética y política de la nanotecnología".[184] Nesse documento de autoria coletiva, há menções à comercialização de nanoalimentos e dos possíveis riscos decorrentes da ausência de regulação específica. Em 2016, a UNESCO voltou a ressaltar a sua preocupação com a inexistência de regulação nesse grande setor.[185]

Cabe mencionar que desde 1970, a UNESCO desenvolve trabalhos sobre a dimensão ética das ciências duras, principalmente na área da genética. Os esforços realizados no contexto do Comitê Internacional de Bioética (CIB), geraram a aprovação pela Conferência Geral da Declaração Internacional sobre o Genoma Humano e os Direitos Humanos (1997), a Declaração sobre os Dados Genéticos Humanos (2003), e a Declaração Universal sobre Bioética e Direitos Humanos (2005). Nesse sentido, os esforços realizados nos estudos sobre o desenvolvimento ético da nanotecnologia podem ganhar força e futuramente gerar uma declaração universal sobre os parâmetros nanotecnológicos.[186]

A Organização das Nações Unidas para a Alimentação e a Agricultura (FAO) e a Organização Mundial da Saúde (OMS), ambas também pertencentes ao Sistema da ONU, atuam em conjunto para compreender o cenário atual da utilização de

---

[182] OCDE. *Recommendation of the Council on the Safety Testing and Assessment of Manufactured Nanomaterials.* OECD/LEGAL/0400. Disponível em: https://legalinstruments.oecd.org/public/doc/298/298.en.pdf. Acesso em: 17 jun. 2019. p. 3.

[183] A UNESCO premia anualmente os cientistas que mais se destacaram no desenvolvimento responsável da nanotecnologia. UNESCO. Eighth UNESCO Medals for contributions to the development of nanoscience and nanotechnologies. 22 nov. 2018. *UNESCO.* Disponível em: https://en.unesco.org/news/eighth-unesco-medals-contributions-development-nanoscience-and-nanotechnologies. Acesso em: 10 jun. 2019.

[184] UNESCO. *Ética y política de la nanotecnología.* França: UNESCO, 2006. Disponível em: http://unesdoc.unesco.org/images/0014/001459/145951e.pdf. Acesso em: 10 jun. 2019.

[185] UNESCO. Nanotechnology is a growing research priority. *Natural Sciences Sector,* 12 set. 2016. Disponível em: http://www.unesco.org/new/en/media-services/single-view/news/nanotechnology_is_a_growing_research_priority/. Acesso em: 10 jun. 2019.

[186] A nanotecnologia também aparece no Relatório sobre Ciência da UNESCO para 2030: UNESCO. *UNESCO science report: towards 2030.* Paris: UNESCO, 2015.

nanopartículas artificiais nos alimentos e na água. Tais Organizações reúnem especialistas em nanotecnologia alimentar de diversos países. Dentre os objetivos dos estudos, está a análise da adequação dos métodos tradicionais de avaliação de risco.

Em 2009, ocorreu a primeira reunião internacional de especialistas convocada pela FAO e OMS sobre essa temática. O resultado das discussões foi transformado no Relatório intitulado *"Reunión Conjunta de Expertos acerca de la aplicación de la nanotecnología en los sectores alimentario y agropecuario: posibles consecuencias para la inocuidad de los alimentos."* Nesse documento, os especialistas analisaram a eficiência dos atuais mecanismos de avaliação de risco para identificar as nanopartículas. O resultado do estudo indicou que "o método de avaliação de risco atualmente aplicado pela FAO, OMS e o Codex [alimentarius] é adequado para nanomateriais artificiais usados nos setores de alimentos e agricultura, especialmente seus efeitos sobre a saúde animal.[tradução nossa]"[187] Contudo, o grupo de trabalho ressalvou que os critérios de avaliação de riscos precisam ser aperfeiçoados e adequados às peculiaridades de cada tipo de nanopartícula inserida na cadeia alimentar, com o objetivo de entender como reagem no corpo humano:

> A FAO e a OMS devem considerar a conveniência de obter aconselhamento científico sobre o uso de um método gradual de avaliação de risco para a aplicação da nanotecnologia em alimentos e rações. Este método deve consistir num nível inicial de rastreio, caracterizar o material e estimar a toxicidade e a exposição ou as relações dose-resposta. Em seguida, se necessário, adicionar outras etapas que exijam dados mais refinados ou em maior quantidade. A aplicação deste método permitirá conhecer melhor as relações existentes entre as propriedades físico-químicas e as interações biológicas. Em última análise, isso pode permitir a priorização dos tipos ou classes de materiais para os quais dados adicionais são necessários para diminuir a incerteza da avaliação de risco. [tradução livre][188]

Em 2010, a FAO em parceria com a Empresa Brasileira de Pesquisa e Agropecuária (EMBRAPA), realizaram em São Paulo, a *International Conference on Food and Agriculture Applications of Nanotechnologies*. Dessa vez, afirmou-se que haveria a necessidade de se adotar um quadro regulamentar confiável e estável que viabilize a exploração do potencial comercial da nanotecnologia, sem descuidar da proteção do

---

[187] FAO; OMS. *Reunión Conjunta de Expertos acerca de la aplicación de la nanotecnología en los sectores alimentario y agropecuario*: posibles consecuencias para la inocuidad de los alimentos. Informe de la Reunión. Roma: FAO/OMS, 2010. p. 75.

[188] FAO; OMS. *Reunión Conjunta de Expertos acerca de la aplicación de la nanotecnología en los sectores alimentario y agropecuario*: posibles consecuencias para la inocuidad de los alimentos. Informe de la Reunión. Roma: FAO/OMS, 2010. p. 76.

consumidor e do meio ambiente.[189] Alguns dos especialistas convocados defenderam a adoção de uma regulação mesmo diante da divergência sobre as definições e da delimitação da escala nanométrica. Para eles, é importante que o público tenha acesso às informações sobre a aplicação da nanotecnologia nos bens de consumo.[190]

Em 2013, uma nova parceria entre a FAO e OMS gerou um novo relatório denominado de *"State of the art on the initiatives and activities relevant to risk assessment and risk management of nanotechnologies in the food and agriculture sectors FAO/WHO technical paper."* Nesse novo estudo, os especialistas avaliaram os avanços mundiais ocorridos desde o último relatório em 2009, e fizeram novas recomendações, divergindo sobre o posicionamento adotado em 2010. Dentre as observações realizadas, os especialistas apontaram que "a ausência de legislação que trate especificamente dos nanomateriais utilizados em alimentos não significa que tais produtos caem em uma lacuna regulatória. [tradução nossa]"[191] E reforçaram: "A moderna legislação alimentar regula muitas questões relacionadas, por exemplo, com a saúde do consumidor, direito à informação e práticas justas de comércio e proteção ambiental. [tradução nossa]"[192]

Assim, as Organizações Internacionais que possuem estudos, manuais e guias sobre nanotecnologia ou nanotoxicologia na indústria de alimentos, em geral entendem que as pesquisas sobre avaliação de risco são adequadas e seguras, mas precisam de aperfeiçoamentos. Nesse ponto, é importante ressaltar que os especialistas indicam que a regulação atual já abrange a nanotecnologia tanto da perspectiva da segurança do alimento, quanto das normas direcionadas a proteção do consumidor.

1.2.3 Plano regional: A União Europeia e o Mercosul

Em um primeiro momento, a União Europeia aguardou o desenvolvimento de estudos sobre nanotecnologia para, em seguida, movimentar-se em direção à elaboração de regras específicas. Os primeiros estudos no nível regional foram

---

[189] FAO; EMBRAPA. *International Conference on Food and Agriculture Applications of Nanotechnologies*. Report of Technical Round table sessions. São Paulo, 2010. Disponível em: http://www.fao.org/fileadmin/user_upload/agns/pdf/nanoagri_2010.pdf. Acesso em: 10 jun. 2019. p. 21.

[190] FAO; EMBRAPA. *International Conference on Food and Agriculture Applications of Nanotechnologies*. Report of Technical Round table sessions. São Paulo, 2010. Disponível em: http://www.fao.org/fileadmin/user_upload/agns/pdf/nanoagri_2010.pdf. Acesso em: 10 jun. 2019. p.21-23.

[191] Nesse relatório, os especialistas fizeram um levantamento para avaliar os avanços da regulação e da pesquisa científica em diferentes países. FAO; OMS. *State of the art on the initiatives and activities relevant to risk assessment and risk management of nanotechnologies in the food and agriculture sectors*. Technical paper. Geneva: FAO/OMS, 2013. Disponível em: http://www.fao.org/3/i3281e/i3281e.pdf. Acesso em: 10 jun. 2019. p. 8.

[192] FAO; OMS. *State of the art on the initiatives and activities relevant to risk assessment and risk management of nanotechnologies in the food and agriculture sectors*. Technical paper. Geneva: FAO/OMS, 2013. Disponível em: http://www.fao.org/3/i3281e/i3281e.pdf. Acesso em: 10 jun. 2019. p. 8.

realizados em 1994, no âmbito do "programa específico de investigação e desenvolvimento tecnológico, incluindo demonstração, no domínio das tecnologias industriais e dos materiais pela Comissão Europeia."[193] Os avanços obtidos levaram a União Europeia, através do Conselho Europeu, a adotar em 2004, uma estratégia para o desenvolvimento seguro e responsável da nanotecnologia. Em 2005, um plano de ação mais complexo foi elaborado.[194] Em 2008, o "código de conduta para uma investigação responsável em nanociências e nanotecnologias" foi implementado.[195] No mesmo ano, a União Europeia publicou o primeiro Regulamento[196] que abarcou a nanotecnologia. O tema do Regulamento consiste na aplicação de aditivos em alimentos (Regulamento (CE) n. 1333/2008).[197] Atualmente, existem oito Regulamentos europeus que abordam a nanotecnologia, sendo que 6 deles regulam alguns aspectos do ciclo alimentar:

- Regulamento (CE) n. 1333/2008, relativo aos aditivos alimentares;
- Regulamento (CE) n. 450/2009, sobre materiais e objetos ativos e inteligentes destinados a entrar em contato com os alimentos;
- Regulamento (UE) n. 1169/2011, relativo à prestação de informações aos consumidores;
- Regulamento (UE) n. 10/2011, relativo aos materiais e objetos de matéria plástica destinados a entrar em contato com os alimentos.
- Regulamento (UE) nº 609/2013, relativo aos alimentos para lactentes e crianças pequenas, aos alimentos destinados a fins medicinais específicos e aos substitutos integrais da dieta para controlo do peso; e,

---

[193] UNIÃO EUROPEIA. *Decisão 94/571/CE,* do Conselho de 27 de julho de 1994, que adota um programa específico de investigação, desenvolvimento tecnológico e demonstração no domínio das tecnologias industriais e dos materiais (1994-1998). Disponível em: https://eur-lex.europa.eu/legal-content/PT/TXT/?uri=CELEX:31994D0571. Acesso em: 10 jun. 2019.

[194] UNIÃO EUROPEIA. *Comunicação COM(2005)243 final.* Comunicação da Comissão ao Conselho, ao Parlamento Europeu e ao Comité Económico e Social - Nanociências e nanotecnologias - Plano de ação para a Europa 2005-2009.Disponível em: https://eur-lex.europa.eu/legal-content/EN/TXT/?uri=COM:2005:0243:FIN. Acesso em: 10 jun. 2019.

[195] UNIÃO EUROPEIA. Recomendação da Comissão, de 7 de Fevereiro de 2008, relativa a um código de conduta para uma investigação responsável no domínio das nanociências e das nanotecnologias. Disponível em: https://eur-lex.europa.eu/legal-content/PT/TXT/?uri=CELEX%3A32008H0345. Acesso em: 10 jun. 2019. *p. 46-52*

[196] Para a União Europeia, "Um 'regulamento' é um ato legislativo vinculativo, aplicável em todos os seus elementos em todos os países da UE." Já as recomendações não são vinculativas: "Uma recomendação permite às instituições dar a conhecer os seus pontos de vista e sugerir uma linha de conduta sem, todavia, impor uma obrigação legal aos seus destinatários." UNIÃO EUROPEIA. *Regulamentos, diretivas e outros atos legislativos.* Disponível em: https://europa.eu/european-union/eu-law/legal-acts_pt. Acesso em: 10 jun. 2019.

[197] UNIÃO EUROPEIA. *Regulamento (CE) n.º 1333/2008* do Parlamento Europeu e do Conselho, de 16 de dezembro de 2008, relativo aos aditivos alimentares. Disponível em: https://eur-lex.europa.eu/legal-content/PT/TXT/PDF/?uri=CELEX:32008R1333&from=RO. Acesso em: 10 jun. 2019.

- Regulamento (UE) n. 2015/2283, relativo a novos alimentos; [198]

Através do Regulamento (CE) n. 1333/2008, a União Europeia estabeleceu que "os aditivos alimentares são substâncias que não são consumidas habitualmente como gêneros alimentícios em si mesmas, mas que são intencionalmente adicionadas aos gêneros alimentícios para atingir determinado objetivo tecnológico (...)." Cabe mencionar que os aditivos já liberados pela autoridade competente da União Europeia para alimentos (Autoridade Europeia para a Segurança dos Alimentos - EFSA), que utilizam novos métodos de produção ou matéria prima diferente, incluindo aí "a modificação da dimensão das partículas", deverão ser submetidos novamente a avaliação de risco, conforme item 13 e artigo 12, do respectivo Regulamento. [199] [200]

Nesse sentido, a EFSA é uma agência responsável por fornecer dados científicos e comunicar riscos ligados à cadeia alimentar. Ela atua de maneira autônoma no âmbito da União Europeia, independentemente das demandas do Parlamento, do Conselho, da Comissão e dos Estados membros. Foi criada em 2002, como uma das medidas abrangidas no Regulamento (CE) 178/2002, que trata dos princípios e normas gerais da legislação alimentar. A sua criação decorreu das crises alimentares ocorridas nesse

---

[198] Para Miettinen, existem outros regulamentos sobre alimentos na União Europeia que também são aplicáveis à nanotecnologia, mesmo que na ausência de previsão expressa: "(...) a Lei Alimentar Geral, o Regulamento (CE) n.º 1935/2004 relativo aos materiais e objetos destinados a entrar em contato com os alimentos, o Regulamento (CE) n.º 1332/2008 relativo às enzimas alimentares, o Regulamento (CE) n.º 1333/2008 relativo à aditivos alimentares, o Regulamento (CE) n.º 1334/2008, relativo a aromas e determinados ingredientes alimentares com propriedades aromatizantes e o Regulamento (CE) n.º 1107/2009 relativo à colocação dos produtos fitofarmacêuticos no mercado (PPC), são aplicáveis [à nanotecnologia], embora os nanomateriais não sejam expressamente mencionados.[tradução nossa]" MIETTINEN, Mirella. *Comparison of the approaches to regulate environmental, health, and safety risks of nanomaterials in the chemicals, food, and pesticides/biocides sectors in the EU and the US*. Obra (Mestrado em Direito). University of Eastern Finland. Law School. Finland, 2016. p. 28.

[199] Redação do item 13 do *Regulamento (CE) n.º 1333/2008*: "Considerando que (...) Os aditivos alimentares já autorizados ao abrigo do presente regulamento e que sejam preparados através de métodos de produção ou utilizem matérias-primas significativamente diferentes dos incluídos na avaliação de risco da Autoridade, ou diferentes das abrangidas pelas especificações estabelecidas, deverão ser submetidos à Autoridade para avaliação. A expressão 'significativamente diferentes' abrange, nomeadamente, uma alteração do método de produção, que passa da extracção a partir de vegetais para a produção por fermentação usando um microrganismo, uma modificação genética do microrganismo original, uma alteração das matérias-primas ou uma modificação da dimensão das partículas, incluindo o uso da nanotecnologia." UNIÃO EUROPEIA. *Regulamento (CE) n.º 1333/2008* do Parlamento Europeu e do Conselho, de 16 de dezembro de 2008, relativo aos aditivos alimentares. Disponível em: https://eur-lex.europa.eu/legal-content/PT/TXT/PDF/?uri=CELEX:32008R1333&from=RO. Acesso em: 10 jun. 2019.

[200] Redação do art. 12 do *Regulamento (CE) n.º 1333/2008*: "Alterações do processo de produção ou dos materiais de base de um aditivo alimentar já incluído numa lista comunitária: Caso um aditivo alimentar já esteja incluído numa lista comunitária e se verifique uma alteração significativa dos seus métodos de produção ou dos materiais de base utilizados ou se verifique uma mudança no tamanho das partículas através, por exemplo, da nanotecnologia, o aditivo alimentar preparado com estes novos métodos ou materiais de base deve ser considerado como um aditivo diferente, sendo necessário, antes da sua colocação no mercado, o aditamento de uma nova entrada nas listas comunitárias ou uma alteração das especificações." UNIÃO EUROPEIA. *Regulamento (CE) n.º 1333/2008* do Parlamento Europeu e do Conselho, de 16 de dezembro de 2008, relativo aos aditivos alimentares. Disponível em: https://eur-lex.europa.eu/legal-content/PT/TXT/PDF/?uri=CELEX:32008R1333&from=RO. Acesso em: 10 jun. 2019.

período, principalmente com o surto da encefalopatia espongiforme bovina (doença conhecida popularmente como "doença das vacas loucas"), Ainda, "Como avaliador de riscos, a EFSA produz pareceres científicos e aconselhamento que constituem a base das políticas e legislação europeias. [tradução livre]"[201]

Os critérios objetivos da EFSA para a avaliação de riscos dos *nanofoods* estão dispostos no *"Guidance on risk assessment of the application of nanoscience and nanotechnologies in the food and feed chain: Part 1, human and animal health."*[202] A competência da EFSA para a avaliação do risco abrange todo o sistema agroindustrial, inclusive o controle das embalagens em contato com o alimento, aditivos alimentares e alimentos para animais.[203] O guia detalha os métodos de avaliação de risco e descreve as situações caracterizadas pelo perigo na utilização do nanomaterial artificial.[204] O ônus na realização dos testes de toxidade é da sociedade empresária que solicita o registro da substância que será utilizada na produção ou na embalagem do alimento. O guia serve como parâmetro para a realização adequada desses testes.[205] Conforme se extrai do Guia e do Regulamento (UE) n. 2015/2283, a União Europeia segue o posicionamento da OCDE sobre a adequação e segurança dos testes de toxidade para os nanomateriais e nanopartículas aplicadas aos alimentos.[206]

---

[201] ABOUT EFSA. EFSA. [s.l / s.d.]. Disponível em: http://www.efsa.europa.eu/en/aboutefsa. Acesso em: 10 jun. 2019.

[202] A primeira edição do Guia da EFSA foi publicada em 2011, e a segunda edição em 2018. EFSA. Guidance on risk assessment of the application of nanoscience and nanotechnologies in the food and feed chain: Part 1, human and animal health. *EFSA Journal*, v. 16, n. 7, p. 1–210, jul. 2018.

[203] A avaliação de riscos para substâncias químicas, como, por exemplo, os agrotóxicos que utilizem nanopartículas artificiais é concentrada no Programa de Registo, Avaliação, Autorização e Restrição de Substâncias Químicas (REACH). Para consultar todas as regras sobre nanotecnologia nos produtos químicos na União Europeia acesse: https://echa.europa.eu/legislation.

[204] Um dos passos da avaliação dos nanomateriais consiste em "(...) testes especializados e aprofundados de neurotoxicidade, imunotoxicidade ou efeitos mediados pelo sistema endócrino. Em vista da potencial exposição a longo prazo dos alimentos, os efeitos potenciais dos nanomateriais no microbioma intestinal também são considerados, especialmente quando um nanomaterial tem efeitos antimicrobianos. [tradução nossa]". EFSA. Guidance on risk assessment of the application of nanoscience and nanotechnologies in the food and feed chain: Part 1, human and animal health. *EFSA Journal*, v. 16, n. 7, p. 1–210, jul. 2018. p. 5.

[205] Ao ônus de provar a segurança do alimento se atribui a frase "Sem dados, não há mercado" ou "no data, no market." MARCHANT, Gary E. et al. Big issues for small stuff: nanotechnology regulation and risk management. *Jurimetrics*: The Journal of Law, Science & Technology, v. 52, n. 3, p. 243-277, 2012. p. 5.

[206] Conforme a redação do item 26 do Regulamento (UE) n. 2015/2283: "No que se refere à possível utilização de nanomateriais para utilização alimentar, a Autoridade considerou, no seu parecer de 6 de abril de 2011 relativo a Orientações sobre a avaliação dos riscos da aplicação das nanociências e das nanotecnologias nas cadeias alimentares humana e animal, que existem poucas informações em relação a certos aspetos da nanotoxicocinética e da toxicologia dos nanomateriais artificiais e que os métodos de ensaio da toxicidade existentes podem carecer de alterações metodológicas. A Recomendação do Conselho da Organização de Cooperação e de Desenvolvimento Económico, de 19 de setembro de 2013, sobre Testes de Segurança e Avaliação de Nanomateriais Fabricados concluiu que as abordagens relativas à análise e à avaliação de produtos químicos tradicionais são, de um modo geral, adequadas para avaliar a

O Regulamento (UE) n. 2015/2283, traz a definição de "novos alimentos", abrangendo aqueles que tiveram, por exemplo, a sua estrutura molecular intencionalmente modificada ou que foram constituídos por nanomateriais artificiais. Cabe mencionar que a definição de nanomaterial artificial[207] utilizada para avaliação de risco no ciclo alimentar adotada tanto nesse Regulamento, quanto no Regulamento (UE) n. 1169/2011, está de acordo com as dimensões padronizadas pela ISO.[208] Portanto, para a União Europeia, os *nanofoods* são considerados novos alimentos:

> (10) A fim de assegurar um elevado nível de proteção da saúde humana e dos interesses dos consumidores, os alimentos constituídos por nanomateriais artificiais *deverão também ser considerados novos alimentos* no âmbito do presente regulamento. A definição de 'nanomateriais artificiais' consta atualmente do Regulamento (UE) n.º 1169/2011 do Parlamento Europeu e do Conselho. Para efeitos consistência e de coerência, é importante garantir que exista uma definição única de nanomateriais artificiais no domínio da legislação alimentar. O quadro legislativo adequado para a inclusão dessa definição é o presente regulamento. Por conseguinte, a definição de nanomateriais artificiais, bem como a correspondente atribuição de poderes delegados à Comissão, deverá ser suprimida no Regulamento (UE) n.º 1169/2011 e substituída por uma referência à definição constante do presente regulamento. Além disso, o presente regulamento deverá prever que a Comissão, por meio de atos delegados, adeque e adapte a definição de nanomateriais artificiais constante do presente regulamento aos progressos científicos e técnicos ou às

---

segurança dos nanomateriais, mas podem ter de ser adaptadas às especificidades dos nanomateriais. A fim de avaliar melhor a segurança de nanomateriais para utilização alimentar e colmatar as atuais lacunas a nível dos conhecimentos e os métodos de mediação em matéria de toxicologia, podem ser necessários métodos de ensaio, incluindo ensaios sem utilização de animais, que tenham em conta as características específicas dos nanomateriais artificiais." UNIÃO EUROPEIA. *Regulamento (UE) n. 2015/2283*, do Parlamento Europeu e do Conselho, de 25 de novembro de 2015, relativo a novos alimentos, que altera o Regulamento (UE) n. 1169/2011 do Parlamento Europeu e do Conselho e que revoga o Regulamento (CE) n. 258/97 do Parlamento Europeu e do Conselho e o Regulamento (CE) n. 1852/2001 da Comissão. Disponível em: https://eur-lex.europa.eu/legal-content/PT/TXT/PDF/?uri=CELEX:32015R2283&from=en. Acesso em: 10 jun. 2019.

[207] Cabe mencionar que a EFSA possui um projeto chamado "NanoDefine", que atua em conjunto com diversos atores sociais, na busca pela melhor definição de nanotecnologia. PORTAL NANODEFINE. *Methods for the implementation of the European definition of a nanomaterial*. [s.d. / s.l.]. Disponível em: http://www.nanodefine.eu/. Acesso em: 10 jun. 2019.

[208] Nos termos do art. 3, inciso 2, item "f", do *Regulamento (UE) n. 2015/2283*: "'Nanomaterial artificial', um material intencionalmente produzido com uma ou mais dimensões da ordem de 100 nm ou menos, ou composto por partes funcionais distintas, internamente ou à superfície, muitas das quais têm uma ou mais dimensões da ordem de 100 nm ou menos, incluindo estruturas, aglomerados ou agregados que, conquanto possam ter uma dimensão superior a 100 nm, conservam propriedades características da nanoescala." UNIÃO EUROPEIA. *Regulamento (UE) n. 2015/2283*, do Parlamento Europeu e do Conselho, de 25 de novembro de 2015, relativo a novos alimentos, que altera o Regulamento (UE) n. 1169/2011 do Parlamento Europeu e do Conselho e que revoga o Regulamento (CE) n. 258/97 do Parlamento Europeu e do Conselho e o Regulamento (CE) n. 1852/2001 da Comissão. Disponível em: https://eur-lex.europa.eu/legal-content/PT/TXT/PDF/?uri=CELEX:32015R2283&from=en. Acesso em: 10 jun. 2019.

definições acordadas a nível internacional. [destaque nosso][209]

Além dos ingredientes com aditivos nanotecnológicos, a União Europeia regulou a nanotecnologia aplicada às embalagens em contato com o alimento. Duas categorias foram reguladas, as embalagens inteligentes (Regulamento CE n. 450/2009) e os objetos de matéria plástica (Regulamento EU n. 10/2011). Ambos os Regulamentos ressaltam que a toxidade das partículas utilizadas na embalagem depende da sua dimensão. A avaliação de risco deve ser realizada caso a caso, sendo que a utilização comercial de uma embalagem com nanotecnologia, depende de autorização específica da EFSA.[210]

Devido ao risco de contaminação do leite materno, os alimentos destinados especificamente para lactentes e crianças que possuam aditivos alimentares com nanotecnologia, devem ser submetidos a novos testes, nos termos do Regulamento (UE) n. 2015/2283. O fundamento jurídico utilizado está no princípio da precaução, pois o objetivo desse Regulamento é evitar a colocação de produtos no mercado de consumo com "(...) substâncias em quantidade que ponha em perigo a saúde das pessoas a que se destinam."[211]

Além dos testes de toxidade e as medidas administrativas para liberação do uso de determinado nanomaterial artificial, a informação ao consumidor de nanoalimentos também foi objeto de regulação. O Regulamento (UE) n. 1169/2011, no art. 18, estabelece que: "3. Os ingredientes contidos sob a forma de nanomateriais artificiais devem ser claramente indicados na lista de ingredientes. A palavra 'nano' entre parêntesis deve figurar a seguir aos nomes destes ingredientes."[212] Nesse sentido, na União Europeia há uma obrigatoriedade de rotular os nanoalimentos, mediante o

---

[209] Trata-se da redação original do item 10, do Regulamento (UE) n. 2015/2283. UNIÃO EUROPEIA. *Regulamento (UE) n. 2015/2283*, do Parlamento Europeu e do Conselho, de 25 de novembro de 2015, relativo a novos alimentos, que altera o Regulamento (UE) n. 1169/2011 do Parlamento Europeu e do Conselho e que revoga o Regulamento (CE) n. 258/97 do Parlamento Europeu e do Conselho e o Regulamento (CE) n. 1852/2001 da Comissão. Disponível em: https://eur-lex.europa.eu/legal-content/PT/TXT/PDF/?uri=CELEX:32015R2283&from=en. Acesso em: 10 jun. 2019.

[210] Conforme previsão expressa contida no item 14 do Regulamento CE n. 450/2009, e no item 27 e artigo 9º do Regulamento EU n. 10/2011.

[211] UNIÃO EUROPEIA. *Regulamento (UE) n. 609/2013* do Parlamento Europeu e do Conselho de 12 de junho de 2013, relativo aos alimentos para lactentes e crianças pequenas, aos alimentos destinados a fins medicinais específicos e aos substitutos integrais da dieta para controlo do peso e que revoga a Diretiva 92/52/CEE do Conselho, as Diretivas 96/8/CE, 1999/21/CE, 2006/125/CE e 2006/141/CE da Comissão, a Diretiva 2009/39/CE do Parlamento Europeu e do Conselho e os Regulamentos (CE) n. 41/2009 e (CE) n. 953/2009 da Comissão. Disponível em: https://eur-lex.europa.eu/legal-content/pt/TXT/?uri=CELEX%3A32013R0609. Acesso em: *10 jun. 2019.*

[212] *UNIÃO EUROPEIA. Regulamento (UE) n. 1169/2011*, do Parlamento Europeu e do Conselho de 25 de Outubro de 2011, relativo à prestação de informação aos consumidores sobre os géneros alimentícios, que altera os Regulamentos (CE) n. 1924/2006 e (CE) n. 1925/2006 do Parlamento Europeu e do Conselho e revoga as Diretivas 87/250/CEE da Comissão, 90/496/CEE do Conselho, 1999/10/CE da Comissão, 2000/13/CE do Parlamento Europeu e do Conselho, 2002/67/CE e 2008/5/CE da Comissão e o Regulamento (CE) n. 608/2004 da Comissão. Disponível em: https://eur-lex.europa.eu/LexUriServ/LexUriServ.do?uri=OJ:L:2011:304:0018:0063:PT:PDF. Acesso em: 10 jun. 2019.

acréscimo de informações na lista de ingredientes.[213] Contudo, não há obrigatoriedade de rotular os alimentos que, apesar de não utilizarem ingredientes nanotecnológicos, utilizam embalagens com nanopartículas artificiais.

Em sentido oposto e atravessando o Atlântico, o Mercado Comum do Sul (MERCOSUL), não possui decisões, debates ou grupos de trabalho voltados para o estudo da nanotecnologia. O MERCOSUL, instituído pelo Tratado de Assunção[214], visa a construção de um Mercado Comum que está atualmente em uma fase de União Aduaneira considerada "imperfeita". Trata-se de uma área de livre-comércio. Não possui uma moeda única, nem a livre circulação de pessoas. Além disso, as decisões tomadas no âmbito do MERCOSUL dependem de aprovação e incorporação ao ordenamento interno dos Estados-membros, não havendo uma aplicabilidade direta.[215]

A entrada da temática dos alimentos no MERCOSUL se deu em 1992, na ocasião da Rio-92. Contudo, os trabalhos sobre Segurança Alimentar foram iniciados apenas em 2008, com a instalação de comissões permanentes.[216] Os resultados das pesquisas foram apresentados nos principais Seminários sobre alimentos do Mercosul em 2008 e 2015, ambos sediados em Brasília. A abordagem adotada concentrou-se no aspecto do combate à fome e à desnutrição, não havendo debates sobre avaliação de risco na inclusão de novas tecnologias no processamento de alimentos, na agricultura e na indústria de embalagens alimentares.[217]

---

[213] Os biocidas perfazem outra categoria de produtos com nanopartículas artificiais que, segundo a União Europeia, devem ser obrigatoriamente rotulados com a informação sobre os nanocomponentes utilizados, conforme o art. 58, inciso III, do Regulamento (UE) Nº 528/2012. UNIÃO EUROPEIA. *Regulamento (UE) n. 528/2012*, do Parlamento Europeu e do Conselho de 22 de maio de 2012, relativo à disponibilização no mercado e à utilização de produtos biocidas. Disponível em: https://eur-lex.europa.eu/legal-content/PT/TXT/PDF/?uri=CELEX:32012R0528&from=EN. Acesso em: 10 jun. 2019.

[214] MERCOSUL. Tratado para a constituição de um Mercado Comum entre a República Argentina, a República Federativa do Brasil, a República do Paraguai e a Republica oriental do Uruguai *(Tratado de Assunção)*. Assinado em 26 de março de 1991. Disponível em: http://www.tprmercosur.org/pt/docum/Tratado_de_Assuncao_pt.pdf. Acesso em: 10 jun. 2019.

[215] OLIVEIRA, Liliana Saraiva de. O Mercosul e a União Europeia: Uma breve comparação. *Publicações da Escola da AGU*. v. 2. n.21. p. 203-224. 2012. p. 214.

[216] VIGNA, Edélcio. Segurança Alimentar no âmbito do Mercosul e do Parlasul. *Conselho Nacional de Segurança Alimentar e Nutricional (CONSEA)*. Presidência da República, 30 out 2008. Disponível em: http://www4.planalto.gov.br/consea/comunicacao/artigos/2008/seguranca-alimentar-no-ambito-do-mercosul-e-do-parlasul. Acesso em: 30 jun. 2019.

[217] SEGURANÇA alimentar no Mercosul é tema de seminário. Conselho Nacional de Segurança Alimentar e Nutricional (CONSEA). Presidência da República, 7 nov. 2008. Disponível em: http://www.secretariadegoverno.gov.br/noticias/2008/11/not_07112008. Acesso em: 30 jun. 2019; PAÍSES do Mercosul debatem segurança e soberania alimentar, em Brasília Conselho Nacional de Segurança Alimentar e Nutricional (CONSEA). Presidência da República, 15 jun. 2015. Disponível em: http://www4.planalto.gov.br/consea/comunicacao/noticias/2015/junho/paises-do-mercosul-debatem-seguranca-e-soberania-alimentar-em-brasilia. Acesso em: 30 jun. 2019.

Interessante notar que, no nível regional, na União Europeia a temática dos nanofoods já recebeu uma regulação abrangente através da edição de Regulamentos que abordam incidentalmente a temática da nanotecnologia. A UE revela a preocupação na introdução de novos alimentos sem o aval da autoridade competente (EFSA) e da avaliação de risco. O principal objetivo está em minimizar a incorporação de nanomateriais prejudiciais à saúde dos consumidores. Ao passo que no Mercosul inexistem discussões direcionadas a essa temática.

1.2.4 Plano nacional: As políticas e os projetos de lei brasileiros e alguns apontamentos sobre a experiência norte-americana

Nos dois subtópicos seguintes serão analisadas as construções regulatórias e administrativas domésticas que pretendem incorporar a nanotecnologia nos diplomas nacionais e desenvolver políticas públicas nesse setor. Nesse passo, o primeiro subtópico abordará as políticas e os projetos de lei brasileiros, inclusive o recente Projeto de Lei do Senado n. 880/2019, sobre a adoção do Marco Legal da Nanotecnologia e Materiais Avançados (item 2.2.4.1). Em seguida, serão observados os avanços da regulação no cenário norte-americano, principalmente no que tange ao pioneirismo da regulação ocorrida na Cidade de Berkeley, na Califórnia (item 2.2.4.2).

1.2.4.1 As políticas e os projetos de lei brasileiros

O Brasil ainda não possui regulação específica referente à nanotecnologia e aos nanoalimentos, mas tem iniciativas de fomento à pesquisa científica no Poder Executivo e alguns Projetos de Lei que tramitaram ou tramitam no Congresso Nacional.[218]

O Poder Executivo adota algumas iniciativas que visam o desenvolvimento científico e a aplicação industrial da nanotecnologia em diversas áreas. Para a execução e controle dessas atividades, foram criados o Comitê Consultivo de Nanotecnologia (CCNano) e o Comitê Interministerial de Nanotecnologia (CIN), tendo sido instituído, neste último Comitê, um Grupo de Trabalho sobre Regulação (GT-Reg). Além disso, instituiu-se o Sistema Nacional de Laboratórios em Nanotecnologias (SisNANO), que identificou e estabeleceu centros nacionais de pesquisa em nanotecnologia e nanotoxicologia.[219] Todas essas ações foram englobadas no ano de 2019, pela denominada "Iniciativa Brasileira de Nanotecnologia (IBN)" através da Portaria n.

---

[218] O cenário nacional brasileiro será explorado com mais profundidade porque demonstra o estado atual da nanotecnologia no País. http://www.portaldaindustria.com.br/cni/canais/industria-2027/noticias/mctic-avanca-na-elaboracao-de-marco-regulatorio-para-nanotecnologia-no-brasil/

[219] MCTIC. *Diálogos setoriais entre Brasil e União Europeia*: Regulação da nanotecnologia no Brasil e na União Europeia. Brasília: MCTI, 2014.

3.459, de 26 de julho de 2019.[220]

O CCNano, criado pela Portaria n. 441, de 24 de abril de 2014, do Ministério da Ciência, Tecnologia, Inovações e Comunicações (MCTIC), foi dissolvido pela nova Portaria n. 324, de 17 de janeiro de 2018, também editada pelo respectivo Ministério, cuja nomenclatura passou a ser "Comitê Consultivo de Nanotecnologia e Novos Materiais (CCNANOMAT)". Foram constituídos os novos membros e acrescida uma nova matéria ao comitê acerca do estudo de novos materiais. Contudo, a supramencionada Portaria foi revogada no ano seguinte,[221] e em 6 de novembro de 2019, o Presidente da República emitiu o Decreto n. 10.095, que dispõe sobre a nova constituição e o funcionamento do CCNANOMAT, que permaneceu vinculado ao MCTIC.[222] Cabe mencionar que o principal objetivo do CCNANOMAT é assessorar na alocação de recursos, na avaliação de programas, nas ações e nos projetos sobre nanotecnologia.

Já o CIN, criado pela Portaria n. 510, de 10 de julho de 2012, pelo MCTIC, conta com a participação de diversos Ministérios e possui como principal função a assessoria, aprimoramento de políticas, diretrizes e ações relacionadas ao desenvolvimento das nanotecnologias no Brasil. Cabe a esse Comitê propor mecanismos de integração e coordenação, o planejamento e a implementação das nanotecnologias, bem como a recomendação de planos e programa e, ainda, a indicação de alocação de recursos financeiros para as áreas de pesquisa, desenvolvimento e inovação em nanotecnologias.[223]

Através desses Comitês, o Brasil celebrou acordos internacionais com a Argentina,

---

[220] BRASIL. Ministério da Ciência, Tecnologia, Inovações e Comunicações. Gabinete do Ministro. Portaria n. 3.459, de 26 de julho de 2019. Institui a Iniciativa Brasileira de Nanotecnologia, como principal programa estratégico para incentivo da Nanotecnologia no país. *Diário Oficial da União*. Brasília, DF, 8 de outubro de 2019, Seção 1, Edição 152, Página 286. Disponível em: http://www.in.gov.br/web/dou/-/portaria-n-3.459-de-26-de-julho-de-2019-209514505. Acesso em: 16 ago. 2019.

[221] BRASIL. Ministério da Ciência, Tecnologia, Inovações e Comunicações. Gabinete do Ministro. Portaria n. 5.145, de 27 de setembro de 2019. Revoga portarias, em decorrência da extinção de colegiados pelo Decreto nº 9.759, de 11.04.2019, que estabelece diretrizes, regras e limitações para colegiados da administração pública federal. *Diário Oficial da União*. Brasília, DF, 03 de outubro de 2019, Seção 2, Página 11. Disponível em: https://www.mctic.gov.br/mctic/opencms/legislacao/portarias/Portaria_MCTIC_n_5145_de_27092019.html. Acesso em: 22 nov. 2019.

[222] BRASIL. *Decreto n. 10.095, de 6 de novembro de 2019*. Dispõe sobre o Comitê Consultivo de Nanotecnologia e Novos Materiais no âmbito do Ministério da Ciência, Tecnologia, Inovações e Comunicações. Brasília, DF: Presidência da República, [2019]. Disponível em: http://www.planalto.gov.br/ccivil_03/_ato2019-2022/2019/decreto/D10095.htm. Acesso em: 22 nov. 2019.

[223] Além do CIN, há o Sistema Brasileiro de Tecnologia (Sibratec), que instituiu redes de investigação em nanotecnologia. MCTIC. *Plano de ação de CT&I para tecnologias convergentes e habilitadoras*: Volume I, Nanotecnologia. Brasília: MCTIC, 2019. Disponível em: https://www.mctic.gov.br/mctic/export/sites/institucional/tecnologia/tecnologias_convergentes/arquivos/cartilha_plano_de_acao_nanotecnologia.pdf. Acesso em: 9 jun. 2019. p. 35.

Japão e União Europeia, visando a cooperação e compartilhamento de estudos sobre as nanotecnologias e as experiências com regulações específicas.[224]

O SisNANO, por sua vez, foi instituído pela Portaria n. 245, de 5 de abril de 2012, e modificado pela Portaria n. 2.376, de 16 de maio de 2019, ambas do MCTIC. A regulamentação foi atualizada com a Instrução Normativa n. 11, de 2 agosto de 2019.[225] O sistema é formado por laboratórios e parceiros credenciados direcionados à pesquisa, desenvolvimento e inovação em nanotecnologia, sendo que há duas categorias de laboratórios e uma categoria de parceiros: os laboratórios estratégicos vinculados ao Governo Federal, por exemplo, nas universidades públicas; os laboratórios associados, que podem ser da iniciativa privada; e, os parceiros estratégicos (laboratórios ou Institutos privados) das diversas áreas da nanotecnologia. Há incentivos às pesquisas mediante a disponibilização de recursos públicos aos laboratórios credenciados. Segundo o MCTIC, existem 26 laboratórios brasileiros vinculados ao SisNANO e dedicados ao estudo das nanotecnologias.[226] Com base na atualização normativa realizada no ano de 2019, o SisNANO passou a ser competente também para "(...) apoiar o processo de regulação e regulamentação do uso e das aplicações de produtos baseados em nanotecnologia no Brasil."[227]

O MCTIC, conta ainda com uma Secretaria de Desenvolvimento Tecnológico e Inovação (SETEC), que atua no "apoio ao desenvolvimento tecnológico e inovador as tecnologias convergentes e habilitadoras, em especial das áreas de Nanotecnologia, Fotônica, Materiais Avançados e Tecnologias para Manufatura Avançada."[228] Conforme esboçado no planejamento estratégico do MCTIC, a diversidade de atores

---

[224] MCTIC. *Diálogos setoriais entre Brasil e União Europeia*: Regulação da nanotecnologia no Brasil e na União Europeia. Brasília: MCTI, 2014. p. 66.

[225] BRASIL. Ministério da Ciência, Tecnologia, Inovações e Comunicações. Gabinete do Ministro. Instrução normativa n. 11, de 2 de agosto de 2019. Diário Oficial da União: seção 1, Brasília, DF, n. 154, p. 9 ago. 2019. Disponível em: http://pesquisa.in.gov.br/imprensa/servlet/INPDFViewer?jornal=515&pagina=9&data=12/08/2019&captchafield=firstAccess. Acesso em: 22 nov. 2019.

[226] Em 2019, um novo chamamento público foi lançado para selecionar novos laboratórios e parceiros que comporão o SisNANO. Os atuais laboratórios estão listados no website: MCTIC. *Laboratórios estratégicos do SISNANO*: Incentivos ao desenvolvimento. MCTIC. Disponível em: http://www.mctic.gov.br/mctic/opencms/tecnologia/incentivo_desenvolvimento/sisnano/laboratorios.html?searchRef=sisnano&tipoBusca=expressaoExata. Acesso em: 10 jun. 2019.

[227] BRASIL. Ministério da Ciência, Tecnologia, Inovações e Comunicações. Gabinete do Ministro. Portaria n. 2.376, de 16 de maio de 2019. Altera a Portaria MCTI n° 245, de 05.04.2012, que institui o Sistema Nacional de Laboratórios em Nanotecnologias – SisNANO. *Diário Oficial da União*. Brasília, DF, 17 de maio de 2019, Seção 1, Página 10. Disponível em: https://www.mctic.gov.br/mctic/opencms/legislacao/portarias/Portaria_MCTIC_n_2376_de_16052019.html. Acesso em: 22 nov. 2019.

[228] MCTIC. *Plano de ação de CT&I para tecnologias convergentes e habilitadoras*: Volume I – Nanotecnologia. Brasília: MCTIC, 2019. Disponível em: https://www.mctic.gov.br/mctic/export/sites/institucional/tecnologia/tecnologias_convergentes/arquivos/cartilha_plano_de_acao_nanotecnologia.pdf. Acesso em: 9 jun. 2019. p. 5.

produtores e beneficiários da nanotecnologia leva a criação de um cenário que possui dois lados: o lado do impulso tecnológico (*Technology-push*) e o lado da Pressão da Demanda (*Demand-pull*).

> No lado do Impulso Tecnológico, estão os Sistemas e Programas Nacionais, os Laboratórios Públicos e Privados, os Institutos de Ciência Tecnologia e Inovação (ICTIs) e os Institutos de Ensino Superior (IES) alinhados com as frentes de ação em Nanotecnologia, Fotônica, Materiais Avançados e Tecnologias para Manufatura Avançada. No outro lado, encontra-se a Pressão da Demanda, que se conecta com as frentes de ação através de elementos de atração, que são ações concretas para a efetivação de pontes de acesso robustas para ciência e tecnologia atingir o mercado pela inovação. Todo esse ecossistema está integrado e suportado pelos demais Ministérios, agências de fomento, terceiro setor e governos estaduais, no qual o esforço deve ser concentrado na integração entre a academia e indústria.[229]

Os Grupos de Trabalho e Comitês criados pelo Poder Executivo, pautam suas atividades científicas na regulação internacional, especificamente nas normas técnicas da ISO sobre nanotecnologia, bem como no direito comunitário europeu e no direito americano. Nesse sentido, há uma tendência de colaboração e cooperação internacional nessa seara. Cita-se como exemplo o projeto regional europeu, já finalizado, voltado ao estudo das questões regulatórias da nanotecnologia, denominado de *"A common European approach to the regulatory testing of nanomaterials - NANoREG"*. O Projeto reuniu esforços de 16 países da Europa, bem como do Brasil, Japão, Austrália, Coréia do Sul e Canadá.[230]

Da mesma forma, instituições como a Coordenação de Aperfeiçoamento de pessoal de Nível Superior (CAPES) e o Conselho Científico e Tecnológico (CNPQ), possuem programas de fomento para áreas de concentração e linhas de pesquisa relacionadas à essa nova tecnologia, inclusive sobre a sua regulação.[231]

Cabe ressaltar, ainda, que a Agência Nacional de Vigilância Sanitária (ANVISA), vinculada ao Ministério da Saúde e competente para regulamentar, controlar e

---

[229] Menciona-se que um novo plano estratégico para a nanotecnologia foi lançado em 2019. Ele parte da Estratégia Nacional de Ciência e Tecnologia (ENCTI), bem como no Estudo de materiais avançados 2010-2022, ambos desenvolvidos pelo MCTIC. Nesse passo, a ENCTI menciona expressamente o campo dos nanoalimentos: "iii. Fortalecimento das pesquisas em áreas de fronteira do conhecimento (biotecnologia, bioinformática, nanotecnologia, modelagem, simulação e automação), visando ao aumento da produtividade, à adaptação à mudança do clima e à defesa agropecuária." MCTIC. *Plano de ação de CT&I para tecnologias convergentes e habilitadoras*: Volume I, Nanotecnologia. Brasília: MCTIC, 2019. Disponível em: https://www.mctic.gov.br/mctic/export/sites/institucional/tecnologia/tecnologias_convergentes/arquivos/cartilha_plano_de_acao_nanotecnologia.pdf. Acesso em: 9 jun. 2019. p. 16.
[230] MCTIC. *Diálogos setoriais entre Brasil e União Europeia*: Regulação da nanotecnologia no Brasil e na União Europeia. Brasília: MCTI, 2014.
[231] CALAÇA, Irene. Nanotecnologia: subsídios para o acompanhamento do tema. In: *Revista Brasileira de Inteligência*. n. 9. Brasília: ABIN, maio 2005. p. 46.

fiscalizar os alimentos e os aditivos alimentares, já realizou estudos voltados à nanotecnologia, que abrangeu apenas os setores de cosméticos e medicamentos.[232] Além disso, a Agência não realiza a distinção entre materiais de escala normal e de escala nanométrica. Diante dessa lacuna, a ANVISA reconheceu em sua agenda regulatória 2015-2016, que a nanotecnologia encontra-se em "(...) uma lacuna regulatória em que há presença de assimetria de informações, bem como de insuficiência de referências metodológicas para análise dos eventuais riscos."[233]

A ANVISA Instituiu em 10 de junho de 2013, o Comitê Interno de Nanotecnologia (CIN), através da Portaria n. 993, que possui a finalidade de elaborar diagnósticos institucionais da vigilância sanitária sobre a nanotecnologia e sobre os produtos que utilizam essa tecnologia, bem como o estudo das regulações internacionais e comunitárias sobre a temática. Como resultado dos trabalhos, publicou em 25 de março de 2014, o primeiro "Diagnóstico Institucional de Nanotecnologia da ANVISA", indicando os temas sujeitos a atuação regulatória. Demonstrou-se, também, a importância da disponibilização de informações fidedignas ao consumidor, bem como do estudo sobre segurança dos nanomateriais. O documento traz informativo sobre os produtos que estão registrados na ANVISA e que fazem menção ao uso de nanotecnologias: estimou-se que em 2014, existissem 599 produtos cosméticos, 10 medicamentos, 7 produtos para saúde, 1 produto alimentício.[234] Ocorre que essa menção sobre o uso de nanotecnologias nos produtos é facultativa para o requerente do registro, ou seja, não demonstra com fidelidade o real cenário dos produtos com nanomateriais.

Recentemente, a ANVISA lançou a segunda edição do programa denominado Programa de Estudos Experienciais, que tem como objetivo aproximar os servidores que estudam a regulação com os pesquisadores que executam pesquisas científicas de diversas áreas, para que ao final se elabore regulações adequadas para cada campo. Dentre as áreas de interesse, a ANVISA elencou a nanotecnologia em materiais de uso em saúde como área prioritária, tendo em vista que consta na Agenda Regulatória

---

[232] OLIVEIRA, Liziane Paixão Silva; MARINHO, Maria Edevalcy; FUMAGALI, Ellen de Oliveira. Nanomedicamentos e os desafios da ANVISA diante da inexistência de um marco regulatório no Brasil. In: *Revista Amazon's Research and Environmental Law - AREL FAAR*, v.3, n. 3, p. 36-51, 2015. p. 40.

[233] AGÊNCIA NACIONAL DE VIGILÂNCIA SANITÁRIA. *Agenda regulatória 2015/2016*. 2014. Disponível em: http://portal.anvisa.gov.br/documents/10181/2719431/Manual%2Bde%2BOrienta%C3%A7%C3%B5es%2B-%2BJPC_rev_TRC.pdf/e69e79e4-bd63-40ab-b45e-f331c41a19ed. Acesso em: 4 jul. 2018. p. 34.

[234] AGÊNCIA NACIONAL DE VIGILÂNCIA SANITÁRIA. *Diagnóstico Institucional de Nanotecnologia da ANVISA*. 2014. Disponível em: http://portal.anvisa.gov.br/documents/219201/219401/Diagn%25C3%25B3stico%2BInstitucional%2Bde%2BNanotecn ologia%2B-%2BCIN%2B2014%2B-%2BDicol.pdf/36a88213-b849-473d-97c1-fdccb6a2f84c. Acesso em: 14 jan. 2019.

2017-2020 como campo da ciência que merece atenção regulatória urgente.[235] Ressalte-se que nessa edição do Programa não há menção à estudos sobre os nanoalimentos.

No campo alimentar, a EMBRAPA instituiu em 2005, a Rede de nanotecnologia Aplicada ao Agronegócio (Rede AgroNano). [236] Tal iniciativa conta com vários pesquisadores e visa a sua aplicação em todo o ciclo alimentar. Um total de nove workshops já foram realizados sobre a temática. O último aconteceu em 2017, e reuniu mais de 170 pesquisas científicas que demonstram os avanços científicos da temática no Brasil, nos campos do desenvolvimento de embalagens funcionais, revestimentos comestíveis e outras nanotecnologias que visam aprimorar as técnicas do sistema agroindustrial.[237]

Os esforços realizados para o estudo e a regulação da nanotecnologia no Poder Executivo, foram compartilhados com o Poder Legislativo que, através dos seus parlamentares, propuseram cinco Projetos de Lei, visando, ora a criação de uma política nacional de nanotecnologias, ora a rotulagem de produtos com nanomateriais, e, mais recentemente, a instituição de um "Marco Legal da Nanotecnologia e Materiais Avançados."

O primeiro Projeto de Lei possuía como escopo a regulamentação de todas as áreas da nanotecnologia e foi proposto em 2005, pelo Deputado Edson Duarte (Projeto de Lei n. 5.076/2005). Visava a adoção de uma Política Nacional de Nanotecnologia, a criação de uma Comissão Técnica Nacional de Nanossegurança e de um fundo de desenvolvimento da nanotecnologia, mas foi arquivado em 2008, sob o fundamento de inflação regulatória no domínio do desenvolvimento tecnológico, bem como pelo monitoramento excessivo e restrições às pesquisas com nanomateriais. O Relator do Projeto argumentou que não há necessidade de um marco regulatório específico para as nanotecnologias, pois as leis vigentes no país já respondem aos problemas do desenvolvimento desta tecnologia, citando leis específicas, tais como: Leis n.

---

[235] ANVISA. *Agenda regulatória 2015/2016.* Brasília, 2014. Disponível em: http://portal.anvisa.gov.br/documents/10181/2719431/Manual%2Bde%2BOrienta%C3%A7%C3%B5es%2B-%2BJPC_rev_TRC.pdf/e69e79e4-bd63-40ab-b45e-f331c41a19ed. Acesso em: 4 jul. 2018.

[236] Sobre a temática consultar: EMBRAPA. Quem somos: Rede de nanotecnologia aplicada ao agronegócio. *Rede Agronano*, [s.l./s.d.]. Disponível em: https://www.agropediabrasilis.cnptia.embrapa.br/web/agronano-rede/rede. Acesso em: 10 jun. 2019.

[237] As temáticas dos workshops "(...) vão de sensores e biossensores no monitoramento de alimentos, solos e águas; filmes finos comestíveis e embalagens inteligentes para alimentos; bionanocompósitos; sistemas de liberação controlada de fármacos e insumos; estratégias de valoração de produtos agrícolas; avaliações de ciclo de vida e aspectos toxicológicos de nanopartículas e nanoestruturas; entre outros indicam apenas um recorte da grande potencialidade que a nanotecnologia tem a ofertar para o agronegócio brasileiro." EMBRAPA (org.). *Anais do IX Workshop da rede de nanotecnologia aplicada ao agronegócio.* São Carlos: Embrapa Instrumentação, 2017. p. 8.

9.279/1996; 9.782/1999 e 11.105/2005.[238]

O segundo Projeto de Lei, proposto pelo Senador Tião Vianna (Projeto de Lei n. 131/2010), visou a alteração do Decreto-Lei n. 986/1969, que trata de normas básicas sobre alimentos, bem como a alteração da Lei n. 6.360/76, que dispõe sobre a vigilância sanitária, especificamente sobre drogas, insumos farmacêuticos, cosméticos e outras substâncias. O objetivo desse Projeto, que foi arquivado em 2013, era de determinar que os rótulos, embalagens, bulas, etiquetas e materiais publicitários de produtos com nanotecnologia, informassem e esclarecesse ao consumidor a presença de nanomateriais na composição do produto, através de símbolos, por exemplo. O principal argumento para o arquivamento consistiu na inexistência de estudos científicos que indiquem a nocividade da nanotecnologia no produto final.[239]

O terceiro Projeto de Lei, cujo proponente foi o Deputado Sarney Filho (Projeto de Lei n. 5.133/2013, também abordava a regulamentação da rotulagem de produtos da nanotecnologia (nanomateriais) e de produtos que fazem uso da nanotecnologia (produto final que contêm nanomateriais). O Projeto foi arquivo em 31 de janeiro de 2019, nos termos do art. 105, do Regimento Interno da Câmara dos Deputados. O principal objetivo do Projeto, segundo a justificação elaborada pelo Proponente, era adequar a realidade da nanotecnologia ao Código de Defesa do Consumidor (CDC), especificamente do art. 6 do diploma, no que tange ao direito à informação dos consumidores. O Projeto trazia em sua justificação um item sobre os estudos de toxidade dos nanoalimentos e das embalagens que utilizam a nanotecnologia para conservar o alimento, ressaltando a importância de regular o setor e informar o consumidor sobre os possíveis danos à saúde e ao meio ambiente.[240]

O quarto Projeto, registrado sob o n. 6.741/2013, proposto também pelo Deputado Sarney Filho, dispunha sobre a Política Nacional de Nanotecnologia, a pesquisa, a produção e o destino de rejeitos e o uso da nanotecnologia no país. O Projeto foi apensando ao Projeto de Lei n. 5.133/2013, e arquivado em 31 de janeiro de 2019. O

---

[238] BRASIL. Câmara dos Deputados. *Projeto de Lei n. 5.076/2005.* (2005). Dispõe sobre a pesquisa e o uso da nanotecnologia no País, cria Comissão Técnica Nacional de Nanossegurança - CTNano, institui Fundo de Desenvolvimento de Nanotecnologia - FDNano, e dá outras providências. Disponível em: https://www.camara.leg.br/proposicoesWeb/prop_mostrarintegra;jsessionid=66796628BA9A9F732B3E136277CAB41 0.node2?codteor=337343&filename=Avulso+-PL+5076/2005. Acesso em: 10 jun. 2019.

[239] BRASIL. Senado Federal. *Projeto de Lei n° 131, de 2010.* (2010). Altera o Decreto-Lei nº 986, de 21 de outubro de 1969, que institui normas básicas sobre alimentos, e a Lei nº 6.360, de 23 de setembro de 1976, que dispõe sobre a vigilância sanitária [...]. Disponível em: https://www25.senado.leg.br/web/atividade/materias/-/materia/96840. Acesso em: 10 jun. 2019.

[240] BRASIL. Câmara dos Deputados. *Projeto de Lei 5.133/2013.* (2013). Regulamenta a rotulagem de produtos da nanotecnologia e de produtos que fazem uso da nanotecnologia. Disponível em: https://www.camara.leg.br/proposicoesWeb/fichadetramitacao?idProposicao=567257. Acesso em: 11 jun. 2019. p. 3-4.

texto de justificativa do Projeto, era voltado para a criação de um cadastro nacional que abrangesse todo o processo produtivo nanotecnológico, bem como a comercialização e o descarte dos produtos, fomentando, ainda, os estudos toxicológicos.[241]

Recentemente, o Senador Jorginho Mello apresentou um novo Projeto de Lei sobre a nanotecnologia. O PL do Senado n. 880/2019, visa instituir o "Marco Legal da Nanotecnologia e Materiais Avançados" e estimular o "(...) desenvolvimento científico, à pesquisa, à capacitação científica e tecnológica e à inovação nanotecnológica." Além de propor regras específicas para o setor, o Projeto também modifica alguns dispositivos da Lei nº 10.973, de 2 de dezembro de 2004, que "Dispõe sobre incentivos à inovação e à pesquisa científica e tecnológica no ambiente produtivo", para introduzir a nanotecnologia no rol de políticas públicas em inovação científica e tecnológica.

Uma lista de conceitos sobre termos específicos é elencada na proposta de alteração. Nesse sentido, o proponente conceituou a nanotecnologia como: "uma tecnologia transversal, disruptiva e pervasiva dedicada à compreensão, controle e utilização das propriedades da matéria na nanoescala, visando o controle das propriedades da matéria e a criação de nanomateriais e materiais avançados"[242] Na redação do Projeto não existem delimitações acerca do tamanho do nanomaterial, mas o art. 4º do Projeto menciona a criação por regulamento de um órgão específico voltado à adoção de políticas públicas em nanotecnologia, com a participação da sociedade civil no processo decisório.

A nanossegurança também é conceituada no PLS n. 880/2019, como um "conjunto de ferramentas que preveem, prescrevem e proscrevem o desenvolvimento de produtos e processos nanotecnológicos, de forma a garantir a segurança ambiental, ocupacional e sanitária de toda a sua cadeia de valor." É interessante notar que além desse conceito, existe a previsão da criação de um "Programa Nacional de Nanossegurança", que ficará responsável pela instituição de um "modelo de avaliação da segurança de nanomateriais e nanoprodutos", observando o desenvolvimento no cenário internacional, através das discussões da OCDE, bem como, das diretrizes

---

[241] BRASIL. Câmara dos Deputados. *Projeto de Lei 6.741/2013*. (2013b). Dispõe sobre a Política Nacional de Nanotecnologia, a pesquisa, a produção, o destino de rejeitos e o uso da nanotecnologia no país, e dá outras providências. p. 11 . Disponível em: < https://www.camara.leg.br/proposicoesWeb/fichadetramitacao?idProposicao=600333>. Acesso em: 10 jun. 2019.

[242] BRASIL. Senado Federal. *Projeto de Lei n° 880, de 2019*. (2019). Institui o Marco Legal da Nanotecnologia e Materiais Avançados; dispõe sobre estímulos ao desenvolvimento científico, à pesquisa, à capacitação científica e tecnológica e à inovação nanotecnológica; altera as Leis nº 10.973, de 2 de dezembro de 2004, e nº 8.666, de 21 de junho de 1993; e dá outras providências. Disponível em:https://legis.senado.leg.br/sdleg-getter/documento?dm=7919258&ts=1559247337975&disposition-=inline. Acesso em: 10 jun. 2019.

estabelecidas nos Objetivos de Desenvolvimento Sustentável (ODS).[243]

Em 11 de dezembro de 2019, o Projeto n. 880/2019, foi aprovado na Comissão de Constituição e Justiça (CCJ), com alterações significativas no texto apresentado pelo seu autor. O relator Senador Rodrigo Cunha ressaltou que o texto continha disposições inconstitucionais, que precisavam ser sanadas. Dentre tais alterações, acrescentou o princípio da precaução e da proteção do consumidor, como diretrizes orientadoras do desenvolvimento nanotecnológico.[244]

Apesar da propositura dos cinco Projeto de Lei no Congresso Nacional e das iniciativas do Poder Executivo no domínio nanotecnológico, observa-se no atual cenário regulatório brasileiro uma tendência de "esperar e observar" (*wait and see*)[245] em todas as áreas de aplicação da nanotecnologia.

1.2.4.2 Apontamentos sobre a experiência norte-americana na regulação de *nanofoods*

Nos Estados Unidos da América (EUA), as pesquisas em nanotecnologia foram intensificadas após a criação da NNI, no ano 2000.[246] Os investimentos bilionários no setor, fizeram desse país o líder no desenvolvimento de pesquisas e na criação de bens de consumo nanotecnológicos.[247] Dentre as Agências que atuam na fiscalização e avaliação de riscos em nanotecnologia, estão a *Food and Drug Administration* (FDA) e a *United States Environmental Protection Agency* (EPA), sendo que essa última possui

---

[243] Conforme a redação do Art. 5º do Projeto de Lei. BRASIL. Senado Federal. *Projeto de Lei n° 880, de 2019*. (2019). Institui o Marco Legal da Nanotecnologia e Materiais Avançados; dispõe sobre estímulos ao desenvolvimento científico, à pesquisa, à capacitação científica e tecnológica e à inovação nanotecnológica; altera as Leis nº 10.973, de 2 de dezembro de 2004, e nº 8.666, de 21 de junho de 1993; e dá outras providências. Disponível em:https://legis.senado.leg.br/sdleg-getter/documento?dm=7919258&ts=15592473-37975&disposition-=inline. Acesso em: 10 jun. 2019.

[244] BRASIL. Senado Federal. *Relatório Legislativo ao Projeto de Lei n° 880, de 2019, de 11 de dezembro de 2019*. (2019). Comissão de Constituição, Justiça e Cidadania (CCJ). Relator Senador Rodrigo Cunha. Disponível em: https://legis.senado.leg.br/sdleg-getter/documento?dm=8054337&ts=1576100113601&disposition=inline. Acesso em: 20 jan. 2020.

[245] A política denominada pela literatura especializada de *wait and see*, revela um posicionamento de não adotar marcos regulatórios para a nanotecnologia e aguardar os próximos passos do seu desenvolvimento. Sobre a temática consultar: RODINE-HARDY, Kirsten. Nanotechnology and Global Environmental Politics: Transatlantic Divergence. *Global Environmental Politics*, v. 16, n. 3, p. 89–105, ago. 2016; MIETTINEN, Mirella. *Comparison of the approaches to regulate environmental, health, and safety risks of nanomaterials in the chemical, food, and pesticides / biocides sectors in the EU and the US*. Obra (Mestrado em Direito). University of Eastern Finland. Law School. Finland, 2016; MILLER, John et al. *The Handbook of Nanotechnology:* Business, policy, and intellectual property law. New Jersey: John Wiley & Sons, 2005.

[246] A NNI foi abordada no tópico 2.1.2, desta obra.

[247] Os EUA não possuem uma definição legal de nanotecnologia, mas seguem as regras da ISO sobre o tema. FDA. Guidance for Industry Considering Whether an FDA-Regulated Product Involves the Application of Nanotechnology. *U.S. Department of Health and Human Services*. p. 1–14, 2014. Disponível em: http://www.fda.gov/RegulatoryInformation/Guidances/ucm257698.htm. Acesso em: 10 jun. 2019. p. 6.

um regulamento específico para o registro de produtos químicos com nanopartículas artificiais. Não há regulação específica para o setor alimentar.

A FDA, Agência responsável pela regulação de diversos produtos, incluindo alimentos, medicamentos e cosméticos, emitiu alguns documentos de orientação (guias e manuais) sobre tópicos relacionados a aplicação da nanotecnologia nos produtos de sua competência. Os guias emitidos não estabelecem responsabilidades legalmente executáveis, apenas orientações sobre o posicionamento atual da Agência.[248] Eles derivaram das discussões realizadas no âmbito dos Grupos de Trabalho, com a finalidade de estudar possíveis abordagens regulatórias.[249] Em um dos relatórios, a FDA afirma que as nanopartículas artificiais possuem alta reatividade e uma interação química diferenciada, se comparada com as partículas macro.[250] Contudo, entende que o arranjo normativo existente sobre alimentos abrange implicitamente a nanotecnologia. Afirma também que não há necessidade de um marco regulatório específico, apenas modificações pontuais na legislação existente:[251]

> A FDA regulamentará os produtos nanotecnológicos sob as autoridades estatutárias existentes, de acordo com as regras específicas aplicáveis a cada tipo de produto sob sua jurisdição. Consideramos que a estrutura atual para avaliação de segurança é suficientemente robusta e flexível para ser adequada a uma variedade de materiais, incluindo nanomateriais. A FDA mantém uma política regulatória baseada no produto e na ciência. As avaliações técnicas serão específicas do produto, levando em conta os efeitos dos nanomateriais no contexto biológico e mecânico particular de cada produto e seu uso pretendido. Como tal, as políticas específicas para cada área, variarão de acordo com as autoridades estatutárias e os marcos regulatórios relevantes. Acreditamos que essa política regulatória permite abordagens personalizadas que aderem às estruturas legais aplicáveis e refletem as características de produtos ou classes de produtos específicos e a evolução da tecnologia e da

---

[248]FDA. Guidance for Industry Considering Whether an FDA-Regulated Product Involves the Application of Nanotechnology. *U.S. Department of Health and Human Services*. p. 1–14, 2014. Disponível em: http://www.fda.gov/RegulatoryInformation/Guidances/ucm257698.htm. Acesso em: 10 jun. 2019.

[249] FDA. *Nanotechnology fact sheet*. FDA: Washington, 2018. Disponível em: https://www.fda.gov/science-research/nanotechnology-programs-fda/nanotechnology-fact-sheet. Acesso em: 10 jun. 2019.

[250] FDA. Guidance for Industry Considering Whether an FDA-Regulated Product Involves the Application of Nanotechnology. *U.S. Department of Health and Human Services*. p. 1–14, 2014. Disponível em: http://www.fda.gov/RegulatoryInformation/Guidances/ucm257698.htm. Acesso em: 10 jun. 2019. p. 7.

[251] Daniel Ratner e Mark Ratner discordam desse posicionamento: "Nós [os EUA] precisamos de uma FNA (Agência Federal de Nanotecnologia) para complementar os tremendos esforços de desenvolvimento da Iniciativa Nacional de Nanotecnologia com regulamentação apropriada, assessoria política, aprovação de produtos e monitoramento. Esta agência deve empreender o desenvolvimento, adoção e aplicação de aspectos estatutários e regulatórios da nanotecnologia e tecnologias avançadas associadas.[tradução nossa]" RATNER, Dan; RATNER, Mark. *Nanotechnology and Homeland Security*: New Weapons for New Wars. New Jersey: Prentice Hall, 2004. p. 132.

compreensão científica.[252]

Segundo a FDA, os avanços da regulação dependem da solução de dois problemas. O primeiro envolveria a necessidade do desenvolvimento de novas ferramentas e técnicas de análise de nanotoxidade. O segundo consistiria na lacuna regulatória de produtos não sujeitos à competência da Agência, ou seja, nem todos os produtos alimentícios seriam abrangidos pelos regulamentos da FDA, pois alguns escapariam da avaliação de risco pré-mercado. Enquanto as pendências entravarem a regulamentação, a FDA tem orientado os fornecedores a procurarem a Agência para a realização de testes de risco, com o objetivo de acelerar a evolução dessa área.[253] Mirella Miettinen afirma que a FDA "(...) concentra-se no desenvolvimento de métodos de teste para avaliar a segurança de produtos que usam nanomateriais através de seus seis programas de nanotecnologia. [tradução nossa]."[254]

Por outro lado, a EPA regulou a nanotecnologia através do Regulamento RIN 2070–AJ54.[255] Tal regra trouxe ao fabricante a obrigatoriedade de alimentar um banco de dados com informações de substâncias químicas produzidas com nanopartículas artificiais (por exemplo, nano-agrotóxicos). Assim, quando o fabricante pleiteia o registro de um nanoproduto deve indicar a "identidade química, dados de teste disponíveis em relação a efeitos ambientais ou à saúde, usos pretendidos, volume de produção, subprodutos gerados, práticas de descarte e estimativa de risco na exposição em humanos. [tradução nossa]"[256] Os dados são compilados em um relatório

---

[252] FDA. Guidance for Industry Considering Whether an FDA-Regulated Product Involves the Application of Nanotechnology. *U.S. Department of Health and Human Services.* p. 1–14, 2014. Disponível em: http://www.fda.gov/RegulatoryInformation/Guidances/ucm257698.htm. Acesso em: 10 jun. 2019. p. 11.

[253] Segundo a Agência: "A abordagem de política regulatória da FDA é consistente com os princípios políticos relevantes do governo dos EUA e apoia a inovação sob supervisão apropriada. A indústria permanece responsável por garantir que seus produtos atendam a todos os requisitos legais aplicáveis, incluindo padrões de segurança - independentemente da natureza emergente de uma tecnologia envolvida na fabricação de um produto. A FDA encoraja a indústria a consultar a Agência no início do processo de desenvolvimento de produtos para tratar de quaisquer questões relacionadas à segurança, eficácia ou outros atributos de produtos que contenham nanomateriais, ou sobre o status regulatório de tais produtos. Consultas antecipadas com a FDA facilitam um entendimento mútuo das questões científicas e regulatórias específicas para produtos de nanotecnologia. [tradução nossa]." FDA. Nanotechnology fact sheet. *Programas de Nanotecnologia da FDA.* EUA: 2018. Disponível em: https://www.fda.gov/science-research/nanotechnology-programs-fda/nanotechnology-fact-sheet. Acesso em: 10 jun. 2019. [n.p.].

[254] MIETTINEN, Mirella. *Comparison of the approaches to regulate environmental, healt , and safety risks of nanomaterials in the chemicals, food , and pesticides/biocides sectors in the EU and the US.* Obra (Mestrado em Direito). University of Eastern Finland. Law School. Finland, 2016. p. 37.

[255] Nos termos da Seção 3, da Lei de Controle de Substâncias Tóxicas (Toxic Substances Control Act - TSCA), os alimentos estão excluídos do registro realizado pela EPA. O Regulamento "RIN 2070–AJ54", pode ser acessada através do link: https://www.federalregister.gov/documents/2017/01/12/2017-00052/chemical-substances-when-manufactured-or-processed-as-nanoscale-materials-tsca-reporting-and. Acesso em: 10 jun. 2019.

[256] MIETTINEN, Mirella. *Comparison of the approaches to regulate environmental, health, and safety risks of nanomaterials in the chemicals, food, and pesticides/biocides sectors in the EU and the US.* Obra (Mestrado em Direito). University of Eastern Finland. Law School. Finland, 2016. p. 22.

enviado pelo fabricante à Agência, 90 (noventa) dias antes da fabricação ou da comercialização do produto.[257] A regra que cria tal dever, começou a vigorar em 14 de agosto de 2017. Ainda não existem dados oficiais sobre o volume atual de nanomateriais registrados, mas antes da vigência da Lei, época em que o envio de dados sobre nano era facultativo, existiam cerca de 200 nanoprodutos cadastrados na EPA.[258]

Mieczyslaw Malec ressalta que desde 1999, no cenário federal, um total de 185 leis que envolviam direta ou indiretamente a nanotecnologia foram propostas no Congresso Nacional Americano. Grande parte dessas proposições não chegaram sequer a serem aprovadas nas comissões, sendo que as poucas delas foram discutidas no plenário e envolviam, em sua maioria, questões orçamentárias (em inovação e pesquisa).[259]

É interessante notar que a postura americana no nível federal, que consiste em aguardar o aprimoramento dos dados sobre a nanotecnologia para posteriormente regular, não interferiu na regulação californiana. Nesse Estado, a partir do segundo semestre de 2008, o Departamento de Controle de Substâncias Tóxicas (*Department of Toxic Substances Control* - DTSC), passou a colher algumas informações sobre nanomateriais utilizados na indústria.[260] Em relatório elaborado em 2009, o DTSC após realizar visitas a dez sociedades empresárias que desenvolvem nanomateriais, entendeu que a nanotecnologia está presente em grandes, médias e pequenas empresas, sendo que nessas últimas há uma dificuldade com a realização dos testes de toxidade, seja pela sua complexidade, seja pelo seu alto custo. Nas recomendações do Departamento, indicou-se a importância da circulação da informação da utilização dos nanomateriais artificiais dentro do processo produtivo, entre as próprias sociedades

---

[257] Conforme o posicionamento oficial da Agência: "A EPA procura facilitar a inovação, garantindo a segurança das substâncias. A coleta de informações não pretende concluir que os materiais em nanoescala causarão danos à saúde humana ou ao meio ambiente. Em vez disso, a EPA usará as informações coletadas para determinar se qualquer ação adicional sob a TSCA, incluindo coleta de informações adicionais. [tradução nossa]" EPA. Reviewing New Chemicals under the Toxic Substances Control Act (TSCA). *EPA*. EUA: 2019. Disponível em: https://www.epa.gov/reviewing-new-chemicals-under-toxic-substances-control-act-tsca/control-nanoscale-materials-under. Acesso em: 10 jun. 2019.

[258] MIETTINEN, Mirella. *Comparison of the approaches to regulate environmental, health, and safety risks of nanomaterials in the chemicals, food, and pesticides/biocides sectors in the EU and the US.* Obra (Mestrado em Direito). University of Eastern Finland. Law School. Finland, 2016. p. 42.

[259] MALEC, Mieczyslaw. *A regulatory framework for nanotechnology.* Obra (Master of Arts in Security Studies). Naval Postgraduate School, Monterey, 2018. p. 33.

[260] Apesar de não mencionar expressamente os nanomateriais nas regras estaduais californianas, a possibilidade de realização de testes de toxidade e fiscalização de utilização de produtos químicos na indústria, adveio de uma emenda que altera o *Health and Safety Code*, aprovada em 29 de setembro de 2006. Tal alteração legislativa foi utilizada como fundamento jurídico para viabilizar a atividade de controle que o DTSC passou a realizar em relação à nanotecnologia. CALIFÓRNIA. *Health and Safety Code.* Califórnia: Assembleia Legislativa, 2019. Disponível em: https://leginfo.legislature.ca.gov/faces/codesTOCSelected.xhtml?tocCode=HSC&tocTitle=+Health+and+Safety+Code+-+HSC. Acesso em: 13 ago. 2019.

empresárias. Apontou-se, também, a importância da disponibilização desta informação ao consumidor, pois existem desafios para a concretização de testes de toxidade que garantam a segurança do produto para o consumo humano.[261]

No nível municipal californiano, a Cidade de Berkeley, foi pioneira mundial ao incluir em 15 de dezembro de 2006, no seu Código Municipal, disposições sobre a obrigatoriedade dos fabricantes, pesquisadores e sociedades empresárias de apresentarem às agências competentes, os planos de manejo e a motivação na utilização de nanopartículas em processos de pesquisa ou de produção e, ainda, de corroborar seu pedido administrativo com estudos sobre a sua potencial toxidade.[262]

Por fim, os dados elencados nos subtópicos do tópico 2.2, levam a concluir que as tentativas de regulação da nanotecnologia consistem em uma temática complexa e demasiadamente debatida no cenário internacional, regional e nacional. No cenário internacional as organizações internacionais impulsionam o debate sobre os riscos da utilização da nanotecnologia nos alimentos, gerando diretrizes para o desenvolvimento responsável dessa nova tecnologia. Por outro lado, a União Europeia lidera a produção de regras sobre a temática, demonstrando grandes avanços na área de avaliação de risco, principalmente no estabelecimento de regras obrigatórias aos fornecedores de alimentos, além da adoção da rotulagem obrigatória dos *nanofoods*. No cenário nacional brasileiro, existem diversas frentes de pesquisa científica em nanotecnologia, mas há um grande descompasso no setor regulatório. Não existem regras específicas para a nanotecnologia. Contudo, esse cenário pode ser alterado em um futuro próximo, em decorrência da existência do Projeto de Lei n. 880/2019, que está tramitando no Senado Federal e das iniciativas e estudos para a regulação existentes tanto no MCTIC, quanto no Ministério da Saúde (MS), através da ANVISA. Já nos EUA, existem posicionamentos oficiais que revelam a preferência pela não regulação na esfera federal, o que parece não prejudicar o desenvolvimento científico, tendo em vista os altos investimentos realizados no setor.

---

[261] DEPARTMENT OF TOXIC SUBSTANCES CONTROL. Nanomaterial Company visits report. *DTSC*. Califórnia, 2009. Disponível em: https://dtsc.ca.gov/wp-content/uploads/sites/31/2017/05/Nanomaterial-Company-Visit-Report.pdf. Acesso em: 13 ago. 2019.

[262] Nesse sentido, a "seção 15.12.050" do Código Municipal, inclusa dentro do "capítulo 15.12", sobre materiais perigosos, informa que: "Todas as nanopartículas manufaturadas, definidas como uma partícula com um eixo menor que 100 nanômetros de comprimento, devem ser relatadas no plano de divulgação. [tradução não oficial]." Além disso, a seção 15.12.040, presente no mesmo capítulo, explica a quem se destina a obrigação de prestar informações à autoridade administrativa: "Todas as instalações que fabricam ou utilizam nanopartículas artificiais, devem apresentar uma declaração separada da toxicologia atual dos materiais relatados, até o ponto conhecido, e como a instalação irá manusear, monitorar, conter, descartar, rastrear estoques, prevenir liberações e mitigar os riscos. [tradução não oficial]." BERKELEY. Código Municipal (The Berkeley Municipal Code). Atualizado até 9 de julho de 2019. Berkeley: Câmara Legislativa, 2019. Disponível em: https://www.codepublishing.com/CA/Berkeley/html/pdfs/Berkeley15.pdf. Acesso em: 13 ago. 2019.

Tendo como base os diferentes cenários elencados acima, as opções sobre o tratamento jurídico da nanotecnologia podem ser resumidas em três frentes: a) a adequação das atuais normas existentes, sem a necessidade de alterações que partem de "dentro" do Estado, mas que contam com a criação de soft laws desenvolvidas por agentes pertencentes à iniciativa privada; b) a necessidade da realização de ajustes e alterações pontuais no quadro normativo existente, através da regulamentação pelas agências reguladoras; e, c) a adoção de um marco regulatório específico que preveja um aparato administrativo que englobe as diferentes áreas de aplicação da nanotecnologia. Menciona-se que esse último cenário ainda não possui exemplos de implementação porque foram somente pensados por alguns dos atores trabalhados acima.

As três opções contam com abordagens teóricas distintas, sendo que os panoramas explorados acima revelam uma tendência pela adoção da segunda categoria apresentada, ou seja, a preferência pelos ajustes e alterações pontuais na regulamentação já existente, com base nos avanços alcançados nos diferentes centros de referência em nanotecnologia e nanotoxicologia. Cabe mencionar que a hipótese central dessa pesquisa, indica que, no Brasil, haveria a necessidade de adoção de um marco regulatório específico que abarcasse o desenvolvimento científico, sustentável e seguro dessa nova tecnologia através de um sistema administrativo específico. Entretanto, a completa refutação dessa hipótese depende, ainda, da compreensão do funcionamento e da adequação dos sistemas administrativos de segurança alimentar no Brasil à nanotecnologia. É o que o próximo capítulo explorará.

CAPÍTULO 2

A REGULAÇÃO DA SEGURANÇA ALIMENTAR: HÁ ESPAÇO PARA OS "NANOFOODS"?

O presente capítulo aborda a temática da segurança alimentar a partir de dois enfoques distintos. O primeiro tópico (item 2.1), tem como objetivo compreender a interconexão entre a evolução da segurança alimentar e o desenrolar teórico e histórico dos princípios da precaução e da prevenção. Os questionamentos que conduzem esta parte da pesquisa consistem em: Quais conceitos são utilizados para delimitar o termo segurança alimentar? Qual foi o papel das Organizações Internacionais no desenvolvimento desses conceitos? O histórico evolutivo dos princípios da prevenção e da precaução apontam para a proteção do consumidor, principalmente no que se refere à saúde e à segurança? Quais são as críticas dirigidas ao princípio da precaução? Existem outros princípios a serem ponderados na questão alimentar? Como a segurança alimentar encaixa-se no contexto do comércio internacional de alimentos?

O segundo tópico (item 2.2), especializa a discussão da segurança alimentar e desmembra o arranjo normativo e organizacional dedicado ao setor no Brasil. O principal objetivo é compreender qual é o agente estatal responsável pela regulação e a fiscalização do setor "nanoalimentar". Assim, outros questionamentos servem de guia para o autor, quais sejam: Como surgiu e se desenvolveu o Sistema Nacional de Segurança Alimentar e Nutricional? Partindo das Leis e regulamentos específicos que regem o setor, quais são as competências da ANVISA? Tal Agência é responsável por garantir o desenvolvimento seguro da nanotecnologia aplicada aos alimentos? O modelo administrativo aplicado aos Organismos Geneticamente Modificados abrange os *nanofoods*? Qual é o posicionamento oficial de cada um dos Órgãos competentes acerca da nanotecnologia?

2.1 A alimentação na "sociedade de risco"[263]

Este tópico realiza a delimitação conceitual da segurança alimentar, tendo como base o desenvolvimento histórico dos elementos da quantidade e da qualidade, além de trazer o posicionamento institucional das Organizações Internacionais competentes na seara alimentar. Compreendendo, ainda, em qual sentido os nanoalimentos se encaixam nesse conceito (item 2.1.1). Em seguida, aborda-se a temática da prevenção e da precaução e a sua ligação histórica com a segurança alimentar (item 2.1.2). As divergências presentes na literatura jurídica também fazem parte da análise, principalmente no que tange a adoção do princípio da bioequivalência substancial na seara alimentar (item 2.1.3). Por último e partindo do pressuposto que os *nanofoods* podem fazer parte do comércio internacional, o último subtópico (item 2.1.4) adentra na temática dos Acordos TBT e SPS, demonstrando a sua possível aplicabilidade no contexto nanotecnológico.

2.1.1 A delimitação conceitual da segurança alimentar

Nas últimas décadas, a segurança alimentar ganhou importância na agenda mundial. Os debates sobre a sua delimitação conceitual ocorreram nos níveis internacional, regional e nacional. Diversos conceitos foram construídos de acordo com as diferentes culturas e com as peculiaridades de cada época. Simon Maxwell e Timothy R. Frankenberger ressaltam que até 1991, cerca de 180 conceitos de segurança alimentar já haviam sido catalogados no mundo.[264] Essa intensa produção adveio das discussões lançada no seio das Organizações intergovernamentais e da literatura especializada na temática alimentar.

O arcabouço criado e constantemente atualizado, perpassa pelo histórico do desenvolvimento da segurança alimentar desde a década de 1970, até os dias atuais.[265] A abordagem histórica é necessária nesta obra para demonstrar a evolução da segurança alimentar, que perpassa pelo combate à fome e à desnutrição, até alcançar

---

[263] O principal precursor da nomenclatura "sociedade de risco", foi o sociólogo alemão Ulrich Beck. A primeira obra sobre o tema "Risikogesellschaft: Auf dem Weg in eine andere Moderne", foi lançada pelo autor em 1986, na Alemanha. Posteriormente, a obra foi traduzida para dezenas de idiomas, sendo que em português a tradução do título e subtítulo consistiu em: "Sociedade de Risco: Rumo a uma outra modernidade."

[264] MAXWELL, Simon; FRANKENBERGER, Timothy. *Household Food Security*: concepts, indicators, Measurements. A technical Review. Nova Iorque: UNICEF/IFAD, 1992. Disponível em: http://socialprotection.gov.bd/wp-content/uploads/2017/06/IFAD-HH-Food-Security-Full-Document.pdf. Acesso em: 20 jun. 2019. p. 4.

[265] NASCIMENTO, Amália Leonel; ANDRADE, Sonia Lúcia L Sousa. Segurança alimentar e nutricional: pressupostos para uma nova cidadania? *Ciência e Cultura*, São Paulo, v. 62, n. 4, p. 34-38, out. 2010. Disponível em: http://cienciaecultura.bvs.br/scielo.php?script=sci_arttext&pid=S0009-67252010000400012. Acesso em: 6 jul. 2019; MALUF, Renato S.; MENEZES, Francisco; VALENTE, Contribuição ao Tema da Segurança Alimentar no Brasil. *Cadernos de Debate (UNICAMP)*, Campinas, v. 4, p. 66-88, 1996. Disponível em: https://www.researchgate.net/publication/266884132_Caderno_'Seguranca_Alimentar'. Acesso em: 13 jun. 2019.

a sua especialização com a preocupação centrada na segurança sanitária do alimento,[266] ponto chave na temática dos *nanofoods*.

O principal motivo para a crescente preocupação com a segurança alimentar desde meados de 1970,[267] decorreu da crise alimentar global que aconteceu nesse período.[268] O foco principal estava nos problemas do fornecimento, principalmente em dois fatores: a disponibilidade e a estabilidade de preços dos alimentos básicos. Esse cenário impulsionou a FAO,[269] a realizar a Primeira Conferência Mundial de Alimentação em 1974, direcionando a criação de políticas públicas a questão da produção de alimentos. Nessa oportunidade, a FAO entendeu que a segurança alimentar se relacionava com a "disponibilidade em todos os momentos de fornecimento mundial adequado de alimentos básicos para sustentar uma expansão constante do consumo de alimentos e compensar as flutuações na produção e nos preços [tradução nossa]."[270]

Ultrapassado o auge da crise alimentar e com algumas políticas já concretizadas em decorrência da Revolução Verde, os especialistas entenderam que o problema da alimentação não consistia apenas na produção de alimentos (que representava a disponibilidade e a estabilidade), envolvia aspectos mais amplos de acesso pela

---

[266] Conforme o conceito elaborado por Ediná Alves Costa: "A regulação sanitária é um exercício de poder, por isso que a Vigilância Sanitária detém o chamado poder de polícia que lhe permite limitar o exercício dos direitos individuais em benefício do interesse público (...). Compreende-se, assim, que o poder é um atributo para o cumprimento do dever que tem o Estado de proteger a saúde. Na busca da segurança sanitária, a vigilância sanitária, como braço especializado do Estado para a regulação em saúde, deve acionar tecnologias de intervenção, informações, metodologias e estratégias afinadas com o conhecimento científico atualizado e os valores estabelecidos na nossa Constituição." COSTA, Ediná Alves. Fundamentos da vigilância sanitária. In: COSTA, Ediná Alves (org.). *Vigilância Sanitária*: temas para debate. Salvador: EDUFBA, 2009. p. 17.

[267] O delineamento histórico da segurança alimentar desenvolvido nesta obra, foi baseado e inspirado nos fatos sociais elencados na obra: ORGANIZAÇÃO DAS NAÇÕES UNIDAS PARA A ALIMENTAÇÃO E A AGRICULTURA. *Trade reforms and food security*: Conceptualizing the Linkages. Roma: FAO, 2003.

[268] O Grupo Banco Mundial (Em inglês, *World Bank Group*) estimou que em nível mundial, nesse período, aproximadamente 730 milhões de pessoas não tinham acesso a alimentos em quantidade e qualidade suficientes para suprir as suas necessidades básicas. BANCO MUNDIAL. *Poverty and Hunger*: Issues and Options for Food Security in Developing Countries. Washington: The International Bank for Reconstruction and Development/The World Bank, 1986. Disponível em: http://documents.worldbank.org/curated/en/166331467990005748/pdf/multi-page.pdf. Acesso em: 1 jun. 2019. p.1.

[269] A Organização das Nações Unidas para Agricultura e Alimentação (FAO), é a principal Organização que promove os compromissos e os acordos sobre a alimentação no cenário internacional. ABOUT FOOD and Agriculture Organization of the United Nations. In: FAO, [Roma, s.d.]. Disponível em: http://www.fao.org/about/en/. Acesso em: 5 jun. 2019.

[270] ORGANIZAÇÃO DAS NAÇÕES UNIDAS. *Relatório da Conferência Mundial de Alimentos*: Roma 5-16 de novembro de 1974. Nova York: FAO, 1974. Apud: ESCRITO de sua excelência Dom Agostino Ferrari-Toniolo, observador permanente da Santa Sé junto da FAO sobre a VIII Sessão Anual do Conselho Mundial da Alimentação e Estratégia Alimentar. In: L'Osservatore Romano, ed. Seminal em Português, Vaticano, Roma, 1982. Disponível em: http://www.vatican.va/roman_curia/secretariat_state/archivio/documents/rc_seg-st_19820621_fao-mexico_po.html. Acesso em: 6 mai. 2019.

população, que não possuía recursos para adquiri-lo.[271] Em 1983, a FAO expandiu o conceito, visando "garantir que todas as pessoas tenham acesso físico e econômico aos alimentos básicos de que precisam."[272] Assim, a segurança alimentar passou a abranger três dimensões: a disponibilidade, a estabilidade e o acesso.

Em continuidade, o Banco Mundial lançou um relatório em 1986, introduzindo um conceito sobre a insegurança alimentar, dividindo-o em dois enfoques: a insegurança crônica e a insegurança transitória. O primeiro demonstra o cenário da ausência de alimentos suficientes de maneira contínua, que gera problemas de saúde e, até mesmo, a morte da pessoa. Essa situação pode decorrer da impossibilidade de adquirir ou produzir alimentos em contextos de conflitos armados ou de crises financeiras. O segundo cenário mostra que essa inadequação da dieta é temporária ou sazonal, seja pela instabilidade de preços dos alimentos, seja pela escassez momentânea, mas que pode gerar os mesmos efeitos maléficos do primeiro cenário. No estudo do Banco Mundial, se construiu outro conceito de segurança alimentar que trouxe algumas novidades, pois entendeu que se tratava do "acesso de todas as pessoas, em todos os momentos, a comida suficiente para uma vida ativa e saudável. [tradução nossa]."[273]

A partir da década de 1990, uma nova vertente passou a ser debatida. Tratava-se da preocupação com a qualidade do alimento, fase que pode ser considerada como a quarta dimensão do conceito. Em um primeiro momento, os aspectos nutricionais (qualidade nutricional) foram absorvidos, visando garantir além do acesso, um aprimoramento na qualidade de vida das pessoas. Os aspectos culturais (qualidade cultural) consubstanciados nas preferências alimentares de cada comunidade também foram eleitos como noções importantes na alimentação. Nesse passo, o Relatório de Desenvolvimento Humano do Programa das Nações Unidas para o Desenvolvimento (PNUD), elaborado em 1994, incluiu essa nova visão de segurança alimentar como um dos eixos do direito humano à alimentação adequada. A construção estabelecida envolve diversos fatores multisetoriais (saúde, nutrição, lazer, trabalho, seguridade social, entre outros), para se alcançar a denominada "segurança humana".[274]

Cabe mencionar que o direito humano à alimentação já estava positivado em

---

[271] ORGANIZAÇÃO DAS NAÇÕES UNIDAS PARA A ALIMENTAÇÃO E A AGRICULTURA. *Trade reforms and food security*: Conceptualizing the Linkages. Roma: FAO, 2003. Não paginado (Capítulo 2).
[272] ORGANIZAÇÃO DAS NAÇÕES UNIDAS PARA A ALIMENTAÇÃO E A AGRICULTURA. *Segurança Alimentar Mundial:* uma reavaliação dos conceitos e abordagens, Relatório do Diretor Geral. Roma: FAO, 1983.
[273] BANCO MUNDIAL. *Poverty and Hunger:* Issues and Options for Food Security in Developing Countries. Washington: The International Bank for Reconstruction and Development/The World Bank, 1986. Disponível em: http://documents.worldbank.org/curated/en/166331467990005748/pdf/multi-page.pdf. Acesso em: 1 jun. 2019. p. V.
[274] UNITED NATIONS DEVELOPMENT PROGRAMME. *Human development report 1994*. Nova Iorque: UNDP, 1994. Disponível em: http://hdr.undp.org/sites/default/files/reports/255/hdr_1994_en_complete_nostats.pdf. Acesso em: 6 jun. 2019.

documentos internacionais, antes mesmo do aprimoramento da segurança alimentar. Dentre eles, estão a Declaração Universal dos Direitos Humanos de 1948,[275] o Pacto Internacional dos Direitos Econômicos, Sociais e Culturais de 1966[276] e a Declaração Universal sobre Erradicação da Fome e Desnutrição de 1974.[277] No cenário nacional brasileiro, o direito à alimentação consiste em um direito social, conforme o *caput* do art 6º da CRFB/88.

Em continuidade a essa evolução, a qualidade sanitária e a biológica marcam uma renovação na quarta dimensão da segurança alimentar. Segundo Roberto Grassi Neto, esses dois termos "(...) decorrem tanto do atendimento aos requisitos mínimos de higiene estabelecidos pelas autoridades sanitárias, como da ausência de qualquer tipo de contaminação (...)" Assim, o autor alerta que as contaminações podem advir tanto de substâncias consideradas tóxicas ao ser humano, quanto de eventual modificação genética que introduza no alimento algum ingrediente que cause riscos à saúde do consumidor.[278]

Em 1996, as quatro dimensões já estavam formalmente consolidadas, sendo que o novo conceito foi debatido na Cúpula Mundial sobre a Segurança Alimentar, principal reunião mundial entre chefes de Estado e governantes sobre os problemas da alimentação.[279] Nesse evento promovido pela FAO, se estabeleceu que a segurança alimentar revelava que os indivíduos deveriam ter "(...) a todo momento, acesso físico e econômico a alimentos seguros, nutritivos e suficientes para satisfazer as suas necessidades dietéticas e preferências alimentares, a fim de levarem uma vida ativa e

---

[275] Nesse sentido, o Artigo XXV da Declaração menciona que: "Todo ser humano tem direito a um padrão de vida capaz de assegurar-lhe, e a sua família, saúde e bem-estar, inclusive alimentação, vestuário, habitação, cuidados médicos e os serviços sociais indispensáveis, e direito à segurança em caso de desemprego, doença, invalidez, viuvez, velhice ou outros casos de perda dos meios de subsistência em circunstâncias fora de seu controle." ORGANIZAÇÃO DAS NAÇÕES UNIDAS. Assembleia Geral. *Declaração universal dos direitos humanos*. Adotada e proclamada pela Assembleia Geral das Nações Unidas (resolução 217 A III) em 10 de dezembro 1948. Disponível em: https://nacoesunidas.org/wp-content/uploads/2018/10/DUDH.pdf. Acesso em: 14 jun. 2019.

[276] Disposições específicas sobre a segurança alimentar estão no art. 11, item 1, do Pacto. ORGANIZAÇÃO DAS NAÇÕES UNIDAS. Assembleia Geral. *Pacto Internacional dos Direitos Econômicos, Sociais e Culturais*. Adotado pela Assembleia Geral das Nações Unidas (resolução 2200A XXI) em 16 de dezembro 1966. Disponível em: http://www.unfpa.org.br/Arquivos/pacto_internacional.pdf. Acesso em: 13 jun. 2019.

[277] ORGANIZAÇÃO DAS NAÇÕES UNIDAS. Conferência Mundial sobre Alimentação. *Declaração Universal sobre Erradicação da Fome e Desnutrição de 1974*. Adotada e ratificada pela Assembleia Geral das Nações Unidas (resolução 3348 XXIX) em 17 de dezembro de 1974. Disponível em: http://gddc.ministeriopublico.pt/sites/default/files/decl-erradicacaofome.pdf. Acesso em: 14 jun. 2019.

[278] GRASSI NETO, Roberto. *Segurança alimentar*: da produção agrária à proteção do consumidor. São Paulo: Saraiva, 2013. p. 68, 375.

[279] ORGANIZAÇÃO DAS NAÇÕES UNIDAS PARA A ALIMENTAÇÃO E A AGRICULTURA. *Declaração de Roma sobre Segurança Alimentar Mundial e Plano de Ação da Cimeira Mundial da Alimentação*. Roma, 1996. Disponível em: http://www.fao.org/3/w3613p/w3613p00.htm. Acesso em: 14 jun. 2019.

saudável."[280] Em 2003, a FAO publicou uma nova revisão refinando o conceito, mas não trouxe modificações substanciais.[281]

De acordo com Renato Maluf, após a trajetória histórica da segurança alimentar, o termo passou a abranger todas as preocupações intersetoriais que envolvem quantidade e qualidade do alimento. Para ele a segurança alimentar consiste "(...) na garantia do direito de todos ao acesso a alimentos de qualidade, em quantidade suficiente e de modo permanente, com base em práticas alimentares saudáveis e respeitando as características culturais de cada povo (...)."[282] O autor ressalta que "é responsabilidade dos estados nacionais assegurarem este direito e devem fazê-lo em obrigatória articulação com a sociedade civil, dentro das formas possíveis para exercê-lo."[283]

Importante ressaltar que o termo segurança alimentar nas línguas neolatinas, como, por exemplo, o português, o espanhol, o francês e o italiano, abrange tanto as questões de acesso e de soberania, quanto as questões de qualidade (*seguridad alimentaria, sécurité alimentaire* e *sicurezza alimentare*). O conteúdo extenso presente em apenas uma nomenclatura, acaba gerando uma dificuldade de compreensão e de delimitação conceitual. Isso não ocorre nas línguas inglesa e alemã, que possuem duas expressões: *food security* e *ernährungssicherheit*, para indicar acesso e soberania; e, *food safety* e *lebensmittelsicherheit*, para abarcar a preocupação com a qualidade do alimento.[284]

Assim, as perspectivas expostas revelam que a segurança alimentar é um conceito técnico e multifacetado que está baseado em metas a serem alcançadas no setor alimentar, no estabelecimento de um programa, tradicionalmente desenvolvido em âmbito internacional, que deve ser convertido em políticas públicas pelos Estados. Por outro lado, o direito à alimentação adequada consiste em um conceito de natureza

---

[280] Nesse ponto cabe mencionar que a Cúpula Mundial sobre a Segurança Alimentar de 1996, produziu a Declaração de Roma sobre Segurança Alimentar Mundial, reafirmando o direito humano das pessoas de terem acesso a alimentação nutritiva e segura, pertencentes ao direito básico à alimentação adequada. Um dos objetivos da Declaração está na implementação do direito à alimentação adequada por todos os Estado e atores importantes na erradicação da fome e da desnutrição. ORGANIZAÇÃO DAS NAÇÕES UNIDAS PARA A ALIMENTAÇÃO E A AGRICULTURA. *Rome Declaration on World Food Security and World Food Summit Plan of Action*: World Food Summit 13-17 November 1996. Roma, 1996. Disponível em: http://www.fao.org/3/w3613e/w3613e00.htm. Acesso em: 6 ago. 2019.

[281] ORGANIZAÇÃO DAS NAÇÕES UNIDAS PARA A ALIMENTAÇÃO E A AGRICULTURA. *Trade reforms and food security*: Conceptualizing the Linkages. Roma: FAO, 2003. (não paginado).

[282] MALUF, Renato S.; MENEZES, Francisco. *Caderno "Segurança Alimentar"*. [S.l. / s.d.]. Disponível em: https://www.researchgate.net/publication/266884132_Caderno_'Seguranca_Alimentar'. Acesso em: 13 jun. 2019. p. 4.

[283] MALUF, Renato S.; MENEZES, Francisco. *Caderno "Segurança Alimentar"*. [S.l. / s.d.]. Disponível em: https://www.researchgate.net/publication/266884132_Caderno_'Seguranca_Alimentar'. Acesso em: 13 jun. 2019. p. 4.

[284] GRASSI NETO, Roberto. *Segurança alimentar*: da produção agrária à proteção do consumidor. São Paulo: Saraiva, 2013. p. 47-48.

jurídica que tem escopo constitucional, onde se estabelece quais são os titulares desse direito (as pessoas naturais) e os titulares das obrigações (o Estado).[285] Nesse sentido, Flávio Luiz Schieck Valente, afirma que a concretização do direito humano à alimentação perpassa pela observância da segurança alimentar:

> De forma mais detalhada, a realização do direito humano à Alimentação e Nutrição adequadas depende: a) da disponibilidade de alimentos saudáveis e seguros, produzidos de forma sustentável; b) da possibilidade de acesso aos mesmos, seja pela produção para consumo, seja por um trabalho que gere a renda necessária; c) da possibilidade de acesso a alimentos culturalmente adequados; d) da existência de mecanismos de transporte e armazenamento adequados; e) de condições de transformação adequada, com higiene, dos alimentos no domicílio ou em espaços públicos (água limpa, saneamento adequado, utensílios, refrigerador, combustível, etc); f) das condições de vida e de habitação das famílias; g) do nível de informação sobre higiene e práticas e hábitos alimentares saudáveis; h) das condições de saúde das pessoas e famílias; i) do acesso a serviços de promoção e atenção à saúde e j) de serviços de controle de qualidade dos alimentos, entre outros.[286]

No cenário nacional brasileiro, o conceito de segurança alimentar funciona como diretriz para a formulação e implementação de políticas públicas de combate à fome e de sanidade e qualidade do alimento.[287] Busca-se com isso, a concretização do direito social à alimentação e, também à saúde, estabelecidos na CRFB/88 e em documentos internacionais. Contudo, Roberto Grassi Neto afirma que as políticas públicas nesse setor privilegiam apenas a primeira vertente (combate à fome), e que isso seria um problema de coordenação e de inobservância da evolução da segurança alimentar.[288]

Nesse sentido, a Lei de Segurança Alimentar e Nutricional (Lei n. 11.346/2006), elaborada após algumas rodadas de debates no âmbito II Conferência Nacional de

---

[285] ORGANIZAÇÃO DAS NAÇÕES UNIDAS PARA A ALIMENTAÇÃO E A AGRICULTURA. O direito à alimentação no quadro internacional dos direitos humanos e nas constituições. In: *Cadernos de Trabalho sobre o direito à alimentação*: Legislação. Roma: FAO, 2014. Disponível em: http://www.fao.org/3/a-i3448o.pdf. Acesso em: 14 jun. 2019. p. 9.

[286] VALENTE, Flávio Luiz Schieck. Fome, desnutrição e cidadania: inclusão social e direitos humanos. *Saúde e Sociedade*. São Paulo, v. 12, n. 1, p. 51-60, jan-jun. 2003. p. 55.

[287] As políticas públicas brasileiras direcionadas ao combate à fome não serão tratadas nesta obra. A título informativo, menciona-se que entre tais políticas públicas, podem ser citadas: a) Diretriz de acesso à alimentação: Programa Bolsa Família (PBF), Benefício de Prestação Continuada (BPC), Programa Nacional de Alimentação Escolar (PNAE) e Programa de Aquisição de Alimentos (PAA); b) Diretriz de abastecimento e mercados institucionais: Programa de Aquisição de Alimentos (PAA); c) Desenvolvimento Agrário e Agricultura Familiar; Assistência Técnica e Extensão Rural (Ater); e, d) Programa de Vigilância Alimentar e Nutricional. Nesse ponto, o denominado "Programa Fome Zero", apoiava-se nas políticas "a", "b" e "c". CONSELHO NACIONAL DE SEGURANÇA ALIMENTAR E NUTRICIONAL. Políticas públicas de segurança alimentar e nutricional – análise de conjuntura, monitoramento da sociedade civil do Consea. CONSEA, Brasília, 2016. Disponível em: http://www4.planalto.gov.br/consea/eventos/plenarias/documentos/2016/politicas-publicas-de-san-analise-de-conjuntura. Acesso em: 6 ago. 2019.

[288] GRASSI NETO, Roberto. *Segurança alimentar*: da produção agrária à proteção do consumidor. São Paulo: Saraiva, 2013. p. 60.

Segurança Alimentar e Nutricional no Brasil, em 2004, enuncia tanto o conceito de direito à alimentação adequada, quanto de segurança alimentar, seguindo a tendência internacional já consolidada e explorada acima.[289] A referida Lei acrescenta um novo item à dimensão da qualidade do alimento, que se refere à sua "qualidade tecnológica", detalhe não mencionado expressamente nos documentos internacionais supramencionados.[290]

A delimitação conceitual de segurança alimentar utilizada nesta obra aborda apenas a sua quarta dimensão, ou seja, concentra-se nos aspectos de qualidade do alimento. Isso decorre da inclusão da temática do consumo de *nanofoods* nessa vertente, pois tais produtos podem representar perigos, riscos e incertezas, principalmente nos vieses da qualidade sanitária e da qualidade tecnológica.

2.1.2 Os princípios da prevenção e da precaução e a sua aplicação na cadeia alimentar [291]

Conforme delineado pelo sociólogo Ulrich Beck, os avanços científicos e tecnológicos conduziram a humanidade à uma "sociedade de risco". A intensificação das mudanças cientificas e tecnológicas produzidas pelos seres humanos, geraram uma reflexão acadêmica sobre a atual fase vivenciada pela modernidade.[292] Essa fase

---

[289] Conforme a redação do *caput* do art. 2º da Lei: "A alimentação adequada é direito fundamental do ser humano, inerente à dignidade da pessoa humana e indispensável à realização dos direitos consagrados na Constituição Federal, devendo o poder público adotar as políticas e ações que se façam necessárias para promover e garantir a segurança alimentar e nutricional da população." BRASIL. Lei n. 11.346, de 15 de setembro de 2006. Cria o Sistema Nacional de Segurança Alimentar e Nutricional – SISAN com vistas em assegurar o direito humano à alimentação adequada e dá outras providências. Brasília, DF: Presidência da República, [2006]. Disponível em: http://www.planalto.gov.br/ccivil_03/_ato2004-2006/2006/lei/l11346.htm. Acesso em: 6 ago. 2019.

[290] Nesse passo, cita-se o inciso IV, do art. 4º, da referida Lei: "Art. 4º A segurança alimentar e nutricional abrange: (...) IV – a garantia da qualidade biológica, sanitária, nutricional e *tecnológica* dos alimentos, bem como seu aproveitamento, estimulando práticas alimentares e estilos de vida saudáveis que respeitem a diversidade étnica e racial e cultural da população; (...) [destaque nosso]" BRASIL. Lei n. 11.346, de 15 de setembro de 2006. Cria o Sistema Nacional de Segurança Alimentar e Nutricional – SISAN com vistas em assegurar o direito humano à alimentação adequada e dá outras providências. Brasília, DF: Presidência da República, [2006]. Disponível em: http://www.planalto.gov.br/ccivil_03/_ato2004-2006/2006/lei/l11346.htm. Acesso em: 6 ago. 2019.

[291] Em complementação às considerações realizadas no primeiro capítulo sobre o conceito de ciclo agroindustrial, a ANVISA entende que: "Cadeia Alimentar: para efeito desta norma se entende cadeia alimentar como todas as atividades relacionadas à produção, beneficiamento, armazenamento, transporte, industrialização, embalagem, reembalagem, comercialização, utilização e consumo de alimentos, considerando-se suas interações com o meio ambiente, o homem e seu contexto sócio-econômico." BRASIL. Ministério da Saúde. Agência Nacional de Vigilância Sanitária. Portaria n. 1.428, de 26 de novembro de 1993. Aprova, na forma dos textos anexos, o "Regulamento Técnico para Inspeção Sanitária de Alimentos [...]. *Diário Oficial da União*. Brasília, DF, 2 dez. 1993. Disponível em: http://portal.anvisa.gov.br/documents/33916/388704/Portaria_MS_n_1428_de_26_de_novembro_de_1993.pdf/6ae6ce0f-82fe-4e28-b0e1-bf32c9a239e0. Acesso em: 5 jun. 2019.

[292] BECK, Ulrich; GIDDENS, Anthony; LASH, Scoot. *Modernidade reflexiva*. Tradução de Magda Lopes. São Paulo: UNESP, 1997.

representada pela "deslocalização", pela "incalculabilidade" e pela "não-compensabilidade" dos riscos, busca aplicar um critério de "ponderação" entre o sucesso do progresso industrial e as consequências negativas perpetradas na sociedade.[293] Marie-Angèle Hermitte em análise da obra de Beck, afirma que "não se trata mais de prevenir os riscos tecnicamente e de indenizá-los, é preciso decidir de forma democrática e assegurar uma distribuição justa."[294]

Redirecionando a temática para o Direito, segundo Christine Noiville o "ponto de equilíbrio" desse cenário de produção de riscos em sociedade, está na interseção entre os princípios da prevenção e da precaução, medidas que antecedem o dano, e são baseadas no 'risco provado' ou no 'risco potencial'".[295] Nesse passo, Teresa Ancona Lopez afirma que esses princípios possuem a natureza jurídica de "princípios jurídicos", compostos por "diretrizes normativas" voltadas a evitar possíveis danos. Dentro destes princípios haveriam "standards de prevenção e de precaução", que apresentam requisitos de apreciação dos riscos constatados ou potenciais, com base no conhecimento científico, político, econômico, sociológico, ético e estatístico já consolidados. Esses *standards* são baseados na razoabilidade e na proporcionalidade.[296]

É importante ressaltar que não existem definições universalmente aceitas sobre tais princípios. Entretanto, é possível extrair observações semelhantes e coincidentes realizadas na literatura jurídica. O princípio da prevenção pode ser delimitado na possibilidade de adoção de medidas de proteção que visam diminuir os riscos conhecidos e comprovados pela ciência, como forma de gerenciar perigos e evitar

---

[293] BECK, Ulrich. Sociedade global, sociedade de riscos. *Cadernos da Escola do Legislativo*. Belo Horizonte, v. 7, n.4, p. 53-81, jan./jun. 1998. p. 54.

[294] Em continuidade, Marie-Angèle Hermitte afirma que: "A experiência mostrou que os progressos técnicos não são isentos de efeitos negativos, que só aparecem a médio ou longo prazo; a partir daí, a análise retrospectiva das causas dos danos leva à prevenção somente depois que os danos apareceram: o sentimento da irreversibilidade atinge o otimismo do modelo inicial e implica um esforço para antecipar danos que ainda não aconteceram, que ainda não são observáveis ou que nunca acontecerão – acrescenta-se ao objetivo da prevenção um objetivo chamado da precaução. Além do mais, o desenvolvimento tecnológico, conforme foi conduzido até agora, encontra-se num impasse – esgotamento ou tensão em torno dos recursos naturais, excesso da carga de poluição, etc. Se for compartilhado por todos, tal como o defende a economia da globalização e do livre- comércio, o modelo do progresso técnico contemporâneo é insustentável: o sentimento de suas limitações, o caráter injusto da partilha das vantagens e os inconvenientes ligados a ele trazem de forma lenta novos objetivos ao projeto liberal." HERMITTE, Marie-Angèle. Os fundamentos jurídicos da Sociedade de risco. In: VARELLA, Marcelo Dias (org.). *Governo dos Riscos*. Rede Latino-Americana-Europeia sobre Governo dos Riscos. Brasília: Eunice de Oliveira, 2005. p. 8.

[295] NOIVILLE, Christine. Princípio da precaução e Organização Mundial do Comércio: da oposição filosófica para os ajustes técnicos? In: VARELLA, Marcelo Dias; BARROS-PLATIAU, Ana Flávia. Princípio da precaução. Coleção Direito Ambiental em Debate. Belo Horizonte: Del Rey, 2004. p. 319. No mesmo sentido: ARAGÃO, Alexandra. Princípio da precaução: manual de instruções. *RevCEDOUA*, Coimbra, v. 2, p. 9-57, 2008. p. 19; LOPEZ, Teresa Ancona. *Princípio da precaução e evolução da responsabilidade civil*. São Paulo: Quartier Latin, 2010. p. 46.

[296] LOPEZ, Teresa Ancona. *Princípio da precaução e evolução da responsabilidade civil*. São Paulo: Quartier Latin, 2010. p. 95.

danos ao meio ambiente e/ou a saúde humana.[297] Por outro lado, a precaução consiste em um alargamento da noção de prevenção, para viabilizar medidas preventivas quando os riscos ainda são incertos ou hipotéticos e os conhecimentos científicos ainda são incipientes. Trata-se de uma "antecipação" dos eventuais danos que determinada atividade, produto ou serviço possa causar na seara ambiental, social, laboral e consumerista.[298] Enquanto o princípio da prevenção é "reativo", o princípio da precaução é "proativo".[299]

Os fundamentos filosóficos destes princípios estão nos estudos de Hans Jonas sobre "o princípio da responsabilidade: ensaio de uma ética para a civilização tecnológica", realizados na década de 1970.[300] Jonas explica que a tecnologia modificou a relação do homem com a natureza. Ele passou a controla-la pela "técnica", mas sem compreender todos os efeitos maléficos. Esse novo cenário exige a adoção de uma "responsabilidade humana", que não possui relação com a responsabilidade jurídica, mas com o desenvolvimento de uma nova ética pautada na responsabilidade por antecipação, para proteger e preservar os recursos naturais e a qualidade de vida das gerações futuras.[301] [302] Para Philippe Kourilsky e Geneviève Viney, esse raciocínio parte da ação baseada na "prudência", o "fio condutor" dos princípios da prevenção e da precaução, mas com ela não se confunde porque eles vão além da prudência convencional utilizada

---

[297] BOURGUIGNON, Didier. *Le principe de précaution*: Définitions, applications et gouvernance, analyse approfundie. Bruxelas: União Europeia (EPRS), 2015. Disponível em: http://www.europarl.europa.eu/RegData/etudes/IDAN/2015/573876/EPRS_IDA(2015)573876_FR.pdf. Acesso em: 4 jul. 2019. p. 3.

[298] Para Teresa Anona Lopez o "Princípio da precaução é aquele que trata das diretrizes e valores do sistema de antecipação de riscos hipotéticos, coletivos ou individuais, que estão a ameaçar a sociedade ou seus membros com danos graves e irreversíveis e sobre os quais não há certeza científica; esse princípio exige a tomada de medidas drásticas e eficazes com fito de antecipar o risco suposto e possível, mesmo diante da incerteza." LOPEZ, Teresa Ancona. *Princípio da precaução e evolução da responsabilidade civil*. São Paulo: Quartier Latin, 2010. p. 103.

[299] ARAGÃO, Alexandra. Princípio da precaução: manual de instruções. *RevCEDOUA*, Coimbra, n. 2, p. 9-57, 2008. p. 19.

[300] A literatura jurídica francesa indica que a obra de Hans Jonas pode ser considerada a melhor pesquisa científica sobre a temática. KOURILSKY, Philippe; VINEY, Geneviève. Le príncipe de précaution: Rapport au Premier Ministre. França. 1999. Disponível em: https://www.ladocumentationfrancaise.fr/var/storage/rapports-publics/004000402.pdf. Acesso em: 6 jun. 2019. p. 33.

[301] JONAS, Hans. *O princípio da responsabilidade*: ensaio de uma ética para a civilização tecnológica. Rio de Janeiro: Contraponto, 2006.

[302] Nesse ponto, Alexandre Kiss ressalta que é possível defender um "direito das gerações futuras". Essa constatação leva a preservação dos recursos naturais globais. Nesse sentido, "A preservação do meio ambiente está obrigatoriamente focalizada no futuro. Uma decisão consciente para evitar o esgotamento dos recursos naturais globais, em vez de nos beneficiarmos ao máximo das possibilidades que nos são dadas hoje, envolve necessariamente pensar sobre o futuro. Entretanto, o futuro pode ter uma dimensão de médio ou longo prazo, enquanto a preocupação relacionada ao interesse das gerações futuras é, necessariamente, de longo prazo e, sem dúvida, um compromisso vago." KISS, Alexandre. Os direitos e interesses das gerações futuras e o princípio da precaução. In: VARELLA, Marcelo Dias; BARROS-PLATIAU, Ana Flávia. Princípio da precaução. Coleção Direito Ambiental em Debate. Belo Horizonte: Del Rey, 2004. p. 2.

no cotidiano das pessoas.[303] Por outro lado, o fundamento sociológico pode ser remetido aos estudos sobre a "sociedade de risco", já mencionados nesta obra.

Os debates jurídicos do princípio da prevenção segundo Philippe Sands ocorrem desde os anos de 1930.[304] Já as discussões sobre o princípio da precaução são mais recentes, pois atribui-se a sua origem ao direito alemão da década de 1970, principalmente com as pesquisas de Eckard Rehbinder e Gerd Winter.[305]

Tais princípios foram amplamente discutidos no nível internacional. Em um primeiro momento, as discussões centraram-se nas temáticas ambientais.[306] No primeiro deles, a Conferência das Nações Unidas sobre o Meio Ambiente Humano ocorrida em 1972, apenas se incluiu o princípio da prevenção no documento final (Declaração de Estocolmo). Nos eventos posteriores, ambos os princípios passaram a ser considerados expressamente nos documentos internacionais. Dentre esses eventos, estão: a Conferência de Viena que emitiu a Convenção para a Proteção da Cama de Ozônio (1985); a Segunda, a Terceira e a Quinta Conferências sobre a Proteção do Mar do Norte, que emitiram declarações ministeriais sobre a temática (em 1987, 1990 e 2002); As reuniões da Comissão OSPAR, que deram origem a Convenção para a Proteção do Ambiente Marinho do Atlântico Nordeste (1992); a Conferência das Nações Unidas sobre o Meio Ambiente e o Desenvolvimento, que adotou a Declaração do Rio sobre Meio Ambiente e Desenvolvimento (1992)[307] e a Convenção sobre Diversidade Biológica (CDB), que viabilizaram no ano de 2000, a criação do Protocolo

---

[303] KOURILSKY, Philippe; VINEY, Geneviève. Le príncipe de précaution: Rapport au Premier Ministre. França. 1999. Disponível em: https://www.ladocumentationfrancaise.fr/var/storage/rapports-publics/004000402.pdf. Acesso em: 6 jun. 2019. p. 11.

[304] SANDS, Philippe. O princípio da precaução. In: VARELLA, Marcelo Dias; BARROS-PLATIAU, Ana Flávia. Princípio da precaução. Coleção Direito Ambiental em Debate. Belo Horizonte: Del Rey, 2004. p. 29.

[305] GRASSI NETO, Roberto. *Segurança alimentar*: da produção agrária à proteção do consumidor. São Paulo: Saraiva, 2013. p. 191.

[306] Conforme ressalta Nicolas Sadeller: "Logo no início da década de 1980, o princípio da precaução foi inscrito na maior parte dos atos internacionais bilaterais e multilaterais que dizem respeito à proteção do meio ambiente". SADELLER, Nicolas. O estatuto do princípio da precaução no Direito Internacional. In: VARELLA, Marcelo Dias; BARROS-PLATIAU, Ana Flávia. Princípio da precaução. Coleção Direito Ambiental em Debate. Belo Horizonte: Del Rey, 2004. p. 51.

[307] De acordo com a redação do Princípio n. 15 da Declaração: "Com o fim de proteger o meio ambiente, o princípio da precaução deverá ser amplamente observado pelos Estados, de acordo com suas capacidades. Quando houver ameaça de danos graves ou irreversíveis, a ausência de certeza científica absoluta não será utilizada como razão para o adiamento de medidas economicamente viáveis para prevenir a degradação ambiental." ORGANIZAÇÃO DAS NAÇÕES UNIDAS. Conferência das Nações Unidas sobre o Meio Ambiente e o Desenvolvimento (Rio-92). *Declaração do Rio sobre Meio Ambiente e Desenvolvimento (Agenda 21)*. Adotada em 1992. Disponível em: http://www.meioambiente.pr.gov.br/arquivos/File/agenda21/Declaracao_Rio_Meio_Ambiente_Desenvolvimento.pdf . Acesso em: 10 jul. 2019.

de Cartagena sobre biossegurança.[308] [309]

Ainda no nível internacional, um importante ato para a consolidação principiológica da prevenção e da precaução foi assentada na Declaração de Wingspread em 1998. O evento reuniu pesquisadores, governantes, advogados, ativistas de direitos dos trabalhadores e ambientalistas de diversas nacionalidades. Nessa oportunidade, estabeleceu-se um dos conceitos mais conhecidos do princípio da precaução. O Documento aborda em poucas linhas que as regulações, a tomada de decisões pelos Estados e pelos agentes econômicos e as avaliações de risco falharam no objetivo de proteger adequadamente a saúde humana e o meio ambiente. Assim, a saída para a adequada gestão do risco estaria na implementação do princípio da precaução quando:

> (...) uma atividade aumenta as ameaças de dano à saúde humana ou ambiental, medidas de precaução devem ser tomadas mesmo se algumas relações de causa e efeito não foram comprovadas cientificamente. Nesse contexto, o proponente de uma atividade, e não o público, deve arcar com o ônus da prova. O processo de aplicação do Princípio da Precaução deve ser aberto, informado e democrático e deve incluir as partes potencialmente afetadas. Também deve envolver um exame de toda a gama de alternativas, incluindo nenhuma ação.[310]

Já no âmbito do comércio internacional, é possível observar que a Organização Mundial do Comércio (OMC) não adotou menções expressas do princípio da precaução nos seus documentos, principalmente se observados o Acordo Geral sobre Tarifas Aduaneiras e o Comércio de 1994 (GATT), o Acordo relativo às disposições fitossanitárias de 1995 (Acordo "SPS") e o Acordo sobre Obstáculos Técnicos ao Comércio de 1979 (Acordo TBT), com modificações posteriores realizadas na Rodada Uruguai em 1994.[311]

Os princípios da prevenção e da precaução também foram absorvidos pelo nível regional, principalmente pelo Direito da União Europeia, através da previsão inicial no Tratado de Maastrich em 1992, e posteriormente na Comunicação de 2000, da

---

[308] Nesse sentido, os seguintes documentos foram estabelecidos no contexto da "Rio-92": a) a Convenção-Quadro das Nações Unidas sobre Mudança do Clima; b) a Convenção sobre Diversidade Biológica; c) a Declaração de Princípios sobre Florestas; d) a Declaração do Rio sobre Meio Ambiente e Desenvolvimento (Agenda 21).

[309] Pontua-se que em 2012, realizou-se no Brasil a "Rio+20". O documento final denominado de "O Futuro que Queremos", menciona a abordagem e a gestão precaucional em dois itens (158 e 167), que estão dentro do tópico "Oceanos e mares". Para ler na integra o documento, acesse: ORGANIZAÇÃO DAS NAÇÕES UNIDAS. Conferência das Nações Unidas sobre o Meio Ambiente e o Desenvolvimento (Rio+20). *The future we want*. Adotada em 19 junho de 2012. Disponível em: http://www.rio20.gov.br/documentos/documentos-da-conferencia/o-futuro-que-queremos/at_download/the-future-we-want.pdf. Acesso em: 6 ago. 2019.

[310] ORGANIZAÇÃO MUNDIAL DA SAÚDE. *Wingspread Statement on the Precautionary Principle*. Adotada em 20 de janeiro de 1998. Disponível em: http://www.who.int/ifcs/documents/forums/forum5/wingspread.doc. Acesso em: 23 nov. 2019.

[311] Os Acordos SPS e TBT são objeto do item 3.1.4, desta obra.

Comissão Europeia, relativa ao princípio da precaução.[312] Nessa oportunidade, a Comissão explicitou que o princípio da precaução apenas deve ser aplicado quando "(...) a informação científica for incompleta, inconclusiva ou incerta e onde há indícios de que os possíveis efeitos sobre o meio ambiente ou a saúde humana, animal ou vegetal poderiam ser perigosos e inconsistentes com o nível escolhido de protecção".[313] No Mercosul as iniciativas foram tímidas. Não existem menções ao princípio da precaução ou da prevenção no Tratado de Assunção ou nos Protocolos Complementares. Há, contudo, cinco passagens sobre a adoção de medidas preventivas em relação ao meio ambiente. As passagens estão no preâmbulo, no art. 3º, alíneas "a" e "b", no art. 4º, n. 4 e no art. 9º, n.1, do Protocolo Adicional ao "Acordo Quadro sobre Meio Ambiente do Mercosul em Matéria de Cooperação e Assistência frente a Emergências Ambientais".[314]

No cenário nacional, a CRFB/88, trouxe em algumas passagens a ideia de prevenção no âmbito da saúde, da segurança pública, da criança, do adolescente, do jovem e do idoso.[315] Não há previsão expressa da prevenção e da precaução, como princípios jurídicos voltados aos riscos tecnológicos. Não obstante, Teresa Ancona Lopez e Roberto Grassi Neto entendem que tais princípios possuem previsão constitucional implícita, através de uma interpretação sistemática, a partir dos dispositivos que tratam do direito social à alimentação e à saúde, previstos no caput do art. 6º, bem como da proteção do consumidor nos arts. 5º, XXXII, e 170, V, e do "direito ao meio

---

[312] Nesse interím, Alexandra Aragão menciona que até 2008, época da publicação do seu estudo, existiam 76 normas no direito comum europeu, que mencionavam expressamente o princípio da precaução, sendo que outras 255 possuíam abordagens sobre" estratégias precaucionais". ARAGÃO, Alexandra. Princípio da precaução: manual de instruções. *RevCEDOUA*, Coimbra, n. 2, p. 9-57, 2008. p. 10.

[313] UNIÃO EUROPEIA. *Comunicação da Comissão (COM/2000/0001)*, de 2 de fevereiro de 2000, relativa ao princípio da precaução. Disponível em: https://eur-lex.europa.eu/legal-content/PT/ALL/?uri=celex:52000DC0001. Acesso em: 12 jun. 2019. (não paginado);
UNIÃO EUROPEIA. *Resolução "C5-0143/2000"*, de 23 de novembro de 2000, do Parlamento Europeu sobre a Comunicação da Comissão relativa ao princípio da precaução. Disponível em: http://www.europarl.europa.eu/sides/getDoc.do?pubRef=-//EP//NONSGML+REPORT+A5-2000-0352+0+DOC+PDF+V0//PT. Acesso em: 13 jun. 2019.

[314] BRASIL. *Decreto n. 7.940, de 20 de fevereiro de 2013*. Promulga o Protocolo Adicional ao Acordo-Quadro sobre Meio Ambiente do MERCOSUL em Matéria de Cooperação e Assistência frente a Emergências Ambientais, adotado pela Decisão 14/04 do Conselho do Mercado Comum, em 7 de julho de 2004. Brasília, DF: Presidência da República, 2013. Disponível em: http://www.planalto.gov.br/ccivil_03/_ato2011-2014/2013/decreto/D7940.htm. Acesso em: 5 jan. 2019.

[315] Cabe mencionar a CRFB/88, menciona o termo "prevenção" nos seguintes artigos: art. 144, § 1º, II (Segurança Pública); art. 198, II, (saúde); art. 227, § 1º, II e § 3º VII (Família, criança, adolescente, jovem e idoso). BRASIL. *Constituição da República Federativa do Brasil de 1988*. Brasília, DF: Presidência da República, 1988. Disponível em: http://www.planalto.gov.br/ccivil_03/Constituicao/Constituicao.htm. Acesso em: 1 ago. 2019.

ambiente ecologicamente equilibrado", estabelecido no art. 225.[316]

Na legislação infraconstitucional brasileira, há previsão expressa do princípio da precaução apenas na Lei n. 11.105/2005 (Lei de Biossegurança), logo no primeiro dispositivo.[317] [318] Em outros textos legislativos correlatos à proteção do consumidor e do meio ambiente, apesar de não aparecerem expressamente, os princípios da prevenção e da precaução podem ser extraídos da "ideia que lhes é subjacente", ou seja, da noção preventiva e/ou precaucional que os acompanha.[319]

No CDC, com base em uma análise gramatical é possível afirmar que a prevenção aparece como um direito expresso no art. 6º, incisos VI e VII, que garantem ao consumidor a "efetiva prevenção e reparação de danos patrimoniais e morais, individuais, coletivos e difusos."[320] Parte da literatura jurídica, entretanto, entende que tais incisos se referem, quase que exclusivamente, ao direito do consumidor de ter acesso às instâncias judiciais e administrativas e de pleitear medidas cautelares com requerimento liminar, com o objetivo de prevenir a ocorrência (ou garantir a reparação) do dano individual ou coletivo, que nesse último caso possui regras processuais específicas nos art. 83 e 84.[321]

Tal olhar não anula a interpretação sistemática realizada por outros autores que

---

[316] Os autores afirmam que o fundamento jurídico do princípio da prevenção e da precaução na CRFB/88, está na obrigação geral de segurança. LOPEZ, Teresa Ancona. *Princípio da precaução e evolução da responsabilidade civil*. São Paulo: Quartier Latin, 2010. p.114; GRASSI NETO, Roberto. *Segurança alimentar*: da produção agrária à proteção do consumidor. São Paulo: Saraiva, 2013. p. 226.

[317] Conforme a redação do art. 1º da Lei de Biossegurança brasileira: "Art. 1º Esta Lei estabelece normas de segurança e mecanismos de fiscalização sobre a construção, o cultivo, a produção, a manipulação, o transporte, a transferência, a importação, a exportação, o armazenamento, a pesquisa, a comercialização, o consumo, a liberação no meio ambiente e o descarte de organismos geneticamente modificados – OGM e seus derivados, tendo como diretrizes o estímulo ao avanço científico na área de biossegurança e biotecnologia, a proteção à vida e à saúde humana, animal e vegetal, e a observância do *princípio da precaução* para a proteção do meio ambiente. [grifo nosso]" BRASIL. *Lei n. 11.105, de 24 de março de 2005*. Regulamenta os incisos II, IV e V do § 1º do art. 225 da Constituição Federal, estabelece normas de segurança e mecanismos de fiscalização de atividades que envolvam organismos geneticamente modificados – OGM e seus derivados [....]. Brasília, DF: Presidência da República. 2005. Disponível em: http://www.planalto.gov.br/ccivil_03/_ato2004-2006/2005/lei/l11105.htm. Acesso em: 6 ago. 2019.

[318] Roberto Grassi Neto ressalta que a redação do dispositivo foi infeliz, porque conduz o interprete à "falsa impressão" de que o princípio da precaução é aplicável apenas na seara ambiental. GRASSI NETO, Roberto. *Segurança alimentar*: da produção agrária à proteção do consumidor. São Paulo: Saraiva, 2013. p. 230.

[319] GRASSI NETO, Roberto. *Segurança alimentar*: da produção agrária à proteção do consumidor. São Paulo: Saraiva, 2013. p. 238.

[320] BRASIL. *Lei n. 8.078, de 11 de setembro de 1990*. Dispõe sobre a proteção do consumidor e dá outras providências. Brasília, DF: Presidência da República, [1990]. Disponível em: http://www.planalto.gov.br/ccivil_03/leis/l8078.htm. Acesso em: 6 ago. 2019.

[321] Nesse sentido estão os autores: NUNES, Rizzatto. *Comentários ao Código de Defesa do Consumidor*. 8ªed.São Paulo: Saraiva, 2015. p. 223; OLIVEIRA, James Eduardo. *Código de Defesa do Consumidor*: anotado e comentado – doutrina e jurisprudência. 6. Ed. São Paulo: Atlas, 2015. p. 106; SOUZA, Sylvio Capanema de; WERNER, José Guilherme Vasi; NEVES, Thiago Ferreira Cardoso. Direito do Consumidor. Rio de janeiro: Forense, 2018. p. 70;

compreendem a presença implícita dos princípios da prevenção e da precaução entre as normas consumeristas, principalmente na leitura combinada do art. 6º, incisos I e VI, com os art. 8º, caput, art. 9º e art. 10º.[322] Assim, partindo dos direitos básicos à vida, à saúde e à segurança em face dos riscos advindos de bens de consumo perigosos ou nocivos, seria possível extrair tais princípios a partir dos deveres segurança e de informação que o fornecedor possui frente ao público consumidor.[323] Essa leitura pode ser realizada a medida que não se deve inserir no mercado de consumo produtos ou serviços aptos a causarem riscos anormais e imprevisíveis aos consumidores, tendo como base medidas de prevenção reconhecidas pela comunidade acadêmica. Em seguida, o Diploma autoriza a colocação de bens que são nocivos ou perigosos, mas alerta o fornecedor, como medida de precaução, sobre a ostensividade das informações que deverão acompanhá-los, sem descuidar de medidas precaucionais adicionais, tais como a realização de investimentos em estudos de toxidade.

Em esforço interpretativo, no caso dos nanoalimentos, ainda, é possível acrescentar a previsão contida no art. 7º do CDC[324], para ampliar o seu alcance normativo e viabilizar o "diálogo" com o princípio da precaução previsto expressamente na Lei de biossegurança. Para Cláudia Lima Marques, a introdução dos *novel foods* sempre é acompanhada de riscos, o que exige a adoção "(...) do princípio da prevenção agravada ou do princípio da precaução como um novo conceito de direito do consumidor para os riscos alimentares."[325]

Em acréscimo, a Lei n. 9.782/1999, que instituiu o Sistema Nacional de Vigilância Sanitária e, também, a ANVISA, possui tais princípios intrinsicamente ligados à ideia de vigilância sanitária. É interessante notar que em alguns manuais de procedimentos sanitários, a Agência os menciona expressamente como "fios condutores" das

---

[322] A interpretação mais ampla dos dispositivos do CDC fica a cargo dos autores: FLORES, André Stringhi; DOSSENA JUNIOR, Juliano; ENGELMANN, Wilson. Nanotecnologias e o Código de Defesa do Consumidor: um olhar a partir do princípio da precaução. *Revista de Direito do Consumidor*. Ano 19, n. 76, p.152-175, out.-dez, 2010, p. 172; HARTMANN, Ivar Alberto Martins. O princípio da precaução e sua aplicação no direito do consumidor: dever de informação. *Revista de Direito do Consumidor*. Ano 18, n. 70, p. 172-235, 2009; CAVALIERI FILHO, Sergio. *Programa de direito do consumidor*. 4. ed. São Paulo: Atlas, 2014. p.112-113; SILVA NETO, Orlando Celso da. *Comentários ao Código de Defesa do Consumidor*. Rio de Janeiro: Forense, 2013. p. 106.

[323] As correntes doutrinárias que envolvem os deveres específicos dos fornecedores são aprofundadas no item 4.1, desta obra.

[324] BRASIL. *Lei n. 8.078, de 11 de setembro de 1990*. Dispõe sobre a proteção do consumidor e dá outras providências. Brasília, DF: Presidência da República, [1990]. Disponível em: http://www.planalto.gov.br/ccivil_03/leis/l8078.htm. Acesso em: 6 ago. 2019.

[325] MARQUES, Cláudia Lima. Organismos geneticamente modificados, informação e risco da "novel food": o direito do consumidor desarticulado? *Cadernos do Programa de Pós-Graduação em Direito da UFRGS*. v. 3, n. 6, p. 105-124, 2005. p. 111.

atividades desenvolvidas pela própria Agência e pelos particulares.[326] Por fim, a Lei n. 7.802/89, que dispõe sobre agrotóxicos, seus componentes e afins, também carrega tais princípios no seu art. 19, quando obriga o Poder Executivo a desenvolver políticas públicas direcionadas a "(...) reduzir os efeitos prejudiciais para os seres humanos e o meio ambiente e de prevenir acidentes decorrentes de sua utilização imprópria."[327]

Essa expansão do princípio da prevenção e da precaução em diferentes níveis e para além das questões ambientais, se deu em razão de eventos que afetaram diretamente outros bens jurídicos igualmente importantes, relacionados à incolumidade física e à saúde da pessoa humana. Philippe Kourilsky e Geneviève Viney, afirmam que além do surgimento de novos riscos, a ampliação da esfera de aplicação do princípio da precaução se deu com o fracasso dos políticas e instrumentos preventivos.[328] Para demonstrar como alguns eventos históricos marcaram a necessidade dessa nova visão principiológica, a European Environment Agency (EEA), publicou dois relatórios elencando dezenas de situações, que possivelmente seriam contornadas ou minimizadas, caso uma abordagem precaucional tivesse sido adotada. Demonstrando, ainda, a necessidade de observá-la no desenvolvimento das novas tecnologias.

O primeiro relatório denominado de *"Late lessons from early warnings: the precautionary principle 1896-2000"*, concentra-se nos eventos do passado. A Agência destaca em primeiro lugar a extração e comercialização do amianto.[329] No ano de 1898, haviam alguns estudos científicos apontando o potencial danoso dos asbestos. Contudo, as ações concretas e em larga escala visando a proibição desses produtos,

---

[326] ANVISA. *Manual administrativo sanitário em alimentos*. Brasília: ANVISA, 2016; ANVISA. *Biblioteca de alimentos*. Atualizada até 2 ago. 2019. Disponível em: http://portal.anvisa.gov.br/documents/33880/4967127/Biblioteca+de+Alimentos_Portal-nNM6MLrs.pdf/f69da615-cd56-44f0-850e-cd816221110d. Acesso em: 6 ago. 2019; ANVISA. *Resolução n. 59, de 6 de dezembro de 2012*. Dispõe sobre os critérios para importação no Brasil de produtos e matérias-primas alimentícios acabados, semi-elaborados ou a granel, originários ou provenientes do Japão, destinados ao consumo humano. Brasília, DF. 2011. Disponível em: http://bvsms.saude.gov.br/bvs/saudelegis/anvisa/2011/res0015_08_04_2011.html. Acesso em: 6 ago. 2019. Revogada pela Resolução n. 245, de 17 de agosto de 2018, da ANVISA.

[327] BRASIL. *Lei* nº 7.802, de 11 de julho de 1989. Dispõe sobre a pesquisa, a experimentação, a produção, a embalagem e rotulagem, o transporte, o armazenamento, a comercialização, a propaganda comercial, a utilização, a importação, a exportação, o destino final dos resíduos e embalagens, o registro, a classificação, o controle, a inspeção e a fiscalização de agrotóxicos, seus componentes e afins, e dá outras providências. Disponível em: http://www.planalto.gov.br/ccivil_03/LEIS/L7802.htm. Acesso em: 23 nov. 2019.

[328] KOURILSKY, Philippe; VINEY, Geneviève. *Le príncipe de précaution*: Rapport au Premier Ministre. França. 1999. Disponível em: https://www.ladocumentationfrancaise.fr/var/storage/rapports-publics/004000402.pdf. Acesso em: 6 jun. 2019. p. 13.

[329] EUROPEAN ENVIRONMENT AGENCY. *Late lessons from early warnings*: the precautionary principle 1896–2000. Environmental issue report. Copenhagen: EEA, 2001. Disponível em: https://www.eea.europa.eu/publications/environmental_issue_report_2001_22. Acesso em: 6 ago. 2019.

ocorreram quase um século mais tarde, devido as divergências cientificas e os interesses comerciais envolvidos.[330] O Relatório traz, também, os problemas sobre a temática alimentar, na utilização do inseticida dicloro-difenil-tricloroetano (DDT)[331] nas lavouras e na descoberta da doença denominada de encefalopatia espongiforme bovina.[332] Nesse ponto, Dormont e Hermitte, em trabalho específico da "doença sobre as vacas loucas" mencionam que os primeiros casos de uma doença estranha nos gados apareceram em 1985. Em 18 (dezoito) meses, ela já havia se transformado em uma doença epizoótica.[333] A contaminação se deu através do contato ou ingestão de "exemplares" contaminados de tecidos nervosos do animal doente. A doença quando transmitida aos humanos é denominada de *Creutzfeldt-Jakob*.

A segunda edição do Relatório se concentrou nas novas tecnologias, do presente e do futuro.[334] A EEA incluiu as preocupações com a comercialização de organismos geneticamente modificados (OGMs) e com o desenvolvimento da nanotecnologia, tanto no aspecto ambiental quanto no aspecto social. Diante das incertezas sobre os riscos envolvidos, a Agência expôs a seguinte problemática: "(...) aprendemos com os danos causados pelas tecnologias no passado ou estamos prestes a repetir os mesmos erros? [tradução nossa]".[335] Especificamente sobre a nanotecnologia, esse questionamento surge porque ela se desenvolveu "(...) na ausência de regras claras de design para os nanomateriais artificiais e dos potenciais riscos à saúde dos

---

[330] Até a recente decisão do STF, não havia proibição integral da produção, industrialização, utilização e comercialização de todas as variedades do amianto no Brasil. Em 29 de novembro de 2017, foi julgada a ADI 3.470, acerca da constitucionalidade das leis estaduais sobre amianto. Além da decisão ter aceitado a tese de constitucionalidade desses diplomas, declarou-se incidentalmente a inconstitucionalidade do art. 2º da Lei n. 9.055/1995, que ainda permitia o amianto na variedade crisotila (abesto branco). BRASIL. Supremo Tribunal Federal (Plenário). *Ação Direta de Inconstitucionalidade n. 3.470 RJ*. Ação Direta de Inconstitucionalidade. Lei nº 3.579/2001 do Estado do Rio de Janeiro. Substituição progressiva da produção e da comercialização de produtos contendo asbesto/amianto. Legitimidade ativa ad causam. Pertinência temática. Art. 103, IX, da Constituição da República. Alegação de inconstitucionalidade formal por usurpação da competência da União. Inocorrência. Competência legislativa concorrente. [...]. Sem repercussão geral. Relatora: Min. Rosa Weber, 29 nov. 2017. Disponível em: http://redir.stf.jus.br/paginadorpub/paginador.jsp?docTP=TP&docID=749020501. Acesso em: 6 ago. 2019.
[331] BECK, Ulrich. *Sociedade de risco*. Tradução de Sebastião Nascimento. São Paulo: Editora 34, 2011. p. 33, 50, 62.
[332] HERMITTE, Marie-Angèle; DORMONT, D. Propositions pour le principe de precaution a la lumiere de l'affaire de la vache folle. In: KOURILSKY, Philippe; VINEY, Geneviève. *Le príncipe de précaution*: Rapport au Premier Ministre. França. 1999. Disponível em: https://www.ladocumentationfrancaise.fr/var/storage/rapports-publics/004000402.pdf. Acesso em: 6 jun. 2019. p. 36-74.
[333] Segundo o dicionário online Michaelis, o termo refere-se a "qualquer doença, contagiosa ou não, que afeta, ao mesmo tempo e no mesmo lugar, grande número de animais da mesma espécie. EPIZOÓTICO. In: Michaelis. [s.l./s.d.] Disponível em: https://michaelis.uol.com.br/moderno-portugues/busca/portugues-brasileiro/epizootia/. Acesso em: 6 ago. 2019.
[334] EUROPEAN ENVIRONMENT AGENCY. *Late lessons from early warnings*: science, precaution, innovation. Luxemburgo: EEA, 2013. Disponível em: https://www.eea.europa.eu/publications/late-lessons-2. Acesso em: 6 ago. 2019. p. 32.
[335] EUROPEAN ENVIRONMENT AGENCY. *Late lessons from early warnings: science, precaution, innovation*. Luxemburgo: EEA, 2013. Disponível em: https://www.eea.europa.eu/publications/late-lessons-2. Acesso em: 6 ago. 2019. p. 29.

consumidores, à segurança dos trabalhadores e os possíveis danos ambientais."[336]

Em outro sentido, é interessante notar que a aplicação do princípio da precaução possui variações quanto à sua extensão. Julian Morris menciona que a aplicação pode ser "forte" ou "fraca". A versão "forte" conduz o Estado a regular grande parte das atividades que causem riscos potenciais ao meio ambiente ou à saúde humana e, até mesmo, a banir tais atividades do seu território. Já a versão "fraca" calcada principalmente no interesse pelo desenvolvimento científico, autoriza a implementação de produtos e serviços no mercado de consumo mesmo que eles apresentem riscos, mas que ainda não tenham estudos científicos conclusivos sobre a sua potencialidade danosa exagerada.[337]

Para evitar a aplicação demasiadamente discricionária do princípio da precaução, a Comissão Europeia adotou no ano de 2000, cinco diretrizes que deverão ser observadas pelos atores públicos e privados no nível europeu. Cabe mencionar que tais diretrizes foram referendadas pelo Parlamento Europeu[338] e pelo Conselho Europeu.[339] São elas: a) "a proporcionalidade entre as medidas tomadas e o nível de proteção procurado"; b) "a não-discriminação na aplicação das medidas"; c) "a coerência das medidas com as já tomadas em situações similares ou que utilizem abordagens similares"; d) "o exame das vantagens e desvantagens resultantes da ação ou da não ação"; e) "o reexame das medidas à luz da evolução científica". [340]

É interessante notar que os estudos de Philippe Kourilsky e de Geneviève Viney auxiliaram na formação dos critérios europeus acima mencionados, pois os autores já haviam elencado em 1999, os "dez mandamentos" do princípio da precaução, em um relatório elaborado para o Primeiro Ministro da França:

> I - Todo o risco deve ser definido, avaliado e graduado; II - A análise dos riscos deve comparar os diferentes cenários de ação e de inação; III - Toda a análise de risco deve

---

[336] EUROPEAN ENVIRONMENT AGENCY. *Late lessons from early warnings: science, precaution, innovation.* Luxemburgo: EEA, 2013. Disponível em: https://www.eea.europa.eu/publications/late-lessons-2. Acesso em: 6 ago. 2019. p. 32.

[337] MORRIS, Julian. Defining the Precautionary Principle. In: MORRIS, Julian (org.) *Rethinking Risk and the Precautionary Principle.* Oxford: Butterworth Heinemann (BH), 2002. Disponível em: https://www.academia.edu/502663/Defining_the_precautionary_principle?auto=download. Acesso em: 10 jun. 2019. (não paginado).

[338] UNIÃO EUROPEIA. *Resolução "C5-0143/2000"*, de 23 de novembro de 2000, do Parlamento Europeu sobre a Comunicação da Comissão relativa ao princípio da precaução. Disponível em: http://www.europarl.europa.eu/sides/getDoc.do?pubRef=-//EP//NONSGML+REPORT+A5-2000-0352+0+DOC+PDF+V0//PT. Acesso em: 13 jun. 2019.

[339] UNIÃO EUROPEIA. *Conclusões da Presidência do Conselho Europeu de Nice*, de 7 a 10 de dezembro de 2000. Disponível em: http://www.europarl.europa.eu/summits/nice2_pt.htm. Acesso em: 15 jun. 2019. Anexo III, sobre a Resolução do Conselho relativa ao princípio da precaução. (não paginado).

[340] UNIÃO EUROPEIA. *Conclusões da Presidência do Conselho Europeu de Nice*, de 7 a 10 de dezembro de 2000. Disponível em: http://www.europarl.europa.eu/summits/nice2_pt.htm. Acesso em: 15 jun. 2019. Anexo III, sobre a Resolução do Conselho relativa ao princípio da precaução. (não paginado).

comportar uma análise econômica que deve resultar em um estudo custo/benefício (em sentido amplo) preliminar à tomada de decisão; IV - As estruturas de avaliação dos riscos devem ser independentes, mas coordenadas; V - As decisões devem, tanto quanto possível, ser revisáveis e as soluções adotadas, reversíveis e proporcionais; VI - Sair da incerteza impõe uma obrigação de pesquisa; VII - Os circuitos de decisão e os dispositivos de segurança devem ser não apenas apropriados, mas coerentes e eficazes; VIII - Os circuitos de decisão e os dispositivos de segurança devem ser confiáveis; IX - As avaliações, as decisões e seu segmento, assim como os dispositivos que para elas contribuem, devem ser transparentes, o que impõe a etiquetagem e a traçabilidade; X - O público deve ser informado ao máximo e seu grau de participação ajustado pelo poder público.[341]

No cenário nacional, Roberto Grassi Neto especializa o debate dos critérios de aplicação do princípio da precaução para a seara da segurança alimentar, acrescentando também o princípio da prevenção. Segundo o autor, os parâmetros consistiriam na: "a) liberdade de investigação orientando os estudos a respeito dos efeitos do alimento para o ser humano; b) individualização na análise dos casos; c) exaurimento lógico das etapas investigativas (....)", concatenados com a "d) proporcionalidade, adequação e coerência na adoção de medidas; e e) manutenção de medidas acautelatórias na pendência de incerteza científica."[342]

Especificamente sobre a área da segurança alimentar e também da segurança humana em geral, algumas decisões no nível regional europeu e nacional (estrangeiro e doméstico), demonstram a aplicação do princípio da precaução em diferentes assuntos ligados à proteção da pessoa humana e ao meio ambiente.

Nesse sentido, a aplicação concreta no âmbito Tribunal de Justiça da União Europeia, se deu em 1996, quando declarou que o princípio da precaução se aplicava à proteção da saúde humana (no caso da doença das "vacas loucas").[343] Alguns anos depois, em 2002, decidiu que as autoridades públicas estatais poderiam ser obrigadas a adotar medidas concretas de precaução para evitar danos aos consumidores (no caso

---

[341] KOURILSKY, Philippe; VINEY, Geneviève. Le principe de précaution Editions Odile Jacob: la Documentation Française. *Revista De Direito Sanitário*, São Paulo, v. 2, n. 1, p. 148-151, 2001. p. 149.

[342] GRASSI NETO, Roberto. *Segurança alimentar*: da produção agrária à proteção do consumidor. São Paulo: Saraiva, 2013. p. 243-244.

[343] UNIÃO EUROPEIA. Tribunal de Justiça da União Europeia. *Processo "C-157/96"*. Agricultura - Polícia sanitária - Medidas de urgência contra a encefalopatia espongiforme bovina - Doença dita 'das vacas loucas'. Relator juiz L. Sevón. Publicado em 5 de maio de 1998. Disponível em: http://curia.europa.eu/juris/document/document.jsf?text=&docid=43817&pageIndex=0&doclang=PT&mode=lst&dir=&occ=first&part=1&cid=6209499. Acesso em: 7 ago. 2019. Especificamente os pontos 63 e 64, que dissertam sobre a aplicação do princípio da precaução nas ações comunitárias.

da transferência de resistência aos antibióticos do animal para os humanos).[344] No mesmo ano, indicou que a natureza jurídica da precaução seria de princípio geral do direito europeu (no caso dos medicamentos para o uso humano). Especificamente neste último acordão, o entendimento exarado pela Corte indicou que "O princípio da precaução pode ser definido como um princípio geral do direito comunitário", pois "(...) impõe às autoridades competentes que tomem medidas adequadas para evitar certos riscos potenciais para a saúde pública, segurança e meio ambiente, mantendo os requisitos para a proteção destes interesses sobre os interesses econômicos." [345] [346]

No âmbito nacional, um julgado alemão já havia delineado em 1989, a natureza jurídica e os conceitos dos princípios da prevenção e da precaução na Europa. Segundo Roberto Grassi Neto,[347] fixou-se naquela oportunidade, o entendimento de que compete "(...) ao governo a adoção efetiva de todas as medidas necessárias à prevenção contra perigos concretos (*Gefahrenvorsorge*) à sociedade." Por outro lado, "em havendo mero risco de dano, o governo deverá investigar os modos possíveis de precaução e empreender as ações necessárias, caso o risco seja realmente considerável (*Risikovorsorge*)." O princípio da precaução como princípio jurídico citado nesta decisão, que disserta sobre medidas de proteção ambiental, foi denominado de "*vorsorgeprinzip*".

No cenário nacional brasileiro, o Supremo Tribunal Federal (STF), em julgado recente "sobre campos eletromagnéticos de linhas de transmissão de energia" (RE

---

[344] UNIÃO EUROPEIA. Tribunal Geral da União Europeia (1ª Instância, 3ª Seção). *Processo "T-13/99"*. Transferência de resistência aos antibióticos do animal para o homem - Directiva 70/524/CEE - Regulamento que retira a autorização de um aditivo na alimentação animal - Admissibilidade - Artigo 11.° da Directiva 70/524 - Erro manifesto de apreciação - Princípio da precaução - Avaliação e gestão dos riscos - Consulta de um comité científico - Princípio da proporcionalidade - Confiança legítima - Dever de fundamentação - Direito de propriedade - Desvio de poder. Relator: juiz J. Azizi. Publicado em 11 de setembro de 2002. Disponível em: http://curia.europa.eu/juris/document/document.jsf?text=&docid=47642&pageIndex=0&doclang=PT&mode=lst&dir= &occ=first&part=1&cid=6209499. Acesso em: 7 ago. 2019. Especificamente o ponto 444, que avalia a adoção do princípio da precaução no que tange ao aditivo na alimentação animal.

[345] UNIÃO EUROPEIA. Tribunal Geral da União Europeia (1ª Instância, 2ª Seção). *Processo "T-74/00"*. Medicamentos para uso humano - Procedimentos comunitários de arbitragem - Revogação das autorizações de introdução no mercado - Competência - Critérios de revogação - Anorexígenos: anfepramona, clobenzorex, fenproporex, norpseudoefedrina, fentermina - Directivas 65/65/CEE e 75/319/CEE. Relator: Juiz R. M. Moura Ramos. Publicado em 11 de setembro de 2002. Disponível em: http://curia.europa.eu/juris/document/document.jsf?text=&docid=47533&pageIndex=0&doclang=PT&mode=lst&dir= &occ=first&part=1&cid=6209499 Acesso em: 26 de nov. 2019. Especificamente o ponto 184, na indicação da natureza jurídica do princípio da precaução.

[346] Em pesquisa realizada pelo autor desta obra, na base de dados do Tribunal de Justiça da União Europeia, com a palavra-chave "nano", até o dia 7 de agosto de 2019, foi possível identificar dois julgados sobre nanotecnologia. Trata-se dos processos "T-379/13" e "T-237/15". Ambos abordam apenas a temática da "propriedade intelectual, industrial e comercial – marcas". Não adentram em debates técnicos ou regulatórios dessa nova tecnologia.

[347] GRASSI NETO, Roberto. *Segurança alimentar*: da produção agrária à proteção do consumidor. São Paulo: Saraiva, 2013. p. 191.

627.189 RG), firmou-se uma Tese em Repercussão Geral, com base no princípio da precaução. O Ministro Relator expôs um conceito específico para o princípio, afirmando que se trata de "(...) um critério de gestão de risco a ser aplicado sempre que existirem incertezas científicas sobre a possibilidade de um produto, evento ou serviço desequilibrar o meio ambiente ou atingir a saúde dos cidadãos (...)." A partir desta constatação, se exige "(...) que o Estado analise os riscos, avalie os custos das medidas de prevenção e, ao final, execute as ações necessárias, as quais serão decorrentes de decisões universais, não discriminatórias, motivadas, coerentes e proporcionais."[348] Nesse caso, se entendeu que o ordenamento jurídico brasileiro estava de acordo com normas internacionais para proteger a segurança e a saúde das pessoas expostas as frequências eletromagnéticas advindas das linhas de transmissão instaladas em todo o território brasileiro, tanto para a população em geral quanto para os trabalhadores que auxiliam na manutenção dessas linhas.[349]

Para além das decisões judiciais supramencionadas, é interessante notar que um dos eixos importantes para a concretização das medidas de prevenção e de precaução

---

[348] BRASIL. Supremo Tribunal Federal (Plenário). *Recurso Extraordinário n. 327.189 SP*. Recurso extraordinário. Repercussão geral reconhecida. Direito Constitucional e Ambiental. Acórdão do tribunal de origem que, além de impor normativa alienígena, desprezou norma técnica mundialmente aceita. Conteúdo jurídico do princípio da precaução. Ausência, por ora, de fundamentos fáticos ou jurídicos a obrigar as concessionárias de energia elétrica a reduzir o campo eletromagnético das linhas de transmissão de energia elétrica abaixo do patamar legal. Presunção de constitucionalidade não elidida. Recurso provido. Ações civis públicas julgadas improcedentes. Com repercussão geral. Relator: Min. Dias Toffoli, 8 jun. 2016. Disponível em: http://redir.stf.jus.br/paginadorpub/paginador.jsp?docTP=TP&docID=12672680. Acesso em: 6 ago. 2019.
Texto da Repercussão Geral: "Por força da repercussão geral, é fixada a seguinte tese: no atual estágio do conhecimento científico, que indica ser incerta a existência de efeitos nocivos da exposição ocupacional e da população em geral a campos elétricos, magnéticos e eletromagnéticos gerados por sistemas de energia elétrica, não existem impedimentos, por ora, a que sejam adotados os parâmetros propostos pela Organização Mundial de Saúde, conforme estabelece a Lei nº 11.934/2009."
[349] Outros dois julgados no STF também abordam o histórico, a aplicação e as divergências sobre o princípio da precaução, dentre eles estão a "ADPF n. 101 DF" e a "ADI 3.470 RJ":
BRASIL. Supremo Tribunal Federal (Plenário). *Ação de Descumprimento de Preceito Fundamental n. 101 DF*. Arguição de Descumprimento de Preceito Fundamental: adequação. Observância do princípio da subsidiariedade. Arts. 170, 196 e 225 da Constituição da República. Constitucionalidade de atos normativos proibitivos da importação de pneus usados. Reciclagem de pneus usados: ausência de eliminação total de seus efeitos nocivos à saúde e ao meio ambiente equilibrado. Afronta aos princípios constitucionais da saúde e do meio ambiente ecologicamente equilibrado. Coisa julgada com conteúdo executado ou exaurido: impossibilidade de alteração. Decisões judiciais com conteúdo indeterminado no tempo: proibição de novos efeitos a partir do julgamento. Arguição julgada parcialmente procedente. Sem repercussão geral. Relatora: Min. Cármen Lúcia, 24 jun. 2009. Disponível em: http://redir.stf.jus.br/paginadorpub/paginador.jsp?docTP=AC&docID=629955. Acesso em: 7 ago. 2019.
BRASIL. Supremo Tribunal Federal (Plenário). *Ação Direta de Inconstitucionalidade n. 3.470 RJ*. Ação Direta de Inconstitucionalidade. Lei nº 3.579/2001 do Estado do Rio de Janeiro. Substituição progressiva da produção e da comercialização de produtos contendo asbesto/amianto. Legitimidade ativa ad causam. Pertinência temática. Art. 103, IX, da Constituição da República. Alegação de inconstitucionalidade formal por usurpação da competência da União. Inocorrência. Competência legislativa concorrente.[...]. Sem repercussão geral. Relatora: Min. Rosa Weber, 29 nov. 2017. Disponível em: http://redir.stf.jus.br/paginadorpub/paginador.jsp?docTP=TP&docID=749020501. Acesso em: 6 ago. 2019.

está na "governança", que "surge como uma tentativa de se adaptar à complexidade contemporânea da incerteza e da globalização".[350]

A governança dos riscos gerados pelas novas tecnologias consiste em um processo de ampliação do poder decisório, antes centrado apenas na figura estatal. Abarca-se nessa visão a participação ativa da sociedade, para harmonizar as divergências científicas e encontrar um "ponto comum" no desenvolvimento científico. Didier Bourguignon, em relatório elaborado para o Parlamento Europeu, explica que a governança dos riscos possui três componentes essenciais: a avaliação, a gestão e a comunicação dos riscos.[351]

A avaliação dos riscos abrange a "identificação do risco/perigo"; a sua "caracterização, momento para delimitação da natureza e da gravidade dos efeitos adversos"; a "avaliação de exposição, para determinar em que medida a população e o meio ambiente são colocados em risco"; e, a aplicação de ferramentas da estatística para "averiguar a probabilidade, frequência e gravidade dos eventuais danos à saúde humana e/ou ao meio ambiente". [352]

Por outro lado, a gestão dos riscos consiste "na criação e implementação de ações e medidas corretivas para evitar, reduzir, transferir ou reter o risco." Essa ideia abrange "a concepção, avaliação e seleção das opções de redução de riscos e sua implementação e acompanhamento." [353] As medidas podem abranger uma ação regulatória pelo Estado ou uma ação autorregulatória pelas sociedades empresárias, que pretendem controlar os eventuais riscos.[354]

---

[350] A temática da governança não será aprofundada nesta obra. Para uma análise mais profunda dessa temática na área de nanotecnologia, consulte: BERGER FILHO, Aírton Guilherme. *A governança dos riscos das nanotecnologias e o princípio da precaução*: um estudo a partir da teoria dialética da rede. Tese (Doutorado em Direito). Universidade do Vale do Rio dos Sinos, São Leopoldo, 2016. p. 99.

[351] BOURGUIGNON, Didier. *Le principe de précaution*: Définitions, applications et gouvernance, analyse approfundie. Bruxelas: União Europeia (EPRS), 2015. Disponível em: http://www.europarl.europa.eu/RegData/etudes/IDAN/2015/573876/EPRS_IDA(2015)573876_FR.pdf. Acesso em: 4 jul. 2019. p. 22.

[352] UNIÃO EUROPEIA. *Resolução "C5-0143/2000"*, de 23 de novembro de 2000, do Parlamento Europeu sobre a Comunicação da Comissão relativa ao princípio da precaução. Disponível em: http://www.europarl.europa.eu/sides/getDoc.do?pubRef=-//EP//NONSGML+REPORT+A5-2000-0352+0+DOC+PDF+V0//PT. Acesso em: 13 jun. 2019.

[353] UNIÃO EUROPEIA. *Resolução "C5-0143/2000"*, de 23 de novembro de 2000, do Parlamento Europeu sobre a Comunicação da Comissão relativa ao princípio da precaução. Disponível em: http://www.europarl.europa.eu/sides/getDoc.do?pubRef=-//EP//NONSGML+REPORT+A5-2000-0352+0+DOC+PDF+V0//PT. Acesso em: 13 jun. 2019.

[354] Nesse sentido, os autores Hayes e Knox-Hayes afirmam que "o princípio da precaução é um princípio facilitador que permite e justifica uma ação regulatória mesmo na ausência de evidência científica conclusiva de dano em relação a um risco específico. [tradução nossa]" HAYES, J.; KNOX-HAYES, J. Rescuing EU Emissions Trading: Mission Impossible? Security in Climate Change Discourse: Analyzing the Divergence between US and EU Approaches to Policy. *Global Environmental Politics*, v. 14, n. 2, p. 82–101, 2014. p. 94.

Por último, a comunicação dos riscos permite que as partes interessadas, como, por exemplo, os consumidores, os fornecedores e as entidades de proteção do meio ambiente, compreendam os riscos para entender como eles podem afetá-los. Ainda, há possibilidade de construção de um diálogo com os agentes responsáveis pela delimitação dos riscos (comunidade científica) e com os agentes que criam os riscos potenciais (sociedades empresárias). Assim, a informação e a transparência na governança não são unilaterais, "devem incluir o questionamento público, o diálogo e até mesmo a participação genuína das partes interessadas na gestão de riscos. [tradução nossa]".[355]

A governança dos riscos se encaixa no desenvolvimento de novas tecnologias porque avalia elementos científicos e "extracientíficos". Eles estão localizados "fora" da ciência e compõe uma espécie de interface política, pois indicam que "a aplicação de medidas de precaução é o resultado de uma decisão eminentemente política sobre o nível de risco aceitável por determinada comunidade."[356] Assim, haveriam pontos de interseção entre ciência e política, que determinam as ações a serem tomadas frente à inovação, ou seja, determinam as políticas públicas a serem formuladas e implementadas. Isso não quer dizer que há uma politização do princípio da precaução, pois os critérios utilizados na identificação e alcance dos riscos são exclusivamente científicos. O caráter político é reservado ao agir decisório dos agentes responsáveis para tanto.

A União Europeia possui exemplos de aplicação da governança dos riscos na seara alimentar. Dentre eles, estão a possibilidade dos Estados-membros da União Europeia de proibir ou restringir o cultivo de OGMs já autorizados no nível europeu no seu território, bem como a inserção de informações no rótulo dos alimentos que contêm nanomateriais artificiais. Já no contexto geral das nanotecnologias, o Código de Conduta "para uma investigação responsável no domínio das nanociências e das nanotecnologias", estabelecido em 2008, pela Comissão Europeia, fixou uma Recomendação para que houvesse uma governança dos riscos entre os "responsáveis políticos, os investigadores, a indústria, os comitês de ética, as organizações da sociedade civil e a sociedade em geral, para efeitos de melhorar a compreensão e

---

[355] KOURILSKY, Philippe; VINEY, Geneviève. *Le príncipe de précaution*: Rapport au Premier Ministre. França. 1999. Disponível em: https://www.ladocumentationfrancaise.fr/var/storage/rapports-publics/004000402.pdf. Acesso em: 6 jun. 2019. p. 66.

[356] UNIÃO EUROPEIA. *Resolução "C5-0143/2000"*, de 23 de novembro de 2000, do Parlamento Europeu sobre a Comunicação da Comissão relativa ao princípio da precaução. Disponível em: http://www.europarl.europa.eu/sides/getDoc.do?pubRef=-//EP//NONSGML+REPORT+A5-2000-0352+0+DOC+PDF+V0//PT. Acesso em: 13 jun. 2019. p. 7.

participação do público no desenvolvimento das novas tecnologias."[357]

Dessa maneira, é possível concluir que os princípios da prevenção e da precaução não possuem um conceito universal, um conteúdo delimitado e ferramentas unânimes na sua aplicação. Existem divergências doutrinárias e diferentes níveis de aplicação que podem indicar distintos caminhos a serem observados pelos atores responsáveis pela regulação e pelos atores responsáveis pelo desenvolvimento científico e comercial da nanotecnologia, que no caso do Brasil não poderão estar aquém da adequada proteção destinada ao consumidor, prevista constitucional e infra constitucionalmente.

O próximo subitem desta obra trará as críticas à aplicação "forte" do princípio da precaução ou, até mesmo, da sua utilidade no campo científico. Essas divergências existem segundo Marcelo Dias Varella porque "(...) o princípio da precaução não é uma norma dogmática, imposta diretamente, mas um princípio, que guia formas de agir, tanto dos administradores públicos quanto dos operadores jurídicos."[358]

2.1.3 Linhas de oposição à precaução e a adoção da "bioequivalência substancial"

Alguns acontecimentos históricos demarcaram o potencial danoso do desenvolvimento científico e tecnológico. Dentre eles estão os acidentes nucleares de Chernobyl e de Goiânia, os efeitos colaterais da talidomida, as contaminações nas transfusões de sangue humano e as recentes "tragédias" dos rompimentos das barragens de Mariana e de Brumadinho.[359] Conforme delineado no tópico anterior, essa "parte" indesejada da introdução de novas tecnologias é a realidade que o princípio da precaução (e também da prevenção) quer evitar. Entretanto, alguns autores entendem que tal princípio não oferece a melhor solução para contornar ou evitar as mazelas da "sociedade de risco". Nesse passo, observou-se que as principais críticas ao princípio da precaução concentram-se em três argumentos centrais, que o consideram "retrógrado", "anticientífico" e "paralisante". A literatura jurídica dissidente apresenta outras alternativas principiológicas, tais como a adoção do

---

[357] UNIÃO EUROPEIA. Recomendação "C(2008)424", de 7 de fevereiro de 2008, da Comissão relativa a um código de conduta para uma investigação responsável no domínio das nanociências e das nanotecnologias. Disponível em: https://eur-lex.europa.eu/legal-content/PT/TXT/?qid=1562675229209&uri=CELEX:32008H0345. Acesso em: 13 jun. 2019.

[358] VARELLA, Marcelo Dias. Variações sobre um mesmo tema: o exemplo da implementação do princípio da precaução pela CIJ, OMC, CJCE e EUA. In: VARELLA, Marcelo Dias; BARROS-PLATIAU, Ana Flávia. *Princípio da precaução*. Coleção Direito Ambiental em Debate. Belo Horizonte: Del Rey, 2004. p. 275.

[359] LOPEZ, Teresa Ancona. *Princípio da precaução e evolução da responsabilidade civil*. São Paulo: Quartier Latin, 2010. p. 28-29; FREITAS, Carlos Machado de et al. Da Samarco em Mariana à Vale em Brumadinho: desastres em barragens de mineração e Saúde Coletiva. *Cadernos de Saúde Pública*, v. 35, n. 5, 2019.

"princípio da resiliência" (*principle of resilience*), do "princípio da novidade" (*principle of novelty*) e do "princípio da bioequivalência substancial" (*principle of substantial equivalence*).

O princípio da precaução é considerado "retrógrado" quando é visto como uma barreira à inovação científica e tecnológica. Esse argumento considera que o objetivo central no princípio da precaução é a busca do "risco zero". Assim, a sociedade que aplica o princípio na sua vertente "máxima", anseia por uma "segurança absoluta", que ao mesmo tempo combate o medo irracional e a desconfiança do público frente à introdução de novas tecnologias.[360] Por este motivo, ele imobiliza o progresso em todas as suas frentes (tecnológica, científica, social e econômica). Contudo, Cristine Noiville rebate esses argumentos, pois entende que o princípio da precaução não busca formar uma barreira intransponível ao "novo", mas visa oferecer diretrizes ao desenvolvimento sustentável e minimamente seguro. O poder decisório sobre os riscos que determinada sociedade está disposta a suportar parte de um "foro político", pois trata-se de uma decisão política a ser tomada.[361] Como ponderado no subitem anterior, o princípio da precaução possui critérios bem definidos pela comunidade internacional e regional (especificamente pela União Europeia), que podem evitar a discricionariedade política no agir decisório baseada na arbitrariedade e na irracionalidade.

A "anticientificidade" é demonstrada quando o princípio da precaução pretende evitar danos futuros "virtuais" que são meras cogitações ou, ainda, quando requer provas que são impossíveis de serem produzidas no estado atual do conhecimento científico. Outro argumento consiste na importância exagerada fornecida aos estudos que indicam a possibilidade de dano, mesmo diante de outros estudos consolidados que apontam a segurança de determinada tecnologia. Essas considerações podem ser falíveis, uma vez que a cientificidade do princípio está justamente na tentativa de trazer elementos técnicos para a discussão política sobre o risco. Tal princípio trabalha com o *status quo* da ciência, que pode não apresentar certezas sobre os riscos, mas é capaz de indicar alguma saída racional e fundamentada aos decisores na esfera pública e

---

[360] Tal vertente doutrinária é defendida por: BAILEY, Ronald. Precautionary Tale: The latest environmentalist concept--the Precautionary Principle--seeks to stop innovation before it happens. Very bad idea. *Reason*, [s.l., 1999]. Disponível em: https://reason.com/1999/04/01/precautionary-tale. Acesso em: 7 ago. 2019;
MAJONE, Giandomenico. What Price Safety? The Precautionary Principle and its Policy Implications. *Journal of Common Market Studies*, v. 40, n. 1, p. 89-109, 2002;
MARCHANT, Gary E.; MOSSMAN, Kenneth L. *Arbitrary and Capricious*: The Precautionary Principle in the European Union Courts. Washington D.C.: The AEI Press, 2004;
BRONNER, Gérald; GÉHIN, Étienne. *L'inquiétant principe de precaution*. Paris: Presses Universitaires de France, 2012.
[361] NOIVILLE, Cristine. Ciência, decisão, ação: três observações em torno do princípio da precaução. In: VARELLA, Marcelo Dias (org.). *Governo dos Riscos*. Rede Latino-Americana-Europeia sobre Governo dos Riscos. Brasília: Eunice de Oliveira, 2005. p. 34.

também na privada, que possuirão um "conjunto de dados científicos disponíveis antes de tomar a decisão de comercializar um produto ou de desenvolver uma atividade e garantir que a adoção de medidas de precaução se dê em face de indícios confiáveis de plausibilidade do risco."[362]

O efeito "paralisante" do princípio da precaução tem como principal defensor o autor Cass Sunstein. O fornecimento de diretrizes sobre possíveis danos apenas com base em cogitações ou probabilidades mínimas, ainda que cientificas, faria do princípio da precaução um "beco sem saída". Para o autor, o princípio impede "tanto a regulação quanto a inação e qualquer medida entre esses dois extremos."[363] Por este motivo seria "paralisante", pois indica o problema, mas não é capaz de propor soluções racionais. A problemática principal estaria na falsa impressão da funcionalidade deste princípio devido à utilização de "mecanismos cognitivos identificáveis", que partem de uma racionalidade humana do medo da ocorrência apenas dos riscos que são visíveis à população. Essa postura descarta todo o cenário do risco e focaliza apenas aquele risco imediato e visível, não observando os "efeitos sistêmicos."[364]

A lógica utilizada por Sunstein envolve principalmente a questão econômica. A "aversão à perda" e a "indiferença quanto às probabilidades" são as principais críticas ao princípio da precaução. Assim, "uma crítica economicamente orientada, porém, pode observar que nossos recursos são limitados e que, se nós gastarmos grandes quantidades de recursos em danos altamente especulativos, não estaremos alocando-os sabidamente."[365] Para o autor, o princípio reforça a criação dos "riscos substitutos", que na verdade revelam decisões difíceis, o que compromete a sua validade lógica.

Em uma das exemplificações, Sunstein traz a questão da proibição da comercialização de determinado medicamento através de uma regulação que pretende evitar alguns riscos (os denominados "efeitos colaterais"). Ocorre que a ausência desse medicamento inevitavelmente causará diversas mortes. A questão levantada pelo autor é que nesses casos a "precaução" poderia ser elencada em ambos os lados (da proteção de consumidores específicos e da proteção da saúde da população em geral). Haveria a retirada do poder decisório dos indivíduos individualmente considerados,

---

[362] NOIVILLE, Cristine. Ciência, decisão, ação: três observações em torno do princípio da precaução. In: VARELLA, Marcelo Dias (org.). *Governo dos Riscos*. Rede Latino-Americana-Europeia sobre Governo dos Riscos. Brasília: Eunice de Oliveira, 2005. p. 37.

[363] SUNSTEIN, Cass R. Beyond the precautionary principle. Chicago: The Law School the University of Chicago, 2003. Disponível em: https://papers.ssrn.com/sol3/papers.cfm?abstract_id=307098. p. 42.

[364] Menciona-se que a tradução dos termos específicos empregados por SUNSTEIN, foram retirados de um artigo científico traduzido por Letícia Garcia e outros: SUNSTEIN, Cass R. Para além do princípio da precaução. Tradução de Letícia Garcia Ribeiro Dyniewicz et al. Revista de Direito Administrativo, Rio de Janeiro, v. 259, p. 11-71, jan./abr. 2012.

[365] SUNSTEIN, Cass R. Laws of fear: beyond the precautionary principle. Cambridge: Cambridge University Press, 2005. p. 25.

que poderiam escolher entre os benefícios e os riscos, pois tolher-se-ia os "benefícios de oportunidade".[366] Assim, "se um governo utiliza tal abordagem, pode proteger as pessoas contra danos provocados por drogas testadas inadequadamente, mas também pode impedi-las de receber os potenciais benefícios referentes às mesmas drogas."[367] Por fim, o autor revela que a construção deste princípio é marcada pela ausência do pensamento sistêmico e isento (*system neglect*):

> Em alguma medida, aqueles que endossam o princípio da precaução estão respondendo a motivações morais ou políticas salutares que acreditam estar incorporadas no princípio. [...] Há razões extremamente boas para se incorporar considerações distributivas na regulação dos riscos, e o princípio da precaução parece, algumas vezes, ser uma forma de proteger, contra os riscos de doenças, acidentes e morte, pessoas que estão em situação de maior desvantagem. Algumas vezes, as pessoas tentam reduzir a dissonância cognitiva pensando que os riscos reais são triviais, e o princípio da precaução pode funcionar como um contrapeso a esse mecanismo. O problema é que o princípio da precaução, como é aplicado, é uma forma grosseira, às vezes perversa, de promover esses vários objetivos, no mínimo porque pode ser (e tem sido) defendido em situações nas quais ameaça causar danos às futuras gerações e prejudicar, mais do que proteger, aqueles que estão em situação de maior desvantagem.[368]

Apesar de alguns autores defenderem que nos Estados-membros da União Europeia existe uma aplicação mais intensa do princípio da precaução, Cass Sunstein defende que organizar uma lista de nações mais precavidas. A margem de discricionariedade na sua aplicação revela que em alguns casos concretos há uma maior precaução do que em outros. A União Europeia foi mais precavida nos casos dos hormônios utilizados em bovinos e na comercialização de OGMs, quando as medidas são comparadas com aquelas adotadas pelos Estados Unidos nesses setores. Contudo, os norte-americanos aplicaram medidas mais rápidas e severas do que os europeus nos casos da doença das "vacas loucas" e das doações de sangue contaminadas com o vírus do HIV. Isso ocorreu porque "(...) algumas nações preocupam-se mais em prevenir alguns riscos do que outros, e uma adoção geral do princípio da precaução esconderá

---

[366] SUNSTEIN, Cass R. Beyond the precautionary principle. Chicago: The Law School the University of Chicago, 2003. Disponível em: https://papers.ssrn.com/sol3/papers.cfm?abstract_id=307098. p. 17.

[367] Veja o aprofundamento realizado pelo autor na obra: SUNSTEIN, Cass R. Laws of fear: beyond the precautionary principle. Cambridge: Cambridge University Press, 2005. p. 29.

[368] SUNSTEIN, Cass R. Para além do princípio da precaução. Tradução de Letícia Garcia Ribeiro Dyniewicz et al. Revista de Direito Administrativo, Rio de Janeiro, v. 259, p. 11-71, jan./abr. 2012. p. 68.

esse fato inevitável."[369] [370] Especificamente no caso dos nanoalimentos, a US Environmental Protection Agency (EPA) adotou uma medida precaucional inédita nesse setor, quando emitiu um comunicado para a retirada do mercado dos produtos plásticos destinados à conservação de alimentos que possuíam nanopartículas de prata ainda não registradas pela Agência (*recall*).[371]

Diante dessas críticas, a literatura dissidente propôs a utilização de outros princípios para substituir os problemas da precaução. Nesse passo, a abordagem parte de duas frentes antagônicas: a "resiliência" e a "novidade".

Para Aaron Wildavsky o risco não deve ser um empecilho para frear o desenvolvimento científico e tecnológico, pois segundo ele a natureza e a sociedade podem suportá-los.[372] Assim, "uma estratégia de resiliência requer muito menos capacidade de previsão, mas muito mais crescimento, não apenas em riqueza, mas também em conhecimento. [tradução nossa]"[373] A experiência com os erros seria um elemento chave no desenvolvimento de soluções e aperfeiçoamento tecnológico.

Do outro lado, Katherine Van Tassel entende que a solução adequada está na abordagem baseada na "novidade", pois poderia antecipar qualquer risco em potencial

---

[369] SUNSTEIN, Cass R. Beyond the precautionary principle. Chicago: The Law School the University of Chicago, 2003. Disponível em: https://papers.ssrn.com/sol3/papers.cfm?abstract_id=307098. p. 11-12.

[370] No Brasil, em uma decisão recente do STF, o relator do acórdão mencionou o posicionamento de Cass Sunstein sobre o princípio da precaução. Não houve a exclusão desse princípio, tal como o autor defende, mas houve uma minoração do seu grau de aplicação. Nesse sentido, no RE 627.189, já trabalhado no subtópico anterior, o Relator utiliza a abordagem de Cass Sunstein para reforçar que a legislação brasileira estava de acordo com as normas internacionais sobre exposição humana aos campos eletromagnéticos presentes nas redes de transmissão de energia elétrica. A adoção de uma medida mais gravosa visando fornecer uma proteção máxima aos moradores vizinhos das linhas de transmissão e aos trabalhadores das concessionárias, desconsidera o cenário complexo da distribuição desse bem de consumo essencial no cotidiano das pessoas. O relator afirmou que era preciso observar todos os pontos de vista para se adotar uma decisão racional baseada no princípio da precaução.
BRASIL. Supremo Tribunal Federal (Plenário). *Recurso Extraordinário n. 327.189 SP*. Recurso extraordinário. Repercussão geral reconhecida. Direito Constitucional e Ambiental. Acórdão do tribunal de origem que, além de impor normativa alienígena, desprezou norma técnica mundialmente aceita. Conteúdo jurídico do princípio da precaução. Ausência, por ora, de fundamentos fáticos ou jurídicos a obrigar as concessionárias de energia elétrica a reduzir o campo eletromagnético das linhas de transmissão de energia elétrica abaixo do patamar legal. Presunção de constitucionalidade não elidida. Recurso provido. Ações civis públicas julgadas improcedentes. Com repercussão geral. Relator: Min. Dias Toffoli, 8 jun. 2016. Disponível em: http://redir.stf.jus.br/paginadorpub/paginador.jsp?docTP=TP&docID=12672680. Acesso em: 6 ago. 2019. p. 18 e 27.

[371] UNITED STATES ENVIRONMENTAL PROTECTION AGENCY (US EPA). Takes Action to Protect Public from an Illegal Nano Silver Pesticide in Food Containers: Cites NJ Company for Selling Food Containers with an Unregistered Pesticide Warns Large Retailers Not to Sell These Products. *US EPA*, 2014. Disponível em: https://yosemite.epa.gov/opa/admpress.nsf/0/6469952cdbc19a4585257cac0053e637. Acesso em: 10 jun. 2019. (não paginado).

[372] DAKE, Karl; WILDAVSKY, Aaron. Theories of Risk Perception: Who Fears What and Why? *Daedalus (The MIT Press)*, v. 119, n. 4, p. 41-60, 1990. Disponível em: https://www.jstor.org/stable/pdf/20025337.pdf. Acesso em: 7 ago. 2019.

[373] WILDAVSKY, Aaron. Riskless Society. [s.l. / s.d.] Disponível em: https://www.econlib.org/library/Enc1/RisklessSociety.html. Acesso em: 8 ago. 2019.

presente nas novas tecnologias. Ela entende que a partir do momento da criação de um novo alimento, como, por exemplo, o desenvolvimento de carnes de animais clonados, de carnes cultivadas em laboratório e de transgênicos, o Estado através das suas agências responsáveis pela regulação não deve esperar os estudos de toxicologia, deve agir simultaneamente à introdução desses produtos no mercado de consumo. Deve estabelecer um programa de gestão de riscos, seja pela rotulagem, cadastro do produto ou outro meio que considere adequado.[374] Tassel percebe que o "foco na novidade resulta no equilíbrio regulatório entre os objetivos de promover a inovação e, ao mesmo tempo, proteger a saúde pública. [tradução nossa]"[375] Observou-se, entretanto, que tais posturas incorrem nas mesmas críticas elencadas por Cass Sunstein ao princípio da precaução, pois desconsideram uma ampla gama de efeitos adversos que podem surgir com uma postura extremista.[376] Entende-se que a saída seria um meio termo entre esses dois polos.

Em sentido semelhante a postura da resiliência, mas com características mais "medianas", encontra-se o princípio da "bioequivalência substancial". Aplicável especificamente na seara alimentar, ele é utilizado, em maior ou menor grau, no âmbito internacional pela FAO, pela OMS e pela OCDE e, no âmbito nacional, pela US FDA. O conceito foi formulado pela primeira vez em uma publicação coletiva da OCDE em 1993, elaborada com a colaboração de aproximadamente 60 pesquisadores de 19 Estados-membros. O contexto da discussão estava na segurança dos alimentos geneticamente modificados. O conceito demonstra que os alimentos novos (*novel food*) devem revelar a mesma segurança dos alimentos já existentes (tradicionais), com base na comparação entre eles.[377] Três anos após a publicação desse estudo, a OMS e a FAO recomendaram que "a avaliação de segurança baseada no conceito de equivalência substancial seja aplicada no estabelecimento da segurança dos alimentos e componentes alimentares derivados de organismos geneticamente modificados.

---

[374] VAN TASSEL, Katherine. Regulating in Uncertainty: Animating the Public Health Product Safety Net to Capture Consumer Products Regulated by the FDA that Use Innovative Technologies, Including Nanotechnologies, Genetic Modification, Cloning, and Lab Grown Meat. *University of Chicago Legal Forum*, [s.v./s.n.], p. 433-488, 2013. p. 481.

[375] A autora entende que "(...) o resultado desse enfoque na novidade reflete o papel apropriado do governo na proteção de seus cidadãos contra os riscos de danos causados por terceiros. [tradução nossa]" VAN TASSEL, Katherine. Regulating in Uncertainty: Animating the Public Health Product Safety Net to Capture Consumer Products Regulated by the FDA that Use Innovative Technologies, Including Nanotechnologies, Genetic Modification, Cloning, and Lab Grown Meat. *University of Chicago Legal Forum*, [s.v./s.n.], p. 433-488, 2013. p. 438.

[376] SUNSTEIN, Cass R. Para além do princípio da precaução. Tradução de Letícia Garcia Ribeiro Dyniewicz et al. Revista de Direito Administrativo, Rio de Janeiro, v. 259, p. 11-71, jan./abr. 2012. p. 70.

[377] Para a OCDE, "O conceito de equivalência substancial incorpora a ideia de que os organismos existentes usados como alimento, ou como fonte de alimento, podem ser usados como base para comparação quando se avalia a segurança do consumo humano de um alimento ou componente de alimento modificado ou novo.[tradução nossa]" OCDE. Safety evaluation of foods derived by modern biotechnology: concepts and principles. *Relatório da Secretaria Geral da OCDE*. 1993. Disponível em: https://www.mobt3ath.com/uplode/book/book-9620.pdf. Acesso em: 8 ago. 2019. p. 11.

[tradução nossa]."[378] Essa tendência se consolidou nessas Organizações, sendo que é aplicada também aos *nanofoods*. Para Peter Kearns e Paul Mayers esse princípio não representa uma contraposição à segurança alimentar:

> A equivalência substancial não é um substituto para uma avaliação de segurança. É um princípio orientador para cientistas e agentes reguladores envolvidos em avaliações de segurança. Ele enfatiza que uma avaliação deve mostrar que uma variedade transgênica é tão segura quanto suas contrapartes tradicionais. Nesta abordagem, as diferenças podem ser identificadas para um maior escrutínio, o que pode envolver testes nutricionais, toxicológicos e imunológicos. A abordagem permite que os reguladores se concentrem nas diferenças de uma nova variedade e, portanto, em questões de segurança de importância crítica. Testes bioquímicos e toxicológicos certamente não são impedidos. [tradução nossa][379]

Entretanto, há posições contrárias sobre a utilização desse princípio na seara alimentar. Millstone et al, afirmam que se trata de princípio "pseudo-cientifico" baseado em uma avaliação meramente comercial e de oportunidade, que é direcionado a dificultar a realização de testes toxicológicos e bioquímicos.[380] Para eles, a mera comparação ou utilização dos mesmos critérios de avaliação de risco é insuficiente para a aferição concreta da segurança dos agrotóxicos, dos OGMs e, acrescenta-se, dos nanoalimentos.[381]

Esse último viés da aplicação do princípio da bioequivalência substancial é amplamente aceito no cenário internacional porque vai de encontro com o discurso econômico, tendo em vista que esse princípio revela critérios sistemáticos já conhecidos e compartilhados no cenário do Direito Internacional Econômico. Assim, ele demonstra uma previsibilidade nas ações a serem seguidas pelos agentes públicos e privados.

Há uma resistência na adoção do princípio da precaução no âmbito do comércio internacional, que é um campo marcado pela divergência de interesses e pelos pontos

---

[378] FAO/OMS. *Biotechnology and food safety*: FAO Food and Nutrition Paper 61, Roma: FAO, 1996. Apud: FAO/OMS. *Consultations and workshops*: Safety assessment of foods derived from genetically modified microorganisms. Genebra: OMS, 2001. p. 5.

[379] KEARNS, Peter; MAYERS, Paul. Substantial equivalence is a useful tool. *Nature*, v. 401, n. 6754, p. 640–640, out. 1999. Disponível em: http://www.nature.com/articles/44260. Acesso em: 10 ago. 2019. (não paginado).

[380] MILLSTONE, Erik; BRUNNER, Eric; MAYER, Sue. Beyond 'substantial equivalence'. *Nature*, v. 401, n. 6753, p. 525–526, out. 1999. Disponível em: http://www.nature.com/articles/44006. Acesso em: 10 ago. 2019. (não paginado).

[381] Acompanham esse posicionamento: WATANABE, Edson; NUTTI, Marilia Regini. Alimentos geneticamente modificados: avaliação de segurança e melhorias de qualidade em desenvolvimento. *Revista Brasileira de Milho e Sorgo*, v. 1, n. 1, p. 1-14, 2002. Disponível em: https://pdfs.semanticscholar.org/7c99/c57c3a7ca63c6b15f2c386ade2d97c564c0b.pdf. Acesso em: 10 jun. 2019. p. 1; GRASSI NETO, Roberto. *Segurança alimentar*: da produção agrária à proteção do consumidor. São Paulo: Saraiva, 2013. p. 236.

de vista distintos. A amplitude e subjetividade desse princípio não encontra previsão expressa em documentos importantes do setor alimentar: o *Codex Alimentarius; o* Acordo sobre os Obstáculos Técnicos ao Comércio (*Agreement on Technical Barriers to Trade* – TBT); e, o Acordo Relativo às Disposições Sanitárias e Fitossanitárias (*Sanitary and Phytosanitary Agreement* – SPS). Contudo, isso não quer dizer que o compilado de normas alimentares desconsidera a aplicação de "parâmetros de precaução", conforme delineado no tópico seguinte.

2.1.4 O comércio internacional de alimentos: a utilização do Codex Alimentarius e dos Acordos TBT e SPS no âmbito da OMC

Existem diversas maneiras de perceber os riscos e os Estados estão cientes disso.[382] Diferentes mecanismos de gestão do risco são aplicados na sociedade moderna e eles podem - ou não - coincidir com os riscos concretos. Diante da complexidade do comércio internacional de alimentos, algumas normas e organismos buscaram estabelecer critérios (ou padrões) universais para evitar bloqueios desnecessários ou ilegítimos nessas transações econômicas. Entre elas estão o *Codex Alimentarius* e os Acordos TBT e SPS, bem como os julgados da OMC sobre os casos que envolvem a segurança alimentar. Esse panorama desponta a busca pela articulação entre o livre comércio e a proteção da pessoa humana e do meio ambiente.

O *Codex Alimentarius* foi elaborado a partir de um programa de normalização criado pela OMS e pela FAO. Ele consiste em um conjunto de órgãos e normas sobre alimentos existente desde 1963.[383] O objetivo principal está na harmonização dos diversos padrões alimentares existentes no Mundo para facilitar o comércio internacional de alimentos, garantir a segurança alimentar e assegurar a manutenção de práticas leais de comércio entre os Estados.[384] "O *Codex Alimentarius* é uma coleção de padrões, códigos de práticas, diretrizes e outras recomendações relativas à

---

[382] VARELLA, Marcelo Dias. A dinâmica e a percepção pública de riscos e as respostas do direito internacional econômico. In: VARELLA, Marcelo Dias (org.). *Governo dos Riscos*. Rede Latino-Americana-Europeia sobre Governo dos Riscos. Brasília: Eunice de Oliveira, 2005. p. 79.

[383] As disposições do Codex tratam de diversos assuntos, dentre eles de "(...) práticas de higiene, rotulagem, aditivos, inspeção e certificação, nutrição e resíduos de medicamentos veterinários e pesticidas nos alimentos. Os padrões de commodities do Codex referem-se a um produto específico, embora cada vez mais o Codex desenvolva padrões para grupos de alimentos, ou seja, um padrão geral para os sucos de frutas e néctares em oposição a um padrão específico para cada suco de frutas diferentes. [tradução nossa]." FAO/OMS. *Codex Alimentarius*: Understanding Codex. Roma: FAO/OMS, 2016. Disponível em: http://www.fao.org/3/a-i5667e.pdf. Acesso em: 20 ago. 2019. p. 13.

[384] Sobre a história da criação do codex alimentarius ver: FAO/OMS. *Codex Alimentarius*: Understanding Codex. Roma: FAO/OMS, 2016. Disponível em: http://www.fao.org/3/a-i5667e.pdf. Acesso em: 20 ago. 2019; ANVISA. *Codex Alimentarius*. Brasília: ANVISA, 2016. Disponível em: http://portal.anvisa.gov.br/documents/33916/388701/Codex+Alimentarius/10d276cf-99d0-47c1-80a5-14de564aa6d3. Acesso em: 15 ago. 2019.

alimentação. [tradução nossa]"[385] Esse conjunto normativo é composto apenas por *soft laws*, sendo um documento de adesão voluntária pelos Estados.[386]

Os padrões estabelecidos na Comissão do *Codex alimentarius* e nos seus comitês específicos, são utilizados como referência para a formulação e atualização da legislação interna dos Estados-membros, orientando, dessa maneira, as políticas públicas e os planos nacionais. O Brasil aderiu ao *Codex alimentarius* em 1970, instituindo após dez anos o Comitê do *Codex Alimentarius* do Brasil (CCAB), coordenado pelo Instituto Nacional de Metrologia, Qualidade e Tecnologia (Inmetro), com a participação de diversos órgãos federais.[387]

Interessante notar que o Sistema *Codex Alimentarius* não possui mecanismos próprios de solução de conflitos, ou seja, não possui um órgão dedicado à aplicação das normas alimentares. Essa competência foi reservada à Organização Mundial do Comércio (OMC), conforme art. 1º do Estatuto da Comissão *Codex Alimentarius* FAO/OMS. Assim, apesar da ausência de força vinculante dessas normas, os membros que as seguem, reduzem o risco de serem acionados perante o Órgão de Solução de Controvérsias (OSC) da OMC.[388] O *Codex Alimentarius* é utilizado como parâmetro nas medidas previstas nos Acordos TBT e SPS.

Apesar da existência de diversas normas aplicáveis ao setor alimentar,[389] os acordos SPS e TBT, são os mais importantes na seara do comércio internacional porque funcionam como instrumentos de controle de riscos alimentares transfronteiriços.[390]

---

[385] FAO/OMS. *Codex Alimentarius*: Understanding Codex. Roma: FAO/OMS, 2016. Disponível em: http://www.fao.org/3/a-i5667e.pdf. Acesso em: 20 ago. 2019. p. 12. http://www.fao.org/3/a-i5667e.pdf

[386] Cabe mencionar que existem 189 membros do *Codex Alimentarius* (188 Estados-membros e a União Europeia).

[387] Em documento sobre o Codex, a ANVISA afirmou que: "O CCAB é composto por 13 membros de órgãos do governo, das indústrias e de órgãos de defesa do consumidor, incluindo: Agência Nacional de Vigilância Sanitária (ANVISA), Ministério da Agricultura, Pecuária e Abastecimento (MAPA), Ministério das Relações exteriores (MRE), Ministério do Desenvolvimento, Indústria e Comércio (MDIC), Ministério da Ciência e Tecnologia (MCT), Instituto Nacional de Metrologia, Normalização e Qualidade Industrial (INMETRO), Ministério da Justiça, Associação Brasileira de Normas Técnicas (ABNT), Instituto de Defesa dos Consumidores (IDEC), Associação Brasileira das Indústrias de Alimentação (ABIA), Confederação Nacional da Indústria (CNI), Confederação Nacional da Agricultura (CNA) e Confederação Nacional do Comércio (CNC)." ANVISA. *Codex Alimentarius*. Brasília, 2016. Disponível em: http://portal.anvisa.gov.br/documents/33916/388701/Codex+Alimentarius/10d276cf-99d0-47c1-80a5-14de564aa6d3. Acesso em: 15 ago. 2019. (não paginado).

[388] GRASSI NETO, Roberto. *Segurança alimentar*: da produção agrária à proteção do consumidor. São Paulo: Saraiva, 2013. p. 88-92.

[389] Os regulamentos emitidos pela ANVISA são baseadas no Codex Alimentarius e no Acordo SPS, além de outras normas reconhecidas no cenário internacional. Para consultar a base de dados brasileira no setor de alimentos, veja: ANVISA. *Biblioteca de alimentos*. Brasília: ANVISA, 2019. Disponível em:http://portal.anvisa.gov.br/documents/33880/4967127/Biblioteca+de+Alimentos_Portal-nNM6MLrs.pdf/f69da615-cd56-44f0-850e-cd816221110d. Acesso em: 12 ago. 2019.

[390] Antes da adoção dos Acordos TBT e SPS, as disposições os obstáculos técnicos e as medidas sanitárias e fitossanitárias

Nesse sentido, tais Acordos trazem "distintas barreiras não tarifárias (BNTs) a produtos do comércio que podem servir como instrumentos no controle dos riscos da nanotecnologia."[391]

Os Acordos SPS e TBT entraram em vigor em 1 de janeiro de 1995. Foram incluídos na rodada de negociações de Marrakesh em 1994 (Rodada Uruguai), que além de dar origem à OMC, trouxe também um Acordo Geral de Tarifas.[392] Ambos os Acordos visam estabelecer uma cooperação entre as autoridades reguladoras para diminuir as divergências regulatórias nos níveis regional e multilateral.[393] Com base neles, os Estados-membros têm o direito de adotar políticas públicas para concretizar a proteção da vida e da saúde humana, bem como a proteção do meio ambiente, prevendo, ainda o direito à informação dos consumidores. Essas atividades internas devem ser guiadas através das diretrizes estabelecidas nesses Acordos, dentre elas estão: a não discriminação; não aplicação de barreiras técnicas comerciais desnecessárias; utilização de bases científicas para as medidas; transparência; utilização dos padrões internacionalmente aceitos; e, avaliação criteriosa dos riscos dos bens de consumo. Nesse sentido, a OMC e a OCDE afirmam que:

> Há muitas razões legítimas pelas quais os membros podem regulamentar de maneira diferente a mesma matéria, incluindo diferentes condições tecnológicas e socioeconômicas, capacidades institucionais ou preferências de risco. No entanto, também pode haver diferenças entre os regulamentos e procedimentos nacionais que podem criar obstáculos desnecessários ao comércio. Os Acordos TBT e SPS promovem a IRC [Cooperação Regulatória Internacional – International Regulatory Cooperation] entre os membros para reduzir os custos associados à diversidade regulatória,

---

eram tratadas apenas como uma exceção nos Acordos do "GATT 1947", que se concentravam na questão da livre circulação de mercadorias. Segundo Helène Ruiz-Fabri, "o GATT sempre admitiu que existia um certo número de objetivos não-comerciais que deviam justificar as medidas de proteção. Para isso, implementou um regime de exceções (artigos XX e XXI) que substitui e forma, por assim dizer, a interface entre o direito da OMC e as preocupações não-comerciais." RUIZ-FABRI, Hélène. A adoção do princípio da precaução pela OMC. In: VARELLA, Marcelo Dias; BARROS-PLATIAU, Ana Flávia. *Princípio da precaução.* Coleção Direito Ambiental em Debate. Belo Horizonte: Del Rey, 2004. p. 298.

[391] BERGER FILHO, Aírton Guilherme. *A governança dos riscos das nanotecnologias e o princípio da precaução*: um estudo a partir da teoria dialética da rede. Tese (Doutorado em Direito). Universidade do Vale do Rio dos Sinos, São Leopoldo, 2016. p. 225.

[392] Justo Cortis Varela elenca as principais diferenças entre os dois Acordos: "Grosso modo, as diferenças entre ambos os acordos residem em seu campo de aplicação – o Acordo OTC [TBT] aplica-se a toda medida técnica, enquanto o Acordo MSF [SPS] – e na obrigação de realizar avaliação prévia do risco para que previnem, isto é, a saúde ou a vida de pessoas ou animais, ou a preservação de vegetais. Em termos gerais, estes riscos devem-se a pragas, enfermidades e organismos patogênicos ou portadores de enfermidades existentes em animais, vegetais ou produtos alimentícios (...)" VARELA, Justo Corti. O relatório do grupo especial da OMC sobre os OGM. In: BARROS-PLATIAU, Ana Flavia. (eds.) *A Efetividade do Direito Internacional Ambiental.* Brasília: Uniceub/UNB, 2009. p. 178.

[393] OMC/OCDE. *Facilitating trade through regulatory cooperation*: the case of the WTO's TBT/SPS Agreements and Committees. [s.l.; s.n.], 2019. Disponível em: https://www.wto.org/english/res_e/booksp_e/tbtsps19_e.pdf. Acesso em: 5 ago. 2019. p. 34

reduzindo ou eliminando obstáculos desnecessários sempre que possível. [tradução nossa][394]

O acordo TBT visa assegurar que os regulamentos técnicos, as normas voluntárias e os procedimentos de avaliação de conformidade[395] para todos os tipos de produtos, estabelecidos internamente pelos Estados "não se tornem obstáculos desnecessários ao comércio internacional e não sejam empregados para obstruir o comércio."[396] O Acordo busca evitar o protecionismo, ao mesmo tempo que preserva a autonomia regulatória dos Estados para concretizem os anseios da política interna. No rol de normas do Acordo também estão os *standards* da ISO e de outras instituições internacionais responsáveis pela edição de normas técnicas.

As disposições do Acordo TBT interessam ao campo da nanotecnologia porque alguns Estados futuramente podem exigir que os importadores insiram algum símbolo, terminologia ou rotulagem específica para esses produtos, como uma barreira técnica ao comércio internacional. Também poderá haver a tentativa de instituição de algum sistema de rastreamento da utilização de nanomateriais artificiais em alimentos, por exemplo. Contudo, essas possibilidades necessitam de um aval científico sobre a real necessidade de discriminar tal produto.[397] Isso não afastará as divergências sobre os riscos nanotecnológicos, que poderão gerar contenciosos no Órgão de Solução de Controvérsias da OMC.

Por outro lado, o Acordo sobre a Aplicação de Medidas Sanitárias e Fitossanitárias (SPS) elenca todas as regras básicas para a segurança alimentar, além de estabelecer os padrões de saúde animal e vegetal. Ele não impede que os países definam seus padrões próprios de segurança, pelo contrário, estimula essa visão, mas ressalta que os regulamentos devem ser baseados em "princípios científicos". Assim, as medidas adotadas pelos Estados devem visar apenas o necessário para proteger a vida e saudade humana, animal e vegetal. É vedada a utilização de argumentos científicos como fundamento para se utilizar medidas discriminatórias desarrazoadas ou

---

[394] OMC/OCDE. *Facilitating trade through regulatory cooperation*: the case of the WTO's TBT/SPS Agreements and Committees. [s.l.; s.n.], 2019. Disponível em: https://www.wto.org/english/res_e/booksp_e/tbtsps19_e.pdf. Acesso em: 5 ago. 2019. p. 34

[395] De acordo com parágrafo 3 (Procedimentos de avaliação de conformidade), presente no Anexo 1, do Acordo TBT: "Qualquer procedimento utilizado, direta ou indiretamente, para determinar que os dispositivos pertinentes de regulamentos técnicos ou normas são cumpridos." OMC. *Acordo sobre Barreiras Técnicas ao Comércio*. Tradução oficial do Ministério da Economia, Indústria, Comércio Exterior e Serviços. Brasília: MCTIC, [s.d.]. Disponível em: http://www.mdic.gov.br/comercio-exterior/negociacoes-internacionais/1885-omc-acordos-da-omc. Acesso em: 16 ago. 2019.

[396] ORGANIZAÇÃO DAS NAÇÕES UNIDAS. Conferência das Nações Unidas sobre Comércio e Desenvolvimento: curso sobre solução de controvérsias. Genebra: ONU, 2003. Disponível em: https://unctad.org/pt/docs/edmmisc232add22_pt.pdf Acesso em: 8 ago. 2019.

[397] GRASSI NETO, Roberto. *Segurança alimentar*: da produção agrária à proteção do consumidor. São Paulo: Saraiva, 2013. p. 228.

injustificadas.[398] Como afirmado acima, o Acordo mantém o direito soberano dos Estados de utilizar níveis diferenciados de proteção, desde que eles estejam acima do mínimo estabelecido nas normas internacionais (tal como as disposições do *Codex Alimentarius*)[399] e não contrariem as disposições do Acordo. Conforme ressalta Sandrine Maljean-Dubois, o exercício deste direito soberano depende da observância de três princípios jurídicos: justificação prévia, não-discriminação e proporcionalidade.

Dessa maneira, as medidas sanitárias e fitossanitárias adotadas pelos Estados devem seguir os padrões internacionais, conforme as disposições do Acordo SPS.[400] Por outro lado, a adoção de padrões de segurança mais elevados ou diferenciados, que visem proteger a vida e a saúde das pessoas e de animais, depende da realização prévia da avaliação de riscos.[401] Tais avaliações devem ser pautadas nas "evidências científicas disponíveis".[402] As disposições sobre avaliação de risco encontram-se nos art. 2.2 e 5.1 a 5.3, do Acordo SPS.

Como medida mais gravosa, o art. 5.7 do Acordo SPS estabelece que o Estado-membro pode adotar medidas sanitárias ou fitossanitárias provisórias de salvaguarda, tendo como base as informações científicas disponíveis que indiquem a presença de

---

[398] UNDERSTANDING the WTO Agreement on Sanitary and Phytosanitary Measures. In: OMC. Genebra, maio 1998. Disponível em: https://www.wto.org/english/tratop_e/sps_e/spsund_e.htm. Acesso em: 15 ago. 2019.

[399] A ANVISA entende que: "Como o Acordo sobre Medidas Sanitárias e Fitossanitárias (SPS) identifica especificamente as normas, diretrizes e recomendações do Codex como padrões internacionais de referência para a segurança alimentar, julga-se que as legislações nacionais que sejam compatíveis com as normas do Codex atendem às exigências do Acordo sobre Barreiras Técnicas ao Comércio (SPS). As normas do Codex e textos correlatos também são relevantes no âmbito do Acordo TBT, que estabelece que os governos são responsáveis por garantir que esses instrumentos: (a) não resultem em tratamento discriminatório entre produtos nacionais e importados; (b) não criem obstáculos injustificados ao comércio; (c) estejam alinhados aos requerimentos do Codex Alimentarius, exceto quando insuficientes para atender objetivos legítimos; e (d) sejam notificados, quando apresentarem impacto no comércio internacional." ANVISA. *Codex Alimentarius*. Brasília, 2016. Disponível em: http://portal.anvisa.gov.br/documents/33916/388701/Codex+Alimentarius/10d276cf-99d0-47c1-80a5-14de564aa6d. Acesso em: 15 ago. 2019.

[400] Conforme o art. 1, parágrafo primeiro, do Acordo SPS, todas as medidas sanitárias e fitossanitárias que afetarem o comércio internacional devem se submeter as regras nele contidas.

[401] A redação do art. 2, parágrafo segundo, do Acordo SPS preleciona que "Os Membros assegurarão que suas medidas sanitárias e fitossanitárias são baseadas em uma avaliação adequada às circunstâncias dos riscos à vida ou à saúde humana, animal ou vegetal, tomando em consideração as técnicas para avaliação de risco, elaboradas pelas organizações internacionais competentes. OMC. *Acordo sobre a Aplicação de Medidas Sanitárias e Fitossanitárias*. Tradução oficial do Ministério da Economia, Indústria, Comércio Exterior e Serviços. Brasília: MCTIC, [s.d.]. Disponível em: http://www.mdic.gov.br/comercio-exterior/negociacoes-internacionais/1885-omc-acordos-da-omc. Acesso em: 16 ago. 2019.

[402] Vale ressaltar a redação do art. 5, parágrafo segundo, item 2: "Na avaliação de riscos, os Membros levarão em consideração a evidência científica disponível, os processos e métodos de produção pertinentes, os métodos para teste, amostragem e inspeção pertinentes, a prevalência da pragas e doenças específicas, a existência de áreas livres de pragas ou doenças, condições ambientais e ecológicas pertinentes e os regimes de quarentena ou outros." OMC. *Acordo sobre a Aplicação de Medidas Sanitárias e Fitossanitárias*. Tradução oficial do Ministério da Economia, Indústria, Comércio Exterior e Serviços. Brasília: MCTIC, [s.d.]. Disponível em: http://www.mdic.gov.br/comercio-exterior/negociacoes-internacionais/1885-omc-acordos-da-omc. Acesso em: 16 ago. 2019.

riscos. Caso haja impacto para o comércio internacional (restrições ou vedação à importação), os Estados afetados podem solicitar explicações sobre a adequação dessa medida com as normas do SPS.

A possibilidade de interferência na livre circulação de mercadorias por motivos sanitários ou fitossanitários, é interpretada de maneira restritiva. Constitui-se como uma exceção ao livre comércio. Por esse motivo, a aplicação dessas medidas provisórias[403] depende do preenchimento de quatro requisitos cumulativos estabelecidos no art. 5.7 do Acordo SPS: a) "Existência de uma dúvida relevante"; b) a utilização de "informações científicas pertinentes" que corroborem a tese; c) a procura por "informações adicionais" para uma avaliação mais objetiva do risco; e d) a revisão e verificação da conformidade da medida de salvaguarda adotada "dentro de um período razoável de tempo".[404]

Christine Noiville ressalta que as disposições do art. 5.7, foram pensadas para serem aplicadas em situações de crises alimentares, tal como a encefalopatia espongiforme bovina, mas não para as incertezas científicas decorrentes da novidade do produto. Esse raciocínio parte da provisoriedade da medida de salvaguarda que depende de provas científicas que indiquem riscos concretos para a sua manutenção. No caso dos OGMs, e acrescenta-se também os nanoalimentos, o estabelecimento de um nexo entre os potenciais riscos estabelecidos pela comunidade científica e a verificação de danos, pode demorar décadas. A autora ressalta que com base nas decisões da OMC, é possível fazer um esforço interpretativo para manter uma medida de salvaguarda pelo tempo necessário até a obtenção de dados confiáveis sobre os riscos tecnológicos.[405]

Nesse sentido, alguns temas envolvendo os Acordos TBT e SPS foram debatidos nos relatórios aprovados no âmbito do Órgão de Solução de Controvérsias da OMC. Cabe

---

[403] Conforme indica Christine Noiville, a adoção de uma medida diante da incerteza dos riscos é possível, mas "(...) mantê-la por mais que um 'prazo razoável' supõe que a existência de um risco seja estabelecida por meio de provas suficientes." Assim, é possível afirmar que essas medidas provisórias são apenas uma espécie de "quarentena". A sua manutenção depende da prova concreta dos riscos, ou seja, é necessário que o risco seja real e não meramente potencial. NOIVILLE, Christine. Princípio da precaução e Organização Mundial do Comércio: da oposição filosófica para os ajustes técnicos? In: VARELLA, Marcelo Dias; BARROS-PLATIAU, Ana Flávia. *Princípio da precaução*. Coleção Direito Ambiental em Debate. Belo Horizonte: Del Rey, 2004. p. 325.

[404] OMC. *Acordo sobre a Aplicação de Medidas Sanitárias e Fitossanitárias*. Tradução oficial do Ministério da Economia, Indústria, Comércio Exterior e Serviços. Brasília: MCTIC, [s.d.]. Disponível em: http://www.mdic.gov.br/comercio-exterior/negociacoes-internacionais/1885-omc-acordos-da-omc. Acesso em: 16 ago. 2019.

[405] NOIVILLE, Christine. Princípio da precaução e Organização Mundial do Comércio: da oposição filosófica para os ajustes técnicos? In: VARELLA, Marcelo Dias; BARROS-PLATIAU, Ana Flávia. *Princípio da precaução*. Coleção Direito Ambiental em Debate. Belo Horizonte: Del Rey, 2004. p. 337.

mencionar que dentre os 34 (trinta e quatro) casos,[406] que envolvem a aplicação desses Acordos, cinco deles são considerados importantes para a interpretação das medidas de salvaguarda.[407] Esse conjunto de julgados é identificado pela literatura jurídica como "direito jurisprudencial das Medidas SPS."[408]

Entre tais decisões, duas envolvem estritamente questões de segurança alimentar e a invocação do princípio da precaução para proteção da saúde dos consumidores. São os casos "EC - *Measures Concerning Meat and Meat Products (Hormones)*[409] e "EC - *Approval and Marketing of Biotech Products (Biotech)*."[410]

No primeiro caso, a União Europeia estabeleceu restrições à importação de carnes bovinas e de produtos com carne bovina provenientes dos Estados Unidos e do Canadá. Segundo a União Europeia, a medida sanitária visava a proteção da saúde dos consumidores, tendo em vista que alguns estudos científicos indicavam que haviam riscos no consumo humano dessas carnes, inclusive o risco de alguns tipos de canceres. A questão foi levada ao Órgão de Solução de Controvérsias da OMC pelos EUA e pelo Canadá, que alegaram a violação do art. 5.1 do Acordo SPS. Tanto no Painel formado, quanto no Órgão de Apelação, as medidas adotadas pela UE foram consideradas desproporcionais, pois não revelavam de maneira razoável a ligação entre os riscos cogitados[411] e os danos elencados no consumo da carne. O OSC decidiu pela retirada das medidas, mas a UE não cumpriu a decisão porque contava com um forte apoio

---

[406] OMC/OCDE. *Facilitating trade through regulatory cooperation*: the case of the WTO's TBT/SPS Agreements and Committees. [s.l.; s.n.], 2019. Disponível em: https://www.wto.org/english/res_e/booksp_e/tbtsps19_e.pdf. Acesso em: 5 ago. 2019. p. 26.

[407] Três desses julgados não serão abordados nessa obra porque não envolvem a temática da segurança alimentar. Eles perfazem a discussão dos salmões australianos (WT/DS18/AB/R), dos produtos agrícolas japoneses (WT/DS76/1/AB/R) e do amianto (WT/DS135/R).

[408] VARELA, Justo Cortis. O relatório do grupo especial da OMC sobre os OGM. In: BARROS-PLATIAU, Ana Flavia. (eds.) *A Efetividade do Direito Internacional Ambiental*. Brasília: Uniceub/UNB, 2009. p. 181.

[409] Representado pelas demandas identificadas pelos códigos: "DS26", "DS48" e "DS321".

[410] Representado pelas demandas identificadas pelos códigos: "DS291", "DS292" e "DS293".

[411] Nesse passo, o Órgão de Apelação entende que "o risco que deve ser avaliado em uma avaliação de risco nos termos do Artigo 5.1 do Acordo SPS não é apenas um risco verificável em um laboratório de ciência operando sob condições estritamente controladas, mas também risco em sociedades humanas como elas realmente existem, em outras palavras, potencial real de efeitos adversos sobre a saúde humana no mundo real, onde as pessoas vivem e trabalham e morrem. [tradução nossa]" OMC. Informe do Órgão de Apelação "Mesures communautaires concernant les viandes et le produits carnés –hormones" WT/DS26/AB/R, 1998, parágrafo 187. Disponível em: https://www.wto.org/english/tratop_e/dispu_e/291r_add9_e.pdf. Acesso em: 14 ago. 2019.

popular para a proibição da carne com hormônios.[412] [413] Hélène Ruiz-Fabri aponta que "a Europa não perdeu pelo fato de que os hormônios não eram considerados perigosos. Ela perdeu porque não tinha feito uma avaliação do perigo para todos os produtos que ela colocou em causa."[414]

Os principais argumentos da União Europeia para proibir a importação de carnes dos EUA e do Canadá foram baseados no princípio da precaução. A defesa consistia na adoção desse princípio como regra consuetudinária ou, ainda, como princípio geral do direito internacional, para viabilizar a utilização desse princípio como vertente interpretativa do Acordo SPS. O Grupo Especial formado para o caso entendeu que a precaução estava prevista implicitamente no art. 5.7 do Acordo SPS,[415] mas não era possível e, muito menos, prudente, afirmar que ele consistia em um princípio geral ou regra autônoma. Assim, o Órgão de Apelação foi conduzido a aprofundar esse ponto controvertido e a decidir sobre a autonomia desse princípio na OMC. Para esse Órgão, a precaução consiste em um "princípio normal", incapaz de substituir "as regras consuetudinárias de interpretação consolidadas".[416]

No Caso dos OGMs, Os Estados Unidos, a Argentina e o Canadá ajuizaram uma demanda perante o OSC, indicando que a União Europeia praticava um regime de autorização de OGMs incompatível com as normas da OMC. Através de um conjunto normativo nacional e regional, a União Europeia estava dificultando o processo de autorização dos produtos geneticamente modificados que adentrariam no seu espaço.

---

[412] Sobre o tema, Movsesian explica que "Os críticos têm apontado o contencioso sobre hormônios como um exemplo da ineficácia dos mecanismos de coerção da OMC. As críticas têm algum mérito, pois, efetivamente, não houve o cumprimento pela Comunidade Europeia (CE), mas desconsideram um ponto maior, o de que a retaliação não conseguiu assegurar o cumprimento nesse litígio por causa do forte apoio popular na Europa à proibição de carne com hormônios em virtude da difusão de preocupações genuínas com a segurança alimentar. Portanto, a pressão exercida sobre outros grupos exportadores europeus, submetidos às tarifas americanas majoradas, simplesmente não foi suficiente para superar o efeito dessas preocupações no processo democrático." MOVSESIAN, Mark L. Enforcement of WTO rulings: an interest group analysis. *Hofstra Law Review*, v. 32, n. 1, p. 01-22, 2003. Apud. ELIAS, Fernando Lopes Ferraz. Dilemas e desafios da retaliação como mecanismo de indução ao cumprimento na OMC. RIL Brasília. a. 53, n. 209, p. 237-253, jan./mar. 2016. p. 242.

[413] Segundo Marcelo Dias Varella, as Comunidades Europeias preferiram descumprir a decisão para proteger os seus agricultores locais que estavam sofrendo com a importação das carnes americanas. Preferiram, assim, sofrer as sanções comerciais. VARELLA, Marcelo Dias. A dinâmica e a percepção pública de riscos e as respostas do direito internacional econômico. In: VARELLA, Marcelo Dias (org.). *Governo dos Riscos*. Rede Latino-Americana-Europeia sobre Governo dos Riscos. Brasília: Eunice de Oliveira, 2005. p. 91.

[414] RUIZ-FABRI, Hélène. A adoção do princípio da precaução pela OMC. In: VARELLA, Marcelo Dias; BARROS-PLATIAU, Ana Flávia. *Princípio da precaução*. Coleção Direito Ambiental em Debate. Belo Horizonte: Del Rey, 2004. p. 314.

[415] OMC. Informe do Grupo Especial "Mesures communautaires concernant les viandes et le produits carnés hormones" WT/DS26/AB/R, 1998. Disponível em: https://docs.wto.org/dol2fe/Pages/FE_Search/DDFDocuments/37940/Q/WT/DS/26-9.pdf. Acesso em: 14 ago. 2019. parágrafo "8.157".

[416] RUIZ-FABRI, Hélène. A adoção do princípio da precaução pela OMC. In: VARELLA, Marcelo Dias; BARROS-PLATIAU, Ana Flávia. *Princípio da precaução*. Coleção Direito Ambiental em Debate. Belo Horizonte: Del Rey, 2004. p. 303.

Alguns Estados-membros da UE chegaram a estabelecer a proibição de cultivo e de comercialização desses produtos. No nível regional, as autoridades competentes pela autorização definitiva dos OGMs não emitiram nenhuma decisão (positiva ou negativa) entre 1999 e 2003,[417] ação que foi considerada uma moratória "de fato" pelos Requerentes e pelo Painel estabelecido. Na demanda, foram fixados três pontos controvertidos: a legalidade da moratória europeia aos OGMs, as medidas administrativas específicas adotadas e as denominadas "medidas de salvaguarda".

Ainda sobre o caso dos OGMs, a Requerida alegou que estava respaldada pelas disposições do art. 5 do SPS nos três pontos de controvérsia. Elencou as Diretivas 90/220 e 2001/18, e o Regulamento 258/97,[418] que segundo ela estavam de acordo com as normas da OMC. Contudo, o Relatório Final advertiu que as medidas concretas adotadas pela União Europeia não constituíam "medidas de salvaguarda" à vida e à saúde das pessoas e dos animais, porque não buscavam compreender ou avaliar os riscos em um curto prazo de tempo. Apenas retardavam os procedimentos administrativos de liberação de OGMs, violando, portanto, o livre comércio.

Em ambos os casos, a tese da restrição do comércio em decorrência dos riscos elencados pela União Europeia não prosperou. A doutrina afirma que isso ocorreu por questões de ordem formal. Nos dois casos, não houve a observância da necessidade de demonstrar empiricamente os riscos elencados e, até mesmo, de realizar a avaliação de risco para corroborar as medidas. O Órgão de Apelação não decidiu se tais produtos são prejudiciais à saúde e que por este motivo deveriam ser retirados do mercado de consumo. Ele decidiu exclusivamente sobre os aspectos da ilegalidade da medida de salvaguarda por violação dos pressupostos legais estabelecidos no Acordo SPS.[419] Apesar disso, os dois casos mostram a essência das diferenças de "filosofia regulamentar" entre os EUA e a União Europeia. Enquanto o primeiro prefere adotar "medidas de precaução", o segundo elege o princípio da precaução como norteador do

---

[417] A moratória mencionada se encerrou em 2003, tendo em vista que no ano seguinte foram publicadas as novas normas sobre rotulagem e identificação de produtos OGMs. Assim, se iniciou a coexistência entre produtos tradicionais e produtos OGM. UNIÃO EUROPEIA. *Regulamento (CE) n.º 1830/2003* do Parlamento Europeu e do Conselho, de 22 de setembto de 2003, relativo à rastreabilidade e rotulagem de organismos geneticamente modificados e à rastreabilidade dos géneros alimentícios e alimentos para animais produzidos a partir de organismos geneticamente modificados e que altera a Directiva 2001/18/CE. Disponível em: https://eur-lex.europa.eu/LexUriServ/LexUriServ.do?uri=CONSLEG:2003R1830:20081211:PT:PDF. Acesso em: 10 jul. 2019.

[418] VARELA, Justo Cortis. O relatório do grupo especial da OMC sobre os OGM. In: BARROS-PLATIAU, Ana Flavia. (eds.) *A Efetividade do Direito Internacional Ambiental*. Brasília: Uniceub/UNB, 2009. p. 185.

[419] No que tange ao caso das "carnes com hormônios" ver: NOIVILLE, Christine. Princípio da precaução e Organização Mundial do Comércio: da oposição filosófica para os ajustes técnicos? In: VARELLA, Marcelo Dias; BARROS-PLATIAU, Ana Flávia. *Princípio da precaução*. Coleção Direito Ambiental em Debate. Belo Horizonte: Del Rey, 2004. p. 334; e, no que se refere aos transgênicos, consultar Cortis Varela sobre OGMs. VARELA, Justo Cortis. O relatório do grupo especial da OMC sobre os OGM. In: BARROS-PLATIAU, Ana Flavia. (eds.) *A Efetividade do Direito Internacional Ambiental*. Brasília: Uniceub/UNB, 2009. p. 205.

Direito da União Europeia.[420]

Nesse sentido, apesar do texto do Acordo SPS não recorrer explicitamente ao princípio da precaução, a adoção de medidas de salvaguarda previstas no texto do Acordo, são consideradas pela própria OMC como uma previsão implícita daquele princípio, que não dispensa uma leitura sistemática de todo o conjunto normativo.[421]

Por fim, esse arcabouço de normas e decisões sobre a proteção da vida e da saúde dos consumidores frente à intensificação do comércio internacional, pode indicar os possíveis posicionamentos e as divergências sobre os riscos nanotecnológicos.[422] O Acordo SPS se aplica a "(...) todas as medidas sanitárias e fitossanitárias que possam, direta ou indiretamente, afetar o comércio internacional."[423] Assim, é possível afirmar que ele poderá ser utilizado na comercialização dos nanoalimentos, assim como correu no caso dos OGMs. Apesar das divergências, entende-se que os dados científicos sobre os riscos, perigos e incertezas podem fundamentar a utilização de medidas restritivas ao comércio internacional, que visem a proteção da vida e da saúde dos seres vivos e da proteção dos vegetais.

2.2 O modelo regulatório brasileiro de segurança alimentar [424]

---

[420] Justo Corti Varela dissertando sobre o caso dos OGMs, afirma que: "Os defensores da avaliação por produtos pensam que apenas o fato de utilizar esta tecnologia não representa nenhum risco, já que os produtos biotecnológicos são equivalentes aos tradicionais. Esta é a posição dos Estados Unidos. Contudo, os defensores da avaliação segundo o método sustentam que a engenharia genética representa, por si só, um risco para a saúde e o meio ambiente. Cada modificação deveria ser valorada caso a caso, antes de autorizar a colocação no mercado ou a liberação no meio ambiente de um produto OGM. É a posição da Europa e a razão mais importante para adotar a avaliação de precaução diante dos OGM. (...) Em síntese, as controvérsias entre os Estados Unidos e a CE relativas aos OGM constituem um quadro complexo de questões ambientais, fitossanitárias, alimentares e econômicas, com divergências e similitudes, em contexto científico pouco claro, mas em desenvolvimento e com conotações sociológicas e políticas sensíveis, especialmente no contexto europeu." VARELA, Justo Cortis. O relatório do grupo especial da OMC sobre os OGM. In: BARROS-PLATIAU, Ana Flavia. (eds.) *A Efetividade do Direito Internacional Ambiental.* Brasília: Uniceub/UNB, 2009. p. 183.

[421] Conforme o Glossário disponível no portal virtual da OMC, o Estado-membro pode recorrer ao princípio da precaução em algumas situações: "Os países membros são incentivados a usar padrões, diretrizes e recomendações internacionais, quando existirem. Quando o fazem, é improvável que sejam contestados legalmente em uma disputa da OMC. No entanto, os membros podem usar medidas que resultem em padrões mais elevados, se houver justificativa científica. Eles também podem estabelecer padrões mais altos com base na avaliação apropriada dos riscos, desde que a abordagem seja consistente, e não arbitrária. E eles podem, até certo ponto, aplicar o "princípio da precaução", um tipo de abordagem de "segurança em primeiro lugar" para lidar com a incerteza científica. O Artigo 5.7 do Acordo SPS permite medidas temporárias de "precaução". [tradução nossa]" PRECAUTIONARY PRINCIPLE. In: OMC. [s.l./s.d.] Disponível em: https://www.wto.org/english/thewto_e/glossary_e/precautionary_principle_e.htm. Acesso em: 8 ago. 2019.

[422] THAYER, James D. The SPS agreement: can it regulate trade in nanotechnology? *Duke Law & Technology Review*, v.4, n.5, 2005. Disponível em: https://scholarship.law.duke.edu/dltr/vol4/iss1/14/. Acesso em: 20 jul. 2019.

[423] Nos termos do art. 1, parágrafo primeiro, do Acordo SPS.

[424] A subdivisão dos Sistemas de Segurança Alimentar adotada nesta obra foi inspirada na obra: GRASSI NETO, Roberto. *Segurança alimentar*: da produção agrária à proteção do consumidor. São Paulo: Saraiva, 2013.

O objetivo deste tópico é compreender o funcionamento do arranjo institucional brasileiro dedicado a segurança alimentar. A abordagem envolve o Sistema Nacional de Segurança Alimentar e Nutricional (item 2.2.1), o Sistema Nacional de Vigilância Sanitária (item 2.2.2) e o Sistema Nacional de Biossegurança (item 2.2.3).

2.2.1 O Sistema Nacional de Segurança Alimentar e Nutricional

As ações de maior relevo do Governo Federal no setor da alimentação iniciam-se em 1940, com a instituição do salário mínimo, e, mais tarde, com o plano de abastecimento e de alimentação escolar e construção de refeitórios para os trabalhadores, ambos em 1950. Já na década de 1970, foram instituídos os programas de suplementação alimentar. Contudo, algumas ações mais articuladas ocorreram apenas em 1985, a partir do documento do Ministério da Agricultura sobre "Segurança Alimentar – proposta de uma política de combate à fome", que continha dados sociais e econômicos inéditos sobre a dimensão do problema.

Duas Conferências Nacionais de Alimentação e Nutrição ocorreram em 1994 e em 2004. Na primeira Conferência,[425] foi criado o Conselho Nacional de Segurança Alimentar e Nutricional (Consea), Conselho que já pertenceu a diferentes Ministérios e à Casa Civil. Após, em 15 de setembro de 2006, na segunda Conferência,[426] foi estabelecido o amparo legal desse sistema, com a instituição do Sistema Nacional de Segurança Alimentar e Nutricional (SISAN), pela Lei Orgânica de Segurança Alimentar e Nutricional (LOSAN - Lei n. 11.346/2006), visando assegurar o direito humano à alimentação adequada.[427]

A LOSAN dispõe sobre a estrutura administrativa do SISAN, que está presente no Poder Executivo da União, dos Estados, dos Municípios e do Distrito Federal. O SISAN é composto: pela Conferência Nacional de Segurança Alimentar e Nutricional (CNSAN); pelo Conselho Nacional de Segurança Alimentar e Nutricional (CONSEA); pela Câmara Interministerial de segurança Alimentar e Nutricional (CAISAN); por todos os órgãos estaduais, municipais e distritais de segurança alimentar e nutricional; e, pelas "instituições privadas, com ou sem fins lucrativos, que manifestem interesse na adesão

---

[425] CONSEA. *I Conferência Nacional de Segurança Alimentar*. Brasília: CONSEA, 1995. Disponível em: http://www4.planalto.gov.br/consea/eventos/conferencias/arquivos-de-conferencias/1a-conferencia-nacional-de-seguranca-alimentar-e-nutricional/1-conferencia-completa-ilovepdf-compressed.pdf. Acesso em: 30 jun. 2019.

[426] CONSEA. *II Conferência Nacional de Segurança Alimentar*. Brasília: CONSEA, 2004. Disponível em:http://www4.planalto.gov.br/consea/eventos/conferencias/arquivos-de-conferencias/2a-conferencia-nacional-de-seguranca-alimentar-e-nutricional/relatorio-final.pdf. Acesso em: 30 jun. 2019.

[427] Sobre o conceito de segurança alimentar e nutricional adotado na LOSAN, consulte o item 3.1.1, desta obra.

e que respeitem os critérios, princípios e diretrizes do SISAN."[428] [429]

Assim, esse sistema estabelece a atuação conjunta das três esferas de governo e das organizações da sociedade civil interessadas, para a formulação e implementação das políticas púbicas que visam o combate à fome, a promoção da segurança alimentar e o direito humano à alimentação adequada. Entre os órgãos mais proativos desse sistema estão o CNSAN e o CONSEA.

A Conferência Nacional de Segurança Alimentar e Nutricional (CNSAN), é responsável pela formulação das diretrizes da Política e do Plano Nacional de Segurança Alimentar e Nutricional. Até 2018, ela se reunia a cada quatro anos em assembleia,[430] para revisar e apresentar as modificações nas políticas. Em cada evento, cerca de duas mil pessoas de todo o país participavam das discussões. Em sua terceira edição, no ano de 2007, o relatório final indicou as diretrizes acerca da preocupação com as tecnologias utilizadas no setor alimentar:

> Garantir e fortalecer as ações da Agência Nacional de Vigilância Sanitária (Anvisa) e sua rede nos estados e municípios em relação ao controle de qualidade dos alimentos e no que se refere à regulamentação da propaganda, rotulagem e da comercialização de alimentos inadequados à promoção de uma alimentação saudável, por meio das seguintes iniciativas: 1. Garantir e reforçar os sistemas de avaliação de risco, monitoramento e análise de alimentos, assegurando sua sanidade microbiológica, física e química, também relacionada aos resíduos de agrotóxicos e aditivos alimentares nos limites estabelecidos, e aos Organismos Geneticamente Modificados (OGMs); para tanto garantir laboratórios públicos em quantidade e qualidade para realização de análise de alimentos e acessibilidade à análise toxicológica humana, com ampla divulgação destas atividades e resultados.[431]

Já o CONSEA funcionava até o ano de 2018 como Órgão de assessoramento imediato da Presidência da República, com competência de formular, monitorar e

---

[428] BRASIL. Lei n. 11.346, de 15 de setembro de 2006. Cria o Sistema Nacional de Segurança Alimentar e Nutricional – SISAN com vistas em assegurar o direito humano à alimentação adequada e dá outras providências. Brasília, DF: Presidência da República, [2006]. Disponível em: http://www.planalto.gov.br/ccivil_03/_ato2004-2006/2006/lei/l11346.htm. Acesso em: 6 ago. 2019.

[429] Para aprofundar as competências estabelecidas na Lei, consultar o documento: MINISTÉRIO DO DESENVOLVIMENTO SOCIAL (SISAN/CAISAN). Sistema Nacional de Segurança Alimentar e Nutricional (SISAN) - Avanços e Desafios na Gestão do Sistema. Brasília: MDS, 2013. Disponível em: http://www.mds.gov.br/webarquivos/arquivo/seguranca_alimentar/sisan_avancos_desafios.pdf. Acesso em: 12 jun. 2019.

[430] No total já foram realizadas 5 Conferências sobre Segurança Alimentar e Nutricional (em 1994, 2004, 2007, 2011 e 2015). Para consultar os arquivos de cada uma, acesse: http://www4.planalto.gov.br/consea/eventos/conferencias. Acesso em: 20 ago. 2019.

[431] CONSEA. *III Conferência Nacional de Segurança Alimentar*. Brasília: CONSEA, 2007. Disponível em:http://www4.planalto.gov.br/consea/eventos/conferencias/arquivos-de-conferencias/2a-conferencia-nacional-de-seguranca-alimentar-e-nutricional/relatorio-final.pdf. Acesso em: 30 jun. 2019. p. 51.

avaliar as políticas públicas de segurança alimentar e nutricional no país. O objetivo principal consistia na realização do direito humano à alimentação adequada. O viés principal era voltado a supressão de deficiências na alimentação de parte da população que não possuía acesso ao alimento. Assim, em 2019, não há previsão legal sobre a existência do CONSEA, mas alterações legislativas recentes indicam que cabe ao Ministério da Cidadania (Secretaria Especial do Desenvolvimento Social) a criação e implementação da política nacional de segurança alimentar e nutricional, conforme o disposto nos art. 23, inciso II, e art. 85, inciso III, da Medida Provisória n. 870, de 1º de janeiro de 2019 (posteriormente convertida na Lei n. 13.844/2019).[432]

Especificamente sobre o monitoramento das políticas públicas na área alimentar, o CONSEA publicou o documento denominado de "Políticas Públicas de Segurança Alimentar e Nutricional - Análise de Conjuntura Monitoramento da Sociedade Civil do CONSEA", cujo objetivo foi realizar um levantamento das políticas públicas existentes e dos impactos da redução de recursos orçamentários para essa área. Segundo o documento, dentre as principais políticas públicas de segurança alimentar e nutricional estão: a) Diretriz de acesso à alimentação: Programa Bolsa Família (PBF), Benefício de Prestação Continuada (BPC), Programa Nacional de Alimentação Escolar (PNAE) e Programa de Aquisição de Alimentos (PAA);[433] b) Diretriz de abastecimento e mercados institucionais: Programa de Aquisição de Alimentos (PAA); Desenvolvimento Agrário e Agricultura Familiar; Assistência Técnica e Extensão Rural (Ater); Programa de Vigilância Alimentar e Nutricional.

Além disso, outro Relatório do ano de 2013 aponta que a Emenda Constitucional n. 95/2016,[434] gerará consequências danosas para tais políticas públicas, pois "as despesas primárias, incluindo as que garantem os direitos sociais, serão limitadas ao mesmo valor do exercício anterior, corrigida apenas pela inflação, não permitindo a expansão da despesa e fincando congeladas por 20 anos."[435] Assim, haverá perdas

---

[432] BRASIL. *Lei n. 13.844/2019, de 18 de junho de 2019.* Estabelece a organização básica dos órgãos da Presidência da República e dos Ministérios; altera as Leis [...]. Brasília, DF: Presidência da República, [2019]. Disponível em: http://www.planalto.gov.br/ccivil_03/_Ato2019-2022/2019/Lei/L13844.htm. Acesso em: 8 ago. 2019.

[433] CONSEA. *Políticas Públicas de Segurança Alimentar e Nutricional - Análise de Conjuntura Monitoramento da Sociedade Civil do Consea.* Documento para debate. 2016. Disponível em: http://www4.planalto.gov.br/consea/eventos/plenarias/documentos/2016/politicas-publicas-de-san-analise-de-conjuntura. Acesso em: 14 nov. 2019.

[434] BRASIL. *Emenda Constitucional n. 95, de 15 de dezembro de 2016.* Altera o Ato das Disposições Constitucionais Transitórias, para instituir o Novo Regime Fiscal, e dá outras providências. Brasília, DF: Presidência da República, [2016]. Disponível em: http://www.planalto.gov.br/ccivil_03/constituicao/Emendas/Emc/emc95.htm. Acesso em: 8 ago. 2019.

[435] Nesse ínterim, o CONSEA indica que: "Pesquisas do Ipea sobre os efeitos do novo regime fiscal para a política de assistência social no Brasil concluíram que o teto de gastos acarretará em redução de até R$868 bilhões, em 20 anos. Isso causará perdas expressivas e comprometerá os avanços realizados em relação ao combate à pobreza e à

consideráveis nos programas sociais que têm relação com a segurança alimentar.

O principal viés adotado pelo sistema brasileiro de segurança alimentar está voltado à supressão de deficiências na alimentação de parte da população que não tem acesso ao alimento, tendo em vista que essa é a primeira medida a ser tomada em um país que possui milhares de pessoas desnutridas. Contudo, o Sistema Nacional de Segurança Alimentar e Nutricional brasileiro (SISAN) também deve elaborar políticas públicas voltadas à qualidade biológica, sanitária, nutricional e tecnológica dos alimentos. Com base nessa premissa, pode-se afirmar ele deve formular políticas voltadas ao controle da utilização de nanomateriais nos alimentos e nas embalagens produzidas no Brasil, conforme as competências descritas no art. 4º, incisos IV e V, da Lei n. 11.346/2006.[436]

Na 4ª Conferência Nacional de Segurança Alimentar e Nutricional, realizada em Salvador no ano de 2011, houve a aprovação de uma proposição acerca da instituição de uma moratória para a nanotecnologia aplicada aos alimentos. Nos termos da proposição, deve haver a instituição de uma: "Moratória ao uso de novas tecnologias, tais como a nanotecnologia e biologia sintética, estabelecendo um marco regulatório para estas em amplo processo de diálogo com a sociedade e baseado no princípio da precaução."[437] Paralelamente a esse trabalho, a Agência Nacional de Vigilância Sanitária (ANVISA), começou a realizar estudos regulatórios sobre a nanotecnologia, conforme será demonstrado no tópico seguinte.

---

desigualdade e à promoção da cidadania inclusiva. Esta redução impactará diretamente o Benefício de Prestação Continuada (BPC), o Programa Bolsa Família (PBF), os Serviços socioassistenciais do Suas e programas de segurança alimentar e nutricional. É importante ainda considerar que algumas políticas sociais são operadas pelos municípios, em regime de cofinanciamento, significando que a redução do financiamento do governo federal provocará uma carga financeira maior para os municípios, podendo resultar na paralisação dos serviços." CONSEA. *Políticas Públicas de Segurança Alimentar e Nutricional - Análise de Conjuntura Monitoramento da Sociedade Civil do Consea*. Documento para debate – circulação interna. 2016. Disponível em: http://www4.planalto.gov.br/consea/eventos/plenarias/documentos/2016/politicas-publicas-de-san-analise-de-conjuntura. Acesso em: 14 nov. 2019.

[436] A redação do referido dispositivo informa que: "Art. 4º A segurança alimentar e nutricional abrange: (...) IV – a garantia da qualidade biológica, sanitária, nutricional e tecnológica dos alimentos, bem como seu aproveitamento, estimulando práticas alimentares e estilos de vida saudáveis que respeitem a diversidade étnica e racial e cultural da população; V – a produção de conhecimento e o acesso à informação; (...)" BRASIL. Lei n. 11.346, de 15 de setembro de 2006. Cria o Sistema Nacional de Segurança Alimentar e Nutricional – SISAN com vistas em assegurar o direito humano à alimentação adequada e dá outras providências. Brasília, DF: Presidência da República, [2006]. Disponível em: http://www.planalto.gov.br/ccivil_03/_ato2004-2006/2006/lei/l11346.htm. Acesso em: 6 ago. 2019.

[437] As proposições do CONSEA não geram obrigações legais. Elas revelam o posicionamento de diversos agentes participantes do SISAN e fundamentam a reinvindicação de Projetos de Lei ou Medidas Provisórias sobre o tema aprovado. Para consultar as demais preposições aprovadas, veja: CONSEA. *4ª Conferência Nacional de Segurança Alimentar*: Relatório final – declarações e proposições. Brasília: CONSEA, 2011. Disponível em: http://www4.planalto.gov.br/consea/publicacoes/site/relatorio-final-4a-conferencia-nacional-de-seguranca-alimentar-e-nutricional/relatorio-final-4a-conferencia-nacional-de-seguranca-alimentar-e-nutricional/view. Acesso em: 30 jun. 2019.

Por fim, com o objetivo de colher o posicionamento oficial do CONSEA, o autor desta obra realizou um requerimento com pedido de informações no "Portal da Transparência", no Ministério da Cidadania, com respaldo na Lei n. 12.527/2011, e registro sob o protocolo n. 71004.001257/2019-13, conforme o "Anexo E". O requerimento foi direcionado ao Ministério da Cidade porque ele passou a ser o responsável pela Política Nacional de Segurança Alimentar e Nutricional, conforme art. 23, inciso II, da Medida Provisória n. 870/2019. Contudo, na sua conversão para a Lei n. 13.844/2019, o dispositivo referente ao CONSEA foi vetado pelo Presidente da República. Assim, não há mais a previsão legal da existência de tal órgão. Por este motivo, outro Requerimento readequando as solicitações foi realizado sob o número 71004.001491/2019-32, disponibilizado na integra no item "Anexo F". A resposta do Ministério da Cidadania foi pela negativa do acesso à informação porque "(...) o assunto Nanotecnologia de Alimentos não foi, até o momento, alvo de estudos ou ações do Ministério da Cidadania." Acrescentou-se, ainda, que não caberia àquela Pasta as avaliações sobre os riscos da nanotecnologia nos alimentos, uma vez que: "Estudos desta natureza pressupõe a soma de competências e a mobilização de outros setores de governo; o que, até o momento, ainda não foi feito no âmbito deste Ministério."[438]

2.2.2 O Sistema Nacional de Vigilância Sanitária

Vigilância Sanitária (VISA) conforme a Lei n. 8.080/1990 (Lei Orgânica da Saúde), consiste no "(...) conjunto de ações capaz de eliminar, diminuir ou prevenir riscos à saúde e de intervir nos problemas sanitários decorrentes do meio ambiente, da produção e circulação de bens e da prestação de serviços de interesse da saúde."[439] As ações referentes à VISA estão no campo de atuação dedicado à proteção da saúde coletiva, no Sistema Único de Saúde (SUS).

Nove anos após a instituição do SUS, foi promulgada a Lei n. 9.782/1999, que faz parte da reorganização administrativa no bojo da Reforma do Estado.[440] Tal Lei instituiu um Sistema Nacional de Vigilância Sanitária (SNVS), que passou a contar com uma Agência Nacional de Vigilância Sanitária (ANVISA), em substituição a antiga secretaria de VISA pertencente aos quadros do Ministério da Saúde.

---

[438] Conforme o item "dados da resposta", constante no anexo F, desta obra.

[439] Nos termos do art. 4º, caput, da referida Lei. BRASIL. *Lei n. 8.080, de 18 de setembro de 1990*. Dispõe sobre as condições para a promoção, proteção e recuperação da saúde, a organização e o funcionamento dos serviços correspondentes e dá outras providências. Brasília, DF: Presidência da República, [1990]. Disponível em: http://www.planalto.gov.br/ccivil_03/leis/l8080.htm. Acesso em: 8 ago. 2019.

[440] Sobre o tema consultar: DELGADO, Joedson de Souza. *Limites ao poder regulatório da Agência Nacional de Vigilância Sanitária*. Obra (Mestrado em Direito). Centro Universitário de Brasília (UniCEUB), 2017.

O SNVS passou a ser um subsistema pertencente ao SUS,[441] que apesar de prever uma nova sistemática complexa e especializada, continuou a se submeter aos seus princípios e às suas diretrizes.[442] Cabe mencionar que ele é coordenado pela ANVISA, Agência responsável pelas negociações com todos os integrantes desse Sistema no plano federal (a própria ANVISA e o Instituto Nacional de Controle de Qualidade em Saúde - INCQS, vinculado administrativamente à Fundação Oswaldo Cruz), no plano estadual (pelos órgãos de Vigilância Sanitária vinculados às Secretarias Estaduais de Saúdes e aos Laboratórios Centrais – LACEN) e no plano municipal (pelos órgãos de Vigilância Sanitária vinculados às Secretarias Municipais de Saúde).

Nesse passo, a ANVISA é a Agência responsável pela harmonia de todo o Sistema Nacional de Vigilância Sanitária. Ela foi criada com natureza jurídica de Autarquia sob regime especial "(...) caracterizada pela independência administrativa, estabilidade de seus dirigentes e autonomia financeira."[443] Como ente da administração indireta, a ANVISA é vinculada ao Ministério da Saúde (MS) através de um contrato de gestão. "Esse Contrato é o instrumento para acompanhamento e avaliação do desempenho administrativo da Anvisa, por parte do MS."[444] A maior autonomia concedida à ANVISA pode ser identificada em três frentes: "a) nos aspectos técnicos da regulação; b) na atuação imparcial; e, c) na saúde pública."[445]

Além da coordenação do SNVS, a ANVISA possui um extenso rol de competências elencadas no art. 7º, da Lei n. 9.782/1999. Com o objetivo de procurar respostas ao problema de pesquisa eleito nesta obra, é interessante pontuar algumas delas:

> Art. 7º Compete à Agência proceder à implementação e à execução do disposto nos incisos II a VII do art. 2º desta Lei, devendo:
> (...)
> II - fomentar e realizar estudos e pesquisas no âmbito de suas atribuições;

---

[441] BRASIL. *Lei n. 9.782, de 26 de janeiro de 1999*. Define o Sistema Nacional de Vigilância Sanitária, cria a Agência Nacional de Vigilância Sanitária, e dá outras providências. Brasília, DF: Presidência da República, [1999]. Disponível em: http://www.planalto.gov.br/ccivil_03/LEIS/L9782.htm. Acesso em: 8 ago. 2019.

[442] Sobre os princípios que regem o SUS ver a Tese premiada pela CAPES em 2017: SANT'ANA, Ramiro Nóbrega. *A judicialização como instrumento de acesso à saúde:* propostas de enfrentamento da injustiça na saúde pública. Tese (Doutorado em Direito). Centro Universitário de Brasília (UniCEUB), 2017.

[443] Conforme a redação do art. 3º, parágrafo primeiro, da Lei n. 9.782, de 26 de janeiro de 1999.

[444] CONSELHO NACIONAL DE SECRETÁRIOS DE SAÚDE (CONASS). *Vigilância em saúde:* parte 2. Coleção para entender a gestão do SUS. Brasília: CONASS, 2011. v. 6. Disponível em: https://www.conass.org.br/bibliotecav3/pdfs/colecao2011/livro_6.pdf. Acesso em: 8 ago. 2019. p. 68.

[445] Nesse ínterim, Delgado afirma que isso não impede a influência de algumas "(...) pressões externas (empresariais, políticas e financeiras) que a fragilizam, oriundas de determinados grupos e da própria sociedade, que pressionam em busca da satisfação de diversos interesses relativos à cadeia de produção e de consumo de produtos e de serviços sujeitos à vigilância sanitária." DELGADO, Joedson de Souza. *Limites ao poder regulatório da Agência Nacional de Vigilância Sanitária*. Obra (Mestrado em Direito). Centro Universitário de Brasília (UniCEUB), 2017. p. 78.

III - estabelecer normas, propor, acompanhar e executar as políticas, as diretrizes e as ações de vigilância sanitária;

IV - estabelecer normas e padrões sobre limites de contaminantes, resíduos tóxicos, desinfetantes, metais pesados e outros que envolvam risco à saúde;

(...)

XV - proibir a fabricação, a importação, o armazenamento, a distribuição e a comercialização de produtos e insumos, em caso de violação da legislação pertinente ou de risco iminente à saúde;

XVI - cancelar a autorização de funcionamento e a autorização especial de funcionamento de empresas, em caso de violação da legislação pertinente ou de risco iminente à saúde;

(...)

XVIII - estabelecer, coordenar e monitorar os sistemas de vigilância toxicológica e farmacológica.[446]

Especificamente sobre a competência de editar normas e padrões técnicos, o poder normativo delegado pelo Legislativo à ANVISA, ultrapassa a mera complementação da lei. Ela possui uma ampla discricionariedade técnica que abrange a regulação do mercado, a fiscalização e o controle de atividades que possam causar risco à saúde pública, nos temas previamente delineados pelo legislador. Essa nova visão foi baseada na experiência norte-americana da US FDA e decorre da tecnicidade das matérias que envolvem a vigilância sanitária. A complexidade dos assuntos tratados no âmbito da ANVISA escapa da compreensão do Poder Legislativo, que transfere parte do seu poder normativo. Assim, a edição de normas tende a ser mais célere e mais técnica, pois conta com um número menor de participantes no processo decisório. Os rápidos avanços da ciência e da tecnologia, necessitam de mecanismos rápidos, seguros e específicos sobre os pontos técnicos. A maleabilidade e a adaptação normativa são necessárias ao progresso tecnológico, evitando possíveis empecilhos ao desenvolvimento das atividades econômicas.

Nesse sentido, a legislação sanitária é composta por diversos atos normativos diluídos pelo ordenamento jurídico. A produção dessas regras pode se dar tanto nos órgãos do Poder Executivo, dos níveis federal, estadual e municipal, quanto pelo Poder Legislativo. Esse amplo arcabouço normativo traz as medidas preventivas e repressivas, inclusive a previsão de tipos penais,[447] além de todas as regras para aplicação do poder

---

[446] BRASIL. *Lei n. 9.782, de 26 de janeiro de 1999*. Define o Sistema Nacional de Vigilância Sanitária, cria a Agência Nacional de Vigilância Sanitária, e dá outras providências. Brasília, DF: Presidência da República, [1999]. Disponível em: http://www.planalto.gov.br/ccivil_03/LEIS/L9782.htm. Acesso em: 8 ago. 2019.

[447] No que tange à tipificação de crimes, a matéria é de competência privativa da União, conforme o art. 22, inciso I, da CRFB/88.

de polícia dos órgãos competentes e pertencentes ao SNVS.[448]

Quanto aos produtos sujeitos à vigilância sanitária, o art. 8º, da Lei 9.782/1999, esclarece que incube à ANVISA "(...) regulamentar, controlar e fiscalizar os produtos e serviços que envolvam risco à saúde pública." No § 1º, inciso II, entre os produtos submetidos ao controle e fiscalização sanitária estão os "alimentos, inclusive bebidas, águas envasadas, seus insumos, suas embalagens, aditivos alimentares, limites de contaminantes orgânicos, resíduos de agrotóxicos (...)"[449] Cabe ressaltar que nem todos os alimentos estão sujeitos a esse controle. A Lei no seu art. 41, estimula a desburocratização dos procedimentos de vigilância sanitária, inclusive a dispensa da obrigatoriedade do registro junto à Agência, desde que essa ação não implique riscos à saúde dos consumidores.[450]

Conforme as Resoluções n. 22/2000, 23/2000 e 27/2010, da ANVISA,[451] existem três tipos de procedimentos dedicados à regularização de produtos do setor alimentar: a) "o registro obrigatório, para as categorias de alimentos que constam do Anexo I da RDC nº 27, de 2010;" b) "a dispensa da obrigatoriedade de registro, para as categorias de alimentos listadas no Anexo II da RDC nº 27, de 2010;" c) "a dispensa do registro e do comunicado de início de fabricação ou importação, para as matérias-primas alimentares, alimentos *in natura*, aditivos alimentares usados de acordo com as Boas

---

[448] COSTA, Édina Alves. Fundamentos da vigilância sanitária. In: COSTA, Ediná Alves (org.). *Vigilância sanitária*: temas para debate. Salvador: EDUFBA, 2009. p. 11-36.

[449] BRASIL. *Lei n. 9.782, de 26 de janeiro de 1999*. Define o Sistema Nacional de Vigilância Sanitária, cria a Agência Nacional de Vigilância Sanitária, e dá outras providências. Brasília, DF: Presidência da República, [1999]. Disponível em: http://www.planalto.gov.br/ccivil_03/LEIS/L9782.htm. Acesso em: 8 ago. 2019.

[450] Cabe mencionar também que o Decreto-Lei 986/1969, ainda em vigor, estabelece as normas básicas sobre alimentos e traz diversos conceitos amplamente utilizados na seara alimentar. Ele perfaz a base das Resoluções editadas pela ANVISA, relativas ao setor de alimentos. O art. 48 do Decreto preceitua que: "Sòmente poderão ser expostos à venda, alimentos, matérias-primas alimentares, alimentos in natura, aditivos para alimentos, materiais, artigos e utensílios destinados a entrar em contato com alimentos matérias-primas alimentares e alimentos in natura, que: I - Tenham sido prèviamente registrados no órgão competente do Ministério da Saúde; II - Tenham sido elaborados, reembalados, transportados, importados ou vendidos por estabelecimentos devidamente licenciado; III - Tenham sido rotulados segundo as disposições dêste Decreto-lei e de seus Regulamentos; IV - Obedeçam, na sua composição, às especificações do respectivo padrão de identidade e qualidade, quando se tratar de alimento padronizado ou àquelas que tenham sido declaradas no momento do respectivo registro, quando se tratar de alimento de fantasia ou artificial, ou ainda não padronizado." BRASIL. *Decreto-Lei n. 986, de 21 de outubro de 1969.* Institui normas básicas sobre alimentos. Brasília, DF: Presidência da República, [1969]. Disponível em: http://www.planalto.gov.br/ccivil_03/Decreto-Lei/Del0986.htm. Acesso em: 8 ago. 2019.

[451] ANVISA. Resolução RDC 22, de 15 de março de 2000. Dispõe sobre os procedimentos básicos de registro e dispensa de registro de produtos importados pertinentes à área de alimentos. *Diário Oficial da União*: seção 1, Brasília, DF, 16 de março de 2000;
ANVISA. Resolução RDC 23, de 15 de março de 2000. Dispõe sobre o manual de procedimentos básicos para registro e dispensa da obrigatoriedade do registro de produtos pertinentes à área de alimentos. *Diário Oficial da União*: seção 1, Brasília, DF, 16 de março de 2000;
ANVISA. Resolução RDC 27, de 6 de agosto de 2010. Dispõe sobre as categorias de alimentos e embalagens isentos e com obrigatoriedade de registro sanitário. *Diário Oficial da União*: seção 1, Brasília, DF, 6 de agosto de 2010.

Práticas de Fabricação ou inscritos na Farmacopeia Brasileira."[452]

Nesse ponto, conforme o "Anexo II - alimentos e embalagens com obrigatoriedade de registro sanitário", da RDC n. 27/2010, os fabricantes de "novos alimentos", "novos ingredientes" e "novas embalagens", devem obrigatoriamente realizar o registro do produto. Pontua-se também que a Resolução n. 16/1999, trouxe o conceito legal da "novidade" na seara alimentar:

> Novos alimentos ou novos ingredientes são os alimentos ou substâncias sem histórico de consumo no País, ou alimentos com substâncias já consumidas, que, entretanto, venham a ser adicionadas ou utilizadas em níveis muito superiores aos atualmente observados nos alimentos utilizados na dieta regular.[453]

A ANVISA possui o "Guia para comprovação da segurança de alimentos e ingredientes", onde elenca todos os procedimentos para a avaliação de risco dos produtos no setor alimentar. Exemplificando quais são os alimentos considerados "novos" no mercado de consumo, o Guia aproximasse da questão da nanotecnologia, mas não chega a utilizar essa expressão, pois considera: "Alimento ou ingrediente obtido ou modificado em sua natureza, por processo tecnológico, que resulte em mudanças significativas de composição, estrutura, comportamento físico-químico ou valor nutricional." Cabe ressaltar que o registro desses alimentos é realizado através do encaminhamento de formulários específicos que deverão conter informações técnicas do produto. Nos campos detalhados no respectivo formulário não há nenhum campo dedicado à nanotecnologia, pois a ANVISA não solicita expressamente tal informação do fabricante.[454]

Com base na pesquisa exploratória realizada nos regulamentos e leis gerais do setor alimentar citados acima, identificou-se que não existe nenhuma previsão legal sobre a nanotecnologia no âmbito da vigilância sanitária. Existem tratativas em andamento para uma possível regulação, conforme ressaltado no item 2.2.4, desta obra. Nesse sentido, a "Agenda Regulatória 2017-2020" da ANVISA ressalta a urgência na adoção de uma regulação para nanotecnologia, mas faz menção apenas a área de

---

[452] REGULARIZAÇÃO de produtos – alimentos. Brasília, ANVISA, 2018. Disponível em: http://portal.anvisa.gov.br/registros-e-autorizacoes/alimentos/produtos/isencao-de-registro. Acesso em: 9 ago. 2019.

[453] ANVISA. Resolução n. 16, de 30 de abril de 1999. Regulamento referente a procedimentos para registro de alimentos e ou novos ingredientes. *Diário Oficial da União*: seção 1, Brasília, DF, parcialmente revogada pela Resolução RDC n. 243, de 26 de julho de 2018. Item 2 "Definição".

[454] Além disso, na temática dos OGMs, a ANVISA entende que: "Os alimentos ou ingredientes derivados ou obtidos de organismos geneticamente modificados (OGM) não são avaliados, pela ANVISA, quanto à segurança de uso, tendo em vista que, de acordo com o disposto na Lei n. 11.105/2005, esse procedimento é de competência da Comissão Técnica Nacional de Biossegurança (CTNBio)." ANVISA. *Guia para comprovação da segurança de alimentos e ingredientes*. Elaborado pela Gerência de produtos especiais – Gerência Geral de alimentos. Brasília: ANVISA, 2013. Disponível em: http://portal.anvisa.gov.br/documents/33916/395734. Acesso em: 10 ago. 2019. p. 4.

nanomedicamentos e cosméticos.[455] Em 2013, a Agência Instituiu o Comitê Interno de Nanotecnologia (CIN), para a elaboração de diagnósticos institucionais da vigilância sanitária sobre a nanotecnologia e sobre os produtos que utilizam essa tecnologia, bem como o estudo das regulações internacionais e comunitárias sobre a temática. Os estudos publicados pelo CIN não adentraram na temática dos nanoalimentos.[456]

Com o objetivo de colher o posicionamento oficial da ANVISA, o autor desta obra realizou um requerimento com pedido de informações no "Portal da Transparência", com respaldo na Lei n. 12.527/2011, e registro sob o protocolo n. 25820.005517/2019-81, conforme o "Anexo C". O posicionamento oficial da Diretoria responsável pelos estudos em nanotecnologia na ANVISA foi: "Com base nas informações fornecidas pela Quinta Diretoria, área técnica afeta ao assunto questionado, informamos que não há regulamentação relacionada ao assunto, nas atribuições desta Diretoria."

Dessa maneira, entende-se que a inclusão dos nanoalimentos nesse rol de "novos alimentos" depende do posicionamento da ANVISA sobre os critérios técnicos que os diferencie dos alimentos tradicionais. Considerar o nanoalimento como uma novidade no setor alimentar, pode viabilizar pedidos de avaliação de riscos aos fabricantes que pleitearem o registro desses produtos junto à ANVISA. Assim, a previsão geral sobre "novos alimentos" contida na legislação correlata parece abranger essa nova tecnologia. Cabe mencionar que os posicionamentos institucionais de agências estrangeiras (tais como, a US FDA e a EFSA), segundo a ANVISA, podem fundamentar a decisão administrativa sobre a liberação desses produtos.[457] A dificuldade, todavia, está na divergência sobre os potenciais riscos, perigos e incertezas da nanotecnologia nessas instituições.

Além disso, a ANVISA tem competência para regulamentar pontos específicos dessa nova tecnologia, com o objetivo de exercer seu poder de polícia na fiscalização e no monitoramento da introdução de nanoalimentos no mercado de consumo. Atualmente, essa introdução já ocorre sem nenhum registro sobre a sua incorporação nos produtos ou uma gestão específica de riscos. Contudo, a regulação específica pode falhar na cobertura de todo o ciclo agroindustrial dos nanoalimentos, pois se trata de

---

[455] ANVISA. *Agenda regulatória 2015/2016*. 2014. Disponível em: http://portal.anvisa.gov.br/documents/10181/2719431/Manual%2Bde%2BOrienta%C3%A7%C3%B5es%2B-%2BJPC_rev_TRC.pdf/e69e79e4-bd63-40ab-b45e-f331c41a19ed. Acesso em: 4 jul. 2018.

[456] Agência Nacional de Vigilância Sanitária. *Diagnóstico Institucional de Nanotecnologia da ANVISA*. 2014. Disponível em: http://portal.anvisa.gov.br/documents/219201/219401/Diagn%25C3%25B3stico%2BInstitucional%2Bde%2BNanotecn ologia%2B-%2BCIN%2B2014%2B-%2BDicol.pdf/36a88213-b849-473d-97c1-fdccb6a2f84c. Acesso em: 14 jan. 2019.

[457] ANVISA. *Guia de procedimentos para pedidos de inclusão e extensão de uso de aditivos alimentares e coadjuvantes de tecnologia de fabricação na legislação brasileira*. Elaborado pela Gerência de avaliação de risco e eficácia para alegações e Gerência Gera de Alimentos. 2ª ed. Brasília: ANVISA, 2015. p. 8.

uma Agência dedicada à vigilância sanitária de uma ampla variedade de produtos, nos termos do art. 7º, da Lei 9.782/1999. Por este motivo, alguns pesquisadores defendem um controle nanotecnológico exclusivo, tal como ocorre com os Organismos Geneticamente Modificados (OGMs), que são tratados de maneira apartada pelo Sistema Nacional de Biossegurança.

2.2.3 O Sistema Nacional de Biossegurança

Este subtópico disserta sobre a formação da legislação brasileira de biotecnologia. Busca-se compreender se tal quadro normativo pode ser aplicado ao desenvolvimento da nanotecnologia ou, ainda, se funciona como "modelo" para a adoção de um futuro marco regulatório. Não há pretensão de aprofundamento da temática dos Organismos Geneticamente Modificados (OGMs).[458] Não obstante, serão explorados os conceitos essenciais, o cenário divergente sobre os riscos dos OGMs e a estrutura administrativa dedicada à biotecnologia.

A Convenção sobre Diversidade Biológica (CDB), definiu a Biotecnologia como "(...) qualquer aplicação tecnológica que utilize sistemas biológicos, organismos vivos, ou seus derivados, para fabricar ou modificar produtos ou processos para utilização específica."[459] Marcelo Dias Varella ressalta que o conceito de biotecnologia "(...) é utilizado para toda tecnologia empregada à vida, inclusive aquelas atividades tradicionais de seleção de melhores espécies, feito pelo homem, há muitos séculos, para a melhor produção agrícola ou pecuária."[460] Por este motivo, costuma-se atribuir outras qualificações à expressão, tais como biotecnologia moderna, biotecnologia molecular, engenharia genética, bioquímica, entre outras.

O produto final consiste na modificação genética de organismos vivos. Os OGMs são resultado de uma inclusão artificial de genes de um organismo em outro. Existem divergências sobre a nomenclatura "transgênicos", tendo em vista que parte da literatura entende que eles perfazem uma categoria de OGMs, que decorre da transferência de genes de uma espécie para outra espécie distinta. Assim, os OGMs consistiriam na transferência de genes entre espécies semelhantes e os transgênicos entre espécies distintas.[461] A inclusão de um gene do escorpião em cultiváveis de milho

---

[458] O aprofundamento da temática pode ser realizado na obra de referência sobre o tema: NEWTON, David E. *GMO food*: A reference handbook. Santa Barbara: ABC-Clio, 2014.

[459] BRASIL. *Decreto Legislativo n.2, de 5 de junho de 1992*. Aprova o texto da Convenção sobre Diversidade Biológica (CDB). Brasília, DF: Presidência da República, 1992. Disponível em: http://www.propp.ufu.br/legislacoes/decreto-legislativo-ndeg-2-de-5-de-junho-de-1992-convencao-sobre-diversidade-biologica. Acesso em: 8 ago. 2019.

[460] VARELLA, Marcelo Dias. O tratamento jurídico-político dos OGM no Brasil. In: VARELLA, Marcelo Dias; BARROS-PLATIAU, Ana Flávia (orgs.). *Organismos geneticamente modificados*. Belo Horizonte: Del Rey, 2005. p. 5.

[461] CASQUIER, Jesús; ORTIZ, Rodomiro. Las semillas transgénicas: ¿un debate bioético? *Revista de la facultad de derecho*, v. 69, p. 281–300, 2012. Disponível em: http://www.corteidh.or.cr/tablas/r31737.pdf. p. 265.

e tomate pode ser considerada transgênica.[462]

A biotecnologia moderna tem sido empregada na confecção de produtos comerciais a mais de três décadas.[463] Os primeiros protótipos desenvolvidos nas décadas de 1970 e 1980, chamaram a atenção de toda a sociedade porque utilizaram os avanços científicos da genética para criar ou modificar organismos vivos, capazes de driblar processos naturais indesejados.[464] Atualmente essa tecnologia disruptiva já está presente em vários bens de consumo. A indústria de alimentos e a indústria médica são as principais áreas de destaque no desenvolvimento de Organismos Geneticamente Modificados (OGMs). A engenharia genética é amplamente empregada na agricultura principalmente para a criação de plantas resistentes a herbicidas ou insetos, bem como na modificação genética para torná-las resistentes à seca ou deixá-las mais nutritivas.[465] Já na medicina, os OGMs são utilizados principalmente para a fabricação de alguns medicamentos e produtos para fins de diagnóstico de doenças, mas a sua produção ainda é pequena.[466] Caso interessante no Brasil envolveu a introdução de um animal geneticamente modificado (mosquitos OGMs), para fins de controle sanitário de doenças relacionadas ao *Aedes Aegypti*.[467]

As atividades relacionadas à manipulação genética de organismos vivos são reguladas pelas normas de biossegurança. A regulação abrange questões laborais, de saúde humana e animal e proteção do meio ambiente.[468]

---

[462] VALOIS, Afonso C. *Biodiversidade, biotecnologia e organismos transgênicos*. Brasília: Embrapa, 2016.

[463] Conforme ressaltado no item 2.1.1, a biotecnologia clássica pode ser remetida as alterações rudimentares promovidas inconscientemente pelo homem, através do cruzamento de plantas e animais de diferentes espécies.

[464] Dentre os primeiros inventos que marcaram as inovações dos OGMs, encontra-se a bactéria geneticamente modificada denominada de "ice-minus", desenvolvida por cientistas da University of California, com o objetivo de evitar a formação de cristais de gelo na superfície das plantas, impedindo, assim, que a geada destruísse as lavouras. NAIDU, B. David. *biotechnology & nanotechnology regulation under environmental, health, and safety laws*. Nova Iorque: Oxford, 2010. p. 6.

[465] Nesse sentido, a pesquisadora Pamela Ronald explicou os benefícios de um arroz OGM denominado de "Golden Rice", com mais nutrientes e proteínas que o arroz comum. RONALD, Pamela. The case for engineering our food. [S.l.: s. n.]. março 2015. 1 vídeo (17 min 49 s). Publicado pelo Portal TED. Disponível em: https://www.ted.com/talks/pamela_ronald_the_case_for_engineering_our_food. Acesso em: 8 ago. 2019.

[466] NAIDU, B. David. *biotechnology & nanotechnology regulation under environmental, health, and safety laws*. Nova Iorque: Oxford, 2010. p. 10.

[467] O primeiro caso brasileiro de liberação de um animal OGM, consistiu na modificação do DNA do mosquito Aedes Aegypti, com o objetivo de controlar as doenças transmitidas por ele. A tecnologia desenvolvida pela Oxitec introduziu no meio ambiente mosquitos machos modificados que são estéreis e possuem a função de diminuir gradualmente a população desses insetos. Para aprofundar o tema, veja: ARCURI, Rafael Dalsecco Braga. *A regulação do primeiro animal transgênico:* Um estudo do caso do Aedes aegypti geneticamente modificado na Anvisa. Obra (Mestrado em Direito). Centro Universitário de Brasília (UniCEUB), Brasília, 2018.

[468] MORICONI, Patrícia Rossi et al. Regulação de organismos geneticamente modificados de uso agrícola no Brasil e sua relação com os modelos normativos europeu e estadunidense. *Revista de Direito Sanitário*, São Paulo, v. 14, n. 3, p. 112-131, nov. 2013/fev. 2014. p. 114.

Nesse passo, biossegurança refere-se à "condição de segurança alcançada por um conjunto de ações destinadas a prevenir, controlar, reduzir ou eliminar riscos inerentes às atividades que possam comprometer a saúde humana, animal e o meio ambiente".[469] A definição estabelecida pela ANVISA revela que esse conjunto normativo específico, procura estabelecer procedimentos de controle e gestão do risco decorrente dos OGMs. Através dessa visão institucional, é Interessante notar que originalmente a ANVISA seria competente para regular os OGMs. Entretanto, o Brasil preferiu adotar um sistema apartado (ou concentrado), que se denominou nesta obra de "Sistema Nacional de Biossegurança".

Não existe a previsão expressa desse Sistema na Lei n. 11.105/2005 (Lei de Biossegurança).[470] Essa constatação decorre do arranjo normativo e administrativo destinado aos OGMs, com a previsão de um Conselho Nacional de Biossegurança (CNBS) e de uma Comissão Técnica Nacional de Biossegurança (CTNBio). Assim, haveria a previsão implícita de um "Sistema Nacional de Biossegurança" no Brasil.[471]

A opção realizada pelo legislador na adoção da atual Lei de Biossegurança está fundamentada no princípio da precaução, que vem expresso no *caput* do primeiro artigo. Além disso, no meio das divergências jurídico-políticas dos OGMs, principalmente entre os posicionamentos norte-americano e europeu, o Brasil preferiu adotar o segundo modelo. Como ressalta Marcelo Dias Varella:

> Na União Europeia, há órgãos centrais que exigem a comprovação de segurança alimentar e ambiental antes da aprovação de cada organismo geneticamente modificado. O modelo foi adotado pelo Brasil, mas a controvérsia sobre qual produto ou tecnologia era nociva virou confusão, de caráter ideológico, e mesmo se

---

[469] ANVISA. *Resolução n. 11, de 16 de fevereiro de 2012.* Dispõe sobre o funcionamento de laboratórios analíticos que realizam análises em produtos sujeitos à Vigilância Sanitária e dá outras providências. Brasília, DF. 2012. Disponível em: http://bvsms.saude.gov.br/bvs/saudelegis/anvisa/2012/rdc0011_16_02_2012.html. Acesso em: 9 ago. 2019.

[470] É interessante notar que, em sentido oposto, existe a previsão expressa dos Sistema Nacional de Segurança Alimentar e Sistema Nacional de Vigilância sanitária. Pontua-se, também, que o Brasil já teve uma Lei de Biossegurança anterior a essa, a Lei 8.974, de 5 de janeiro de 1995, revogada pela atual Lei n. 11.105, de 24 de março de 2005.

[471] Além da questão dos OGMs, a nova Lei trouxe a possibilidade da realização de pesquisas com células-tronco embrionárias. A disposição foi alvo de Ação Direta de Inconstitucionalidade no STF (ADI n. 3.510 DF). Decidiu-se pela constitucionalidade da disposição legal, tendo em vista que a autorização para as pesquisas não viola o direito à vida ou ao princípio da dignidade da pessoa humana.
BRASIL. Supremo Tribunal Federal (Plenário). *Ação Direta de Inconstitucionalidade n. 3510.* Constitucional. Ação direta de inconstitucionalidade. Lei de biossegurança. Impugnação em bloco do art. 5º da lei nº 11.105, de 24 de março de 2005 (lei de biossegurança). Pesquisas com células-tronco embrionárias. Inexistência de violação do direito à vida. Constitucionalidade do uso de células-tronco embrionárias em pesquisas científicas para fins terapêuticos. Descaracterização do aborto. Normas constitucionais conformadoras do direito fundamental a uma vida digna, que passa pelo direito à saúde e ao planejamento familiar. Descabimento de utilização da técnica de interpretação conforme para aditar à lei de biossegurança controles desnecessários que implicam restrições às pesquisas e terapias por ela visadas. Improcedência total da ação. Sem repercussão geral. Relator: Min. Ayres Britto, 29 abr. 2008. Disponível em: http://redir.stf.jus.br/paginadorpub/paginador.jsp?docTP=AC&docID=611723. Acesso em: 9 ago. 2019.

autoridades poderosas consideram que há diferenças significativas entre os dois tipos de produtos, ninguém conseguiu impor-se ainda.[472]

A legislação americana sobre biossegurança também se caracteriza pela tecnicidade, mas não defende uma posição positiva ou negativa sobre os OGMs. Existem altos investimentos em pesquisa genética e desenvolvimento de novos produtos. A avaliação de risco é realizada através de um sistema difuso de controle, composto pelos órgãos competentes por cada setor. Por exemplo, no setor agroindustrial existem três Agências reguladoras responsáveis: a *Animal and Plant Health Inspection Service* (APHIS), pertencente ao *The United States Department of Agriculture's* (USDA's), que controla a liberação, importação ou transferência de plantas OGMs; A EPA que regula os produtos OGM relacionados aos agrotóxicos; e, a FDA, que regula os alimentos produzidos a partir de OGMs. Não se exige autorizações administrativas específicas para a comercialização desses alimentos.[473] Nos EUA, presume-se a "bioequivalência substancial" entre o alimento tradicional e o alimento OGM. Caso haja a constatação de algum risco ou danos aos consumidores e ao meio ambiente, a avaliação é realizada a *posteriori*, com o objetivo de responsabilizar o fabricante do produto.[474]

Por outro lado, o Brasil inspirado no modelo europeu, ratificou e seguiu as orientações fornecidas pela Convenção de Diversidade Biológica e do Acordo Suplementar conhecido como "Protocolo de Cartagena sobre biossegurança." Tais documentos ressaltam as preocupações quanto aos riscos e as incertezas da engenharia genérica. O objetivo central do Protocolo de Cartagena é:

> De acordo com a abordagem de precaução contida no Princípio 15 da Declaração do Rio sobre Meio Ambiente e Desenvolvimento, o objetivo do presente Protocolo é de contribuir para assegurar um nível adequado de proteção no campo da transferência, da manipulação e do uso seguros dos organismos vivos modificados resultantes da biotecnologia moderna que possam ter efeitos adversos na conservação e no uso sustentável da diversidade biológica, levando em conta os riscos para a saúde humana, e enfocando especificamente os movimentos transfronteiriços.[475]

---

[472] VARELLA, Marcelo Dias. O tratamento jurídico-político dos OGM no Brasil. In: VARELLA, Marcelo Dias; BARROS-PLATIAU, Ana Flávia (orgs.). *Organismos geneticamente modificados*. Belo Horizonte: Del Rey, 2005. p. 13.

[473] VAN TASSEL, Katherine. Regulating in Uncertainty: Animating the Public Health Product Safety Net to Capture Consumer Products Regulated by the FDA that Use Innovative Technologies, Including Nanotechnologies, Genetic Modification, Cloning, and Lab Grown Meat. *University of Chicago Legal Forum*, [s.v./s.n.], p. 433-488, 2013. p. 470.

[474] Sobre as especificidades da regulação americana dos OGMs veja o item "regulation of transgenic plants and animals" presente na obra de: NAIDU, B. David. *biotechnology & nanotechnology regulation under environmental, health, and safety laws*. Nova Iorque: Oxford, 2010. p. 67-140.

[475] BRASIL. *Decreto n. 5.705, de 16 de fevereiro de 2006*. Promulga o Protocolo de Cartagena sobre Biossegurança da Convenção sobre Diversidade Biológica. Brasília, DF: Presidência da República, 2006. Disponível em: http://www.planalto.gov.br/ccivil_03/_Ato2004-2006/2006/Decreto/D5705.htm. Acesso em: 10 set. 2019.

Em razão da incerteza científica quanto aos riscos dos OGMs,[476] muitos grupos de interesses contrapostos surgiram.[477] Esse cenário polêmico gerou dúvidas sobre a legitimidade dos discursos favoráveis ou desfavoráveis à comercialização desses produtos, seja do ponto de vista da saúde humana, seja da proteção do meio ambiente. Nota-se que isso também ocorre com os nanoalimentos, mas ainda em menor escala e concentra-se, ainda, apenas no ambiente acadêmico. Chengyan Yue *et al,* ressaltam que as novas tecnológicas aplicadas aos alimentos geram uma recusa do público consumidor, mesmo nos locais onde se defende uma maior liberalização dos OGMs, tal como nos EUA.[478]

A CNBS é o principal organismo do Sistema Nacional de Biossegurança. Constituído como órgão colegiado interministerial, é vinculado à presidência da República para discutir, formular e implementar a Política Nacional de Biossegurança (PNB). Dentre as principais competências do CNBS estão: a) a fixação de princípios e diretrizes que orientem todo o sistema de biossegurança; b) a análise política dos pedidos de liberação dos OGMs, a pedido da CTNBio, acerca dos aspectos da conveniência e oportunidade socioeconômicas e do interesse nacional; c) a decisão final sobre a liberação comercial dos OGMs quando houver divergência entre os órgãos competentes.[479]

Por outro lado, a CTNBio é a instituição responsável por fornecer o apoio técnico e de assessoramento ao Governo Federal nas demandas sobre biossegurança dos OGMs. Vinculada ao Ministério da Ciência e da Tecnologia, ela é competente para elaborar normas e fornecer pareceres técnicos conclusivos sobre a liberação de OGMs no meio ambiente e a autorização da sua comercialização. A competência abrange a concessão de autorizações para as pesquisas com organismos geneticamente modificados, importação de material biológico e o estabelecimento de condições de cultivo de plantas e de criação de animais que recebam modificações genéticas.[480] Sua composição é colegiada e multidisciplinar, pois conta com profissionais de diversas

---

[476] Acerca dos debates sobre os potenciais riscos dos OGMs, veja: INSTITUTE FOR RESPONSIBLE TECHNOLOGY. *State-of-the-Science on the Health Risks of Gm Foods.* Relatório. [s.l.: 2013]. Disponível em: https://responsibletechnology.org/state-of-science/. Acesso em: 9 ago. 2019.

[477] Marcelo Varella ressalta que existem seis grupos de interesses contrapostos nessa seara. Para o autor "os grupos de interesse são: as autoridades públicas envolvidas no mecanismo de tomada de decisão, as empresas multinacionais, os agricultores, os consumidores, as cadeias de distribuição varejista e a sociedade científica." VARELLA, Marcelo Dias. O tratamento jurídico-político dos OGM no Brasil. In: VARELLA, Marcelo Dias; BARROS-PLATIAU, Ana Flávia (orgs.). *Organismos geneticamente modificados.* Belo Horizonte: Del Rey, 2005. p. 13-17.

[478] YUE, C. et al. Investigating factors influencing consumer willingness to buy GM food and nano-food. *Journal of Nanoparticle Research,* v. 17, n. 7, p. 1-19. 2015. p. 1.

[479] Conforme a redação do art. 8, da Lei n. 11.105/2005.

[480] Conforme a redação do art. 10, da Lei n. 11.105/2005.

áreas do conhecimento.[481] Especificamente sobre a competência normativa, a CNTBio elabora instruções normativas e resoluções que vinculam todos os atores envolvidos na temática da biossegurança. Em decorrência da disciplina legal, o seu caráter é limitado nas matérias previamente definidas em lei.[482]

Especificamente sobre os alimentos, há um detalhe acerca do órgão competente para registrar, fiscalizar e autorizar a comercialização do produto final: Quem possui essa competência, a ANVISA ou a CTNBio? Essa questão foi suscitada no documento do Ministério da Saúde intitulado "Marco Legal Brasileiro sobre Organismos Geneticamente Modificados". O posicionamento institucional é de que apesar de não existir um regulamento específico para registro de alimentos geneticamente modificados na ANVISA,[483] ela é competente para fazê-lo, nos termos do art. 53 do Decreto 5.991/2005, que regulamenta a Lei de Biossegurança. O dispositivo legal determina que compete à ANVISA além do registro, a liberação comercial e a fiscalização dos OGMs presentes nos produtos de sua competência, observadas as recomendações presentes nos pareceres técnicos da CTNBio, que é responsável por avaliar a segurança do seu uso comercial.[484]

Dessa forma, após a análise dos pontos elencados acima, que não pretenderam esgotar a temática dos OGMs, surge a seguinte pergunta: O Sistema Nacional de Biossegurança pode abarcar as inovações nanotecnológicas, principalmente no que

---

[481] Conforme a redação do art. 11, da Lei n. 11.105/2005.

[482] Os Estados, Municípios e o Distrito Federal têm competência concorrente para legislar sobre temáticas ambientais. Conforme ressalta Marcelo Varella: "Os Estados e o Distrito Federal têm competência concorrente para legislar sobre matéria ambiental, o que significa que a União pode propor normas gerais e os Estados, normas mais específicas. Os municípios não podem legislar regulando a pesquisa científica, pois não têm competência constitucional para tanto, mas podem traçar normas de defesa do consumidor que se relacionam com os organismos geneticamente modificados, na medida em que estes são discriminados no momento da venda ao consumidor." VARELLA, Marcelo Dias. O tratamento jurídico-político dos OGM no Brasil. In: VARELLA, Marcelo Dias; BARROS-PLATIAU, Ana Flávia (orgs.). *Organismos geneticamente modificados*. Belo Horizonte: Del Rey, 2005. p. 33.

[483] O documento emitido pelo Ministério da Saúde ressalta que: "No Brasil, a Agência Nacional de Vigilância Sanitária – Anvisa é a instancia legal de registro de produtos de OGM e seus derivados destinados a uso humano (alimentar, farmacológico, sanitário). Até a presente data, não há um regulamento específico para o registro de alimentos geneticamente modificados, motivo pelo qual se aplica a estes casos a Resolução nº 16/1999 daquele Órgão. Esta resolução se aplica ao registro de novos alimentos e/ou ingredientes para o consumo humano, sem histórico de consumo no País, ou alimentos contendo substâncias já consumidas e que, entretanto venham a ser adicionadas ou utilizadas em níveis muito superiores aos atualmente observados nos alimentos que compõem uma dieta regular (...)" MINISTÉRIO DA SAÚDE; ORGANIZAÇÃO PAN-AMERICANA DE SAÚDE. *Marco Legal brasileiro sobre Organismos Geneticamente Modificados*. Brasília: Ministério da Saúde 2010. Disponível em: https://www2.fcfar.unesp.br/Home/CIBio/MarcoLegalBras.pdf. Acesso em: 9 ago. 2019. p. 199.

[484] Pela Lei de Biossegurança, o Estado e as agências de fomento podem responder civilmente pelos danos materiais e morais causados à terceiros, sendo que essa responsabilidade é objetiva, de acordo com o art. 20 da Lei de Biossegurança, combinado com o art. 37, § 6º da CRFB/88. Além disso, a Lei prevê a responsabilidade civil, administrativa e criminal dos agentes públicos responsáveis pelas demandas de biossegurança, conforme o disposto nos arts. 21 a 29. LEHFELD, Lucas de Souza. Biossegurança e a responsabilidade civil e administrativa da Comissão Técnica Nacional de Biossegurança (CTNBio). *Revista de Direito Ambiental*. v. 8, ano 2, p. 27-59, out./dez. 2006.

tange aos nanoalimentos?

Primeiramente, é importante relembrar que tanto a biotecnologia quanto a nanotecnologia consistem em inovações disruptivas aplicadas ao sistema agroindustrial, ou seja, são tecnologias aplicadas aos alimentos. As duas categorias estão em uma seara de incerteza, mas os OGMs despertaram críticas e mobilização social mais intensas. A alteração genética de um organismo parece ser uma área mais sensível à opinião pública, que é mais propensa a recusar tais alimentos por uma questão ligada às crenças da manutenção da vida "natural".[485] Assim, diferentemente dos OGMs que abrangem uma mudança genética nos ingredientes dos alimentos, a nanotecnologia proporciona apenas uma alteração química e/ou estrutural que ocorre em nanoescala.[486] Não há manipulação da "vida" em si, há aprimoramento industrial dos átomos e moléculas que podem ser orgânicos ou inorgânicos.[487] A principal diferença entre esses dois campos distintos está na natureza dos materiais gerados por cada uma. Enquanto a biotecnologia gera biomateriais, a nanotecnologia gera nanomateriais. Partindo dessa diferença científica, não haveria possibilidade jurídica da CTNBio emitir pareceres técnicos sobre a utilização comercial da nanotecnologia, matéria que deve ser reservada à ANVISA, conforme delineado no tópico anterior.

Além disso, existem críticas ao arranjo institucional dos OGMs, principalmente aos poderes conferidos à CTNBio que acaba cedendo às pressões externas no seu processo decisório de liberação comercial, que podem deixar "nebulosos" os aspectos científicos dos riscos envolvidos no consumo humano e/ou animal. Nesse sentido, Cleber José Bosetti entende que "as decisões tomadas na CTNBio são o resultado de convicções científicas e políticas simetricamente situadas na relação do campo científico com demais esferas institucionais." Ele ressalta que as decisões técnicas "(...) não são puramente científicas, no sentido moderno da expressão, pois a ciência é atravessada constitutivamente pela política."[488] Esse raciocínio parte de interferências internas da própria Comissão que possui especialistas que são ligados ao "campo científico", mas que possuem "relações políticas" com outros setores da sociedade, como, por exemplo, a indústria de alimentos, de agrotóxicos, entre outras. Segundo o autor, a Comissão precisa rever o seu equilíbrio decisório. Tal posicionamento doutrinário revela que podem haver falhas na adoção de um microssistema idêntico para os

---

[485] YUE, C. et al. Investigating factors influencing consumer willingness to buy GM food and nano-food. *Journal of Nanoparticle Research*, v. 17, n. 7, p. 1-19. 2015. p. 1.

[486] YUE, C.; ZHAO, Shuoli; KUZMA, Jennifer. Heterogeneous Consumer Preferences for Nanotechnology and Genetic-modification Technology in Food Products. *Journal of Agricultural Economics*, v. 66, n. 2, p. 308–328, 2015. p. 310.

[487] THOMAS, Liji. Nanotechnology and Biotechnology - Similarities and Differences. In: *AZO Nano*. Sidnei, 2018. Disponível em: https://www.azonano.com/article.aspx?ArticleID=4862. Acesso em: 9 ago. 2019.

[488] BOSETTI, Cleber José. Ciência e política nas decisões da CTNBio. *Revista do Programa de Pós-Graduação em Sociologia da USP*, São Paulo, v.19.2, p.29-50, 2012. p. 48.

nanoalimentos.

Com o objetivo de obter um posicionamento oficial da CTNBio sobre os nanoalimentos, realizou-se um requerimento com pedido de informações no "Portal da Transparência", com respaldo na Lei n. 12.527/2011, e registro sob o protocolo n. 25820005643201935, conforme o "Anexo D", desta obra. A resposta ao requerimento foi: "a Comissão Técnica Nacional de Biossegurança Informa que inexistem discussões na CTNBio acerca de nanotecnologia." Afirmou-se também que "a CTNBio avalia a biossegurança de Organismos Geneticamente Modificados e os processos se referem às atividades relacionadas a esses organismos, não existindo processos específicos sobre nanotecnologia."

Dessa forma, conclui-se que o Sistema de Biossegurança não é competente para gerir os riscos e fiscalizar os nanoalimentos, pois: a) não tem competência legal para emitir autorizações sobre tais produtos; e, b) possui uma estrutura administrativa voltada às questões de liberação de exemplares modificados geneticamente, não abarcando nesse rol as modificações meramente químicas ou estruturais dos alimentos, que ocorrem em nanoescala.

Para além dos sistemas administrativos de segurança alimentar, existem outros atores não-estatais, que também são responsáveis pela proteção da saúde e da segurança humana, além da preservação do meio ambiente. Trata-se dos atores pertencentes à iniciativa privada, principalmente dos fabricantes que criam e/ou comercializam os *nanofoods*. De acordo com o Código de Defesa do Consumidor, tais agentes possuem deveres legais que acompanham a sua atividade econômica. Nesse passo, o próximo capítulo enfocará além da relação de consumo, as especificidades da comercialização desses novos alimentos.

CAPÍTULO 3

A proteção do consumidor guiou a discussão apresentada nos dois capítulos anteriores, que enfatizaram o enfoque regulatório e administrativo no desenvolvimento da nanotecnologia. O terceiro e último deles permanece na mesma linha investigativa, porém modifica o olhar, no que tange ao campo a ser observado. Neste capítulo, o tema da comercialização dos nanoalimentos é analisado sob o prisma do Direito do Consumidor.[489] O primeiro enfoque abrange os fundamentos dessa proteção estabelecidos no CDC, já o segundo concentra-se na questão específica dos deveres do fornecedor de alimentos, principalmente sobre a rotulagem, a rastreabilidade e o *recall* de produtos. Para tanto, os seguintes questionamentos fazem parte da análise do tópico 3.1: Em que medida o dever geral de segurança impede a comercialização de bens de consumo inovadores? As disposições sobre o dever de informar alcançam os nanofoods? Existem dificuldades na possível concretização desse direito/dever? Do ponto de vista da responsabilidade civil, é possível responsabilizar o fornecedor pelos riscos do desenvolvimento nanotecnológico? Nessa perspectiva, a responsabilidade civil é adequada para reparar as vítimas do acidente de consumo?

O tópico 3.2, por outro lado, aborda outros questionamentos derivados da

---

[489] Em 2016, a ONU publicou uma nova edição das "Diretrizes das Nações Unidas para a Proteção do Consumidor." Especificamente sobre o setor alimentar a medida "K", item 70, traz a seguinte redação: "Ao formular políticas e planos nacionais de alimentos, os Estados Membros devem levar em conta a necessidade de segurança alimentar para todos os consumidores e apoiar e, na medida do possível, adotar as normas do *Codex Alimentarius*, da Organização dos Estados Americanos, das Nações Unidas para Alimentação e Agricultura e a Organização Mundial de Saúde ou, na sua falta, outros padrões internacionais de alimentos de aceitação geral. Os Estados-Membros devem manter, formular ou melhorar medidas de segurança alimentar, incluindo, mas não se limitando a, critérios de segurança, normas alimentares e requisitos nutricionais e mecanismos eficazes de monitorização, inspecção e avaliação. [tradução nossa]" ORGANIZAÇÃO DAS NAÇÕES UNIDAS. *Directrices para la protección del consumidor.* Conferência das Nações Unidas sobre o comercio e desenvolvimento. (UNCTAD). Nova York: ONU, 2016. Disponível em: https://unctad.org/es/PublicationsLibrary/ditccplpmisc2016d1_es.pdf. Acesso em: 9 out. 2019.

problemática central: As críticas direcionadas a rotulagem de OGMs e o movimento legislativo para a sua retirada, podem influenciar na adoção ou não de um rótulo para os nanofoods? O fornecedor tem o dever de advertir o consumidor sobre o "estado da arte" da nanotecnologia? A rastreabilidade e o *recall* são ferramentas que podem auxiliar no desenvolvimento seguro da nanotecnologia?

3.1 Os fundamentos jurídicos da proteção do consumidor de nanoalimentos no CDC

Os objetivos deste tópico consistem em explorar a literatura especializada em Direito do Consumidor, no que tange ao dever geral de segurança destinado aos fornecedores do sistema agroindústria, bem como aprofundar as discussões sobre a inserção de produtos com novas tecnologias no mercado de consumo (item 3.1.1); Adentrando, nesse último ponto, na questão da exclusão da responsabilidade civil pelos riscos do desenvolvimento e no debate sobre as alternativas que podem viabilizar a reparação da vítima do dano (item 3.1.2); e, delinear as disposições consumeristas acerca do dever e do direito à informação (item 3.1.3).

3.1.1 O dever geral de segurança dos bens de consumo

A compreensão da lógica e dos objetivos do Direito do Consumidor perpassa pelas circunstâncias sociais que fizeram surgir tal microssistema. O tratamento jurídico diferenciado conferido à relação desigual entre consumidor e fornecedor, é uma construção recente. Tal especialização normativa, que pode ser considerada um instrumento político, emergiu na década de 1960, como um reflexo jurídico decorrente dos debates que denunciavam os flagrantes desequilíbrios presentes na sociedade de consumo em massa.[490]

No direito brasileiro, a temática foi posta como direito fundamental e como princípio da ordem econômica na Constituição Federal de 1988, despontando a tutela

---

[490] A literatura jurídica menciona que o marco histórico do nascimento formal do Direito do Consumidor está no discurso realizado pelo então Presidente Americano John Kennedy, no Congresso Americano, em 15 de março de 1962. Nessa oportunidade, o Presidente elencou os direitos básicos do consumidor: o direito à segurança, o direito de ser informado, o direito de escolha e o direito de ser ouvido/atendido. Esse discurso inspirou a alteração na proteção do consumidor no mundo ocidental, tanto no nível doméstico dos Estados, quanto no nível internacional. Especificamente no âmbito internacional, após alguns anos de debates no seio da ONU, em 9 de abril de 1985, a Assembleia Geral adotou as Diretrizes das Nações Unidas para a Proteção do Consumidor (Resolução 39/248), reforçando a necessidade de proteção do consumidor pelos Estados-membros. CIPRIANO, Ana Cândida Muniz; SANTANA, Héctor Valverde. The UN Guidelines for consumer Protection: Review and next steps. In: MARQUES, Claudia Lima; WEI, Dan (orgs.). *Consumer Law and Socioeconomic development*: National and International Dimensions. Cham: Springer, 2017. p. 25-27.

constitucional dos consumidores. A partir da incorporação dos novos valores constitucionais, a antiga e irrestrita autonomia da vontade das partes[491] cedeu lugar à proteção do consumidor, garantindo, em tese, a vedação ao retrocesso dos direitos já previstos constitucional ou infraconstitucionalmente.

Em 1990, ocorreu a promulgação do Código de Defesa do Consumidor. O CDC é uma "Lei de função social", que possui normas de direito privado (de ordem pública e interesse social) e normas de direito público. Tal sistema dedicado à harmonização da relação entres consumidores e fornecedores, prevê no art. 4º, os princípios básicos que devem reger as relações de consumo. Dentre eles, cabe mencionar o princípio da vulnerabilidade e o princípio da confiança ou segurança. Outros princípios igualmente importantes na análise deste tópico já foram desenvolvidos e aprofundados no item 3.1.2. Trata-se dos princípios da prevenção e da precaução.

O princípio da vulnerabilidade do consumidor é a base e a identidade do CDC e fundamenta todo o microssistema. A vulnerabilidade, que não deve ser confundida com hipossuficiência, significa mais que "(...) o mero reflexo de uma desigualdade econômica, existente de regra entre empresário e adquirente final dos produtos e serviços."[492] Abrange também a carência ou o excesso de informações, as manobras fraudulentas praticadas pelos fornecedores, entre outros atos incompatíveis com a sistemática da proteção do vulnerável.[493] Cláudia Lima Marques menciona que o conceito legal de vulnerabilidade é indeterminado, cabendo ao interprete delimitá-lo. Contudo, a autora afirma que é possível extrair quatro leituras prévias desse princípio:

---

[491] Sobre as mudanças históricas do paradigma da autonomia da vontade, veja: ROPPO, Enzo. *O contrato*. Trad. Ana Coimbra e M. Januário C Gomes. Coimbra: Almedina, 1988. p. 7-72.

[492] BESSA, Leonardo Roscoe. *Relação de consumo e aplicação do Código de Defesa do Consumidor*. 2ª ed. São Paulo: Revista dos Tribunais, 2009. p. 42.

[493] Nesse sentido, em julgado do STJ entendeu-se que "(...)não se pode olvidar que a vulnerabilidade não se define tão-somente pela capacidade econômica, nível de informação/cultura ou valor do contrato em exame. Todos esses elementos podem estar presentes e o comprador ainda ser vulnerável pela dependência do produto; pela natureza adesiva do contrato imposto; pelo monopólio da produção do bem ou sua qualidade insuperável; pela extremada necessidade do bem ou serviço; pelas exigências da modernidade atinentes à atividade, dentre outros fatores." BRASIL. Superior Tribunal de Justiça (Terceira Turma). *Recurso Especial n. 476.428 SC*. Direito do Consumidor. Recurso especial. Conceito de consumidor. Critério subjetivo ou finalista. Mitigação. Pessoa Jurídica. Excepcionalidade. Vulnerabilidade. Constatação na hipótese dos autos. Prática abusiva. Oferta inadequada. Característica, quantidade e composição do produto. Equiparação (art. 29). Decadência. Inexistência. Relação jurídica sob a premissa de tratos sucessivos. Renovação do compromisso. Vício oculto. Relatora: Min. Nancy Andrighi, 14 abr. 2005. Disponível em: https://ww2.stj.jus.br/processo/revista/inteiroteor/?num_registro=200201456245&dt_publicacao=09/05/2005. Acesso em: 9 ago. 2019.

as vulnerabilidades técnica, jurídica, fática e informacional.[494] [495]

Resumidamente, a vulnerabilidade técnica parte da presunção do desconhecimento pelo consumidor dos detalhes e especificidades técnicas do bem adquirido. Já a vulnerabilidade jurídica ou científica, refere-se aos conhecimentos específicos do consumidor sobre as temáticas jurídica, contábil e econômica. Por outro lado, a vulnerabilidade fática pode ser vista na posição de superioridade econômica do fornecedor ou na essencialidade do serviço por ele prestado, que deixa o consumidor em uma situação de potencial fragilidade. Essa última expressão tem uma vertente processual que se refere à hipossuficiência econômica. Já a vulnerabilidade informativa, que foi acrescentada pela autora na quinta edição do seu livro, é considerada essencial para a proteção do consumidor em uma sociedade marcada pelos riscos do desenvolvimento científico e tecnológico, bem como pela grande dimensão que os dados físicos e virtuais tomaram nas últimas décadas. A expressão dessa vulnerabilidade também está intrinsicamente ligada à aquela da segurança alimentar, principalmente com os destaques informativos nos alimentos (tal como as informações nutricionais e sobre modificação genética). É interessante notar que há uma presunção legal de vulnerabilidade para o consumidor não profissional.[496] [497]

Ainda sobre o princípio da vulnerabilidade, Antonio Herman Benjamin acrescenta a noção de "hipervulnerabilidade", que se refere ao grupo específico de consumidores

---

[494] MARQUES, Cláudia Lima. *Contratos no Código de Defesa do Consumidor*: O novo regime das relações contratuais. 7ª ed. São Paulo: Revista dos Tribunais, 2014. p. 322-323.

[495] Cabe mencionar que o posicionamento da autora foi utilizado pelo STJ através do julgado: BRASIL. Superior Tribunal de Justiça (Segunda Turma). *Recurso Especial n. 586.316 MG*. Direito do consumidor. Administrativo. Normas de proteção e defesa do consumidor. Ordem pública e interesse social. Princípio da vulnerabilidade do consumidor. Princípio da transparência. Princípio da boa-fé objetiva. Princípio da confiança. Obrigação de segurança. Direito à informação. Dever positivo do fornecedor de informar, adequada e claramente, sobre riscos de produtos e serviços. Distinção entre informação-conteúdo e informação-advertência. Rotulagem. Proteção de consumidores hipervulneráveis. Campo de Aplicação da lei do glúten (lei 8.543/92 ab-rogada pela lei 10.674/2003) e eventual antinomia com o art. 31 do código de defesa do consumidor. Mandado de segurança preventivo. Justo receio da Impetrante de ofensa à sua livre iniciativa e à comercialização de seus produtos. Sanções administrativas por deixar de advertir sobre os riscos do glúten aos doentes celíacos. Inexistência de direito líquido e certo. Denegação da segurança. Relator: Min. Herman Benjamin. 25 maio 2009. Disponível em: https://ww2.stj.jus.br/processo/revista/inteiroteor/?num_registro=200600998380&dt_publicacao=25/05/2009. Acesso em: 10 ago. 2019.

[496] Em alguns julgados do STJ, houve o entendimento pela vulnerabilidade de alguns consumidores profissionais específicos, mas tal leitura é uma exceção diante da sistemática do CDC. Para aprofundamento da temática específica, veja: MARQUES, Cláudia Lima. *Contratos no Código de Defesa do Consumidor*: O novo regime das relações contratuais. 7ª ed. São Paulo: Revista dos Tribunais, 2014. p. 320-342.

[497] Nesse passo, Leonardo Roscoe Bessa menciona uma quinta espécie de vulnerabilidade, denominada de "vulnerabilidade psíquica". Tal leitura parte dos instrumentos tecnológicos empregados pelos fornecedores para instigar a aquisição de bens de consumo, que o consumidor não necessita, mas adquire movido por um desejo psíquico criado pelo fornecedor. Utiliza-se os avanços da neurociência para construir campanhas de divulgação dos produtos ou serviços. BESSA, Leonardo Roscoe. *Relação de consumo e aplicação do Código de Defesa do Consumidor*. 2ª ed. São Paulo: Revista dos Tribunais, 2009. p. 44.

que não se encaixam no conceito de "homem médio", pois experimentam uma situação (permanente ou temporária) de vulnerabilidade agravada.[498] Neste grupo estão, por exemplo, as crianças, adolescentes, idosos e pessoas doentes ou com deficiência.[499]

Por outro lado, o Princípio da confiança revela uma objetivação das expectativas legítimas dos consumidores. A sociedade de consumo em massa gera o anonimato dos agentes econômicos. Por este motivo, são necessários padrões objetivos (*standards* de segurança e de qualidade) para garantir a sua proteção em concreto. Cláudia Lima Marques explica que existe uma grande complexidade técnica e tecnológica das relações e dos bens de consumo comercializados na atualidade, que deixam os consumidores mais exigentes, estimulando, assim, uma mudança de postura dos fornecedores em todas as fases da relação contratual, item intrinsicamente ligado à boa-fé objetiva.[500]

Além dos princípios, existem direitos básicos elencados no art. 6º do CDC. Dentre eles estão a proteção da vida, da saúde e da segurança do consumidor. Direitos que extrapolam os limites da relação de consumo e se fazem presentes também nas normas de segurança alimentar, conforme delineado no segundo capítulo desta obra. Cabe mencionar que os direitos básicos no CDC são especializações dos direitos fundamentais estabelecidos no art. 5º, *caput,* da CRFB/88: "Todos são iguais perante a lei, sem distinção de qualquer natureza, garantindo-se aos brasileiros e aos estrangeiros residentes no País a inviolabilidade do *direito à vida*, à liberdade, à igualdade, *à segurança* e à propriedade (...)"[501]

O direito de proteção da vida, da saúde e da segurança do consumidor pode ser considerado fruto dos princípios acima delineados, que funcionam como "guias" para a interpretação das demais disposições do Código. Dessa maneira, empenhado em garantir a qualidade, prevenir e reparar os danos, o CDC trouxe no Capítulo IV, as disposições sobre essa proteção (arts. 8º a 11), bem como o delineamento da responsabilidade pelo fato e pelo vício do produto e do serviço (arts. 12 a 25).

Nos três dispositivos específicos sobre a proteção da saúde e da segurança do

---

[498] BENJAMIN, Antonio Herman V. Fato do produto e do serviço. In: BENJAMIN, Antonio Herman V.; MARQUES, Claudia Lima; BESSA, Leonardo Roscoe. *Manual de Direito do Consumidor*. 8ª ed. São Paulo: Revista dos Tribunais, 2017. p. 186.
[499] Sobre o tema ver: NISHIYAMA, Adolfo Mamoru; DENSA, Roberta. A proteção dos consumidores hipervulneráveis: os portadores de deficiência, os idosos, as crianças e os adolescentes. *Revista de Direito do Consumidor*, ano 19, n. 76, p.13-45, out.-dez. 2010.
[500] MARQUES, Cláudia Lima. *Contratos no Código de Defesa do Consumidor*: O novo regime das relações contratuais. 7ª ed. São Paulo: Revista dos Tribunais, 2014. p. 1287.
[501] BRASIL. *Constituição da República Federativa do Brasil de 1988*. Brasília, DF: Presidência da República, 1988. Disponível em: http://www.planalto.gov.br/ccivil_03/Constituicao/Constituicao.htm. Acesso em: 1 ago. 2019.

consumidor, o CDC fixou critérios gerais que deverão ser observados pelos fornecedores.[502] Primeiramente, o artigo 8º, *caput*, informa que "os produtos e serviços colocados no mercado de consumo não acarretarão riscos à saúde ou segurança dos consumidores". Contudo, tal disposição é complementada com uma exceção que autoriza a comercialização de produtos que por sua "natureza e fruição" geram riscos considerados "normais e previsíveis", desde que o fornecedor informe adequadamente o consumidor. Os critérios da normalidade e da previsibilidade adotados pelo legislador referem-se ao uso rotineiro do bem de consumo, partindo de um grau de conhecimento mediano existente no mercado, seja através da prática cotidiana (por exemplo, a utilização de um liquidificador) ou de cursos de formação específicos (por exemplo, a condução de um veículo).[503]

Por outro lado, o artigo 9º permite que produtos e serviços "potencialmente nocivos ou perigosos" sejam colocados no mercado de consumo, desde que a periculosidade seja intrínseca ao produto ou serviço e haja informação adequada e ostensiva ao consumidor. Em seguida, o *caput* do artigo 10, proíbe a colocação no mercado de consumo de produtos ou serviços que o fornecedor "sabe ou deveria saber" possuir alto grau de periculosidade ou nocividade.[504]

Para distinguir tais riscos e perigos, e identificar quais são permitidos pelo CDC, Antonio Herman Benjamin desenvolveu uma categorização que consiste em três tipos de periculosidade. Nesse rol estão a periculosidade inerente, a periculosidade adquirida e a periculosidade exagerada.[505]

A "periculosidade inerente" refere-se ao risco que é intrínseco à coisa, decorre da

---

[502] O quarto artigo foi vetado pelo Presidente da República. A redação do dispositivo informava que: "Art. 11 - O produto ou serviço que, mesmo adequadamente utilizado ou fruído, apresenta alto grau de nocividade ou periculosidade será retirado imediatamente do mercado pelo fornecedor, sempre às suas expensas, sem prejuízo da responsabilidade pela reparação de eventuais danos." As razões do veto foram: "O dispositivo é contrário ao interesse público, pois, ao determinar a retirada do mercado de produtos e serviços que apresentem 'alto grau de nocividade ou periculosidade', mesmo quando 'adequadamente utilizados', impossibilita a produção e o comércio de bens indispensáveis à vida moderna (e.g. materiais radioativos, produtos químicos e outros). Cabe, quanto a tais produtos e serviços, a adoção de cuidados especiais, a serem disciplinados em legislação específica." BRASIL. *Lei n. 8.078, de 11 de setembro de 1990*. Dispõe sobre a proteção do consumidor e dá outras providências. Brasília, DF: Presidência da República, [1990]. Disponível em: http://www.planalto.gov.br/ccivil_03/leis/l8078.htm. Acesso em: 6 ago. 2019. Mensagem de veto.

[503] NUNES, Rizzatto. *Comentários ao Código de Defesa do Consumidor*. 8ªed.São Paulo: Saraiva, 2015. p. 237.

[504] Cumpre ressaltar que a CFRB/88, trouxe em seu art. 220, parágrafo 4º, uma disposição limitadora no comércio e publicidade de alguns produtos maléficos à saúde humana. Nesse rol constam o tabaco, as bebidas alcoólicas, os agrotóxicos, os medicamentos e as terapias, cabendo a lei infraconstitucional estabelecer regras limitadoras específicas. Trouxe, ainda, uma disposição importante acerca do direito à informação do consumidor, qual seja: a obrigatoriedade da presença de advertências sobre os riscos no rótulo do produto. O CDC não elencou um rol especifico de produtos, mas ampliou a aplicação do dispositivo constitucional utilizando a classificação de "nocividade" e "perigosidade" para identificar os potenciais riscos e direcionar as ações do fornecedor em relação ao dever de cautela e informação.

[505] BENJAMIN, Antonio Herman V. Fato do produto e do serviço. In: BENJAMIN, Antonio Herman V.; MARQUES, Claudia Lima; BESSA, Leonardo Roscoe. *Manual de Direito do Consumidor*. 8ª ed. São Paulo: Revista dos Tribunais, 2017. p. 185.

própria natureza, modo de funcionamento ou qualidade. Encaixam-se nessa categorização as disposições do art. 8º e do art. 9º do CDC. Podem ser citados como exemplos os produtos cortantes, os agrotóxicos, os medicamentos com contraindicação, as bebidas alcoólicas e o cigarro.[506] Embora o produto seja capaz de causar acidentes, a periculosidade já é previsível pelo consumidor. Assim, é possível extrair dois pontos que qualificam os bens de consumo presentes nessa categoria: (a) o grau de periculosidade, que transita entre a normalidade até a nocividade; e (b) o grau de informação que deve acompanhar o produto, a depender da sua periculosidade. Podendo o fornecedor ser responsabilizado caso não cumpra o dever de informar de forma adequada e ostensiva. Nessa última hipótese, se configurará o defeito de comercialização devido à informação deficiente ou ausente.

A "periculosidade adquirida" surge com o defeito do produto ou do serviço. Originalmente os bens presentes nessa categoria não acarretam riscos superiores aqueles esperados pelos consumidores. Contudo, em decorrência do "defeito", o consumidor fica exposto ao "fato" do bem de consumo causar "acidentes". Antonio Herman Benjamin explica que "(...) a característica principal da periculosidade adquirida é exatamente a sua imprevisibilidade para o consumidor. É impossível (ou quando possível, inútil) qualquer modalidade de advertência. Já que não tem condão de eliminá-la."[507] Essa categoria dá lugar às situações que abalam as legítimas expectativas de segurança do consumidor, podendo afetar a sua incolumidade físico-psíquica.[508]

A "periculosidade exagerada", abarca os produtos ou serviços que possuem um alto potencial danoso para o consumidor. Nessa categoria, a presença de informações ostensivas e adequadas não consegue impedir o dano. Por esse motivo, tais bens não podem, em hipótese alguma, ser inseridos no mercado de consumo. "São considerados defeituosos por ficção. É o caso de um brinquedo que apresente grandes possibilidades de sufocação da criança. A informação, nestes casos, é de pouca valia em decorrência dos riscos excessivos do produto ou serviço."[509]

De tal modo, é possível concluir que o CDC não proibiu a circulação de produtos que possuam periculosidade inerente, pois muitos bens inseridos no mercado de consumo possuem um certo grau de nocividade esperado pelos consumidores.

---

[506] LOPEZ, Teresa Ancona. *Nexo causal e produtos potencialmente nocivos*: a experiência brasileira do tabaco. São Paulo: Quartier Latin, 2008. p. 138.

[507] BENJAMIN, Antonio Herman V. Fato do produto e do serviço. In: BENJAMIN, Antonio Herman V.; MARQUES, Claudia Lima; BESSA, Leonardo Roscoe. *Manual de Direito do Consumidor*. 8ª ed. São Paulo: Revista dos Tribunais, 2017. p. 186.

[508] Pontua-se que o produto defeituoso é capaz de causar acidentes de consumo e atingir o consumidor, simultaneamente, em ambas as esferas físico-psíquica e econômica.

[509] BENJAMIN, Antonio Herman V. Fato do produto e do serviço. In: BENJAMIN, Antonio Herman V.; MARQUES, Claudia Lima; BESSA, Leonardo Roscoe. *Manual de Direito do Consumidor*. 8ª ed. São Paulo: Revista dos Tribunais, 2017. p. 187.

Contudo, o Diploma veda a colocação de bens ou serviços no mercado que possuam periculosidade adquirida ou periculosidade exagerada. A justificativa está na grande desproporção entre os benefícios auferidos pelo consumidor e os perigos ou riscos decorrentes da sua utilização.

Em razão da inexistência de produtos ou serviços totalmente seguros, o Direito do Consumidor busca minimizar os riscos e os perigos do mercado, principalmente através da aplicação dos critérios da "proporcionalidade" e da "normalidade", reservando ao juiz a tarefa de interpretá-los no caso concreto.[510] A subdivisão doutrinária de periculosidade apresentada acima, apesar de ser passível de críticas, auxilia na determinação da responsabilidade civil dos fornecedores nos casos de acidentes de consumo.[511]

Os padrões (*standards*) de segurança aceitáveis pelos consumidores, partem de uma ideia coletiva desenvolvida na sociedade e consumo, seja através de uma regulação estatal, seja mediante normatizações desenvolvidas pelo setor privado.[512] Assim, diversos atores das iniciativas pública e privada definem quais riscos os consumidores estão dispostos a enfrentar como "legítimos", diante do desenvolvimento científico e tecnológico.[513] A ausência desses padrões e/ou a inércia da Administração Pública, não autorizam a confecção e comercialização de produtos que desrespeitem as normas gerais estabelecidas no CDC. Pela leitura dos princípios da prevenção e da precaução somados ao direito à vida, à segurança e a saúde dos consumidores, é possível extrair um "princípio geral de segurança" dos bens de

---

[510] MARQUES, Cláudia Lima. *Contratos no Código de Defesa do Consumidor*: O novo regime das relações contratuais. 7ª ed. São Paulo: Revista dos Tribunais, 2014. p. 815.

[511] A periculosidade adquirida e a exagerada desafazem a legítima expectativa do consumidor à segurança, gerando o dever de indenizar pelo vício de qualidade por insegurança. O conceito de vício de qualidade por insegurança (defeito) consiste na inadequação do bem de consumo com as legitimas expectativas do consumidor de segurança, além de possuir a capacidade de gerar um acidente de consumo.

[512] Essa ideia faz parte da percepção dos riscos por uma sociedade. Conforme ressalta Marcelo Dias Varella: "Mesmo que se trate de um mesmo conjunto social, na mesma época, pode-se obter percepções de risco diferentes para dois produtos, independente do risco concreto provocado por eles. Vamos fazer um exercício de comparação entre os defensivos agrícolas e os organismos geneticamente modificados. Nem o primeiro, nem o segundo podem ser analisados de forma genérica, porque existem defensivos agrícolas que não causam grandes males a saúde, como existem outros altamente nocivos ao homem e ao meio ambiente. Da mesma forma, a tecnologia da engenharia genética permite uma série de produtos diferentes, que podem ou não provocar danos." VARELLA, Marcelo Dias. A dinâmica e a percepção pública de riscos e as respostas do direito internacional econômico. In: VARELLA, Marcelo Dias (org.). *Governo dos Riscos*. Rede Latino-Americana-Europeia sobre Governo dos Riscos. Brasília: Eunice de Oliveira, 2005. p. 85.

[513] A participação direta dos consumidores nesses fóruns de discussão depende da temática tratada. Por exemplo, no caso dos OGMs, a sociedade civil tem uma cota de participação na CTNBio, para decidir sobre a aprovação de novos produtos, nos termos do art. 11, § 2º, da Lei de Biossegurança (Lei 11.105/2005).

consumo, que deve ser observado em qualquer circunstância.[514]

Entretanto, se no momento de o fornecedor colocar esses bens no mercado não existirem dados suficientes sobre a sua segurança, não haverá como definir o seu nível de periculosidade e, consequentemente, a sua comercialização ocorrerá normalmente até que se identifique os riscos e se defina a sua gestão. Essa hipótese revela a "periculosidade futura",[515] elencada no parágrafo primeiro do art. 10. Esse dispositivo cuida dos riscos que surgem após a introdução do produto ou serviço no mercado de consumo. Através dessa disposição surge o dever legal e pós-contratual do fornecedor de comunicar "o fato imediatamente às autoridades competentes e aos consumidores, mediante anúncios publicitários" e proceder a retirada do produto do mercado.[516]

O fornecedor tem o dever de assegurar a qualidade dos produtos e serviços que desenvolve, fabrica e comercializa. Esse direito/dever é trabalhado pela literatura jurídica através da "teoria da qualidade"[517] Tal teoria preceitua que existem duas esferas de proteção da incolumidade do consumidor, a primeira ("qualidade-segurança"), marcada pela proteção da incolumidade físico-psíquica (normas preventivas e de responsabilidade pelo fato do produto ou do serviço) e a segunda ("qualidade-adequação"), caracterizada pela proteção da incolumidade econômica (responsabilidade pelo vício do produto ou do serviço). O Superior Tribunal de Justiça já se pronunciou favoravelmente a adoção da "teoria da qualidade", conforme demonstra a seguinte passagem:

> No sistema do CDC, a responsabilidade pela qualidade biparte-se na exigência de adequação e segurança, segundo o que razoavelmente se pode esperar dos produtos e serviços. Nesse contexto, fixa, de um lado, a responsabilidade pelo fato do produto ou do serviço, que compreende os defeitos de segurança; e de outro, a responsabilidade por vício do produto ou do serviço, que abrange os vícios por inadequação. Observada a classificação utilizada pelo CDC, um produto ou serviço apresentará vício de adequação sempre que não corresponder à legítima expectativa do consumidor quanto à sua utilização ou fruição, ou seja, quando a desconformidade do produto ou do serviço comprometer a sua prestabilidade. Outrossim, um produto ou serviço apresentará defeito de segurança quando, além de não corresponder à expectativa do consumidor, sua utilização ou fruição for capaz de adicionar riscos à sua

---

[514] LOPEZ, Teresa Ancona. *Nexo causal e produtos potencialmente nocivos*: a experiência brasileira do tabaco. São Paulo: Quartier Latin, 2008. p. 90.

[515] Expressão utilizada por: DENARI, Zelmo. Da qualidade de produtos e serviços, da prevenção e da reparação dos danos. Segmento atualizado por José Geraldo Brito Filomeno. In: GRINOVER, Ada Pellegrini *et al*. *Código Brasileiro de Defesa do Consumidor*: Comentado pelos autores do Anteprojeto. *12ª ed*. Rio de Janeiro: Forense, 2019. p. 184.

[516] Conforme a redação do art. 10, § 1º, do CDC.

[517] BENJAMIN, Antonio Herman V. Teoria da qualidade. In: BENJAMIN, Antonio Herman V.; MARQUES, Claudia Lima; BESSA, Leonardo Roscoe. *Manual de Direito do Consumidor*. 8ª ed. São Paulo: Revista dos Tribunais, 2017. p. 174.

incolumidade ou de terceiros.[518]

Além disso, o CDC agregou ao dever de qualidade e segurança dos bens de consumo a noção de defeito, disciplina que é destinada aos artigos 12 a 17, e tem como consequência a imputação de responsabilidade aos fornecedores.[519]

O art. 12, caput, do CDC traz as espécies de defeitos do produto. Observando-os, a literatura jurídica criou três categorias de defeitos: "defeitos na criação (projeto ou fórmula), na produção (fabricação, construção, montagem, manipulação, acondicionamento etc.), ou na falha da informação/instrução que deve ser prestada."[520]

Em acréscimo, o parágrafo primeiro do art. 12, trouxe as condições técnicas para o seu delineamento: "O produto é defeituoso quando não oferece a segurança que dele legitimamente se espera (...)." Revelando a tutela da expectativa do consumidor acerca da segurança do bem de consumo. Já o parágrafo primeiro do art. 12, estabelece os critérios de valoração para verificação da existência do defeito. Dentre eles, o inciso III indica que o lapso temporal adequado para verificar a insegurança do produto, especialmente no que tange aos defeitos de criação e de informação, consiste na "(...) época em que foi colocado em circulação." Parte da literatura jurídica entende que esse dispositivo abarca implicitamente a teoria dos "riscos de desenvolvimento", que pode eximir a responsabilidade do fornecedor, conforme será explorado no tópico 4.1.2.

Para João Calvão da Silva, os produtos que possuem defeitos não passíveis de identificação pelo fornecedor, em decorrência do "estado da ciência", podem ser considerados "objetivamente defeituosos" porque o possuem desde a sua concepção, "(...) só que o estado dos conhecimentos científicos e técnicos dessa época não permitia detectar a existência de defeito".[521] A utilização de novas tecnologias nos bens de consumo sempre traz dúvidas e divergências sobre os riscos, mas os estudos

---

[518] O caso abrangido no acordão refere-se a uma ação indenizatória movida pelo consumidor em face de duas sociedades empresárias do ramo automobilístico, diante dos vícios presentes no produto adquirido que causaram danos materiais e morais. BRASIL. Superior Tribunal de Justiça (Terceira Turma). *Recurso Especial n. 967.623 RJ*. Consumidor. Responsabilidade pelo fato ou vício do produto. Distinção. Direito de reclamar. Prazos. Vício de adequação. Prazo decadencial. Defeito de segurança. Prazo prescricional. Garantia legal e prazo de reclamação. Distinção. Garantia contratual. Aplicação, por analogia, dos prazos de reclamação atinentes à garantia legal. Relatora: Min. Nancy Andrighi, 16 abr. 2009. Disponível em: https://ww2.stj.jus.br/processo/revista/inteiroteor/?num_registro=200701596096&dt_publicacao=29/06/2009. Acesso em: 9 ago. 2019.

[519] No caso de fato do produto, o CDC primeiro responsabiliza alguns fornecedores específicos (fabricantes, produtores, construtores, importadores), e, subsidiariamente, redireciona a obrigação aos comerciantes, conforme disposto no art. 13.

[520] GUIMARÃES, Paulo Jorge Scartezzini. *Vícios do produto e do serviço por qualidade, quantidade e insegurança*. São Paulo: Revista dos Tribunais, 2004. p. 374.

[521] SILVA, João Calvão da. *Responsabilidade civil do produtor*. Coimbra: Almedina, 1999. p. 646.

científicos conclusivos tradicionalmente levam alguns anos ou até mesmo décadas para serem finalizados. A indústria farmacêutica é o maior exemplo dessa incerteza sobre os "efeitos colaterais" dos medicamentos.

No caso concreto dos nanoalimentos, entende-se que não há como afirmar que tais produtos são defeituosos na atualidade, pois existem divergências entre os estudos que indicam a sua insegurança. É possível concluir, entretanto, que tais produtos podem apresentar uma "periculosidade inerente", bem como carregar a dita "periculosidade futura". Nesse ponto, Patrick Boucher reforça os dados elencados no primeiro capítulo deste trabalho, ou seja, que é "uma caraterística geométrica geral dos objetos que, quando tem o seu tamanho reduzido, naturalmente ganham um aumento na proporção de sua área de superfície em relação ao seu volume."[522] A consequência natural pode ser a maior toxidade desse material. Não está claro ainda se a sua maior toxidade o torna automaticamente defeituoso, pois qualquer nível de aplicação de nanomateriais nos alimentos revela certo grau de periculosidade. Assim, resta ao jurista aguardar os estudos das ciências duras para encaixá-lo adequadamente em alguma das classificações elencadas acima.

Além disso, essa leitura pode ser acrescida do conhecimento comum de que alimentos industrializados podem causar danos à saúde, seja pelo excesso de ingredientes açucarados, salgados e gordurosos, seja pela aplicação de aditivos químicos que sabidamente não são saudáveis.[523] Quando o consumidor adquire tais produtos, está dentro da sua legítima expectativa que ele possa gerar riscos à sua saúde quando consumidos em excesso, por exemplo.[524] Ao nosso ver, as duas questões centrais dos *nanofoods* estão na ausência de informações sobre a presença desses ingredientes e na possibilidade de responsabilizar civilmente os fornecedores, conforme será delineado nos itens 4.1.2 e 4.1.3, desta obra.

Por outro lado, a afirmação realizada acima não afasta a complexidade dos riscos ainda não mapeados desses alimentos, muitos estudos apontam riscos divergentes e sobre os possíveis danos à saúde dos consumidores, mas ainda não possuem uma conclusão. Nada impede que futuramente, se identifique a "periculosidade adquirida" de determinados nanoalimentos, em decorrência dos avanços das técnicas de avaliação de toxidade. Contudo, atualmente as grandes Organizações Internacionais, tais como a OMS, a FAO e a OCDE, entendem que a aplicação de ingredientes

---

[522] BOUCHER, Patrick M. *Nanotechnology*: Legal aspects. Boca Raton: CRC Press, 2008. p. 180.

[523] MOSS, Michael. *Sal, açúcar, gordura*: como a indústria alimentícia nos fisgou. Tradução de Andrea Gottlieb de Castro Neves. Rio de Janeiro: Intrínseca, 2015.

[524] Nesse sentido ver estudo sobre responsabilidade civil pela obesidade em: LOPEZ, Teresa Ancona. *Nexo causal e produtos potencialmente nocivos*: a experiência brasileira do tabaco. São Paulo: Quartier Latin, 2008. Parte III (excursus).

nanotecnológicos é segura.

No Brasil, a eventual "periculosidade futura" desses novos alimentos se resolverá pela aplicação do art. 10, § 1º do CDC, com a retirada dos produtos do mercado de consumo pela ANVISA, Agência competente para fiscalizar a indústria alimentícia. Poderá, ainda, ser perquirida a responsabilidade civil dos fornecedores que inseriram esses produtos no mercado de consumo.

Nos casos citados no item 2.1.4, desta obra, acerca dos riscos de algumas nanopartículas específicas (poliestireno, sílica, prata, dióxido de titânio, óxido de zinco e o carbono), em que os estudos apontam maior probabilidade de dano, os fornecedores devem agir com cautela, seja na substituição do ingrediente, seja pela sua redução quantitativa no processo industrial. Além da realização de investimentos em estudos de toxidade.

Por fim, a garantia da introdução de nanofoods seguros no mercado de consumo perpassa pela noção preventiva e precaucional do *safety by design* (segurança obtida pelo projeto). No Brasil, os autores Leandro Antunes Berti e Luismar Marques Porto, organizaram uma obra sobre nanossegurança, que funciona como um "guia de boas práticas em nanotecnologia para fabricação e laboratórios." Os *standards* mencionados pelos autores partem de documentos reconhecidos pela comunidade internacional como adequados para o desenvolvimento seguro da nanotecnologia.[525]

No cenário regional da União Europeia, os idealizadores do Projeto "NanoReg2", financiado pelo Programa de Investigação e Inovação "Horizonte 2020", afirmam que existem três pilares que sustentam a utilização industrial segura da nanotecnologia.[526] O primeiro pilar está na adoção do design seguro dos produtos (*safe products by design*), no desenvolvimento de nanomateriais baseados em propriedades químicas menos nocivas, utilizando os patamares mais avançados da ciência e da tecnologia, com o objetivo de criar um produto seguro. O segundo pilar consiste na segurança do uso do produto final (*safe use of products*). Nessa nova etapa, o nanoproduto é incluído em uma cadeia de avaliação de risco, que abrange desde a segurança do consumidor e até os impactos ambientais decorrentes do seu descarte. O terceiro e último pilar observa a produção industrial segura do produto (*safe industrial production*), abarcando a proteção laboral e também dos processos utilizados para transporte, estocagem e descarte industriais dos nanomateriais artificiais. A conclusão alcançada pelos

---

[525] BERTI, Leandro Antunes; PORTO, Luismar Marques. *Nanossegurança*: Guia de boas práticas em nanotecnologia para fabricação e laboratórios. São Paulo: Cengage Learning, 2016. Veja também: OLIVEIRA, André Luiz Meira de; BERTI, Leandro Antunes. *Nanossegurança na prática*: im guia para análise da segurança de empresas, laboratórios e consumidores que utilizam a nanotecnologia. Florianópolis: Fundação Certi, 2017.
[526] SAFE by design. In: NANOREG2. Paris, 27 fev.2019. Disponível em: https://www.nanoreg2.eu/safe-design. Acesso em: 10 ago. 2019.

pesquisadores do Projeto está na atualização normativa que viabilize a implementação dos pilares do *safety by design* mediante o compartilhamento de dados de diversos agentes públicos e privados, com o objetivo de exigir essa postura dos fornecedores.[527]

3.1.2 Responsabilidade ou socialização pelos "riscos do desenvolvimento"?

A origem da responsabilidade civil foi marcada pelo viés punitivo excessivo, principalmente na imposição de alguma dor ao autor do dano e na aplicação de sanções, na mesma medida ou, até mesmo, em níveis mais gravosos do que o ato ilícito praticado.[528] Para Caio Mario da Silva Pereira é difícil remontar o histórico da responsabilidade civil, principalmente no período "arcaico" do instituto, mas é possível identificar que as raízes da responsabilidade civil estão no Direito Romano.[529]

Em decorrência de inúmeras mudanças sociais e jurídicas seculares, o instituto foi transformado. A vítima ganhou um novo *status* de proteção, sendo que grande parte da mudança na Teoria Geral da Responsabilidade Civil ocorreu com a releitura dos elementos constitutivos: conduta, dano e nexo causal.[530] Sérgio Cavalieri Filho anota que os principais fatores que promoveram a evolução desse instituto foram a Revolução Industrial, que deu início há um intenso desenvolvimento científico e tecnológico, bem como a busca pela justiça social, para a construção de uma sociedade solidária.[531]

Com a massificação da produção de bens de consumo, decorrentes da expansão realizada pela Revolução Industrial, os denominados "danos em série" começaram a ocorrer com mais frequência, conforme delineado no primeiro capítulo. Tais danos tem o condão de ultrapassar as barreiras geográficas de uma comunidade ou de um país e atingir indistintamente qualquer um, de qualquer "classe social" e em qualquer setor

---

[527] KRAEGELOH, Annette *et al.* Implementation of Safe-by-Design for Nanomaterial Development and Safe Innovation: Why We Need a Comprehensive Approach. *Nanomaterials*, v. 8, n. 4, p. 1-12, 14 abr. 2018. Disponível em: http://www.mdpi.com/2079-4991/8/4/239. Acesso em: 11 ago. 2019. p. 1.

[528] Sobre as origens teóricas da responsabilidade civil veja as obras clássicas de: HERRERA, Edgardo López. *Teoría general de la responsabilidad civil*. Buenos Aires: Lexis Nexis Argentina, 2006; e, HIRONAKA, Giselda Maria Fernandes Novaes. *Responsabilidade pressuposta*. Belo Horizonte: Del Rey, 2005.

[529] PEREIRA, Caio Maria da Silva. *Responsabilidade Civil*. 11ª ed. Atualizado por Gustavo Tepedino. Rio de Janeiro: Forense, 2016. p. 2.

[530] Existem divergências sobre os elementos constitutivos da responsabilidade civil, mas a doutrina majoritária cita três elementos: conduta, dano e nexo causal.

[531] CAVALIERI FILHO, Sergio. *Programa de responsabilidade civil*. 13ª ed. São Paulo: Atlas, 2019. p. 2.

de consumo.[532] Com o crescimento demográfico e com a consequente urbanização,[533] além do incremento dos riscos, os indivíduos/consumidores passaram a ser sujeitos "ocultos" e a terem um tratamento impessoal nas relações jurídicas.

A partir das transformações sociais, a teoria clássica da responsabilidade civil que tinha como elemento central a teoria da culpa foi repensada. A perquirição do elemento subjetivo da conduta acabava dificultando ou inviabilizando a reparação, o que revelava uma injustiça na continuidade desse sistema. Dessa maneira, houve um esforço doutrinário em direção à substituição da teoria da culpa pela teoria do risco, instituindo-se, dessa maneira, a responsabilidade objetiva.

Os critérios de responsabilidade objetiva tiveram início nas obras de Raymond Saleilles e Louis Josserand, que propunham que o princípio da imputabilidade fosse substituído por um critério de causalidade, dispensando a avaliação subjetiva do comportamento do sujeito causador do dano.[534] A introdução da responsabilidade objetiva no Brasil, assim como em outros países, se iniciou através de leis especiais, que previam casos específicos de responsabilidade objetiva, principalmente ligadas aos acidentes de estrada de ferro e aos acidentes de trabalho.[535]

As maiores modificações da responsabilidade civil se deram, sobretudo, após a promulgação da Constituição da República Federativa de 1988, que trouxe além da responsabilidade objetiva, a pacificação da utilização desse instituto na proteção dos interesses existenciais da pessoa. Em seguida, o Poder Judiciário foi responsável pelo aumento da quantidade de decisões judiciais que lançavam a tendência de evitar que as vítimas ficassem sem reparação, inspirando-se no novo paradigma teórico da responsabilidade civil. O Legislativo, por outro lado, editou regras expandindo os casos expressos de responsabilidade objetiva, de responsabilidade solidária e de técnicas de prevenção de danos. Trazendo principalmente o Código de Defesa do Consumidor, que passou a enfocar o defeito do bem de consumo, e não mais a conduta culposa do fornecedor, bem como o Código Civil de 2002, que abarcou, ainda, uma cláusula geral de responsabilidade objetiva decorrente das atividades de risco (art. 927, parágrafo único, do CC/02). Por fim, o Poder Executivo instituiu agências reguladoras e de fiscalização que passaram a funcionar como um reforço na prevenção do dano e na

---

[532] BECK, Ulrich. *Sociedade de risco*. Tradução de Sebastião Nascimento. São Paulo: Editora 34, 2011.

[533] Paulo Carmona traz a ideia dos riscos decorrentes da violência urbana como marcas do crescimento populacional e urbano desordenado, que acabam potencializando as múltiplas facetas da violência. CARMONA, Paulo Afonso Cavichioli. *Violência x cidade*: o papel do direito urbanístico na violência urbana. São Paulo: Maricial Pons/Brasília: Fundação Escola Superior do Ministério Público do Distrito Federal e Territórios, 2014.

[534] HIRONAKA, Giselda Maria F. *Responsabilidade pressuposta*. Belo Horizonte: Del Rey, 2005. p. 13.

[535] HERRERA, Edgardo López. *Teoría general de la responsabilidad civil*. Buenos Aires: Lexis Nexis Argentina, 2006.

proteção dos consumidores.[536] Anderson Schereiber afirma que:

> Em algumas áreas, especialmente as vinculadas à prestação de serviços públicos, o modelo das agências reguladoras tem sido adotado de forma a combinar o interesse na prestação da atividade com a proteção dos interesses da coletividade beneficiária daquele serviço. No Brasil, a Agência Nacional de Telecomunicações (Anatel) e a agência Nacional de Energia Elétrica (Aneel) têm imposto significativas medidas destinadas a evitar a produção de danos aos consumidores de modo geral, e já gozam de uma consolidada reputação neste sentido órgãos fiscalizadores do mercado, como o Conselho Administrativo de Defesa Econômica (CADE) e a Comissão de Valores Mobiliários (CVM).[537]

A Agência Nacional de Vigilância Sanitária (ANVISA), vinculada ao Ministério da Saúde e competente para regulamentar, controlar e fiscalizar os alimentos e os aditivos alimentares, também pode ser incluída nesse rol de agências reguladoras citadas pelo autor, que balizam os interesses do livre comércio de produtos e serviços com os anseios de qualidade e de segurança pelos consumidores.[538]

Diante do frenesi das inovações científicas e tecnológicas, os mecanismos de controle dos Poderes Legislativo, Executivo e Judiciário não conseguiram corresponder a complexidade do desenvolvimento científico e tecnológico. Como visto no primeiro e segundo capítulos desta obra, o arranjo normativo e institucional não acompanhou adequadamente a criação de novas tecnologias. Essas falhas, somadas à dinâmica acelerada do mercado tecnológico, podem representar um campo fértil para a ocorrência de acidentes de consumo. A partir daí, surge o dever de indenizar, caso estejam presentes os elementos constitutivos da responsabilidade civil. Esse campo específico é representado pelos "riscos do desenvolvimento", tema intensamente debatidos há mais de duas décadas, mas que é ainda controvertido no cenário internacional e nacional.

Com as modificações na teoria da responsabilidade civil, o fornecedor tornou-se responsável pelos danos que os bens de consumo causarem aos consumidores, independente de culpa. No CDC, conforme elencado no tópico 4.1.1, o dano à esfera psicofísica do consumidor enseja a responsabilidade pelo fato do produto, em

---

[536] A obra "Novos paradigmas da responsabilidade civil" escrita por Anderson Schreiber, tem como objetivo mostrar ao leitor a "erosão dos filtros" limitadores da responsabilidade civil. Os "filtros" são os pressupostos clássicos da responsabilidade civil, tais como a comprovação da culpa e do nexo causal. O estágio atual da responsabilidade civil revela que tais mecanismos, em muitos casos, deixaram de ser essenciais ou acabam dificultando a reparação. SCHEREIBER, Anderson. *Novos paradigmas da responsabilidade civil*: da erosão dos filtros da reparação à diluição dos danos. 6ª ed. São Paulo: Atlas, 2015. p. 220.

[537] SCHEREIBER, Anderson. *Novos paradigmas da responsabilidade civil*: da erosão dos filtros da reparação à diluição dos danos. 6ª ed. São Paulo: Atlas, 2015. p. 229.

[538] Sobre a ANVISA ver item 3.2.2, desta obra.

decorrência da violação do dever de segurança.[539] No que tange aos alimentos, não há dispositivo específico sobre a natureza da responsabilidade civil.[540] Entretanto, sendo o alimento um produto, que é colocado no mercado e destinado ao consumidor, entende-se que há uma relação de consumo e que a natureza jurídica da responsabilidade civil nesse caso será objetiva.[541] Salvo nas exceções previstas no art. 14, § 4º, do CDC. Além disso, a responsabilidade entre os fornecedores será solidária, conforme o *caput* do artigo 12, deste mesmo Diploma.

A responsabilidade civil no CDC apesar de ser objetiva não é absoluta. O art. 12, § 3º deste Diploma, elencou exceções que remetem a não colocação do produto no mercado, a inexistência do defeito ou quando a culpa for exclusiva do consumidor ou de terceiros. A literatura jurídica, entretanto, diverge sobre a possibilidade de encaixar outras excludentes nesse rol.

O objetivo deste tópico consiste em compreender se é possível imputar responsabilidade aos fornecedores que desenvolvem nanoalimentos, diante da possibilidade mencionada pela doutrina de o ordenamento jurídico brasileiro ter adotado implicitamente a teoria do "risco do desenvolvimento", como causa excludente de responsabilidade civil do fornecedor. Contudo, entende-se que antes de averiguar a aplicação da teoria do "risco do desenvolvimento" como uma excludente, deve-se identificar quais são os "elementos positivos" que constituem a responsabilidade civil que devem estar presentes no caso concreto (conduta, dano e nexo causal). Apenas depois dessa identificação, a excludente poderia entrar em cena como um "elemento negativo" de responsabilidade, pois a ausência de algum desses pressupostos, por si só, já impediria a responsabilização do fornecedor.

Nesse sentido, a conduta do fornecedor de nanoalimentos consiste justamente na

---

[539] Bruno Miragem acrescenta um quarto elemento constitutivo da responsabilidade civil no caso de fato do produto ou do serviço, trata-se do elemento "defeito". Contudo, entende-se que a colocação de um produto defeituoso no mercado de consumo, já faz parte do próprio elemento conduta. MIRAGEM, Bruno. *Curso de Direito do Consumidor*. 5ª ed. São Paulo: Revista dos Tribunais, 2014. p. 534.

[540] GRASSI NETO, Roberto. *Segurança alimentar*: da produção agrária à proteção do consumidor. São Paulo: Saraiva, 2013. p. 355.

[541] O STJ já decidiu que "A aquisição de produto de gênero alimentício contendo em seu interior corpo estranho, expondo o consumidor ao risco concreto de lesão à sua saúde e segurança, ainda que não ocorra a ingestão completa de seu conteúdo, dá direito à compensação por dano moral, dada a ofensa ao direito fundamental a alimentação adequada, corolário do princípio da dignidade da pessoa humana." BRASIL. Superior Tribunal de Justiça (Terceira Turma). *Agravo regimental no Recurso Especial n. 1.454.255 PB*. Civil. Agravo no Recurso Especial. Ação de compensação por danos morais. Citação válida. Teoria da aparência. Reexame de fatos e provas. Inadmissibilidade. Corpo estranho dentro de garrafa de água mineral. Exposição do consumidor a risco concreto de lesão à sua saúde e segurança. Fato do produto. Existência de dano moral. Violação do dever de não acarretar riscos ao consumidor. Artigos analisados: arts. 6º; 8º; 12 do CDC. Relatora: Ministra Nancy Andrigui. 21 de agosto de 2014. Disponível em: https://ww2.stj.jus.br/processo/revista/inteiroteor/?num_registro=201401076131&dt_publicacao=01/09/2014. Acesso em: 10 ago. 2019.

sua participação em alguma das fases da produção e disponibilização desse produto no mercado de consumo. Dentre os deveres que devem reger a sua conduta, está o dever de segurança, que pode ter sido violado seja pelo defeito de concepção, seja pelo defeito de informação. Cabe mencionar que Bruno Miragem entende que o defeito perfaz um elemento apartado, que deve ser considerado de maneira autônoma e não em conjunto com a conduta, pois o CDC haveria enaltecido a questão do defeito, inspirado no direito europeu. Leonardo Roscoe Bessa, por outro lado, entende que a conduta não é um elemento propriamente dito da responsabilidade civil no CDC, pois no seu lugar estaria apenas o "defeito" do produto ou do serviço.[542]

A principal problemática está no "defeito do produto". Como tivemos a oportunidade de sustentar no tópico 4.1.1, os nanoalimentos que vierem a causar danos podem ser considerados na atualidade "objetivamente defeituosos", uma vez que eles não garantem, desde a sua origem, a segurança que o consumidor legitimamente espera.[543] Mesmo que se desconheça o defeito em decorrência da limitação científica, a sua detectabilidade não se confunde com a sua existência.[544]

O dano "nanotecnológico" pode atingir a saúde do consumidor (e também o trabalhador).[545] Trata-se de um dano material (dano corporal), que também podem gerar o dano moral. Atingem desde o consumidor que é vítima do acidente de consumo, ou aqueles que são equiparados a consumidores, bem como os terceiros que são ligados à vítima, através da possibilidade de identificação de danos indiretos (dano por ricochete). Ainda não foram identificados danos concretos à saúde do consumidor que partiram dos nanoalimentos. Contudo, aí reside uma das barreiras da responsabilidade civil na "sociedade de risco": Como identificar e comprovar que um ou mais nanoalimentos causaram danos à saúde dos consumidores, diante de inúmeras substâncias comprovadamente tóxicas ao ser humano (por exemplo, agrotóxicos)? Como realizar essa ponderação de periculosidade de um aditivo alimentar em um universo complexo de produtos industrializados?

Uma das ferramentas para investigação do problema levantado acima está no nexo

---

[542] BESSA, Leonardo Roscoe. *Relação de consumo e aplicação do Código de Defesa do Consumidor.* 2ª ed. São Paulo: Revista dos Tribunais, 2009. p. 42.

[543] SILVA, João Calvão da. *Responsabilidade civil do produtor.* Coimbra: Almedina, 1999. p. 646.

[544] REINIG, Guilherme Henrique Lima; CARNAÚBA, Daniel Amaral. Riscos do desenvolvimento no Código de Defesa do Consumidor: a responsabilidade do fornecedor por defeitos não detectáveis pelo estado dos conhecimentos científicos e técnicos. *Revista de Direito do Consumidor.* v. 124, ano 28, p. 343-392. São Paulo: RT, jul./ago 2019. p. 355.

[545] Sobre o tema, ver: BRASIL. Assessoria Parlamentar da Procuradoria Geral do Trabalho. *Parecer técnico ao Projeto de Lei do Senado n. 880/2019.* Brasília: Ministério Público do Trabalho, 12 de junho de 2019. Disponível em: https://docs.google.com/viewer?a=v&pid=sites&srcid=ZGVmYXVsdGRvbWFpbnxwcm9wb3N0YX-NwbHNuYW5vdGVjbm9sb2dpYW1wdHxneDoxNTI1YTA5NDYzNWI4N2Jj. Acesso em: 11 ago. 2019; GÓES, Maurício de; ENGELMANN, Wilson. *Direito das nanotecnologias e o meio ambiente do trabalho.* Porto Alegre: Livraria do Advogado, 2015.

de causalidade como pressuposto lógico e normativo que conecta a conduta do fornecedor ao dano experimentado pela vítima e viabiliza a responsabilidade civil. Tal relação que consiste, em primeira linha, em uma análise ontológica, se estabelece mediante a dilação probatória. Nesse passo, Gisela Sampaio da Cruz entende que atualmente o nexo causal possui duas funções primordiais: "(...) por um lado, permite determinar a quem se deve atribuir um resultado danoso, por outro, é indispensável na verificação da extensão do dano a se indenizar, pois serve como medida da indenização."[546]

Ainda sobre o nexo causal, dentre as dificuldades teóricas e práticas desse exercício mental de causa e efeito, ressalta-se a existência de divergências sobre as teorias do nexo de causalidade.[547] Partindo da corrente majoritária que defende a utilização da teoria da causa direta e imediata, deve haver uma "relação de necessariedade lógica entre o defeito do produto e do serviço e do dano causado aos consumidores."[548] [549] Também conhecida como teoria do dano direto e imediato, teoria do nexo causal direto e imediato ou teoria da interrupção do nexo causal. A expressão "direto e imediato" estava presente no art. 1.060 do CC/16, que foi reproduzido no art. 403 do CC/02.[550] A causa responsável pelo dano, nem sempre é a mais próxima dele, mas aquela que necessariamente o causou. Não é analisada a distância temporal entre causa e dano, mas a presença ou não de outra causa que rompa o nexo causal. Exemplo clássico civilista de causa que rompe o nexo causal consiste nos fatos naturais (caso fortuito e

---

[546] CRUZ, Gisela Sampaio da. *O problema do nexo causal na responsabilidade civil*. Rio de Janeiro: Renovar, 2005. p. 22.

[547] As principais teorias citadas pela literatura jurídica são: (i) a teoria da equivalência das condições, (ii) a teoria da causalidade adequada e (iii) a teoria da causa direta e imediata. Resumidamente, menciona-se que a teoria mais antiga é a teoria da equivalência das condições que foi acolhida pelo direito penal, pois adota um sistema de tipicidade, diferentemente do Direito civil que trabalha com cláusulas gerais. Segundo Anderson Schreiber, tal teoria revela que "(...) todas as condições de um dano se equivalem, consistindo todos os antecedentes que concorreram de alguma maneira para a sua realização em causas do prejuízo." Por outro lado, na teoria da causalidade adequada, concebida por Von Bar e aprimorada por Von Kries, procura-se "(...) de fato, identificar, na presença de mais de uma possível causa, qual delas, independentemente das demais, é potencialmente apta a produzir os efeitos danosos." Há aplicação da ideia de causa e efeito para se analisar o nexo, partindo do pressuposto da "normalidade". SCHEREIBER, Anderson. *Novos paradigmas da responsabilidade civil*: da erosão dos filtros da reparação à diluição dos danos. 6ª ed. São Paulo: Atlas, 2015. p. 56-62.

[548] MIRAGEM, Bruno. *Curso de Direito do Consumidor*. 5ª ed. São Paulo: Revista dos Tribunais, 2014. p. 545.

[549] Alguns autores defendem a utilização da teoria da causalidade alternativa. Contudo, existem críticas de adequação dessa teoria advinda do direito penal para aplicação na responsabilidade civil. Nesse sentido, Anderson Schreiber afirma que "a rigorosa necessidade de demonstração do nexo causal vem, ainda, amenizada pela chamada teoria da causalidade alternativa. Tal teoria não se propõe a eleger um critério de aferição da causalidade jurídica, mas a cuidar de certas situações que pareciam ao desabrigo nas construções mais comumente adotadas. Sua origem situa-se na discussão sobre o tratamento a ser dado à causalidade em hipóteses em que, embora seja possível identificar o grupo de cuja atuação adveio o dano, mostra-se impraticável a determinação precisa do seu causador." SCHEREIBER, Anderson. *Novos paradigmas da responsabilidade civil*: da erosão dos filtros da reparação à diluição dos danos. 6ª ed. São Paulo: Atlas, 2015. p. 75.

[550] CRUZ, Gisela Sampaio da. *O problema do nexo causal na responsabilidade civil*. Rio de Janeiro: Renovar, 2005. p. 100.

força maior).[551]

Dessa forma, estando presentes os pressupostos da responsabilidade civil, resta, ainda, averiguar se o fornecedor poderia no direito brasileiro ser responsabilizado, uma vez que os conhecimentos científicos atuais não revelam a nocividade ou a periculosidade exagerada dos nanoalimentos. Trata-se dos controvertidos "riscos do desenvolvimento".

O sentido jurídico da expressão "risco do desenvolvimento" refere-se à cognoscibilidade de um defeito frente ao estado da arte (*state of the art*)[552] dos conhecimentos científicos e técnicos. João Calvão da Silva afirma que o critério para definir a responsabilidade consiste em averiguar se havia ou não cognoscibilidade e previsibilidade de defeito do produto no momento que o fornecedor o colocou no mercado de consumo. Ressalte-se que a análise pressupõe o mais avançado estado da arte do conhecimento técnico e científico existente. Mesmo que o fornecedor (o fabricante, o construtor, o produtor ou importador) seja um microempresário, há o dever de buscar tais informações antes da comercialização do produto, sob pena de responder objetivamente pelo defeito na concepção ou na informação. Assim, a impossibilidade de identificar o defeito é vista como uma "impossibilidade absoluta e objetiva", ou seja, o fornecedor deve considerar a melhor ciência em nível mundial.[553] O padrão de fornecedor analisado não é do "fornecedor médio", mas daquele "fornecedor ideal".[554]

Marcelo Junqueira Calixto cita diversos eventos que foram marcados pela introdução de produtos tidos como seguros quando colocado no mercado, mas que produziram incontáveis acidentes de consumo nos anos posteriores. O autor cita as transfusões de sangue contaminado pelo vírus da Hepatite C e HIV; os efeitos colaterais imprevistos dos medicamentos anticolesterol MER-29, Contergan-Talidomida, Lipobay e propulsid; o caso da toxidade de substâncias utilizadas para implantes de silicone da

---

[551] Cabe mencionar que no CDC, tais causas não aparecem no rol do art. 12, § 3º, como causas de exclusão da responsabilidade.

[552] Para João Calvão da Silva, o estado da arte "não é um conceito determinado e fechado, mas um conceito movente carecido de aferição nas circunstâncias do caso, a sua moldura deve ser a possibilidade científica e técnica que se haja imposto no respectivo domínio e tenha passado a estar à disposição geral, mesmo que não haja ainda a praticada no respectivo ramo industrial." SILVA, João Calvão da. *Responsabilidade civil do produtor*. Coimbra: Almedina, 1999. p. 512.

[553] Conforme acrescentam Reinig e Carnaúba, "conhecimentos pessoais, guardados em segredo, não integram o estado dos conhecimentos científicos e técnicos. É necessário que se encontrem disponíveis à comunidade científica, de sorte que somente se inserem no estado dos conhecimentos científicos e técnicos os artigos e trabalhos publicados ou apresentados em seminários ou congressos." REINIG, Guilherme Henrique Lima; CARNAÚBA, Daniel Amaral. Riscos do desenvolvimento no Código de Defesa do Consumidor: a responsabilidade do fornecedor por defeitos não detectáveis pelo estado dos conhecimentos científicos e técnicos. *Revista de Direito do Consumidor*. v. 124, ano 28, p. 343-392. São Paulo: RT, jul./ago 2019. p. 370.

[554] SILVA, João Calvão da. *Responsabilidade civil do produtor*. Coimbra: Almedina, 1999. p. 511.

Dow-Corning; o caso do defeito de concepção do motosserra Andres Stihl Moto Serras Ltda; e, as incontáveis divergências sobre os riscos dos OGMs.[555]

A nomenclatura "riscos do desenvolvimento", que em primeira leitura pode parecer ambígua, é consagrada na literatura jurídica internacional (em outras línguas: risques de développment, riesgos de desarrollo, development risks, rischi di sviluppo, entwicklungsrisiken) e nacional. Para Teresa Ancona Lopez a expressão consegue abreviar a noção de: "riscos que o desenvolvimento técnico e científico não permitiu descobrir."[556]

Essa ideia também viabiliza a distinção entre os defeitos de concepção e de informação dos defeitos decorrentes dos riscos do desenvolvimento. A chave, segundo João Calvão da Silva, está na cognoscibilidade desse conhecimento técnico e científico: se há conhecimento há responsabilidade e se trata de defeito de concepção ou de informação; se não há conhecimento técnico e científico desenvolvido, trata-se de defeito decorrente dos riscos do desenvolvimento.[557]

Quem deve alegar o "risco do desenvolvimento" como excludente é, por óbvio, o próprio fornecedor. Trata-se de uma tese de defesa, que deve ser corroborada com provas que demonstrem a impossibilidade técnica e científica de toda a comunidade internacional especializada na temática, na identificação dos riscos quando o produto entrou em circulação.[558]

A União Europeia já discutiu tal teoria, principalmente nos debates para a aprovação da Diretiva 85/374/CEE,[559] que trouxe também a responsabilidade objetiva nas relações de consumo.[560] As inúmeras divergências entre os Estados-membros

---

[555] Marcelo Junqueira Calixto faz a análise de cada um dos eventos supramencionados, mencionando as datas e as suas peculiaridades. CALIXTO, Marcelo Junqueira. A responsabilidade civil do fornecedor de produtos pelos riscos do desenvolvimento. Rio de Janeiro: Renovar, 2004. p. 176-183.

[556] LOPEZ, Teresa Ancona. *Princípio da precaução e evolução da responsabilidade civil*. São Paulo: Quartier Latin, 2010. p. 189.

[557] SILVA, João Calvão da. *Responsabilidade civil do produtor*. Coimbra: Almedina, 1999. p. 515.

[558] MILANI, Juliane Teixeira; GLITZ, Frederico Eduardo Zenedin. Anotações sobre o risco do desenvolvimento: análise do caso da talidomida. *Revista Luso-Brasileira de Direito do Consumo*, v. 5, n. 17, p. 177-205, 2015. p. 182.

[559] UNIÃO EUROPEIA. *Directiva 85/374/CEE do Conselho*, de 25 de julho de 1985, relativa à aproximação das disposições legislativas, regulamentares e administrativas dos Estados-Membros em matéria de responsabilidade decorrente dos produtos defeituosos. Disponível em: https://publications.europa.eu/pt/publication-detail/-/publication/b21bef4e-b528-49e2-a0f9-142dc503969a/language-pt. Acesso em: 10 ago. 2019.

[560] Conforme o art. 2º da Diretiva 85/374/CEE, os insumos agrícolas estavam afastados do seu âmbito de aplicação. Eles não eram considerados produtos para os fins da Diretiva. Contudo, diante da crise da "Vaca Louca", o legislador europeu se viu obrigado a ampliar a sua incidência com a aprovação da Diretiva 1999/34/CE, que incluiu esses insumos no conceito de produto. No "considerando" n. 5, é esclarecido que: "(...) a inclusão dos produtos agrícolas primários no âmbito de aplicação da Directiva 85/374/CEE contribuirá para restabelecer a confiança dos consumidores na segurança

acerca da temática, os conduziram a adoção de uma "solução de compromisso",[561] que deixa a cargo da legislação interna de cada um deles, a adoção, manutenção ou exclusão da responsabilidade civil do fornecedor nos casos do risco do desenvolvimento. Como regra, a Diretiva adotou a exclusão da responsabilidade civil no seu art. 7º: O produtor não é responsável nos termos da presente directiva se provar: (...) e) Que o estado dos conhecimentos científicos e técnicos no momento da colocação em circulação do produto não lhe permitiu detectar a existência do defeito." Entretanto, trouxe a possibilidade de afastamento dessa disposição no art. 15, item 1, alínea "b".[562] Mesmo diante dessa exceção, prevaleceu entre os Estados-membros a exclusão da responsabilidade civil do fornecedor no caso dos riscos do desenvolvimento.[563]

Com base em argumentos econômicos direcionados a impedir uma possível "contra-evolução" no desenvolvimento de novas tecnologias, diversos diplomas nacionais, além daqueles elaborados pelos Estados-membros da União Europeia, convencionaram a exclusão da responsabilidade do fornecedor nesses casos.[564] No Brasil, o ordenamento jurídico foi omisso sobre a temática. O CDC, no art. 12, § 3º, apesar de elencar hipóteses de exclusão de responsabilidade, não disserta sobre o assunto, expressando, ainda, uma possível taxatividade da referida disposição quando

---

da produção agrícola; que esta inclusão responde às exigências de um nível elevado de protecção dos consumidores." UNIÃO EUROPEIA. *Diretiva 1999/34/CE,* do Parlamento Europeu e do Conselho de 10 de maio de 1999, que altera a Directiva 85/374/CEE, de 10 de maio de 1999, do Conselho relativa à aproximação das disposições legislativas, regulamentares e administrativas dos Estados-Membros em matéria de responsabilidade decorrente dos produtos defeituosos. Disponível em: https://publications.europa.eu/en/publication-detail/-/publication/6a0c196c-06b4-48ba-b133-bcf1b57167db/language-pt. Acesso em: 10 jun. 2019.

[561] Expressão consagrada na literatura especializada por: SILVA, João Calvão da. *Responsabilidade civil do produtor.* Coimbra: Almedina, 1999. p. 504.

[562] Conforme a redação do dispositivo legal: "Art. 15º: 1. Qualquer Estado-membro pode: (...) b) em derrogação da alínea e) do artigo 7º, manter ou, sem prejuízo do procedimento definido no n? 2, prever na sua legislação que o produtor é responsável, mesmo se este provar que o estado dos conhecimentos científicos e técnicos no momento da colocação do produto em circulação não lhe permitia detectar a existência do defeito." UNIÃO EUROPEIA. *Directiva 85/374/CEE do Conselho,* de 25 de julho de 1985, relativa à aproximação das disposições legislativas, regulamentares e administrativas dos Estados-Membros em matéria de responsabilidade decorrente dos produtos defeituosos. Disponível em: https://publications.europa.eu/pt/publication-detail/-/publication/b21bef4e-b528-49e2-a0f9-142dc503969a/language-pt. Acesso em: 10 ago. 2019.

[563] A exceção fica a cargo da Finlândia e de Luxemburgo, que adotaram na integralidade o dispositivo referente à responsabilização dos fornecedores. Já na Alemanha, França e Bélgica houve uma relativização dessa responsabilização em alguns setores específicos, principalmente aqueles relativos à indústria farmacêutica. CALIXTO, Marcelo Junqueira. A responsabilidade civil do fornecedor de produtos pelos riscos do desenvolvimento. Rio de Janeiro: Renovar, 2004. p. 187-189.

[564] O relatório realizado pela Fondazione Rosselli, encomendado pela Comissão Europeia, elucida os prováveis impactos econômicos envolvendo a responsabilização pelos riscos do desenvolvimento. FONDAZIONE ROSSELLI. Analysis of the Economic Impact of the Development Risk Clause as provided by Directive 85/374/EEC on Liability for Defective Products. Torino, Italia. Disponível em: http://ec.europa.eu/DocsRoom/documents/7104/attachments/1/translations/en/renditions/pdf. Acesso em: 27 nov. 2019.

afirma que "o fabricante, o construtor, o produtor ou importador *só* não será responsabilizado quando provar: (...)".[565] O CC/02, por outro lado, limitou-se a informar que subsiste a responsabilidade civil da sociedade empresária ou do empresário que causem danos advindos dos produtos colocados em circulação.[566]

A omissão deixada pelo legislador brasileiro decorreu, em alguma medida, das divergências europeias sobre a temática no âmbito da Diretiva 85/374/CEE.[567] A partir desse cenário, duas correntes doutrinárias nacionais se formaram. A primeira consiste na defesa da exclusão da responsabilidade pelo risco do desenvolvimento e a outra não compreende tal teoria como causa excludente legítima.

Parte da literatura jurídica brasileira afirma que a teoria do risco do desenvolvimento é uma causa implícita de exclusão de responsabilidade civil no ordenamento jurídico.[568] Rui Stoco assevera que para responsabilizar o fornecedor pelo risco do desenvolvimento, o legislador deveria ter editado uma norma específica sobre o tema, sendo que a omissão significa não aceitação dessa espécie de responsabilização.[569] Gustavo Tepedino afirma que não existe defeito no produto nos casos do risco do desenvolvimento, pois no momento em que foi colocado no mercado

---

[565] Nesse sentido: "Art. 12. O fabricante, o produtor, o construtor, nacional ou estrangeiro, e o importador respondem, independentemente da existência de culpa, pela reparação dos danos causados aos consumidores por defeitos decorrentes de projeto, fabricação, construção, montagem, fórmulas, manipulação, apresentação ou acondicionamento de seus produtos, bem como por informações insuficientes ou inadequadas sobre sua utilização e riscos. [...] § 3° O fabricante, o construtor, o produtor ou importador só não será responsabilizado quando provar: I - que não colocou o produto no mercado; II - que, embora haja colocado o produto no mercado, o defeito inexiste; III - a culpa exclusiva do consumidor ou de terceiro." BRASIL. *Lei n. 8.080, de 18 de setembro de 1990.* Dispõe sobre a proteção do consumidor e dá outras providências. Brasília, DF: Presidência da República, [1990]. Disponível em: http://www.planalto.gov.br/ccivil_03/leis/l8080.htm. Acesso em: 8 ago. 2019.

[566] Conforme se extrai do art. 931 do CC/02: "art. 931. Ressalvados outros casos previstos em lei especial, os empresários individuais e as empresas respondem independentemente de culpa pelos danos causados pelos produtos postos em circulação." BRASIL. *Lei n. 10.406, de 10 de janeiro de 2002.* Institui o Código Civil. Brasília, DF: Presidência da República, [2002]. Disponível em: http://www.planalto.gov.br/ccivil_03/leis/2002/l10406compilada.htm. Acesso em: 27 nov. 2019.

[567] REINIG, Guilherme Henrique Lima; CARNAÚBA, Daniel Amaral. Riscos do desenvolvimento no Código de Defesa do Consumidor: a responsabilidade do fornecedor por defeitos não detectáveis pelo estado dos conhecimentos científicos e técnicos. *Revista de Direito do Consumidor.* v. 124, ano 28, p. 343-392. São Paulo: RT, jul./ago 2019. p. 351.

[568] Para Gustavo Tepedino tal corrente doutrinária pode ser considerada majoritária no direito brasileiro. Contudo, em recente estudo publicado por Reinig e Carnaúba, é possível identificar uma maior concentração de autores que defendem a corrente oposta, da responsabilização do fornecedor pelos riscos do desenvolvimento. Por este motivo, optou-se por não discriminar uma ou outra como "corrente majoritária". Não se descuidou, contudo, de debater os argumentos principais mencionados por cada uma. Para consultar os posicionamentos divergentes veja: TEPEDINO, Gustavo. A responsabilidade Médica na experiência brasileira contemporânea. *Revista dos Tribunais,* Ano I, v. 2, 2000, p. 65; REINIG, Guilherme Henrique Lima; CARNAÚBA, Daniel Amaral. Riscos do desenvolvimento no Código de Defesa do Consumidor: a responsabilidade do fornecedor por defeitos não detectáveis pelo estado dos conhecimentos científicos e técnicos. *Revista de Direito do Consumidor.* v. 124, ano 28, p. 343-392. São Paulo: RT, jul./ago 2019. p. 351-353.

[569] STOCO, Rui. Defesa do consumidor e responsabilidade pelo risco do desenvolvimento. *Revista dos Tribunais.* Ano 96, v. 855, p. 46-53, jan. 2007. p.52-53.

de consumo correspondia às expectativas de segurança adequadas, conforme estabelecido no art. 12, § 1º, inciso III, do CDC.[570] Em interpretação invertida do CDC, James Marins e Fábio Ulhoa Coelho entendem que o Diploma autoriza que o fornecedor insira no mercado de consumo produtos que não sabia ou não deveria saber serem perigosos, em decorrência da inexistência de conhecimento científico.[571] Os autores trazem, ainda, os argumentos econômicos, ao defenderem que a não exclusão da responsabilidade pode tornar a atividade empresária extremamente onerosa e encarecer o produto final.

Por outro lado, a corrente doutrinária oposta defende a responsabilização. Nelson Nery Junior, um dos idealizadores do CDC, comenta que o art. 12, § 3º, do CDC, não foi projetado para abarcar excludentes implícitas de responsabilidade, devido à adoção do vocábulo "só". Para o autor, "os riscos de desenvolvimento, o caso fortuito e a força maior não excluem o dever de indenizar, porque não previstos como causa de exclusão na norma comentada."[572] Cavalieri Filho adiciona que a hipótese do risco do desenvolvimento deve ser enquadrada como fortuito interno ("risco integrante da atividade do fornecedor").[573] Para Roberto Senise Lisboa, há preocupação quanto ao retorno do sistema baseado na culpa, pois ao se adotar tal teoria, naturalmente se recorre à análise da conduta do fornecedor para verificar se desconhecia os riscos na introdução de determinado bem no mercado de consumo, lógica incompatível com o CDC.[574] Guilherme Reinig entende que tal teoria apenas faria sentido no microssistema consumerista se o legislador a previsse expressamente, pois assim haveria a possibilidade de "coexistência lógica de soluções contrárias", ou seja, um sistema que adota a responsabilidade pelo fato do produto, mas que elenca excludentes legais no caso dos riscos do desenvolvimento. O autor elucida o porquê da confusão entre a opção adotada na Europa e as divergências doutrinárias brasileiras:

> A apresentação dos riscos do desenvolvimento como uma espécie de excludente de responsabilidade revela-se uma opção terminológica sem um correspondente substrato legislativo, mas que se explica pela influência, em nosso direito, dos debates ocorridos no âmbito europeu. Como já anotado, na versão final da Diretiva 85/374/CEE prevaleceu que a incognoscibilidade do perigo potencial de dano não afasta a

---

[570] TEPEDINO, Gustavo. *A responsabilidade civil por acidentes de consumo na ótica civil-constitucional*. Temas de Direito Civil. Rio de Janeiro: Renovar, 2001. 244-245. Cabe pontuar que a origem dessa interpretação está em: SILVA, João Calvão. *Responsabilidade civil do produtor*. Coimbra: Almedina, 1999. p. 645.

[571] MARINS, James. *Responsabilidade da empresa por fato do produto*. São Paulo: ed. Revista dos tribunais, 1993. p. 131; COELHO, Fábio Ulhoa. *O empresário e os direitos do consumidor*: o cálculo empresarial na interpretação do Código de Defesa do Consumidor. São Paulo: Saraiva, 1994. p. 86.

[572] NERY JUNIOR, Nelson. *Leis civis comentadas*. 3ª ed. São Paulo: Revista dos Tribunais, 2012. p. 195.

[573] CAVALIERI FILHO, Sergio. *Programa de responsabilidade civil*. 13ª ed. São Paulo: Atlas, 2019. p. 611.

[574] LISBOA, Roberto Senise. *Responsabilidade civil nas relações de consumo*. São Paulo: Revista dos Tribunais, 2001. p. 248.

existência de defeito do produto. Essa solução resulta de uma clara cisão entre, deu um lado, a definição de defeito (art. 6º) (pressuposto positivo da responsabilidade), e, de outro, a previsão da excludente (art. 7º, al. E) (pressuposto negativo da responsabilidade): um produto não deixa de ser defeituoso unicamente em razão de sua periculosidade não ser detectável pelo estado dos conhecimentos científicos e técnicos vigentes no momento de sua entrada em circulação, embora possa haver exclusão da responsabilidade nos termos do citado art. 7º, alínea e.[575]

Dessa forma, os principais argumentos da corrente divergente parecem não prosperar, uma vez que: a) há necessidade de um dispositivo legal especifico que autorize a exclusão da responsabilidade civil pelos riscos do desenvolvimento, tendo em vista que a regra no direito brasileiro é responsabilizar o fornecedor pelo fato do produto/serviço; b) a cognoscibilidade do defeito não se confunde com a sua existência que, no caso das novas tecnologias, já está presente desde a sua concepção, não operando nesses casos a excludente referente à inexistência de defeito, presente no art. 12, § 3º, inciso II, do CDC; c) apesar da existência de uma disposição no CDC sobre o momento adequado para verificar a existência do defeito (art. 12, § 1º, inciso III),[576] que remete o interprete à época da inserção do bem no mercado de consumo, a sua contextualização está ligada à modificação dos padrões de segurança pelo mercado de consumo, ou seja, aplica-se apenas ao desenvolvimento de produtos mais seguros que os antecessores.[577]

Em acréscimo, o Enunciado 43, aprovado na I Jornada de Direito Civil, do Conselho de Justiça Federal, afirma que "a responsabilidade civil pelo fato do produto, prevista no art. 931 do novo Código Civil, também inclui os riscos do desenvolvimento". A partir dessa leitura alguns autores passaram a entender, com base no "diálogo das fontes" que o referido dispositivo amplia a proteção do consumidor e pode ser aplicado nos

---

[575] REINIG, Guilherme Henrique Lima; CARNAÚBA, Daniel Amaral. Riscos do desenvolvimento no Código de Defesa do Consumidor: a responsabilidade do fornecedor por defeitos não detectáveis pelo estado dos conhecimentos científicos e técnicos. *Revista de Direito do Consumidor*. v. 124, ano 28, p. 343-392. São Paulo: RT, jul./ago 2019. p. 356.

[576] Sérgio Cavalieri Filho em comentário sobre o tema anota que: "Convém, todavia, não confundir o risco do desenvolvimento com a hipótese prevista no artigo 12, §1º, inc. III do CDC – a época em que o produto foi colocado em circulação. No primeiro caso, o produto é objetivamente defeituoso no momento de sua colocação no mercado, sem que, no entanto, o estado de desenvolvimento da ciência e da técnica permitissem sabê-lo. No segundo, o produto é perfeito por corresponder às legítimas expectativas de segurança na sua época, apenas superado por produto mais novo, em razão de aperfeiçoamentos científicos e tecnológico introduzidos pelo fornecedor." CAVALIERI FILHO, Sérgio. Responsabilidade por danos causados por remédios. *Revista da EMERJ*, v.2 n.8, 1999. p. 20. Disponível em: http://www.emerj.tjrj.jus.br/revistaemerj_online/edicoes/revista08/Revista08_11.pdf. Acesso em: 28 nov. 2019.

[577] Nesse último caso é possível citar os veículos automotores que não possuíam *airbags* há alguns anos. Não há como considerar que tais produtos eram defeituosos, uma vez que a tecnologia não havia sido desenvolvida até aquele momento. REINIG, Guilherme Henrique Lima. *A responsabilidade do produtor pelos riscos do desenvolvimento*. São Paulo: Atlas, 2013. p. 37.

termos do art. 7º do CDC.[578] [579]

Existem outros posicionamentos que consistem em um meio termo entre as duas correntes doutrinárias trabalhadas acima. Marcelo Junqueira Calixto defende a responsabilização do fornecedor pelos riscos do desenvolvimento por um período de dez anos contados da colocação em circulação do produto. O autor se baseou no maior prazo prescricional estabelecido no CC/02, art. 205. Se dentro deste lapso temporal houver algum dano ao consumidor, o fornecedor deve reparar a vítima.[580] Em sentido diverso, Teresa Ancona Lopez entende que deve haver uma relativização setorial na aplicação da teoria, em que a excludente apenas deixaria de ser aplicada para alimentos e medicamentos. A autora se baseia na solução adotada na Espanha na tentativa de evitar que danos em áreas de sensíveis à saúde humana ficassem sem reparação.[581] Em uma antiga Lei espanhola (Ley 22/1994), as áreas de alimentos e de medicamentos, não se submetiam a excludente pelos riscos do desenvolvimento, o que levava a responsabilização o fornecedor mesmo diante da ausência de conhecimento científico prévio à comercialização do produto considerado defeituoso.[582] Contudo, tal disposição já foi revogada pelo Decreto Real Legislativo 1/2007, que aprovou a Lei Geral

---

[578] Especificamente sobre esse ponto, Milani e Glitz entendem que: "Em verdade, o artigo 931 do Código Civil foi mais abrangente que o Código de Defesa do Consumidor no tocante ao fato do produto, pois atribuiu ao fornecedor a responsabilidade objetiva por todos os danos decorrentes dos seus produtos. Dito isso, pode-se concluir que o artigo 931 acaba por alargar o conceito de fato do produto, incluindo, assim, a hipótese de risco de desenvolvimento" MILANI, Juliane Teixeira; GLITZ, Frederico Eduardo Zenedin. Anotações sobre o risco do desenvolvimento: análise do caso da talidomida. v. 2, p. 1–2, 2015. MILANI, Juliane Teixeira; GLITZ, Frederico Eduardo Zenedin. Anotações sobre o risco do desenvolvimento: análise do caso da talidomida. *Revista Luso-Brasileira de Direito do Consumo*, v. 5, n. 17, p. 177-205, 2015. p. 188.

[579] Teresa Ancona Lopez sintetiza argumentos não jurídicos favoráveis e contrários à adoção da teoria do risco do desenvolvimento como excludente de responsabilidade do fornecedor: "Haveria, no caso contrário, a falta de incentivo às novas descobertas. Acabaria com a pesquisa. Como prever o imprevisível?; O preço muito alto dos seguros para cobrir enormes riscos futuros que não podem ser avaliados. Isto se as empresas seguradoras fizerem o seguro; Haverá desemprego pela falência das empresas (...); Contra esses argumentos temos: O ser humano não pode ser cobaia ("guinea pigs") de novas descobertas ou ser objeto de teste de novos inventos; Quem lucra deve arcar com o ônus – teoria do risco da atividade; Volta-se à teoria da culpa dentro de um sistema fundado no risco. A defesa do risco do desenvolvimento afirma que é apenas uma exceção dentro do sistema; Os consumidores não poderão arcar com os danos. São a parte fraca. Ficarão sem indenização?; Se as seguradoras não querem suportar os risco, deverão, então, jogar nas costas dos prejudicados?" LOPEZ, Teresa Ancona. *Princípio da precaução e evolução da responsabilidade civil*. São Paulo: Quartier Latin, 2010. p. 193.

[580] CALIXTO, Marcelo Junqueira. *A responsabilidade civil do fornecedor de produtos pelos riscos do desenvolvimento*. Rio de Janeiro: Renovar, 2004. p. 250.

[581] LOPEZ, Teresa Ancona. *Princípio da precaução e evolução da responsabilidade civil*. São Paulo: Quartier Latin, 2010. p. 198.

[582] A Ley n. 22/1994 (Ley de responsabilidad civil por los daños causador por productos defectuosos)", trazia em seu art. 6, item 3, a seguinte disposição legal: "En el caso de medicamentos, alimentos o productos alimentarios destinados al consumo humano, los sujetos responsables, de acuerdo con esta Ley, no podrán invocar la causa de exoneración de la letra e) del apartado 1 de este artículo."
ESPANHA. *Lei n. 22/1994*, de 6 de julho. Lei relativa à responsabilidade civil pelos danos causados por produtos defeituosos. Boletín Oficial del Estado. Disponível em: https://www.boe.es/eli/es/l/1994/07/06/22. Acesso em: 11 ago 2019. Revogada.

de Defesa dos Consumidores. Neste novo diploma não há menção à essa exceção.[583]

Pode-se observar, ainda, que diante do caso concreto da nanotecnologia aplicada aos alimentos, a problemática extravasa o mero preenchimento dos pressupostos da responsabilidade civil ou a opção pela adoção ou exclusão da responsabilidade pelos riscos do desenvolvimento pelo legislador. Como tivemos a oportunidade de demonstrar no primeiro e segundo capítulos desta obra, o cenário dos nanofoods, nos níveis internacional, regional e nacional, ainda é incipiente do ponto de vista regulatório e administrativo. Não existem dados suficientes sobre quantidade de produtos circulando no mercado de consumo e os próprios fornecedores podem desconhecer a aplicação de nanomateriais artificiais como insumos da produção.

Com base nessas limitações da responsabilidade civil, alguns autores defendem a sua readequação, com o objetivo de absorver o rápido desenvolvimento nanotecnológico.[584] Para eles não há como defendê-la apenas com seu caráter compensatório. Ela deve ser vista também no seu viés preventivo ou, ainda, como entendem alguns autores, no seu viés punitivo.[585] Não há como aplicar o instituto da responsabilidade civil com base nos pressupostos e "filtros" históricos de séculos atrás.[586] A flexibilização é uma tentativa de adaptar os pressupostos da responsabilidade (conduta, dano e nexo causal) às novas exigências do século XXI, em um "mundo nanotecnológico".

A literatura jurídica aponta outras saídas para viabilizar uma compensação à vítima dos possíveis danos decorrentes das novas tecnologias, tendo em vista as dificuldades teóricas de responsabilizar civilmente o fornecedor. As principais alternativas citadas consistem na adoção da socialização do risco e do seguro. Trata-se de uma opção à impossibilidade fática ou jurídica de responsabilizar o autor do dano decorrente do risco do desenvolvimento. Através desses mecanismos instituem-se fundos de indenização ou seguros privados que visam indenizar as vítimas que sofreram algum dano específico.

A socialização do risco parte do desenvolvimento histórico da noção de solidariedade nacional, que marca a reparação de danos pelo Estado, mesmo que este

---

[583] ESPANHA. *Real Decreto Legislativo n. 1/2007*, de 16 de novembro. Ley General para la Defensa de los Consumidores y Usuarios y otras leyes complementarias. Boletín Oficial del Estado. Disponível em: https://www.boe.es/buscar/act.php?id=BOE-A-2007-20555&p=20190316&tn=1#cii-10. Acesso em: 11 ago. 2019.

[584] BORJES, Isabel Cristina Porto; GOMES, Taís Ferraz; ENGELMANN, Wilson. *Responsabilidade civil e nanotecnologias*. São Paulo: Atlas, 2014.

[585] Nelson Rosenvald defende que que a responsabilidade civil seja vista como um sistema complexo que possui diversas finalidades: reparação, prevenção e punição, todas agindo ao mesmo tempo e em conjunto. ROSENVALD, Nelson. *As funções da responsabilidade civil*: a reparação e a pena civil. 2. ed. São Paulo: Atlas, 2014.

[586] SCHEREIBER, Anderson. *Novos paradigmas da responsabilidade civil*: da erosão dos filtros da reparação à diluição dos danos. 6ª ed. São Paulo: Atlas, 2015. p. 220-229.

não seja o responsável direto. O surgimento dessa interpretação se deu durante conflitos e guerras no continente europeu, que provocaram danos em diversos setores da sociedade. Alguns Estados passaram a reparar esses danos em algumas situações específicas. Além disso, a ideia central que fez surgir os sistemas de socialização e de seguros está na imprevisibilidade de determinados eventos que as pessoas e, no caso dos nanoalimentos, os consumidores, não tem como se proteger. Pode-se delimitar socialização do risco quando:

> Podemos considerar que há socialização do risco quando a indenização das consequências danosas de um risco não tem nenhuma ligação com a responsabilidade ou quando o financiamento desta indenização está, a priori ou a posteriori, desconectado de cotizações ou retiradas individuais, ou ainda, quando o poder público está implicado nesta indenização, até na falta de responsabilidade direta num dano. A socialização dos riscos é obra conjunta do legislador, se necessário inspirado ou substituído pelos parceiros sociais, do juiz e das companhias de seguros ou mutuais.[587]

No Brasil, o art. 3º, inciso primeiro, da CRFB/88, traz como um dos objetivos fundamentais a construção de "uma sociedade livre, justa e *solidária*".[588] Tal previsão constitucional fundamenta a socialização do risco no cenário brasileiro, mas isso não significa que o Estado deve ser um "segurador universal". O único exemplo da socialização dos riscos tecnológicos está nos danos causados pelo medicamento denominado de "Talidomida".[589] O Estado brasileiro através da Lei 7.070/1982, instituiu uma pensão vitalícia que é concedida às vítimas. Em 2010, foi promulgada a Lei n. 12.190/2010, prevendo uma indenização a ser paga a título de dano moral. Nesse caso, apenas a União arca com os custos do benefício especial e da indenização por danos morais.[590]

A socialização também trabalha com a ideia de fundos. Neles há uma partilha e, portanto, socialização, de agentes estatais e agentes privados seguradores. O fundo não é responsabilizado diretamente pelo dano, pois não se exclui uma possível

---

[587] CONSELHO DE ESTADO EUROPEU. VARELLA, Marcelo Dias (coord.). *Responsabilidade e socialização do risco*. Tradução de Michels Abes. Conselho de Estado da França. Brasília: UniCEUB, 2006. p. 11.

[588] BRASIL. *Constituição da República Federativa do Brasil de 1988*. Brasília, DF: Presidência da República, 1988. Disponível em: http://www.planalto.gov.br/ccivil_03/Constituicao/Constituiçao.htm. Acesso em: 1 ago. 2019. Destaque nosso.

[589] MILANI, Juliane Teixeira; GLITZ, Frederico Eduardo Zenedin. Anotações sobre o risco do desenvolvimento: análise do caso da talidomida. *Revista Luso-Brasileira de Direito do Consumo*, v. 5, n. 17, p. 177-205, 2015.

[590] Conforme a redação do art 4º da Lei 7.070/1982: "A pensão especial será mantida e paga pelo Instituto Nacional de Previdência Social, por conta do Tesouro Nacional. Parágrafo único - O Tesouro Nacional porá à disposição da Previdência Social, à conta de dotações próprias consignadas no Orçamento da União, os recursos necessários ao pagamento da pensão especial, em cotas trimestrais, de acordo com a programação financeira da União." BRASIL. *Lei n. 7.070*, de 20 de dezembro de 1982. Dispõe sobre pensão especial para os deficientes físicos que especifica e dá outras providencias. Brasília, DF: Presidência da República, [1982]. Disponível em: http://www.planalto.gov.br/ccivil_03/leis/1980-1988/L7070.htm. Acesso em: 1 ago. 2019.

responsabilização do ofensor, mas busca-se a indenização imediata à vítima, mesmo que parcial: "a principal vantagem destes fundos é permitir acelerar a reparação do dano e atender as expectativas essenciais das vítimas, em termos de reparação financeira."[591] O exemplo brasileiro está no Fundo de Defesa de Direitos Difusos (FDD), que é vinculado ao Ministério da Justiça e está previsto na Lei n. 7.347/1985. Tal Lei tem como finalidade "(...) a reparação dos danos causados ao meio ambiente, ao consumidor, a bens e direitos de valor artístico, estético, histórico, turístico, paisagístico, por infração à ordem econômica e a outros interesses difusos e coletivos."[592] Os valores são arrecadados a partir das condenações nas ações civis públicas de direitos difusos e coletivos e de outras fontes, conforme art. 2º, do Decreto n. 1.306/1994.

Existem também os seguros privados obrigatórios ou facultativos que podem funcionar como um instrumento para conter os riscos e indenizar vítimas das novas tecnologias. Contudo, eles são incapazes estatisticamente de prever e contabilizar tais riscos, tendo em vista que não há como realizar a lógica atuarial. [593] Por esse motivo não há oferta dessa modalidade de seguro no mercado de consumo. A marca principal da insuficiência dessa ferramenta ocorreu no atentado terrorista ao edifício *World Trade Center,* que elevou substancialmente os custos de contratação. Em outro sentido, o caso do amianto também funciona como exemplo da impossibilidade da contabilização de eventos extraordinários pelas seguradoras, devido à ausência de conhecimento científico hábil que previsse ou minimizasse os riscos.[594] [595]

As principais críticas na adoção da socialização dos riscos e da adoção de seguros privados no desenvolvimento tecnológico está na preocupação com a "desresponsabilização" do fornecedor e com os custos gerados ao consumidor. Quando os agentes econômicos estão segurados ou em uma situação de

---

[591] CONSELHO DE ESTADO EUROPEU. VARELLA, Marcelo Dias (coord.). *Responsabilidade e socialização do risco.* Tradução de Michels Abes. Conselho de Estado da França. Brasília: UniCEUB, 2006. p. 98.

[592] Nos termos da redação do art. 1º do Decreto. BRASIL. Decreto nº 1.306, de 9 de novembro de 1994. Regulamenta o Fundo de Defesa de Direitos Difusos, de que tratam os arts. 13 e 20 da Lei nº 7.347, de 24 de julho de 1985, seu conselho gestor e dá outras providências. Brasília, DF: Presidência da República, 1994. Disponível em: http://www.planalto.gov.br/ccivil_03/decreto/1990-1994/D1306.htm. Acesso em: 1 jan. 2019.

[593] Cabe mencionar que durante os debates para a aprovação da Diretiva 85/374/CEE, o principal argumento utilizado para excluir a responsabilidade do fornecedor consistiu na inviabilidade econômica para a iniciativa privada, pois não haveria como calcular os riscos e proteger-se através de operações de seguro. REINIG, Guilherme Henrique Lima; CARNAÚBA, Daniel Amaral. Riscos do desenvolvimento no Código de Defesa do Consumidor: a responsabilidade do fornecedor por defeitos não detectáveis pelo estado dos conhecimentos científicos e técnicos. *Revista de Direito do Consumidor.* v. 124, ano 28, p. 343-392. São Paulo: RT, jul./ago 2019. p. 349.

[594] CONSELHO DE ESTADO EUROPEU. VARELLA, Marcelo Dias (coord.). *Responsabilidade e socialização do risco.* Tradução de Michels Abes. Conselho de Estado da França. Brasília: UniCEUB, 2006. p. 77-98.

[595] Sobre a temática do amianto no Brasil ver: NOVAES, Domingos. Riomar. Responsabilidade civil por danos associados ao amianto: o problema do nexo causal. *Revista da AGU,* v. 14, n. 2, p. 103-134, nov. 2015. Disponível em: https://seer.agu.gov.br/index.php/AGU/article/view/576. Acesso em: 11 ago. 2019.

compartilhamento de riscos com o Estado, existe a possibilidade de correrem mais riscos do que normalmente estariam dispostos a enfrentar, pois há uma expectativa de cobertura dos sinistros. Além disso, o aspecto financeiro pode prejudicar os agentes privados segurados e o próprio Estado, que podem ficar comprometidos do ponto de vista orçamentário. Por exemplo, a França estimou em 2003, que o impacto financeiro das indenizações das vítimas do amianto estaria entre 26,8 a 37,2 bilhões de euros em vinte anos.[596]

Diante dos cenários elencados neste subtópico, é possível concluir que: a) O risco do desenvolvimento não perfaz uma excludente implícita de responsabilidade civil estabelecida no CDC, como defendido por parte da doutrina brasileira; b) Assim, a insuficiência do estado atual da ciência, no que tange aos riscos da nanotecnologia, não exime uma futura responsabilização civil do fornecedor de nanoalimentos, uma vez o legislador brasileiro não trouxe expressamente a excludente pelos riscos do desenvolvimento, tal como fez o legislador europeu; c) Contudo, sabe-se que a tentativa de responsabilizar civilmente o fornecedor pode fracassar, haja vista inexistirem informações sobre a utilização desses insumos na cadeia produtiva, além da presença de outros fatores e produtos igualmente geradores de riscos e danos, que podem inviabilizar as tentativas de preenchimento dos elementos da responsabilidade civil (conduta, dano e nexo causal); d) Por estes motivos, foram elencadas algumas alternativas à reparação das vítimas, sendo que atualmente elas funcionam como ferramentas auxiliares e possuem um importante papel na otimização da função reparatória, ideia que não é livre de críticas. Entende-se que a partir do momento que a sociedade anseia por produtos inovadores e é beneficiada através deles,[597] a responsabilidade passa a ser não apenas do fornecedor, mas se transforma em uma responsabilidade compartilhada, envolvendo todos os agentes da sociedade (Estado, fornecedores, seguradores e consumidores).

3.1.3 O dever de informar e as dificuldades presentes na entrega da informação entre os agentes econômicos (fornecedor-fornecedor e fornecedor-consumidor)

Pesquisas empíricas sobre as percepções dos consumidores indicam uma possível rejeição da nanotecnologia aplicada aos alimentos. Estudos realizados na Alemanha apontam que grande parte dos consumidores (80% dos entrevistados) não comprariam

---

[596] CONSELHO DE ESTADO EUROPEU. VARELLA, Marcelo Dias (coord.). *Responsabilidade e socialização do risco.* Tradução de Michels Abes. Conselho de Estado da França. Brasília: UniCEUB, 2006. p. 194.
[597] BAUMAN, Zygmunt. *A ética é possível num mundo de consumidores?* Tradução de Alexandre Weneck. Rio de Janeiro: Zahar, 2011.

tais produtos. Vale ressaltar que, o mesmo público, em sua maioria, tem a pretensão de adquirir outras categorias de produtos com nanotecnologia, tais como roupas, aparelhos eletrônicos e acessórios, mas recusa a "comida nanotecnológica".[598] Na Suíça[599] e em Singapura[600], as pesquisas também revelam que há uma tendência de rejeição dos nanoalimentos, o principal motivo seria a ausência de informações ao público consumidor sobre os riscos envolvidos e os aspectos essenciais e conceituais da nanotecnologia.

Não existem pesquisas em nível nacional no Brasil sobre a percepção dos consumidores em relação à nanotecnologia. Contudo, um estudo realizado por Gonçalves *et al*, na cidade do Rio de Janeiro, aponta que apesar do baixo conhecimento sobre a nanotecnologia, o índice de rejeição é menor, se comparado com as pesquisas apontadas acima, pois 44% dos consumidores entrevistados foram favoráveis à ingestão de nanoalimentos:

> Quando questionados sobre a possibilidade de ingerir alimentos elaborados ou que contenham ingredientes obtidos a partir da nanotecnologia, 44% dos consumidores foram a favor (atribuíram nota 6, 7, 8 ou 9 na escala de 9 pontos utilizada); no entanto, 43% responderam "talvez sim, talvez não" (nota 5 da escala). O mesmo ocorreu em relação à intenção de compra de nanoalimentos, onde 44% relataram que comprariam e 43% que "talvez comprasse, talvez não". Apesar da atitude positiva dos consumidores em relação aos produtos obtidos por meio desta tecnologia, uma parcela significativa demonstrou ter dúvidas, o que sugere que a compreensão da tecnologia não está clara para os consumidores, os quais necessitam de mais informação para a tomada de decisão.[601]

Um dos fatores significativos que impactam na aceitação do consumo de alimentos com novas tecnologias, consiste na ideia de "naturalidade perceptível".[602] Até mesmo o público consumidor que é favorável a aplicação da nanotecnologia nos alimentos, tende a limitar o seu consumo, pois há uma preferência pelos itens considerados

---

[598] FEDERAL INSTITUTE FOR RISK ASSESSMENT. *Public Perceptions about nanotechnology*: Representative survey and basic morphological-psychological study. Berlin: BfR, 2008. p. 18.

[599] SIEGRIST, M *et al*. Acceptance of nanotechnology foods: a conjoint study examining consumers willingness to buy. *British Food Journal*, v. 111. N. 7, p. 660-668, 2009.

[600] CHUAH, A. *et al*. Label it or ban it? Public perceptions of nano-food labels and propositions for banning nano-food applications. *Journal of Nanoparticle research*. v. 20. Ano 2, fev. 2018.

[601] GONÇALVES, R.A.S. et al. Percepção do consumidor em relação à nanotecnologia – resultados preliminares. In: EMBRAPA. Quem somos: Rede de nanotecnologia aplicada ao agronegócio. *Rede Agronano*, [s.l. / s.d.]. Disponível em: https://www.agropediabrasilis.cnptia.embrapa.br/web/agronano-rede/rede. Acesso em: 10 jun. 2019. p. 721.

[602] SIEGRIST, M *et al*. Acceptance of nanotechnology foods: a conjoint study examining consumers willingness to buy. *British Food Journal*, v. 111. N. 7, p. 660-668, 2009.

"naturais e livre de produtos químicos."[603]

Ocorre que mesmo diante de uma possível rejeição, os nanoalimentos já circulam "silenciosamente" no mercado de consumo, sem que o consumidor saiba que está consumindo esses ingredientes.[604] Os dados sobre a percepção do consumidor elencados acima servem para corroborar a tese de que apesar da inexistência de defeito, a presença de periculosidade inerente dos nanoalimentos deve ser acompanhada do dever de informar, que nesse caso não é dispensado. Para explorar essa afirmação, cabe aprofundar a temática do direito à informação.

Primeiramente, o direito à informação tem dimensão polissêmica, possuindo campos distintos de aplicação, tais como: direito da comunicação (Constituição da República Federativa do Brasil de 1988 – CRFB/88, artigo 5º, incisos IV, XVI e XXXIII);[605] direito ao acesso de informações públicas (Lei n. 12.527/2011); e, direito à informação do consumidor (CDC e outras Leis correlatas). Contudo, para discorrer sobre a problemática eleita nesta obra, haverá a delimitação na vertente consumerista.

O direito à informação perfaz um direito fundamental, pois é uma das facetas da proteção do consumidor, descrita no art. 5º, inciso XXXII, da CRFB/88.[606] Constitui-se como um dos direitos mais importantes e básicos. A previsão específica está contida no art. 6º, inciso III, do Código de Defesa do Consumidor (CDC), prelecionando que é direito do consumidor: "III - a informação adequada e clara sobre os diferentes produtos e serviços (...), bem como sobre os riscos que apresentem".[607] Sua inspiração

---

[603] FEDERAL INSTITUTE FOR RISK ASSESSMENT. *BfR Delphi Study on nanotechnology:* Expert survey of the use of nanomaterials in food and consumer products. Berlin: BfR, 2010. p. 90-91.

[604] ALDROVANDI, Andréa; ELGENMANN, Wilson. O direito à informação sobre a toxidade dos nanoalimentos. *Revista Pensar*, Fortaleza, v. 17, n. 2, p. 672-698, jul./dez. 2012. p. 693.

[605] Nesse ponto, Alexandre David Malfatti ressalta que "O direito de informar é amplamente garantido pela Constituição Federal, passando pela liberdade de transmitir informações às pessoas e à própria sociedade de uma forma geral. Em outras palavras, se alguém quiser informar outrem acerca de qualquer assunto – comercial, industrial, educacional, religioso, político, etc. – poderá fazê-lo sem sofrer, como regra, restrições de forma e conteúdo." MALFATTI, Alexandre David. *O direito à informação no Código de Defesa do Consumidor.* São Paulo: Alfabeto Jurídico, 2003. p. 89.

[606] Paulo Luiz Netto Lôbo ressalta que a ausência do direito/dever de informar nas relações de consumo de maneira expressa na CRFB/88, não retira a sua tutela constitucional, a partir da leitura conjunta de toda a Constituição. LÔBO, Paulo Luiz Netto. A informação como direito fundamental do consumidor. In: *Revista de Direito do Consumidor*, São Paulo: Revista dos Tribunais, n. 37, p. 59-76, jan./mar. 2001. Nesse mesmo sentido: MALFATTI, Alexandre David. *O direito à informação no Código de Defesa do Consumidor.* São Paulo: Alfabeto Jurídico, 2003. p. 231; BITTAR, Carlos Alberto. *Direitos do Consumidor:* Código de Defesa do Consumidor. Rio de Janeiro: Forense Universitária, 2003. p. 31; LOPEZ, Teresa Ancona. *Nexo causal e produtos potencialmente nocivos* – A experiência brasileira do tabaco. São Paulo: Quartier Latin, 2008. p. 90.

[607] Além do art. 6º, inciso III, do CDC, a presença de um "princípio da informação", pode ser extraído dos: art. 4º (princípios); arts. 8º, 9º 10, 12 e 13 (segurança e responsabilidade pelo fato do produto ou serviço); arts. 18, 19 e 20 (vícios do produto); arts. 30, 31 e 35 (oferta); arts. 36, 37 e 30 (publicidade); arts. 43 e 44 (banco de dados); art. 56 (sanções administrativas); arts. 60, 63, 64, 66, 67 e 72 (infrações penais). Nesse sentido está: LOPEZ, Teresa Ancona. *Nexo causal e produtos potencialmente nocivos* – A experiência brasileira do tabaco. São Paulo: Quartier Latin, 2008. p. 88.

adveio do plano internacional, através da previsão do direito à informação em um dos documentos mais importantes para a proteção dos consumidores, a Resolução da ONU n. 39/248.

A literatura jurídica consumerista considera o dever à informação, que dá conteúdo ao direito à informação, reflexo do princípio da transparência, ligando-o, também, ao princípio da vulnerabilidade do consumidor, na vertente informacional.[608] [609]Trata-se de instrumento de reequilíbrio e busca da igualdade na relação de consumo, tendo em vista que o consumidor não possui conhecimento técnico acerca do produto que adquire, principalmente daqueles produtos que possuem elevado nível científico e/ou tecnológico. Para Gabriel A. Stiglitz, "o direito à informação é manifestação autônoma da obrigação de segurança", pois a informação confere "(...) a possibilidade de utilizar os produtos comercializados com plena segurança e de modo satisfatório aos seus interesses. [tradução nossa]"[610]

Informar é levar a mensagem ao outro, compartilhando o que era de conhecimento apenas de um sujeito. Trata-se de "dar forma" e comunicar o que é adequado, necessário e interessante. Assim, "informação é, ao mesmo tempo, um estado subjetivo, é o saber ou o não saber, informação é um processo interativo, que se denomina normalmente de comunicação."[611] O STJ já se pronunciou sobre o conteúdo da informação, cindindo-o em categorias:

> (...) o art. 31 do CDC é extremamente minucioso e desdobra o dever de informar, com ênfase no pré-contratual, em quatro categorias principais, imbricadas entre si, em diálogo e sobreposição: a) informação-conteúdo (= características intrínsecas do produto e serviço), b) informação-utilização (= para que se presta e se utiliza o produto ou serviço), c) informação-preço (= custo, formas e condições de pagamento do produto ou serviço), e d) informação-advertência (= sobretudo quanto aos riscos do produto ou serviço).[612]

---

[608] MARQUES, Cláudia Lima. *Contratos no Código de Defesa do Consumidor*: O novo regime das relações contratuais. 7ª ed. São Paulo: Revista dos Tribunais, 2014. p. 336-342.

[609] Cabe mencionar que Malfatti e Cavalieri Filho, consideram o princípio da informação e o princípio da transparência como sinônimos. MALFATTI, Alexandre David. *O direito à informação no Código de Defesa do Consumidor*. São Paulo: Alfabeto Jurídico, 2003. p.233; CAVALIERI FILHO, Sergio. *Programa de direito do consumidor*. 4. ed. São Paulo: Atlas, 2014. p. 102.

[610] STIGLITZ, Gabriel A. *Protección jurídica del consumidor*: responsabilidad del empresario, publicidad comercial engañosa, crédito al consumo, prácticas mercantiles irregulares, acceso a la justicia. Buenos Aires: Depalma, 1990.

[611] MARQUES, Cláudia Lima. *Contratos no Código de Defesa do Consumidor*: O novo regime das relações contratuais. 7ª ed. São Paulo: Revista dos Tribunais, 2014. p. 841.

[612] Tal julgado refere-se ao direito de um grupo especial de consumidores de serem informados sobre a presença de glúten nos alimentos através de uma advertência no rótulo dos produtos:
BRASIL. Superior Tribunal de Justiça (Segunda Turma). *Recurso Especial n. 586.316 MG*. Direito do consumidor.

Menciona-se, ainda, que o direito do consumidor à informação não se exaure em si mesmo, ou seja, não visa apenas fornecer as informações necessárias, mas pretende preservar outro direito básico, que é o da escolha livre e consciente.[613] O direito de escolha ou o "consentimento informado", é exercido quando o consumidor possui todas as informações adequadas sobre as características, composição, qualidade e riscos do produto, visando satisfazer às expectativas pessoais, tais como: segurança, saúde, estilo de vida e religião.

A liberdade de escolha está garantida pelo art. 6º, inciso II, do CDC. Esse direito propõe uma leitura ampla do momento pré-contratual, que envolve desde o acesso (físico e econômico) e a variedade (quantitativa e qualitativa) de bens de consumo até pressupostos básicos de instrução, informação e educação do consumidor para o exercício adequado da escolha. Assim, para que haja uma escolha livre e consciente, o mercado deve estar livre de influências ilícitas (práticas abusivas, como, por exemplo, cartéis ou informações inverídicas no rótulo do produto). Tal direito parte da liberdade em sentido geral prevista na CRFB/88.

A informação apenas restará assegurada ao consumidor se o fornecedor exercer adequadamente o seu dever de informar.[614] É um ônus que deriva do princípio da boa-fé objetiva, estabelecida no CDC. Apesar disso, não se trata apenas de um dever anexo, mas de um dever principal na relação de consumo, em razão da elevação do direito à informação ao nível de direito fundamental.[615] Existe uma estreita ligação entre informação e boa-fé objetiva. Essa leitura parte do momento anterior ao CDC, em que o Código Civil (CC) elencava a boa-fé, tida pela literatura jurídica como um princípio geral de direito, que abarcava o princípio da informação.[616]

Administrativo. Normas de proteção e defesa do consumidor. Ordem pública e interesse social. Princípio da vulnerabilidade do consumidor. Princípio da transparência. Princípio da boa-fé objetiva. Princípio da confiança. Obrigação de segurança. Direito à informação. Dever positivo do fornecedor de informar, adequada e claramente, sobre riscos de produtos e serviços. Distinção entre informação-conteúdo e informação-advertência. Rotulagem. Proteção de consumidores hipervulneráveis. Campo de Aplicação da lei do glúten (lei 8.543/92 ab-rogada pela lei 10.674/2003) e eventual antinomia com o art. 31 do código de defesa do consumidor. Mandado de segurança preventivo. Justo receio da Impetrante de ofensa à sua livre iniciativa e à comercialização de seus produtos. Sanções administrativas por deixar de advertir sobre os riscos do glúten aos doentes celíacos. Inexistência de direito líquido e certo. Denegação da segurança. Relator: Min. Herman Benjamin. 25 maio 2009. Disponível em: https://ww2.stj.jus.br/processo/revista/inteiroteor/?num_registro=200600998380&dt_publicacao=25/05/2009. Acesso em: 10 ago. 2019. p. 18.

[613] CAVALIERI FILHO, Sergio. *Programa de direito do consumidor*. 4. ed. São Paulo: Atlas, 2014. p. 104.

[614] Alexandre David Malfatti ressalta que o fornecedor também tem o direito de informação, que age como um "direito de fazer publicidade dos produtos e serviços colocados no mercado de consumo." MALFATTI, Alexandre David. *O direito à informação no Código de Defesa do Consumidor*. São Paulo: Alfabeto Jurídico, 2003. p. 97.

[615] LÔBO, Paulo Luiz Netto. A informação como direito fundamental do consumidor. In: *Revista de Direito do Consumidor*, São Paulo: Revista dos Tribunais, n. 37, p. 59-76, jan./mar. 2001. p. 327.

[616] MALFATTI, Alexandre David. *O direito à informação no Código de Defesa do Consumidor*. São Paulo: Alfabeto Jurídico, 2003. p. 324.

O art. 8º do CDC, dispositivo aplicável aos nanoalimentos, conforme defendido no tópico 4.1.1, gera o dever do fornecedor de entregar as informações adequadas sobre os riscos à saúde ou segurança dos consumidores. Para a literatura jurídica a adequação parte da correção e da veracidade da mensagem a ser transmitida, em interpretação sistemática dos princípios constitucionais e do CDC. A informação adequada é aquela que se ajusta ao destinatário e contém detalhes sobre o bem de consumo, tais como quantidade, características, composição, qualidade, preço e riscos.[617]

O art. 31 do CDC, reforça que o fornecedor tem o dever de fornecer informações claras, precisas e ostensivas, bem como de todos os elementos obrigatórios, somados à exigência de informar sobre os riscos que os produtos podem causar à saúde ou a segurança dos consumidores.[618] João Calvão da Silva ressalta que o direito à informação envolve a apresentação "(...) explícita, clara e sucinta, das advertências e instruções exigíveis segundo a possibilidade tecnológica, em ordem de obter o resultado pretendido – o esclarecimento adequado do consumidor."[619] O autor acrescenta, ainda, que a informação não se exaure no momento da colocação do produto no mercado de consumo.

Parte-se, assim, do equilíbrio da informação, pois o excesso também pode gerar "desinformação". O fornecedor tem o dever de informar apenas aquilo que foge do "senso comum". Por exemplo, é possível firma que o "consumidor médio" sabe que não deve friccionar uma faca no seu corpo, sendo que esse fato pode desobrigar o fornecedor de informar tal consequência danosa.[620] Contudo, poderá ser instigado a informar sobre os cuidados específicos ao abrir uma embalagem confeccionada em material cortante, para que não haja ferimentos nas mãos, pois trata-se de uma

---

[617] MALFATTI, Alexandre David. *O direito à informação no Código de Defesa do Consumidor.* São Paulo: Alfabeto Jurídico, 2003. p. 254.

[618] Para aprofundar os temas elencados no art. 31 do CDC, veja: MARQUES, Cláudia Lima. *Contratos no Código de Defesa do Consumidor*: O novo regime das relações contratuais. 7ª ed. São Paulo: Revista dos Tribunais, 2014. p. 842-845.

[619] SILVA, João Calvão da. *Responsabilidade civil do produtor.* Coimbra: Almedina, 1999. p. 660.

[620] Esse posicionamento não é unânime. No RESP 586.316 MG, mencionado acima, o Relator entendeu que mesmo que as embalagens de produtos alimentícios afixem a expressão "contém glúten", elas não são suficientes para proteger os consumidores hipervulneráveis. Nesse sentido, "(...) 20. O fornecedor tem o dever de informar que o produto ou serviço pode causar malefícios a um grupo de pessoas, embora não seja prejudicial à generalidade da população, pois o que o ordenamento pretende resguardar não é somente a vida de muitos, mas também a vida de poucos. 21. Existência de lacuna na Lei 10.674/2003, que tratou apenas da informação-conteúdo, o que leva à aplicação do art. 31 do CDC, em processo de integração jurídica, de forma a obrigar o fornecedor a estabelecer e divulgar, clara e inequivocamente, a conexão entre a presença de glúten e os doentes celíacos. (...)" BRASIL. Superior Tribunal de Justiça (Segunda Turma). *Recurso Especial n. 586.316 MG.* Relator: Min. Herman Benjamin. 25 maio 2009. Disponível em: https://ww2.stj.jus.br/processo/revista/inteiroteor/?num_registro=200600998380&dt_publicacao=25/05/2009. Acesso em: 10 ago. 2019. p. 3.

informação necessária e adequada.[621]

A informação no caso dos nanoalimentos envolve principalmente o aspecto da composição do produto.[622] Devido a presença de periculosidade inerente, o fornecedor deveria informar sobre a presença de nanomateriais artificiais nos ingredientes que compõe o alimento ou os produtos em contato com o alimento. A partir dos riscos controversos, a informação se torna necessária e adequada nesse caso.

Entretanto, em razão da "limitação tecnológica", a informação pode não estar disponível tanto para o fornecedor quanto para o consumidor no momento em que é colocado em circulação. Esse cenário torna as disposições legais inócuas, o que não dispensa o dever geral de segurança do fornecedor. Alexandre David Malfatti afirma que "não se pode exigir do fornecedor que disponibilize ao consumidor informações que nem mesmo a ciência é detentora, na época da comercialização dos produtos ou da prestação de serviços."[623]

De fato, o direito à informação do consumidor de nanoalimentos é defendido por alguns autores brasileiros, tendo como base o princípio da precaução.[624] Contudo, existem poucas abordagens sobre as dificuldades que podem surgir na tentativa de concretização desse direito. Ronaldo Porto Macedo Junior ressalta que os escassos estudos sobre a racionalidade limitada (*bounded rationality*) e da sobrecarga de informação (*overloaded information*) evidenciam que a máxima: "maior informação – maior capacidade de decisão consciente (e, portanto, livre)", frequentemente não

---

[621] Sobre o caso concreto veja: BRASIL. Superior Tribunal de Justiça (Quarta Turma). *Recurso Especial n. 237.964 SP*. Código de Defesa do Consumidor. Lata de tomate Arisco. Dano na abertura da lata. Responsabilidade civil da fabricante. O fabricante de massa de tomate que coloca no mercado produto acondicionado em latas cuja abertura requer certos cuidados, sob pena de risco à saúde do consumidor, e sem prestar a devida informação, deve indenizar os danos materiais e morais daí resultantes. Rejeitada a denunciação da lide à fabricante da lata por falta de prova. Recurso não conhecido. Relator: Min. Ruy Rosado de Aguiar, 16 de dezembro de 1999. Disponível em: https://ww2.stj.jus.br/processo/ita/listarAcordaos?classe=&num_processo=&num_registro=199901023734&dt_publi cacao=08/03/2000. Acesso em: 11 ago. 2019.

[622] Malfatti entende que: "A composição dos produtos ou serviços refere-se à constituição dos mesmos. Independente dos interesses e direitos que cercam a propriedade intelectual, o consumidor tem direito à informação sobre aquilo que compõe, integra, está adicionado ao produto ou serviço de interesse. (...) O conhecimento sobre a composição dos produtos ou serviços é indispensável para garantia da adequada escolha por parte do consumidor." MALFATTI, Alexandre David. *O direito à informação no Código de Defesa do Consumidor*. São Paulo: Alfabeto Jurídico, 2003. p. 257.

[623] MALFATTI, Alexandre David. *O direito à informação no Código de Defesa do Consumidor*. São Paulo: Alfabeto Jurídico, 2003. p. 273.

[624] A corrente doutrinária é formada pelos seguintes autores: ALDROVANDI, Andréa; ELGENMANN, Wilson. O direito à informação sobre a toxidade dos nanoalimentos. *Revista Pensar*, Fortaleza, v. 17, n. 2, p. 672-698, jul./dez. 2012; CHERUTTI, Guilherme; ENGELMANN, Wilson. Nanotecnologias e direito do consumidor: o direito fundamental à informação e sua necessidade de efetivação nas relações de consumo envolvendo nanoprodutos. *Direito Fundamentais e Justiça*. Ano 5, n. 17, p. 78-95, out./dez. 2011; SILVEIRA, Vladmir Oliveira da; SANTOS, Queila Rocha Carmona dos. Os potenciais riscos das nanotecnologias: Informação e responsabilidade à luz do Código de Defesa do Consumidor. *Revista de Direito do Consumidor*. n. 97, p. 173-196, 2015.

corresponde à realidade."[625]

A compreensão da dimensão do problema perpassa pelo estudo do "processo de comunicação",[626] que se deseja perfazer entre fornecedor e consumidor. Resumidamente, a entrega da informação, ou seja, da "mensagem" consiste em um processo factual que envolve o "emissor" e o "receptor" da informação. O suporte da informação vem afixada em um "veículo" (rotulagem, anúncio, manual, etc.), através de um "código" específico reconhecível pelo receptor (símbolos, escrita, som, etc.).

As dificuldades no processo de comunicação podem estar em 4 (três) frentes: a) na dimensão do ciclo agroindustrial, que perpassa por diversos fornecedores que possuem diferentes níveis de conhecimento científico sobre os nanoalimentos; b) na ausência de compartilhamento de informações sobre o detalhamento dos insumos utilizados entre os próprios fornecedores; c) na incapacidade do receptor de compreender adequadamente o conteúdo da informação que se quer transmitir; e d) na inadequação da inclusão de símbolos nas embalagens dos alimentos, diante do desconhecimento sobre o que é nanotecnologia.

Primeiramente, cabe mencionar que o conceito de fornecedor no Brasil, presente no art. 3º do CDC, envolve desde a pessoa física que exerce alguma atividade comercial ou de prestação de serviço, até as grandes sociedades empresárias nacionais e multinacionais. Assim, esse cenário é demasiadamente heterogêneo e revela diferentes níveis de conhecimento técnico e/ou científico. Conforme ressalta Héctor Valverde Santana:

> A definição legal de fornecedor foi elaborada para abranger a atividade de todos os agentes econômicos que introduzem produtos ou prestam serviços no mercado de consumo. A pretensão do legislador revela-se no sentido de ampliação do rol de agentes econômicos, destacadamente pelo fato de especificar a natureza jurídica dos sujeitos de direito, bem como pela indicação das atividades desenvolvidas no mercado de consumo.[627]

A complexidade presente nos nanoalimentos deriva das múltiplas aplicações desses produtos. Quando eles são industrializados e comercializados sem acréscimos ou alterações no decorrer da cadeia de distribuição, o responsável pela informação será o fabricante, pois é o único que realiza a manufatura do produto e domina a sua

---

[625] MACEDO JUNIOR, Ronaldo Porto. Privacidade, mercado e informação. *Justitia*. São Paulo, n. 61 (185/188), p. 245-259, jan.-dez. 1999. Disponível em: https://core.ac.uk/download/pdf/79074338.pdf. Acesso em: 20 jan. 2020. p. 247.

[626] Expressão utilizado por Alexandre David Malfatti para explicar a transmissão da informação ente os agentes econômicos. MALFATTI, Alexandre David. *O direito à informação no Código de Defesa do Consumidor*. São Paulo: Alfabeto Jurídico, 2003. p. 135-216.

[627] SANTANA, Héctor Valverde. *Dano moral no Direito do Consumidor*. Coleção Biblioteca de direito do consumidor. São Paulo: Revista dos Tribunais, 2014. p. 70.

composição química. Essa verticalização do processo de produção, característica do "fordismo", foi em grande parte substituída pelo "toyotismo". Nesse novo modelo disseminado na década de 1970, e amplamente empregado na atualidade, os fornecedores agem em cooperação e de maneira descentralizada. A produção de insumos é realizada por diversos agentes de uma cadeia industrial.[628]

A segunda questão está na ausência de informações entre os próprios fornecedores (os emissores). O ciclo de produção agroindustrial não possui o rastreamento da aplicação dessa nova tecnologia nos produtos. A deficiência informacional está, antes de tudo, dentro do próprio sistema de produção. A partir do momento que um dos fabricantes que compõe a cadeia deixa de repassar a informação, seja pelo desconhecimento, seja pela ausência de regra específica, todos os demais fracassarão na proteção do consumidor em diversos aspectos (saúde, segurança, informação). Por esses motivos, há um problema de domínio científico que parte do emissor da informação. O principal motivo para a continuidade dessa ausência de domínio, pode ser constatado na existência de divergências sobre conceitos essenciais da nanotecnologia, sobre a escala nanométrica e sobre os critérios de gestão de risco.[629]

A terceira questão está na recepção dessa informação pelo consumidor. Apesar da indicação de aceitação dos nanofoods pelos consumidores brasileiros, os dados coletados nesta obra, também revelam que poucos sabem dos riscos da nanotecnologia. Assim pode-se afirmar que os receptores da informação (também chamados de destinatários) terão dificuldades de absorver a informação, o que a torna passível de "ruídos", que geram interpretações errôneas ou a recusa no consumo pelo

---

[628] As mudanças no processo produtivo industrial podem ser explicadas através de alguns modelos descritivos elencados pela literatura. Dentre eles, destacam-se: o fordismo, o pós-fordismo, a especialização flexível e o toyotismo. O termo "fordismo" foi criado por Henry Ford em 1914, para referir-se aos sistemas de produção em massa (linha de produção). O fordismo visou racionalizar o processo produtivo, automatizando o trabalho. O objetivo era controlar ao máximo os insumos para manter o ritmo adequado de produção. Para tanto, mantinham-se grandes estoques de produtos a serem vendidos. Após o declínio do sistema fordista clássico e da tentativa de universalização do automóvel, adotou-se uma postura diferenciada que consistiu em redução de estoques e diminuição da produção. Essa mudança de paradigma ocorreu porque essa indústria americana ficou fragilizada com o avanço de outras montadoras, principalmente com o sistema Toyota de produção (japonês), que se baseava na produção enxuta; customização; e exploração das facilidades comerciais dos blocos regionais. O novo paradigma adotou a ideia do *just-in-time,* que consiste na produção apenas do que já foi vendido ou que há expectativa de ser vendido. Assim, essas ideias que revelam uma "estratégia da especialização flexível", especificamente a partir da metade dos anos 1970, tentavam adequar a capacidade de produção com as incertezas do mercado consumidor e reagir rapidamente as mudanças do mercado. Esse novo paradigma industrial passou a se articular sob três dimensões básicas: a) cooperação entre sociedades empresárias; b) uso intensivo de novas tecnologias; c) padrão de organização voltado a obtenção de melhores resultados (não apenas lucrativos, mas de qualidade do produto, expectativas do consumidor e controle dos riscos). FERNANDES, Rafael Gonçalves. OLIVEIRA, Liziane Paixão Silva. Novas formas de pensar a relação contratual na atualidade. *Revista Jurídica Luso-Brasileira*, Lisboa, ano 5, n. 5, p. 1503-1526, 2019.
[629] Vide item 2.1.2, desta obra.

desconhecimento do conteúdo da informação.[630] Esse último aspecto pode gerar interferências na comercialização de diversos alimentos. Existem preocupações relacionadas ao marketing desses produtos.[631] Além disso, não se pode descuidar do perfil dos consumidores brasileiros que carecem de formação escolar. Segundo os dados do Instituto Brasileiro de Geografia e Estatística (IBGE), ainda existem 11,3 milhões de pessoas que não sabem ler ou escrever, cerca de 6,8% da população nacional com mais de 15 anos.[632]

A quarta questão consiste na utilização do código e do veículo adequados no processo de transferência da informação, ou seja, a maneira como ela é entregue ao destinatário. No cenário do consumo de alimentos, os escritos e os símbolos são afixados na sua embalagem. No Brasil, essa obrigatoriedade adveio antes mesmo da promulgação do CDC. O Decreto-Lei n. 986/1969, ainda em vigor, instituiu as normas básicas sobre alimentos, incluído também disposições sobre a rotulagem. O art 10, dispõe: "Os alimentos e aditivos intencionais deverão ser rotulados de acôrdo com as disposições dêste Decreto-lei e demais normas que regem o assunto."[633]

Nesse passo, com o objetivo de enriquecer a discussão, menciona-se que já existem tentativas de tornar a rotulagem de nanoalimentos obrigatória, com o objetivo de informar os consumidores sobre a presença de nanomateriais artificiais na composição desses produtos. Por exemplo, a União Europeia adotou um Regulamento sobre a obrigatoriedade de indicar no rótulo do produto alimentício quais foram os nanomateriais artificiais utilizados em sua composição. O Regulamento Delegado (UE) n. 1169/2011 do Parlamento Europeu e do Conselho, relativo à prestação de informação aos consumidores sobre os gêneros alimentícios, disserta no seu art. 18º, n. 3, que "os ingredientes contidos sob a forma de nanomateriais artificiais devem ser claramente indicados na lista de ingredientes. A palavra «nano» entre parêntesis deve

---

[630] Conforme ressalta Alexandre Malfatti, "os ruídos da mensagem são os eventos que ocorrem durante o processo de comunicação e que servem para deteriorar aquilo que está sendo transmitido pelo emissor ao destinatário." MALFATTI, Alexandre David. *O direito à informação no Código de Defesa do Consumidor*. São Paulo: Alfabeto Jurídico, 2003. p. 16.

[631] BUZBY, J. C. Nanotechnology for food applications: More questions than answers. *Journal of Consumer Affairs*, v. 44, n. 3, p. 528–545, 2010. p. 536.

[632] FUNDAÇÃO INSTITUTO BRASILEIRO DE GEOGRAFIA E ESTATÍSTICA (IBGE). *PNAD Contínua 2018: Educação*. Rio de Janeiro: IBGE, 2017. Disponível em: https://www.ibge.gov.br/estatisticas/sociais/educacao/17270pnadcontinua.html?edicao=24772&t=sobre. Acesso em: 10 ago. 2019.

[633] BRASIL. *Decreto-Lei n. 986, de 21 de outubro de 1969*. Institui normas básicas sobre alimentos. Brasília, DF: Presidência da República, [1969]. Disponível em: http://www.planalto.gov.br/ccivil_03/Decreto-Lei/Del0986.htm. Acesso em: 8 ago. 2019.

figurar a seguir aos nomes destes ingredientes."[634]

Contudo, a aplicação do Regulamento se revelou complexa, pois há uma indefinição sobre o conceito de nanomateriais artificiais na União Europeia e também na comunidade científica mundial. Nesse passo, existe uma incerteza sobre quais ingredientes devem ser obrigatoriamente rotulados como "nanomateriais artificiais" e um receio acerca da interpretação incorreta das informações pelo consumidor.[635]

Diante dessas dificuldades teóricas e práticas, é interessante notar que o CDC traz o direito à educação para o consumo. Alexandre David Malfatti adverte que o dever de informar do fornecedor ultrapassa a mera entrega de folhetos, manuais ou informativos, deve-se adotar mecanismos que otimizem a liberdade de escolha do consumidor. [636] O dever de educar não se exaure na relação de consumo entre fornecedor e consumidor e atinge, também, o Estado, que deve estar atento às novidades do mercado, com o objetivo de formular e implementar políticas públicas direcionadas ao consumo consciente, informado e transparente.

Além disso, a viabilização da informação adequada ao consumidor sobre a presença e potenciais riscos dos nanomateriais também pode instruir e incentivar o descarte adequado dos produtos e resíduos que contêm essa tecnologia, tendo em vista que a Política Nacional de Resíduos Sólidos prevê ações mais proativas por parte dos agentes privados. O desenvolvimento dessa política depende da divulgação de informações ao consumidor, para que este possa compreender os riscos e colaborar com a melhoria da qualidade ambiental.[637]

Apesar de entendermos que há uma impossibilidade fática de informar o consumidor brasileiro de nanoalimentos, não se desconhece que a informação é o nascedouro do conhecimento sobre a segurança do produto ou serviço, sendo considerada uma das melhores ferramentas para combater as dúvidas das novas

---

[634] UNIÃO EUROPEIA. *Regulamento (UE) n. 1169/2011*, do Parlamento Europeu e do Conselho de 25 de Outubro de 2011, relativo à prestação de informação aos consumidores sobre os géneros alimentícios, que altera os Regulamentos (CE) n. 1924/2006 e (CE) n. 1925/2006 do Parlamento Europeu e do Conselho e revoga as Diretivas 87/250/CEE da Comissão, 90/496/CEE do Conselho, 1999/10/CE da Comissão, 2000/13/CE do Parlamento Europeu e do Conselho, 2002/67/CE e 2008/5/CE da Comissão e o Regulamento (CE) n. 608/2004 da Comissão. Disponível em: https://eur-lex.europa.eu/LexUriServ/LexUriServ.do?uri=OJ:L:2011:304:0018:0063:PT:PDF. Acesso em: 10 jun. 2019. p. 31.

[635] SALVI, Laura. The EU's 'Soft Reaction' to Nanotechnology Regulation in the Food Sector. *European food and feed law review*. v. 10 n. 3. p. 186-193, 2015. p. 188.

[636] MALFATTI, Alexandre David. *O direito à informação no Código de Defesa do Consumidor*. São Paulo: Alfabeto Jurídico, 2003. p. 250.

[637] EFING, Antônio Carlos KALIL, Ana Paula Maciel Costa. Consumo Consciente: o anverso subjacente da Política Nacional de Resíduos Sólidos. *Revista Jurídica da UNI7*. v. 13, n. 2, p. 25-37, jul./dez. 2016. p. 34-36; LEITÃO, Manuela Prado. *Rotulagem ecológica e o direito do consumidor à informação*. Porto Alegre: Verbo Jurídico, 2012.

tecnologias.[638] Perfazendo, também, um mecanismo de expressão dos princípios da precaução e prevenção.

Por fim, Marcelo Dias Varella afirma que a liberdade de escolha não é tolhida apenas pela ausência ou deficiência de informação no caso específico dos OGMs (e acrescenta-se, também, dos nanoalimentos), mas sim pela incapacidade institucional do Estado brasileiro "(...) de fazer conhecer os direitos eleitos pelos representantes políticos e as técnicas desenvolvidas pelos industriais."[639]

3.2 Os instrumentos de entrega e de atualização da informação ao consumidor no setor alimentar

Neste tópico, os objetivos consistem em relatar como funcionam as ferramentas responsáveis pela entrega da informação ao consumidor, especificamente no setor alimentar brasileiro. Utilizou-se como exemplo principal os produtos OGMs, que possuem uma regulação mais avançada e uma proximidade com o tema desta obra. Primeiramente, serão abordadas as controvérsias sobre a manutenção ou não da rotulagem desses alimentos (item 3.2.1). Em seguida, serão apresentadas as críticas e os dados empíricos sobre a adoção de destaques informativos ("informação-advertência"), que podem fracassar no propósito de informar o consumidor (item 3.2.2). Por último, a rastreabilidade alimentar é colocada em pauta para esclarecer como podem funcionar no controle de nanomateriais artificiais incorporados nos alimentos, com o escopo de viabilizar um possível *recall* de produtos defeituosos (item 3.2.3).

3.2.1 A experiência atual dos rótulos de alimentos com transgenia

No setor alimentar, a rotulagem perfaz um dos veículos mais importantes na entrega da informação sobre o produto. Ela o acompanha e revela seu conteúdo, sua composição, sua origem, sua qualidade e suas características.[640] A ANVISA, seguindo os padrões do *Codex Alimentarius*, conceituou rotulagem como "toda inscrição,

---

[638] Teresa Ancona Lopez afirma que "a informação é a melhor arma para se enfrentar a dúvida sobre os riscos e perigos." LOPEZ, Teresa Ancona. *Princípio da precaução e evolução da responsabilidade civil*. São Paulo: Quartier Latin, 2010. p. 191. No mesmo sentido: ALMEIDA SANTOS, Fabíola Meira. Informação como instrumento para amenizar riscos na sociedade de consumo. *Revista de Direito do Consumidor*. vol. 107/2016. p. 363 - 384. Set – Out. 2016.

[639] VARELLA, Marcelo Dias. O tratamento jurídico-político dos OGM no Brasil. In: VARELLA, Marcelo Dias; BARROS-PLATIAU, Ana Flávia (orgs.). *Organismos geneticamente modificados*. Belo Horizonte: Del Rey, 2005. p. 15.

[640] As regras sobre a rotulagem de alimentos são de competência da ANVISA. O regulamento geral sobre o assunto está na Resolução RDC 259/2002. Existem outras regras mais específicas sobre alguns temas, quais sejam: Resolução RDC40/2001, sobre rotulagem nutricional; Portaria SVS/MS 27/1998, sobre informação nutricional complementar; Portaria SVS/MS 29/1998, sobre alimentos destinados ao controle de peso; Portaria SVS/MS 31/1998, sobre suplementos vitamínicos e minerais; Portaria SVS/MS 32/1998, sobre adoçantes de mesa e adoçantes dietéticos; dentre outras.

legenda, imagem ou toda matéria descritiva ou gráfica, escrita, impressa, estampada, gravada, gravada em relevo ou litografada ou colada sobre a embalagem do alimento."[641]

A rotulagem como um veículo de entrega da informação, possui inúmeras formas de expressão, que são consubstanciadas em "códigos", através de representações gráficas, emblemas, ilustrações, símbolos, denominações, sinais ou vocábulos. Tais dados não podem ser utilizados para confundir o consumidor, trazer informações falsas, insuficientes ou incorretas. Nos termos do item 3.1, alínea "a", da RDC n. 259/2002, da ANVISA, o rótulo não pode "induzir o consumidor a equívoco, erro, confusão ou engano, em relação à verdadeira natureza, composição, procedência, tipo, qualidade, quantidade, validade, rendimento ou forma de uso do alimento."[642]

Além de viabilizar o direito à informação, a rotulagem também facilita o rastreamento do alimento, visando fornecer mais segurança através de um conjunto de ferramentas de monitoramento. A obrigatoriedade de rotular tais produtos adveio do Decreto-Lei n. 986/1969, que instituiu as normas básicas sobre alimentos no Brasil. Posteriormente, com o advento do CDC, esse dever de informar foi reforçado e ampliado para todos os produtos colocados no mercado de consumo.[643]

Especificamente sobre a rotulagem dos produtos que incorporam Organismos Geneticamente Modificados (OGMs), a regulação é mais avançada e específica.[644] A primeira previsão legal da obrigatoriedade de elencar informações sobre esses produtos ocorreu com o Decreto n. 3.871/2001. De acordo com o art. 1º, do Diploma já revogado, os produtos OGMs deveriam trazer na lista de ingredientes quais itens eram geneticamente modificados. Essa obrigatoriedade atingia apenas os alimentos

---

[641] Conforme o item 2 "definições", subitem 2.1 "rotulagem", do anexo da Resolução n. 16 da ANVISA. ANVISA. Resolução n. 16, de 30 de abril de 1999. Regulamento técnico para a rotulagem de alimentos embalados. *Diário Oficial da União*: seção 1, Brasília, DF, n. 184 p. 33-34. 23 de setembro de 2002. Disponível em: http://portal.anvisa.gov.br/documents/33880/2568070/RDC_2-59_2002.pdf/e40c2ecb-6be6-4a3d-83ad-f3cf7c332ae2. Acesso em: 11 ago. 2019.

[642] Nos termos do item 3 "princípios", subitem 3.1, alínea "a", do anexo da Resolução n. 259 da ANVISA. ANVISA. Resolução n. 259, de 20 de setembro de 2002. Regulamento técnico para a rotulagem de alimentos embalados. *Diário Oficial da União*: seção 1, Brasília, DF, n. 184 p. 33-34. 23 de setembro de 2002. Disponível em: http://portal.anvisa.gov.br/documents/33880/2568070/RDC_259_2-002.pdf/e40c2ecb-6be6-4a3d-83ad-f3cf7c332ae2. Acesso em: 11 ago. 2019.

[643] Nesse sentido, pode-se citar o art. 31 do CDC, que elenca a forma correta de informar o consumidor "art. 31. A oferta e apresentação de produtos ou serviços devem assegurar informações corretas, claras, precisas, ostensivas e em língua portuguesa sobre suas características, qualidades, quantidade, composição, preço, garantia, prazos de validade e origem, entre outros dados, bem como sobre os riscos que apresentam à saúde e segurança dos consumidores." BRASIL. *Lei n. 8.080, de 18 de setembro de 1990*. Código de Defesa do Consumidor. Brasília, DF: Presidência da República, [1990]. Disponível em: http://www.planalto.gov.br/ccivil_03/leis/l8080.htm. Acesso em: 8 ago. 2019.

[644] Sobre o histórico da regulação sobre a rotulagem dos OGMs, veja: BEZERRA, Mário de Quesado Miranda; LOBATO, Mariana Araújo; CARMO, Valter Moura do. Rotulagem de alimentos transgênicos e o direito à informação: aspectos de boa-fé objetiva e transparência. *Revista de Direito do Consumidor*. São Paulo, v. 119, ano 27, p. 167-183, set./out. 2018.

com traços de OGM que ultrapassassem 4% da composição do alimento. Não havia, ainda, a obrigatoriedade de afixar símbolos ou advertências no rótulo, apenas a menção específica da composição por OGMs na lista de ingredientes.[645]

Com o advento do Decreto n. 4.680/2003, o patamar de tolerância foi reduzido para 1%, seguindo os posicionamentos adotados nos Regulamentos da União Europeia. O Decreto determina também que o percentual pode sofrer uma maior redução por decisão administrativa da CTNBio.[646] Uma das grandes modificações consistiu na forma de externalizar essa informação ao consumidor. Assim, o Decreto trouxe o que se convencionou denominar de "informação-advertência".[647] Conforme o art. 2º, § 1º, a informação sobre a presença de OGMs no alimento deve vir acompanhada de um destaque informativo mediante a adoção de um símbolo específico. O símbolo foi definido através da Portaria nº 2658, de 22 de dezembro de 2003, do Ministério da Justiça.[648]

A delimitação do percentual realizado pelo Decreto n. 4.680/2003, não agradou

---

[645] BRASIL. *Decreto n. 3.871, de 18 de julho de 2001.* Disciplina a rotulagem de alimentos embalados que contenham ou sejam produzidos com organismo geneticamente modificados, e dá outras providências. Brasília, DF: Presidência da República, [2001]. Disponível em: http://www.planalto.gov.br/ccivil_03/decreto/2001/D3871.htm. Acesso em: 11 ago. 2019. Decreto revogado.

[646] Nos termos do art. 2, § 4º do Decreto n. 4.680/2003. BRASIL. *Decreto n. 4.680, de 24 de abril de 2003.* Regulamenta o direito à informação, assegurado pela Lei no 8.078, de 11 de setembro de 1990, quanto aos alimentos e ingredientes alimentares destinados ao consumo humano ou animal que contenham ou sejam produzidos a partir de organismos geneticamente modificados, sem prejuízo do cumprimento das demais normas aplicáveis. Brasília, DF: Presidência da República, [2003]. Disponível em: http://www.planalto.gov.br/ccivil_03/decreto/2003/D4680.htm#art8. Acesso em: 11 ago. 2019.

[647] Cabe mencionar que a "informação-advertência" foi abordada pelo Relator Antônio Herman Benjamin no RE n. 856.316 MG. Conforme se extrai do trecho do voto vencedor: "A advertência é informação qualificada: vem destacada do conjunto da mensagem, de modo a chamar a atenção do consumidor, seja porque o objeto da advertência é fonte de onerosidade além da normal, seja porque é imprescindível à prevenção de acidentes de consumo." BRASIL. Superior Tribunal de Justiça (Segunda Turma). *Recurso Especial n. 586.316 MG.* Direito do consumidor. Administrativo. Normas de proteção e defesa do consumidor. Ordem pública e interesse social. Princípio da vulnerabilidade do consumidor. Princípio da transparência. Princípio da boa-fé objetiva. Princípio da confiança. Obrigação de segurança. Direito à informação. Dever positivo do fornecedor de informar, adequada e claramente, sobre riscos de produtos e serviços. Distinção entre informação-conteúdo e informação-advertência. Rotulagem. Proteção de consumidores hipervulneráveis. Campo de Aplicação da lei do glúten (lei 8.543/92 ab-rogada pela lei 10.674/2003) e eventual antinomia com o art. 31 do código de defesa do consumidor. Mandado de segurança preventivo. Justo receio da Impetrante de ofensa à sua livre iniciativa e à comercialização de seus produtos. Sanções administrativas por deixar de advertir sobre os riscos do glúten aos doentes celíacos. Inexistência de direito líquido e certo. Denegação da segurança. Relator: Min. Herman Benjamin. 17 de abril de 2007. Disponível em: https://ww2.stj.jus.br/processo/revista/inteiroteor/?num_registro=200600998380&dt_publicacao=25/05/2009. Acesso em: 10 ago. 2019.

[648] BRASIL. Ministério da Justiça. Gabinete do Ministro. Portaria nº 2.658, de 22 de dezembro de 2003. Define o símbolo de que trata o art. 2º, § 1º, do Decreto 4.680, de 24 de abril de 2003, na forma do anexo à presente portaria. Diário Oficial da União: seção 1, Brasília, DF, 26 dez. 2003. Disponível em: http://portal.anvisa.gov.br/documents/33916/393963/Portaria_2685_de_22_de_dezembro_de_2003.pdf/54200bc1-8c57-4d36-bf1e-2045fcff1919. Acesso em: 28 jul. 2013.

nenhum dos lados da disputa. A indústria sustentou o seu posicionamento inicial da desnecessidade de diferenciação e discriminação de produtos com OGMs. Por outro lado, os defensores dos direitos do consumidor e do meio ambiente afirmam que o limite tolerado de 1%, é arbitrário e inviabiliza o direito de escolha, pois abrange apenas uma fatia dos produtos.[649]

No âmbito da Convenção sobre Diversidade Biológica, o Protocolo de Cartagena sobre Biossegurança informa que os produtos que contenham mais de 4% de traços de OGMs devem ser discriminados e o consumidor deve ser informado. O Brasil é signatário deste Protocolo, mas preferiu adotar um padrão de segurança alimentar mais elevado. Em outros países como China, Rússia e Japão, os limites de tolerância para a rotulagem são de 5%. Já nos EUA, Canadá, Austrália e Nova Zelândia, por exemplo, a rotulagem é mais branda, não se adota percentuais, ela ocorre apenas se houverem diferenças químicas e biológicas entre o produto "tradicional" e o produto OGM.[650] Nesse último caso, na prática a rotulagem fica adstrita apenas aos produtos com uma alta carga genética transgênica, que possa representar conteúdo alergênico ou modificação nutricional.[651] Essa visão parte do princípio da bioequivalência substancial, já desenvolvido no tópico 3.1.3, desta obra.

Mesmo diante da obrigatoriedade da rotulagem dos OGMs, estudos recentes indicam a presença de produtos em desconformidade com a legislação de biossegurança.[652] A principal violação está justamente na ausência de informações sobre a presença de transgênicos acima de 1% nos rótulos dos produtos.[653] Em 2011, algumas das maiores sociedades empresárias do ramo alimentício no Brasil, foram multadas pelo Departamento de Proteção e Defesa do Consumidor (DPDC), do Ministério da Justiça, devido ao descumprimento das regras de rotulagem.[654] Apesar

---

[649] VARELLA, Marcelo Dias. O tratamento jurídico-político dos OGM no Brasil. In: VARELLA, Marcelo Dias; BARROS-PLATIAU, Ana Flávia (orgs.). *Organismos geneticamente modificados*. Belo Horizonte: Del Rey, 2005. p. 13.

[650] MCHUGHEN, Alan. *Pandora's picnic basket*. Oxford: Oxford University Press, 2000. p. 202.

[651] GRASSI NETO, Roberto. *Segurança alimentar*: da produção agrária à proteção do consumidor. São Paulo: Saraiva, 2013. p. 282.

[652] Sobre a produção acadêmica acerca dos OGMs, consulte: CÂMARA, Claria Clara Coelho et al. A produção acadêmica sobre a rotulagem de alimentos no Brasil. *Rev Panam Salud Publica*. V. 23, n. 1, p. 52-58, 2008. Disponível em: https://www.scielosp.org/pdf/rpsp/2008.v23n1/52-58/pt. Acesso em: 11 ago. 2019.

[653] RIBEIRO, Isabelle Geoffroy; MARIN, Victor Augustus. A falta de informação sobre os Organismos Geneticamente Modificados no Brasil. *Ciência & Saúde Coletiva*, v. 17, n. 2, p. 359–368, fev. 2012. Disponível em: http://www.scielo.br/scielo.php?script=sci_arttext&pid=S1413-81232012000200010&lng=pt&tlng=pt. p. 364.

[654] Após testes realizados por laboratórios credenciados, o DPDC aplicou multas em decorrência da inadequação da rotulagem dos seguintes produtos: "biscoito recheado Tortinha de chocolate com cereja (Adria Alimentos do Brasil), farinha de milho Fubá Mimoso (Alimentos Zaeli), biscoito de morango Tortini (Bangley do Brasil Alimentos), bolinho Ana Maria Tradicional sabor chocolate (Bimbo do Brasil), mistura para bolo sabor côco Dona Benta (J. Macedo), biscoito recheado Trakinas (Kraft Foods), biscoito Bono de morango (Nestlé), barras de cereais Nutry (Nutrimental), mistura para

de uma dessas empresas ter ajuizado uma ação judicial, com o objetivo de afastar a aplicação da multa, o Tribunal Regional Federal da 4ª Região, em sede de recurso, manteve a licitude da punição. O principal argumento da recorrente para o cancelamento da multa consistia no fato de que ela desconhecia a origem transgênica dos seus insumos.[655]

Por outro lado, a população brasileira parece não estar preparada para receber essa informação. Em pesquisa empírica realizada em 2012, menos de 50% conheciam o significado do termo "transgênicos".[656]

Essas falhas na concretização da rotulagem dos OGMs é um dos fundamentos do Projeto de Lei (PL) n. 34/2015, em tramitação no Senado Federal. O PL, que teve origem na Câmara dos Deputados (Projeto de Lei n. 4148/2008), visa a alteração da Lei de Biossegurança no que tange à informação ao consumidor. As modificações consistem em cinco pontos específicos.

O primeiro versa sobre a modificação do sistema de identificação do OGM, que atualmente é baseado no "rastreamento". O Relator do Projeto defende a aplicação do sistema de "detectabilidade". Essa disposição desobrigaria o fornecedor de informar o público quando os testes laboratoriais não indicarem diferenças químicas e biológicas do produto OGM, quando comparado com a versão "tradicional". Na prática, consiste em uma aproximação do paradigma regulatório americano da bioequivalência substancial. O rastreamento obriga a rotulagem dos OGMs de maneira automática, conforme o índice de tolerância estabelecido em Lei, não são realizadas comparações entre produtos "tradicionais" e OGMs. O motivo da proposta de mudança está, segundo o Relator, nos aspectos dos custos elevados do sistema de rastreamento.[657] Contudo, não foram elencados dados empíricos para fundamentar tal opção.

---

panquecas Salgatta (Oetker) e Baconzitos Elma Chips (Pepsico do Brasil)." MINISTÉRIO DA JUSTIÇA. DPDC instaura processos por falta de informação sobre transgênicos. In: *JusBrasil*. Artigo públicado peo Ministério da Justiça em 16 de março de 2011. Disponível em: https://mj.jusbrasil.com.br/noticias/2606677/dpdc-instaura-processos-por-falta-de-informacao-sobre-transgenicos?ref=serp. Acesso em: 11 ago. 2019.

[655] BRASIL. Tribunal Regional Federal (4ª Região). Apelação Cível Nº 5004106-85.2012.4.04.7004. 1. Multas e demais Sanções, Infração Administrativa, Atos Administrativos, direito administrativo e outras matérias de direito público. Relator: Cândido Alfredo Silva Leal Junior (4ª Turma). 7 de setembro de 2013. Disponível em: https://www2.trf4.jus.br/trf4/controlador.php?acao=consulta_proces-sual_resultado_pesquisa&txtPalavraGerada=mDmu&hdnRefId=6e5577023c361731f1f54ee732e25004&selForma=NU&txtValor=50041068520124047004&chkMostrarBaixados=&todasfases=&todosvalores=&todaspartes=&txtDataFase=&selOrigem=TRF&sistema=&codigoparte=&txtChave=&paginaSubmeteuPesquisa=letras. Acesso em: 11 ago. 2019.

[656] CASTRO. Biancca Scarpeline de; YOUNG, Carlos Eduardo Frickmann; LIMA, Guilherme Rodrigues. A opinião pública a respeito dos organismos geneticamente modificados no Brasil: confiança e percepção de riscos. In: *II Seminário Internacional Empírika* - Comunicação, Divulgação e Percepção de Ciência e Tecnologia, Campinas, 2012. p. 15.

[657] BRASIL. Senado Federal. *Projeto de Lei 34/2015*. (2015) Altera a Lei n. 11.105, de 24 de março de 2005. Disponível em: https://legis.senado.leg.br/sdleg-getter/documento?dm=3436557&ts=1553284857304&disposition=inline. Acesso em: 11 jun. 2019. p. 5.

O segundo ponto do PL está na retirada da informação-advertência, que hoje é concretizada na forma de um símbolo triangular na cor amarela, com a letra "T". A informação sobre os OGMs, contudo, permaneceria na lista de ingredientes entre parênteses após a descrição do insumo utilizado, que foi detectado como OGM nos resultados laboratoriais. A principal justificativa consistiu no "valor negativo" do símbolo no cenário do comércio nacional e internacional.[658]

O terceiro ponto consiste na retirada da obrigatoriedade de indicar a espécie doadora do gene ao consumidor, tendo em vista que a transgenia envolve a retirada de características genéticas de uma espécie para outra. O Relator entendeu que essa informação não se caracteriza como informação benéfica ao consumidor, pois a aposição de termos científicos acaba dificultando a compreensão da mensagem que se deseja entregar.[659] Entretanto, o Relator não adentrou nos aspectos da importância dessa informação específica no campo dos alergênicos.

O quarto ponto do PL está em limitar a informação apenas aos alimentos que possuem algum insumo que seja diretamente OGM, ficando excluídos os alimentos que foram produzidos a partir de animais alimentados com OGMs, conforme está previsto atualmente no art. 3º, do Decreto n. 4.680/2003. O quinto e último ponto de alteração está na regulamentação da informação "livre de transgênicos", que atualmente já é praticada por alguns fornecedores.

A literatura especializada em Direito do Consumidor se manifestou contrária ao avanço do PL supramencionado. Cláudia Lima Marques afirma que o direito do consumidor à informação sobre os alimentos transgênicos é um direito fundamental.[660] Em publicação coletiva, a autora concluiu que a proposta leva em consideração apenas o viés econômico, deixando de apreciar os vieses da segurança alimentar e do desenvolvimento sustentável:

> Com o PL 34/2015, o legislador busca claramente basear sua proposta de alteração legislativa num critério estritamente econômico, para afastar a adoção de parâmetros mais seguros para identificação de produtos com OGM, sem, contudo, verificar outros critérios base do desenvolvimento sustentável – social e ambiental – além de violar dispositivos jurídicos como o CDC e o art. 225 da CF, em claro retrocesso social e

---

[658] BRASIL. Senado Federal. *Projeto de Lei 34/2015*. (2015) Altera a Lei n. 11.105, de 24 de março de 2005. Disponível em: https://legis.senado.leg.br/sdleg-getter/documento?dm=3436557&ts=1553284857304&disposition=inline. Acesso em: 11 jun. 2019. p. 8.

[659] BRASIL. Senado Federal. *Projeto de Lei 34/2015*. (2015) Altera a Lei n. 11.105, de 24 de março de 2005. Disponível em: https://legis.senado.leg.br/sdleg-getter/documento?dm=3436557&ts=1553284857304&disposition=inline. Acesso em: 11 jun. 2019. p. 7.

[660] MARQUES, Cláudia Lima. Organismos geneticamente modificados, informação e risco da "novel food": o direito do consumidor desarticulado? *Cadernos do Programa de Pós-Graduação em Direito da UFRGS*. v. 3, n. 6, p. 105-124, 2005. p. 106.

informacional.[661]

Em carta encaminhada à Câmara dos Deputados, algumas entidades da sociedade civil e estudiosos do Direito do Consumidor, já haviam pedido a rejeição do PL 4148/2008. Contudo, ele foi aprovado e encaminhado ao Senado, conforme exposto acima. Na Carta, os apoiadores afirmaram que a proposta de alteração fere os compromissos internacionais assumidos pelo Brasil, no que tange ao Protocolo de Cartagena sobre Biossegurança, além de violar o direito à informação do consumidor, estabelecido no CDC.[662]

Diante desse cenário que, guardadas as devidas proporções, se assemelha à utilização de nanomateriais artificiais nos alimentos,[663] revela empecilhos práticos na adoção de uma eventual rotulagem obrigatória, tal como aquela que foi proposta para produtos com nanotecnologia, através dos Projetos de Lei do Senado (PL n. 131/2010) e da Câmara dos Deputados (PL n. 5.133/2013), já arquivados e comentados no item 2.2.4, desta obra.

No caso dos nanoalimentos, não existe certeza científica na necessidade da adoção de uma rotulagem obrigatória, no cenário nacional ou internacional. Uma rotulagem universal para tais produtos com a frase "contêm nanopartículas" ou outra informação similar, parece estar em desacordo com o próprio direito à informação e escolha do consumidor, pois cria-se uma discriminação entre todos os nanoalimentos, que conforme estudos de riscos indicam diferenças de periculosidade. O consumidor não conseguirá avaliar concretamente o risco de cada produto específico, apenas deixaria de adquirir toda a categoria de nanoalimentos, o que não parece ser uma opção coerente no mercado de consumo.

Por outro lado, como defendido anteriormente, apesar das dificuldades práticas, a rotulagem obrigatória voltada ao esclarecimento ao consumidor das incertezas sobre os potenciais riscos envolvidos no consumo desses produtos, pode apresentar-se como uma alternativa ao desenvolvimento seguro da nanotecnologia. Assim, não haveria necessidade de que toda a categoria de nanoalimentos trouxesse tal informação, mas deveria estar presente apenas naqueles que possuam ingredientes com nanomateriais artificiais com riscos potenciais. Nesse sentido, Jonathan H. Adler em comentário sobre

---

[661] MARQUES, Cláudia Lima; BERGSTEIN, Laís Gomes; BASSANI, Matheus Link. A necessária manutenção do direito à informação dos consumidores sobre produtos transgênicos: uma crítica ao Projeto de Lei 34/2015(4148/2008). *Revista de Direito Ambiental*, v. 91, ano 23, p. 637-653, 2018. p. 647-648.

[662] IDEC et al. Carta das entidades da sociedade civil contra o PL 4148/2008, que prevê acabar com a rotulagem dos transgênicos. In: *IDEC*. [s.l./s.d.]. Disponível em: https://www.idec.org.br/pdf/carta-rotulagem-transgenicos.pdf. Acesso em: 11 ago. 2019.

[663] A ligação entre os dois temas citados não é incomum na literatura especializada. Alguns artigos científicos e livros fazem comparações, inclusive empíricas, sobre os OGMs e os nanoalimentos.

os nanocosméticos, afirma que essa forma de divulgação "(...) forneceria um grau de informação preciso e válido - a falta de conhecimento científico sobre um ingrediente que pode ou não ser perigoso - sem impor uma exigência de rótulo geral e (des)informativo. [tradução nossa]"[664] Entretanto, alguns estudos indicam que a obrigatoriedade de um grande volume de informações nos rótulos é ineficaz, pois é inconscientemente desconsiderada pelos consumidores,[665] que em sua maioria não analisam tais dados. É o tema trabalhado no tópico abaixo.

3.2.2 Críticas à técnica regulatória dos destaques informativos nos alimentos

No cenário alimentar muitas das informações que acompanham o rótulo do produto partem de uma regulação anterior que obriga o fornecedor a disponibilizá-la. Alguns desses casos envolvem, por exemplo, as informações nutricionais, sobre a origem do produto, sobre ingredientes alergênicos, sobre transgenia e as informações especiais sobre restrições alimentares. Tal técnica possui duas finalidades: informar o consumidor para que ele decida de forma consciente e informada; e, resguardar a sua integridade física, com dados que possam evitar acidentes de consumo, tal como no caso das pessoas alérgicas ou com outras enfermidades (diabetes, hipertensão, etc.).

A informação é importante para o exercício do direito de escolha e de autopreservação. Contudo, alguns especialistas entendem que o seu excesso gera "desinformação", pois prejudica o entendimento da mensagem que se quer transmitir. Nesse sentido, a principal característica da rotulagem e, também, dos contratos de consumo, está na grande quantidade de informações que os compõem. Muitas delas derivam de obrigações legais, visando a preservação dos agentes econômicos, principalmente daquele que é considerado vulnerável no mercado de consumo.

A disponibilidade não significa que ela automaticamente foi absorvida pelo consumidor. Em algumas situações, ocorre até mesmo a sua desconsideração por completo. Um dos exemplos está nos contratos de consumo firmados pela internet. Pesquisas recentes indicaram que apenas 0,1 a 0,2% dos compradores de softwares abrem os contratos de licença para analisar as cláusulas lá descritas. Quando o fazem,

---

[664] ADLER, Jonathan H. Labeling the little things. *The Nanotechnology Challenge: Creating Legal Institutions for Uncertain Risks*, n. August, p. 203–224, 2011. p. 32.

[665] Nesse interim, Lindstrom demonstra que os fornecedores se utilizam de diferentes técnicas avançadas do neuropsicologia para conduzir os consumidores a adquirirem bens de consumo através do encanto pelos seus benefícios, mas acobertando ou dificultando o acesso aos potencias riscos na sua utilização. LINDSTROM, Martin. *A lógica do consumo*: verdades e mentiras sobre por que compramos. Tradução de Marcello Lino. Rio de Janeiro: HarperCollins Brasil, 2017.

não gastam mais que alguns minutos nessa atividade.[666]

Assim, o senso comum indica que existe um problema generalizado acerca do volume de informações recebido pelos consumidores, em relação à sua capacidade de compreensão. Dois juristas, Omri Ben-Shahar e Carl E. Scheneider, baseados nessa constatação realizaram uma pesquisa científica para compreender a causa da falha dos "destaques informativos obrigatórios" previstos nas leis americanas. Assim surgiu a problemática: A regulação que institui os destaques obrigatórios é a melhor forma de levar a informação ao consumidor? Diante do "tsunami" de informações técnicas e/ou científicas, o consumidor pode encontrar o que deseja e tomar decisões mais acertadas?[667]

Os autores afirmam que a divulgação obrigatória de informações através da regulação é uma resposta estatal, que fornece elementos para as pessoas "não-especialistas" enfrentarem decisões complexas e técnicas. Esse cenário é intensificado na "sociedade de risco". A divulgação obrigatória propõe uma "solução sedutoramente simples": se as pessoas precisam de informações específicas para tomar decisões sobre temas que não dominam, a melhor saída é ampliar cada vez mais o acesso e a disponibilidade. Tal técnica regulatória é extremamente utilizada na atualidade.

A pesquisa realizada pelos autores se baseou em leis sobre contratos de plano de saúde, sobre contratos de financiamento bancário e sobre o consentimento informado no contexto da proteção de dados pessoais. Todas essas áreas teriam em comum o excesso de informações disponibilizadas ao consumidor. Segundo eles tal excesso está lastreado em duas noções fundamentais: a ideia de livre mercado e de autonomia privada. Assim "(...) os mercados funcionam melhor quando os consumidores são amplamente informados [tradução nossa]", pois esse cenário fornece dados suficientes para o melhor exercício do direito de escolha. Em última análise, a escolha revelaria uma das vertentes da autonomia privada desses indivíduos. [668]

A conclusão do estudo realizado por Omri Ben-Shahar e Carl E. Scheneider está na falha dessa técnica regulatória justamente pelo excesso de informações. Os autores não elencaram propostas de substituição desse modelo, mas ressaltaram que o seu fracasso pode sustentar o desenvolvimento de outras formas de proteger a autonomia pessoal dos consumidores na sociedade moderna, diante da insuficiência da atual

---

[666] MITTS, J. How Much Mandatory Disclosure is Effective? [s.v.], *Ssrn*, 2014. Disponível em: https://papers.ssrn.com/sol3/papers.cfm?abstract_id=2404526. Acesso em: 11 ago. 2019. p. 3.

[667] BEN-SHAHAR, Omri; SCHNEIDER, Carl E. *More than you wanted to know : the failure of mandated disclosure.* Princeton: Princeton University Press, 2014. (não paginado).

[668] BEN-SHAHAR, Omri; SCHNEIDER, Carl E. *More than you wanted to know : the failure of mandated disclosure.* Princeton: Princeton University Press, 2014. (não paginado).

forma de entregar a informação.[669]

Dessa forma, a regulação, que propõe a obrigatoriedade de informar determinados pontos importantes dos bens de consumo, não consegue atingir o seu objetivo, qual seja: o de fornecer instrumentos para uma decisão informada nas relações jurídicas firmadas entre leigos e especialistas.

Nesse sentido, J. Mitts ressalta que "Há um pressuposto fundamental, mas raramente reconhecido na Lei de proteção do consumidor sobre a internalização de toda a informação que lhes é apresentada. [tradução nossa]"[670] Costuma-se presumir a absorção de toda a informação. Não existem análises empíricas dos agentes responsáveis pela regulação acerca da capacidade cognitiva dos consumidores em processar tais informações. A técnica dos destaques informativos obrigatórios apesar de revelar custos menores para os fornecedores, pode não ser a melhor maneira de proteger o consumidor.[671] Para o autor, a educação para o consumo, através de políticas públicas voltadas ao esclarecimento sobre segurança alimentar pode ser uma forma mais eficaz de informar os consumidores sobre os riscos presentes em determinados alimentos.[672]

Diante das controvérsias sobre a rotulagem dos OGMs e das críticas elencadas pela literatura especializada, no que tange ao excesso de informações nos rótulos dos alimentos, é possível afirmar que o seu acréscimo no caso dos nanomateriais artificiais utilizados na composição do produto podem não surtir o efeito desejado na viabilização do direito de escolha e no fomento à proteção do consumidor. Por este motivo, essa discussão deve ultrapassar a mera preocupação com o acesso à informação e concentrar-se nas condições dessa exposição, tendo em vista que atualmente o público não está preparado para recebê-la. Essa constatação reforça a necessidade de debates sobre a nanotecnologia, que sejam capazes de promover o engajamento público e a

---

[669] BEN-SHAHAR, Omni; SCHNEIDER, Carl E. The Failure of Mandated Disclosure. *SSRN, Chicago Law and Economics*. [s.v.], 2010. Disponível em: http://www.ssrn.com/abstract=1567284. p. 647.

[670] MITTS, J. How Much Mandatory Disclosure is Effective? [s.v.], *SSRN*, 2014. Disponível em: https://papers.ssrn.com/sol3/papers.cfm?abstract_id=2404526. Acesso em: 11 ago. 2019. p. 3.

[671] Conforme ressalta João Pedro Leite Barros em análise da legislação portuguesa: "(...) o afã do legislador de resguardar o direito do consumidor não foi transformado em tutela real. o malfadado esforço em normatizar ao máximo o dever de informação, promovido através de diretivas descoordenadas entre si, não atingiu o resultado desejado, demonstrando-se que o sistema é ao mesmo tempo protetivo e defeituoso. Nesse compasso, ficou nítido que a noção de quanto mais informação melhor para o consumidor foi sucumbida pela consequente desinformação por parte deste. Basta observar, por exemplo, que a pletora de informações veiculadas pelo fornecedor, na prática, não permite que o consumidor diferencie quais são as mais relevantes, prejudicando a assimilação daquelas essenciais para o contrato." BARROS, Leite. O excesso de informação como abuso do Direito (Dever). *Revista Luso-Brasileira de Direito do consumo*. v. 7, n. 23, p. 13–60, mar. 2017. p. 40.

[672] MITTS, J. How Much Mandatory Disclosure is Effective? [s.v.], Ssrn, 2014. Disponível em: https://papers.ssrn.com/sol3/papers.cfm?abstract_id=2404526. Acesso em: 11 ago. 2019. p. 48.

participação da sociedade no desenvolvimento científico e tecnológico.[673]

A União Europeia já havia reconhecido em 2004, que o desenvolvimento da nanotecnologia depende da confiança e da aceitação pública. Sem o compartilhamento de informações e da participação democrática no processo científico e tecnológico da produção de nanoalimentos, as inovações podem colidir com uma recepção negativa pelo público. Não se trata de uma rejeição legítima baseada nos riscos, mas da recusa pela ignorância sobre as suas aplicações e potencialidades, ou seja, o "medo da novidade".[674]

A confiança surge a partir da educação e da abertura para o debate. "O diálogo bilateral é indispensável, pelo qual os pontos de vista do público em geral são tidos em conta e influenciam as decisões relativas à política da C&T.[tradução nossa]"[675] Desde as primeiras aplicações da nanotecnologia no mercado de consumo, os cientistas já ressaltavam a importância de estudos das ciências sociais sobre a nanotecnologia, principalmente no auxílio do "diálogo entre os nanotecnologistas e o público consumidor."[676] A visão das ciências sociais pode auxiliar nos estudos sobre regulação, sobre os impactos sociais e nas questões éticas, políticas e econômicas, itens importantes na aceitação pública dessa nova tecnologia.[677]

3.2.3 A vigilância dos alimentos através da rastreabilidade e do recolhimento de produtos defeituosos (recall)

A rastreabilidade alimentar consiste no conjunto de informações e registros dispostos em sistemas eletrônicos, que viabiliza o conhecimento sobre a cadeia produtiva de um produto. Esse arcabouço de dados permite o estudo retrospectivo do produto acabado, que perpassa pelas origens das matérias primas, pelos processos de transporte, pela industrialização, pelo processamento e empacotamento até chegar ao

---

[673] Sobre a necessidade de engajamento público em nanotecnologia veja: WHITMAN, Jim. Nanotechnology and dual-use dilemmas. In: PAPPERT, Brian; SELGELID, Michael (orgs.). On the dual uses of sicence and ethics: principles, practices and prospects. [s.l.: *ANU Press*, 2013.

[674] UNIÃO EUROPEIA. *Comunicação da Comissão*: Towards a European strategy for nanotechnology. Comunicação da Comissão ao Conselho, ao Parlamento Europeu e ao Comité Económico e Social. Disponível em: https://ec.europa.eu/research/industrial_technologies/pdf/policy/nano_com_en_new.pdf. Acesso em: 10 jul. 2019. p. 19.

[675] EBBESEN, Mette. KAISER, Michael J; LIEN, Marianne E. Nanofood – lessons to be learn from the debate on GM crops ? *Semantic Scholar*, [s.v.], 2006. (não paginado).

[676] Sobre essa vertente, ver o Relatório Americano: ROCO, Mihail C; BAINBRIDGE, William Sims. *Societal implications of nanoscience and nanotechnology*: NSET Worshop Report. Virginia: National Sicence Foundation, 2001. Disponível em: http://www.wtec.org/loyola/nano/NSET.Societal.Implications/nanosi.pdf. Acesso em: 12 ago. 2019.

[677] EBBESEN, Mette. KAISER, Michael J; LIEN, Marianne E. Nanofood – lessons to be learn from the debate on GM crops ? *Semantic Scholar*, [s.v.], 2006. (não paginado).

destinatário final. Conforme ressalta Marcus Peixoto, a rastreabilidade serve como uma ferramenta auxiliar da segurança alimentar.[678]

A rotulagem está intrinsicamente ligada à rastreabilidade porque é o veículo que se destina ao consumidor e condensa as informações sobre o histórico do produto, seja através de códigos de barras, *QR code*, numeração, certificações ou auditorias específicas. O rótulo identifica o produto de forma inequívoca, pois em um sistema complexo de produção, o domínio da informação é importante para se evitar ou gerenciar possíveis acidentes de consumo. A tecnologia da informação é amplamente utilizada no gerenciamento dos sistemas de rastreabilidade.

No cenário internacional, o *Codex Alimentarius* traz recomendações para o bom funcionamento da rastreabilidade alimentar. Dentre as normas, o Comitê do Codex trouxe em 2008, um relatório sobre os Sistemas de Certificação e Inspeção de Exportação e Importação de Alimentos. Já no cenário nacional, existem três instituições responsáveis pela regulação da rastreabilidade alimentar: a ANVISA, o Instituto Nacional de Metrologia, Normalização e Qualidade Industrial (INMETRO), e o Ministério da Agricultura, Pecuária e Abastecimento (MAPA).

Thomas Eckschmidt faz uma ampla categorização do instituto "rastreabilidade", que também pode ser denominado de "rastreamento". O autor traz, ainda, conceitos e desafios para a sua implementação. Dentre as principais categorias comentadas estão as classificações quanto ao grau de cobertura da cadeia produtiva, quanto à visibilidade da informação e quanto à validação da informação.[679]

O grau de cobertura da cadeira produtiva pode ser fundamentado no rastreamento básico ou interno, simples ou completo. O primeiro deles é gerido apenas pelo fornecedor responsável pelo processamento do alimento e depende da sua credibilidade para sustentar a qualidade dos produtos. O rastreamento simples abrange uma quantidade maior de informações, combinadas com a possibilidade do consumidor de identificar a origem de alguns insumos utilizados.[680] Por outro lado, o sistema completo conta com uma maior complexidade, pois envolve todos os fornecedores envolvidos no ciclo produtivo "do campo à mesa" e a disponibilidade da

---

[678] PEIXOTO, Marcus. *Rastreabilidade alimentar*: reflexões para o caso da carne bovina. Coleção textos para discussão n. 47. Brasília: Consultoria Legislativa do Senado Federal – Centro de Altos estudos, 2008. Disponível em: https://www12.senado.leg.br/publicacoes/estudos-legislativos/tipos-de-estudos/textos-para-discussao/td-47-rastreabilidade-alimentar-reflexoes-para-o-caso-da-carne-bovina Acesso em: 11 ago. 2019. p. 6.

[679] ECKSCHMIDT, Thomas. O livro verde do rastreamento: conceitos e desafios. São Paulo: Livraria Varela, 2009. p. 31-59.

[680] Menciona-se que existem sociedades empresárias que atuam diretamente na área de rastreamento de suprimentos, gerindo desde o fornecimento de tecnologia até o próprio controle e fiscalização do ciclo industrial, inclusive na realização de possíveis recalls.

informação detalhada ao consumidor.[681]

No Brasil, a ANVISA determina como padrão mínimo que os fornecedores de alimentos devem realizar o rastreamento básico dos alimentos. [682] A rastreabilidade completa, ou seja, aquela que alcança todos os detalhes de cada uma das fases de confecção do produto, é cogente apenas para uma parcela pequena de fornecedores. O principal exemplo está no Serviço de Inspeção Federal (SIF), que traz um sistema de fiscalização e verificação pelo consumidor da veracidade de dados constantes em produtos de origem animal destinados ao mercado interno e externo. O "selo SIF" é afixado no rótulo desses produtos e permite que o consumidor saiba a origem da carne a ser consumida.[683] Outro exemplo, que ainda é pouco explorado no cenário brasileiro, consiste no rastreabilidade dos produtos OGM. Roberto Grassi Neto ressalta que é necessária uma regulação mais específica sobre o tema, pois atualmente não há uma abrangência coerente desse sistema diante do volume de transgênicos produzidos nacionalmente.[684]

A visibilidade da informação no rastreamento alimentar não pressupõe uma ampla divulgação, pois existem sistemas fechados, semiabertos e abertos. Segundo autor, a categoria menos indicada consiste no rastreamento fechado, ou seja, naquele que apesar de acumular dados sobre o processo produtivo, não os torna públicos para o consumidor. O semiaberto permite a publicidade de alguns dados mais simples como origem, listagem de fornecedores dos insumos, certificações ou auditorias realizadas. Um dos exemplos está nos selos que acompanham o produto considerado "orgânico". Apesar de ser mais transparente, o sistema aberto acaba gerando custos elevados, que são diluídos no preço final do produto. São necessários procedimentos rigorosos de controle de qualidade em todas as etapas do ciclo produtivo, pois grande parte das informações será pública. Não necessariamente nas embalagens, mas em aplicativos virtuais, websites ou outros mecanismos que facilitem a consulta pelo consumidor.[685]

A validação da informação consiste na confiança que ela pode transmitir entre os agentes econômicos. Assim, o rastreamento pode ser meramente informativo,

---

[681] ECKSCHMIDT, Thomas. *O livro verde do rastreamento*: conceitos e desafios. São Paulo: Livraria Varela, 2009. p. 34.
[682] ANVISA. *Perguntas e respostas sobre o recolhimento de alimentos.* Brasília: ANVISA, 2016. Disponível em: http://portal.anvisa.gov.br/documents/33916/2810640/Recolhimento+de+alimentos/a8c3bbc7-f96d-4ef5-b0a5-d397242754c2. Acesso em: 11 ago. 2019. p. 12.
[683] Existe também o Sistema Brasileiro de Identificação Individual de bovinos e Búfalos (SISBOV). A adesão ao Sistema é voluntária, exceto para aqueles produtores que exportam para países que exigem a rastreabilidade como requisito.
[684] Nesse sentido, Roberto Grassi Neto discorre sobre as preocupações da União Europeia com as importações brasileiras de grãos, principalmente no que tange a falha do sistema de rastreabilidade e certificação dos produtos. GRASSI NETO, Roberto. *Segurança alimentar*: da produção agrária à proteção do consumidor. São Paulo: Saraiva, 2013. p. 347.
[685] ECKSCHMIDT, Thomas. *O livro verde do rastreamento*: conceitos e desafios. São Paulo: Livraria Varela, 2009. p. 44.

validado ou auditado e certificado.[686] Quando o rastreamento é realizado sem o auxílio de terceiros, ele pode ser considerado meramente informativo, pois não há a participação de sociedades empresárias especializadas em validar ou auditar os dados oferecidos pelos fornecedores. O sistema de rastreamento que conta com a certificação por auditorias é considerado por Thomas Eckschmidt, o mais confiável porque conta com um controle de terceiros, através da participação de especialistas que são credenciados aos órgãos públicos, como, por exemplo, o Sisbov.[687]

Conforme ressalta Roberto Grassi Neto, o rastreamento pode contar com cinco categorias de atores. Dentre eles estão: os agentes reguladores, que são responsáveis por editar normas sobre rastreamento; os agentes facilitadores, que prestam serviços aos fornecedores em diversas etapas do processo produtivo, fornecendo soluções em tecnologia para viabilizar os procedimentos de rastreabilidade; os agentes certificadores, responsáveis por atestar o cumprimento das normas técnicas preestabelecidas; os fornecedores, na coordenação de todo o processo produtivo; e, por fim, os consumidores, que são os principais destinatários de todo esse arranjo organizacional e podem atuar de modo ativo fazendo denúncias e reclamações nos órgãos competentes.[688]

No que tange à nanotecnologia aplicada aos alimentos, Leandro Antunes Berti indica e elenca os agentes responsáveis pelo desenvolvimento da "nanossegurança", que também podem ser responsáveis pelo rastreamento dos nanoalimentos:

- Fornecedor de nanomaterial – todas aquelas empresas ou organizações que produzem e comercializam nanomateriais que integrarão um nanoproduto;
- Fabricante de nanoproduto – toda a empresa que utiliza nanomateriais em seus produtos finais, colocando-os à venda no mercado;
- Laboratório de ensaios e medições em nanotecnologia – composto por infraestrutura e técnicos especialistas, realizam medições de propriedades dos nanomateriais;
- Laboratórios de ensaios em toxicologia – são aqueles que possuem competência suficiente para execução de análises de impacto toxicológico em animais ou no meio ambiente, seguindo procedimentos internacionais.
- Trabalhadores da nanotecnologia – indivíduos que trabalham diretamente com nanomateriais, aumentando consideravelmente o nível e tempo de exposição e, consequentemente, os riscos toxicológicos;

---

[686] Algumas sociedades empresárias são especializadas em realizar o controle de conformidade do ciclo agroindustrial em todas as suas etapas, com o objetivo de certificar o processo e evitar o descumprimento de normas editadas pelas agências ou órgãos reguladores.

[687] ECKSCHMIDT, Thomas. *O livro verde do rastreamento: conceitos e desafios*. São Paulo: Livraria Varela, 2009. p. 66.

[688] GRASSI NETO, Roberto. *Segurança alimentar*: da produção agrária à proteção do consumidor. São Paulo: Saraiva, 2013. p. 323-324.

- Usuário final – clientes dos fabricantes de nanoprodutos, ou aqueles que utilizam os nanoprodutos periodicamente;
- Regulamentadores, normalizadores e fiscalizadores – agências e associações nacionais e internacionais que têm o poder de legislar ou propor padrões nacionais ou internacionais, como a ANVISA e o INMETRO no Brasil, ou a ISO e a OECD internacionalmente.[689]

Katherine Van Tassel, afirma existir a necessidade de rastrear os nanomateriais artificiais que compõe todo o ciclo agroindustrial. A autora defende, no contexto norte-americano, a criação de uma rede de segurança de novos produtos, sendo que dentre eles estariam os nanoalimentos.[690]

Atualmente existem algumas iniciativas embrionárias acerca da implementação de um sistema de rastreamento de nanomateriais artificiais empregados nos bens de consumo. Dentre as iniciativas, menciona-se a regulação francesa e a americana, que instituíram mecanismos de notificação junto aos órgãos competentes.

Na França, a Lei n. 2010/788 (Lei Grenelle), acrescentou um capítulo no *Code de l'Environnement*, prevendo medidas para "prevenção de riscos para a saúde e o meio ambiente resultantes da exposição a substâncias no estado nanoparticular".[691] Dentre tais medidas está a obrigatoriedade de o fornecedor notificar a utilização de nanomateriais artificiais, informando a quantidade utilizada, a identidade da substância e a modalidade de aplicação nos bens de consumo.[692] Segundo Kaddour, o principal objetivo desta notificação consiste na compreensão do estado atual da nanotecnologia, "(...) de modo a ter um melhor entendimento de seus usos, seus canais de distribuição, mercado e volume de comércio, para poder coletar dados sobre toxicologia e ecotoxicologia, e informar o público. [tradução nossa]."[693].

Nos EUA, a Agência de Proteção Ambiental (EPA) instituiu um mecanismo de

---

[689] OLIVEIRA, André Luiz Meira de; BERTI, Leandro Antunes. *Nanossegurança na prática*: um guia para análise da segurança de empresas, laboratórios e consumidores que utilizam a nanotecnologia. Florianópolis: Fundação Certi, 2017. p. 9-10

[690] VAN TASSEL, Katherine. Regulating in Uncertainty: Animating the Public Health Product Safety Net to Capture Consumer Products Regulated by the FDA that Use Innovative Technologies, Including Nanotechnologies, Genetic Modification, Cloning, and Lab Grown Meat. *University of Chicago Legal Forum*, [s.v./s.n.], p. 433-488, 2013. p. 487.

[691] FRANÇA. *Lei n. 2010/788, de 12 de julho*. Portant engagement national pour l'environnement. Disponível em: https://www.legifrance.gouv.fr/affichTexte.do?cidTexte=JORFTEXT000022470434. Acesso em: 11 ago. 2019.

[692] A Lei francesa foi regulamentada pelos Decretos: Décret n° 2012-232 du 17 février 2012 relatif à la déclaration annuelle des substances à l'état nanoparticulaire pris en application de l'article L. 523-4 du code de l'environnement; e, Décret n° 2012-233 du 17 février 2012 relatif à la désignation des organismes mentionnés à l'article L. 523-3 du code de l'environnement.

[693] KADDOUR, Nadia. No Laws in Nanoland: How to Reverse the Trend? The French Example. *Nanotechnology and the Environment*, v. 30, n. 2, p. 486-522, 2013. p. 516.

rastreamento de produtos químicos, através do Regulamento "RIN 2070–AJ54".[694] Tal regra trouxe ao fabricante a obrigatoriedade de alimentar um banco de dados com informações de substâncias químicas produzidas com nanopartículas artificiais (por exemplo, nano-agrotóxicos). Assim, quando o fabricante pleiteia o registro de um nanoproduto deve indicar a "identidade química, dados de teste disponíveis em relação a efeitos ambientais ou à saúde, usos pretendidos, volume de produção, subprodutos gerados, práticas de descarte e estimativa de risco na exposição em humanos."[695] Os dados são compilados em um relatório enviado pelo fabricante para a Agência noventa dias antes da fabricação ou da comercialização do produto.[696] A regra que cria tal dever, começou a vigorar em 14 de agosto de 2017. Ainda não existem dados oficiais sobre o volume atual de nanomateriais registrados, mas antes da vigência da Lei, época em que o envio de dados sobre nano era facultativo, existiam cerca de 200 nanoprodutos cadastrados.[697]

Segundo o Comitê do *Codex Alimentarius*, a rastreabilidade alimentar visa "(...) proteger a saúde dos consumidores e assegurar práticas justas de mercado." As funções preventivas e repressivas têm como princípio central a proteção do público, sendo que "em caso de conflito com outros interesses, deve ser dada prioridade à proteção da saúde dos consumidores."[698]

A rastreabilidade alimentar viabiliza também a prática do *recall*. Segundo a ANVISA, "a rastreabilidade é fundamental para que a empresa consiga realizar o recolhimento

---

[694] Nos termos da Seção 3, da Lei de Controle de Substâncias Tóxicas (Toxic Substances Control Act - TSCA), os alimentos estão excluídos do registro realizado pela EPA. EUA. *Regulamento "RIN 2070–AJ54"*, outono de 2010. Sobre materiais em nanoescala. Disponível em https://www.federalregister.gov/documents/2017/01/12/2017-00052/chemical-substances-when-manufactured-or-processed-as-nanoscale-materials-tsca-reporting-and. Acesso em: 12 ago. 2019.

[695] MIETTINEN, Mirella. *Comparison of the approaches to regulate environmental, health, and safety risks of nanomaterials in the chemicals, food, and pesticides/biocides sectors in the EU and the US*. Obra (Mestrado em Direito). University of Eastern Finland. Law School. Finland, 2016. p. 22.

[696] Nesse ínterim, a Agência afirma que: "A EPA procura facilitar a inovação, garantindo a segurança das substâncias. A coleta de informações não pretende concluir que os materiais em nanoescala causarão danos à saúde humana ou ao meio ambiente. Em vez disso, a EPA usará as informações coletadas para determinar se qualquer ação adicional sob a TSCA, incluindo coleta de informações adicionais. [tradução nossa]" EPA. Reviewing New Chemicals under the Toxic Substances Control Act (TSCA). *EPA*. EUA: 2019. Disponível em: https://www.epa.gov/reviewing-new-chemicals-under-toxic-substances-control-act-tsca/control-nanoscale-materials-under. Acesso em: 10 jun. 2019.

[697] MIETTINEN, Mirella. *Comparison of the approaches to regulate environmental, health, and safety risks of nanomaterials in the chemicals, food, and pesticides/biocides sectors in the EU and the US*. Obra (Mestrado em Direito). University of Eastern Finland. Law School. Finland, 2016. p. 42.

[698] COMISSÃO CODEX. *Principles for traceability/product tracing as a tool within a food inspection and certification*. Documento CAC/GL 60-2006. [s.l: CODEX, 2006]. Disponível em: http://www.fao.org/fao-who-codexalimentarius/sh-proxy/es/?lnk=1&url=https%253A%25-2F%252Fworkspace.fao.org%252Fsites%252Fcodex%252FStandards%252FCXG%2B60-2006%252FCXG_060e.pdf Acesso em: 12 ago. 2019.

do produto."[699] Quando o fornecedor toma conhecimento da periculosidade desconhecida após a sua inserção no mercado de consumo, deve comunicar as autoridades competentes e os consumidores, "mediante anúncios publicitários", sobre os riscos no consumo do produto defeituoso, conforme consta no art. 10, parágrafos 1º a 3º, do CDC.[700] O *recall* pode ter objetivos amplos, como, por exemplo, a substituição ou o conserto do produto, mas na seara alimentar ele se concentra principalmente na retirada do alimento do mercado.

O *recall* no setor alimentar é denominado pela ANVISA de "programa de recolhimento de alimentos".[701] A regulamentação específica do dispositivo do CDC, mencionado acima, ocorreu através da RDC n. 24/2015, da ANVISA, sobre o recolhimento de alimentos e a sua comunicação à Agência.[702] Cabe mencionar que o Ministério da Justiça já havia estipulado os procedimentos administrativos do *recall*, para todos os setores industriais, através da Portaria n. 487, de 15 de março de 2012.[703] Recentemente, tal regra foi revogada por outra Portaria. Trata-se da Portaria n. 618, de 1º de julho de 2019, que "Disciplina o procedimento de comunicação da nocividade ou periculosidade de produtos e serviços após sua colocação no mercado de consumo, previsto nos parágrafos 1º e 2º do art. 10 do CDC."[704]

---

[699] ANVISA. *Perguntas e respostas sobre o recolhimento de alimentos.* Brasília: ANVISA, 2016. Disponível em: http://portal.anvisa.gov.br/documents/33916/2810640/Recolhimento+de+alimentos/a8-c3bbc7-f96d-4ef5-b0a5-d397242754c2. Acesso em: 11 ago. 2019. p. 11.

[700] Conforme o item 2.7, do "Anexo I" da RDC n. 275/2002, da ANVISA, o Programa de recolhimento de alimentos consiste em "procedimentos que permitem efetivo recolhimento e apropriado destino final de lote de alimentos exposto à comercialização com suspeita ou constatação de causar dano à saúde." ANVISA. *Resolução n. 275, de 21 de outubro de 2002.* Dispõe sobre o Regulamento Técnico de Procedimentos Operacionais Padronizados aplicados aos Estabelecimentos Produtores/Industrializadores de Alimentos e a Lista de Verificação das Boas Práticas de Fabricação em Estabelecimentos Produtores/Industrializadores de Alimentos. Brasília, DF. 2011. Disponível em: http://portal.anvisa.gov.br/documents/10181/2718376/RDC_275_2002_COMP.pdf/fce9dac0-ae57-4de2-8cf9-e286a383f254. Acesso em: 6 ago. 2019.

[701] Segundo a ANVISA, "Convencionalmente, os termos recolhimento e recall são utilizados como sinônimos." ANVISA. *Perguntas e respostas sobre o recolhimento de alimentos.* Brasília: ANVISA, 2016. Disponível em: http://portal.anvisa.gov.br/documents/33916/2810640/Recolhimento+de+alimentos/a8c3bbc7-f96d-4ef5-b0a5-d397242754c2. Acesso em: 11 ago. 2019. p. 8.

[702] ANVISA. Resolução n. 24, de 8 de junho de 2015. Dispõe sobre o recolhimento de alimentos e sua comunicação à Anvisa e aos consumidores. *Diário Oficial da União:* seção 1, Brasília, DF, 9 de junho de 2015.

[703] BRASIL. Ministério da Justiça. Gabinete do Ministro. Portaria nº 487, de 15 de março de 2012. Disciplina o procedimento de chamamento dos consumidores ou recall de produtos e serviços que, posteriormente à sua introdução no mercado de consumo, forem considerados nocivos ou perigosos. Diário Oficial da União: seção 1, p. 159, Brasília, DF, 16 de março de 2012. Disponível em: https://justica.gov.br/seus-direitos/consumidor/saude-e-seguranca/anexos/portaria-no-487-2012.pdf. Acesso em: 29 jul. 2019.

[704] BRASIL. Ministério da Justiça. Gabinete do Ministro. Portaria nº 618, de 1º de julho de 2019. Disciplina o procedimento de chamamento dos consumidores ou recall de produtos e serviços que, posteriormente à sua introdução

De acordo com o último boletim sobre *recalls* realizados no Brasil, publicado pelo Ministério da Justiça e com dados de 2015, de um total de 130 processos de chamamento iniciados, apenas 1 (um) deles foi no setor alimentar, número que representa apenas 0,76% da totalidade. Os automóveis e as motocicletas representaram juntos naquele ano, cerca de 86,15% ou 112 recalls realizados.[705]

Apesar disso, alguns casos notórios ocorreram no Brasil. Em 2011, a sociedade empresária PepsiCo do Brasil realizou *recall* do produto denominado "Toddynho", na versão de 200 ml, que havia sido empacotado no dia 23 de agosto daquele ano. As primeiras unidades produzidas foram contaminadas com uma mistura de detergente ácido e água, utilizados na esterilização do maquinário. Os lotes defeituosos foram encaminhados para São Paulo e Rio Grande do Sul e comercializado ao público consumidor. Foram registrados dezenas de acidentes de consumo em decorrência da ingestão do líquido.[706] Em 2013, a sociedade empresária Unilever Industrial Ltda., retirou 96 produtos do mercado, da marca "AdeS" sabor maçã, na versão de 1,5 litros, pois em decorrência de falhas na linha de produção, uma solução de soda cáustica foi adicionada nas bebidas. No mesmo ano, três sociedades empresárias (com as marcas: Italac, Líder e Mumu), fizeram recall dos produtos com leite, devido à adulteração dos insumos por outras sociedades empresárias pertencentes ao ciclo de produção. Foram observadas adições de água e ureia (que continha formol) no leite cru, antes de ser encaminhado à industrialização.[707] Não foram identificados recalls que envolvessem a incorporação de novas tecnologias nos alimentos.

Os instrumentos da rastreabilidade e do *recall* apresentados e debatidos acima, são importantes para o desenvolvimento seguro da nanotecnologia porque realizam a gestão do risco, através de ferramentas já consolidadas no cenário brasileiro. A seara alimentar perfaz um campo sensível à saúde dos consumidores, sendo que a identificação de riscos anormais dos *nanofoods* deve conduzir a uma rápida ação pelos agentes responsáveis (fornecedores e o Estado), que minimize os eventuais danos à integridade psicofísica desse público.

---

no mercado de consumo, forem considerados nocivos ou perigosos. Diário Oficial da União: seção 1, n. 125, Brasília, DF, 2 de julho de 2019. Disponível em: https://www.justica.gov.br/seus-direitos/consumidor/saude-e-seguranca/PortariaMJSPn.6182019DirioOficial.pdf. Acesso em: 30 jul. 2019.

[705] SECRETARIA NACIONAL DO CONSUMIDOR. Ministério da Justiça. *Boletim recall 2015*. Brasília: Ministério da Justiça, 2016. Disponível em: https://justica.gov.br/seus-direitos/consumidor/saude-e-seguranca/anexos/boletimrecall2015.pdf. Acesso em: 11 ago. 2019.

[706] GRASSI NETO, Roberto. *Segurança alimentar*: da produção agrária à proteção do consumidor. São Paulo: Saraiva, 2013. p. 333.

[707] SECRETARIA NACIONAL DO CONSUMIDOR. Ministério da Justiça. *Boletim saúde e segurança do consumidor 2015*. Brasília: Ministério da Justiça, 2016. Disponível em: https://www.justica.gov.br/seus-direitos/consumidor/saude-e-seguranca/anexos/boletim-saude-e-seguranca-do-consumidor-2015.pdf. Acesso em: 11 ago. 2019. p. 25.

CONSIDERAÇÕES FINAIS

De início, afirmou-se que as normas gerais vocacionadas à proteção do consumidor, em suas múltiplas facetas, não eram aptas a concretizá-la, sendo essencial a adoção de um marco regulatório específico para os nanoalimentos, à semelhança daquele modelo administrativo adotado para a gestão dos riscos advindos dos Organismos Geneticamente Modificados. A testagem dessa hipótese, contudo, revelou que ela apresentava uma solução demasiadamente simples diante da complexidade científica da nanotecnologia.

Identificou-se que embora os nanoalimentos não estejam explicitamente previstos nos diplomas brasileiros, as normas gerais e também aquelas tradicionalmente aplicáveis aos alimentos, já os abarcam e preveem mecanismos jurídicos de proteção do consumidor. Tal constatação, entretanto, não afastou as dificuldades encontradas na aplicação da regulação existente frente às peculiaridades dessa nova tecnologia. Os principais problemas "extrajurídicos" elencados na pesquisa, estão na ausência de metodologias e testes adequados à avaliação de riscos para os nanomateriais artificiais utilizados na indústria de alimentos, bem como nos custos elevados para o seu desenvolvimento.

Por tais motivos, o autor desta obra não propõe, ainda que como solução de *lege ferenda*, a adoção imediata de novas estruturas regulatórias e administrativas para os *nanofoods* no cenário brasileiro. Não se nega, entretanto, a eventual e futura necessidade de realização de atualizações pontuais nos diplomas existentes. Elas tendem a agregar novas regras técnicas importantes sobre a nanotecnologia. É interessante pontuar que as eventuais alterações precisam ser flexíveis, responsivas, advir da Agência competente (ANVISA) e contar com a participação de diferentes atores, inclusive os consumidores, tendo em vista o estado atual limitado da ciência.

Assim, a desnecessidade de um marco regulatório pelo Poder Legislativo não significa dizer que a implementação das normas existentes é adequada e cumpre com o objetivo de proteger o consumidor. Nesse sentido, compreendeu-se que há necessidade de otimização dessa implementação, seja através da elaboração de políticas públicas direcionadas à segurança alimentar (na vertente da "qualidade tecnológica"), seja na observância dos estudos empíricos que indicam falhas na segurança do produto e no cumprimento do dever de informação.

A construção dessa conclusão partiu da junção de múltiplas constatações realizadas ao longo do texto, que contou com 3 (três) eixos principais:

O *capítulo 1* voltou-se ao estudo das principais características da nanotecnologia. Trouxe o seu perfil técnico e histórico, bem como o perfil jurídico e regulatório dos nanoalimentos. Com base no levantamento realizado, entendeu-se que:

1. A nanotecnologia refere-se ao desenvolvimento de nanopartículas artificiais que são inseridas em bens de consumo, com o objetivo de aprimorar ou criar novos produtos e serviços. A sua principal característica está na interdisciplinaridade, pois une os esforços de diferentes campos científicos para viabilizar inovações em diversos setores da sociedade. Por este motivo, trata-se de uma tecnologia disruptiva e, ao mesmo tempo, pervasiva.

2. Essa nova tecnologia já está presente em alguns alimentos comercializados no Brasil. Convencionou-se denominar tais produtos de "nanoalimentos" ou de "nanofoods". Eles perfazem os produtos do gênero alimentar que possuem nanopartículas artificiais em sua composição ou nas embalagens que os envolvem. Observou-se, também, que a nanotecnologia proporciona apenas uma alteração química e/ou estrutural nos alimentos, diferentemente dos OGMs que comportam uma alteração no código genético.

3. Ao lado dos benefícios da sua aplicação em áreas sensíveis ao consumo humano, foram elencados os riscos à saúde humana, mencionados em pesquisas científicas das ciências duras. Trata-se de um campo permeado por muitas dúvidas, divergências e incertezas, o que revela a necessidade de observância do dever de vigilância pelos atores que desenvolvem e aplicam tal tecnologia, com o objetivo de evitar danos ao consumidor ou ao meio ambiente.

4. Adentrando no campo das normas, observou-se que existem diferentes sentidos para o termo "regulação". Utilizou-se nesta obra um conceito mais amplo que engloba tanto os comandos provenientes de regras vinculativas emitidas pelo Estado (regulamentação), como aqueles "padrões" que são gestados e aperfeiçoados "fora" dele, através de documentos publicados por entidades especializadas (autorregulação). Tais entidades são responsáveis pelos delineamentos dos aspectos técnicos das novas tecnologias e, por este motivo, tendem a ser observadas por diferentes atores nacionais, regionais e internacionais, e, até mesmo, pelos próprios agentes estatais, principalmente como *start* para o desenvolvimento de regras emitidas pelas agências reguladoras.

5. Dentre os diferentes cenários em que a regulação dos nanoalimentos se expressa, sejam eles nos níveis internacional, regional ou nacional, foram identificados apontamentos sobre a abrangência desses produtos nos regulamentos atuais e a suficiência da regulação existente. Em sentido diverso, e para aqueles que adotam padrões mais elevados de segurança alimentar, tal como a União Europeia, preferiu-se adotar regras vinculativas (*hard law*) que acrescentam - de maneira expressa - o termo "nanotecnologia" ou "nanomateriais artificiais" nos diplomas existentes e estabelecem

algumas obrigações específicas aos fabricantes.

O *capítulo 2* destinou-se ao estudo do estado atual da matriz jurídica da segurança alimentar no Brasil e da sua interconexão com a teoria da "sociedade de risco", cujo principal precursor foi Ulrich Beck. As análises perpassaram, em grande parte, pela exposição crítica do princípio da precaução em contraposição (ou colisão) ao princípio do livre comércio. Assim, pode-se extrair dessa parte da pesquisa que:

1. Segurança alimentar é um conceito técnico e multifacetado que está baseado em metas a serem alcançadas no setor alimentar, no estabelecimento de um programa, tradicionalmente desenvolvido em âmbito internacional, que deve ser convertido em políticas públicas pelos Estados. Por outro lado, o direito à alimentação adequada consiste em um conceito de natureza jurídica que tem escopo constitucional, onde se estabelece quais são os titulares desse direito (as pessoas naturais) e os titulares das obrigações (o Estado e os agentes privados que comercializam tais produtos).

2. Partindo da noção de "sociedade de risco" identificou-se que dois princípios jurídicos são direcionados à seara da segurança alimentar, para controlar ou mitigar a produção de riscos. Tratam-se dos princípios da prevenção e da precaução, que apesar de possuírem críticas, contêm em seus significados a noção de *standards* de segurança, que são fincados na ideia de razoabilidade e proporcionalidade, diante de inovações tecnológicas que possuem riscos conhecidos (prevenção) ou desconhecidos (precaução). Tais princípios possuem uma grande carga doutrinária e jurisprudencial e são capazes de unir construções científicas da área jurídica e de outras áreas técnicas, com o objetivo de formar uma "governança dos riscos", ou seja, a escolha de quais riscos uma determinada sociedade quer suportar, tendo em vista a impossibilidade de excluí-lo totalmente dos diversos setores da produção de bens de consumo.

3. A aplicação "forte" do princípio da precaução, todavia, não encontra guarida unânime, principalmente na seara do comércio internacional de alimentos, que adota um padrão baseado na bioequivalência substancial. Isso não quer dizer se desconsidera por completo medidas de precaução, principalmente quando utilizado como barreira técnica ao comércio para conter eventuais riscos à saúde humana provenientes do comércio de alimentos.

4. Na seara nacional, identificou-se que existem três sistemas dedicados à segurança alimentar. Trata-se do SISAN, da ANVISA e do Sistema dedicado aos OGMs. Concluiu-se que os dois primeiros Sistemas possuem competência para gerir – direta ou indiretamente - os riscos advindos dos nanoalimentos. O SISAN é responsável pela elaboração de políticas públicas em segurança alimentar, inclusive na vertente da "qualidade tecnológica" e pode realizar a articulação entre os diferentes atores públicos e privados envolvidos, pois conta com Conferências e Conselhos

multisetoriais. Já a ANVISA é responsável pela gestão concreta dos riscos através da sua atividade administrativa de fiscalização, bem como na edição de manuais, recomendações e regras técnicas sobre a comercialização. Durante as pesquisas, foi possível identificar, também, que existem regulamentos na ANVISA que incorporam, ainda que implicitamente, a nanotecnologia como um *novel food*. Todavia, inexistem articulações políticas para aprimorar o controle de nanomateriais artificiais utilizados como insumos de produção, tal como ocorreu na década passada com os OGMs.

O *capítulo 3* aproximou a discussão da segurança alimentar aos princípios basilares previstos no Código de Defesa do Consumidor. Esse ponto traz a adequação das normas gerais consumeristas à temática dos nanofoods, no que tange aos direitos e princípios básicos destinados à proteção desse público. As conclusões obtidas revelaram que:

1. O direito de proteção da vida, da saúde e da segurança do consumidor pode ser considerado como "guia" para a interpretação das demais disposições contidas no CDC e conduz o fornecedor a agir com prudência na inserção de produtos e serviços no mercado de consumo. No direito brasileiro há um dever geral de segurança a ser observado pelos fornecedores. Tais agentes devem garantir a qualidade do produto nanotecnológico, com o objetivo de minimizar os riscos e diminuir a ocorrência de danos.

2. Emprestando os termos específicos utilizados no campo consumerista, afirmou-se que os nanoalimentos não possuem um defeito de concepção na atualidade, pois inexistem estudos conclusivos apontando a sua insegurança a ponto de ser vedada a sua comercialização. Por esse motivo, concluiu-se que tais produtos podem apresentar uma periculosidade inerente, mas não uma "periculosidade exagerada". Cabe ressaltar que o aprimoramento dos estudos de toxidade pode levar a constatação de uma possível "periculosidade futura" que identifique riscos elevados e que vão além das legítimas expectativas esperadas pelo consumidor. Tal fato será resolvido com a retirada dessa categoria de produto do mercado, nos termos do art. 10, § 1º do CDC.

3. Identificou-se, também, que o fornecedor de nanoalimentos poderá ser responsabilizado civilmente quando tais produtos causarem danos aos consumidores, mesmo que à época da sua introdução no mercado os conhecimentos científicos não revelassem a sua insegurança tecnológica. O fundamento desta conclusão parte da não aceitação da teoria do risco do desenvolvimento como excludente implícita de responsabilidade civil no Brasil. O microssistema consumerista baseia-se na responsabilidade pelo fato do produto, admitindo como exceção apenas excludentes taxativas e expressamente contidas no art. 12, § 3º do CDC. Qualquer modificação nesse rol deve advir do Poder competente para fazê-lo.

4. A informação é um direito/dever básico que viabiliza a liberdade de escolha ao

consumidor. Assim, constatada a aplicação do art. 8º, caput, do CDC aos nanoalimentos, entendeu-se que o fornecedor tem o dever de entregar informações adequadas sobre os potenciais riscos à saúde ou à segurança das pessoas. A informação adequada é aquela que se ajusta ao destinatário e supre as suas necessidades no que tange aos detalhes do bem de consumo. Entretanto, foram identificadas dificuldades no "processo de comunicação" entre os próprios fornecedores e entre fornecedor e consumidor, que tendem a inviabilizar a entrega dessas informações ao público final.

5. Existem dados empíricos que indicam as dificuldades de viabilizar o direito à informação, principalmente na adoção de destaques informativos obrigatórios, tal como a expressão "contêm nanopartículas" ou "nanofood". Partindo desses dados, concluiu-se que o excesso de informações nas embalagens pode não surtir o efeito desejado de informar o consumidor, podendo acarretar, ainda, "desinformação" e rejeição do produto pelo desconhecimento do significado da expressão "nano". A proteção do consumidor extravasa a mera entrega de informações e necessita da adoção de políticas públicas voltadas a educar para o consumo e fazer compreender, além dos benefícios, as incertezas que permeiam a nanotecnologia.

6. Por fim, as ferramentas da rastreabilidade alimentar e do *recall* podem funcionar como mecanismos administrativos que aumentam a proteção do consumidor. Tratam-se de medidas preventivas aptas a minimizar a ocorrência de danos em massa, pois são capazes de viabilizar a rápida retirada desses produtos do mercado de consumo. A segurança dos nanoalimentos também tende a melhorar à medida que esses sistemas procuram distribuir as informações sobre a utilização dos insumos nanotecnológicos dentro do próprio "ciclo agroindustrial". A concretização desse sistema, todavia, depende de uma maior atenção a ser dada pela ANVISA ao tema da nanotecnologia.

REFERÊNCIAS

ABBOTT, Kenneth W.; SNIDAL, Duncan. Hard and Soft Law in International Governance. *International Organization*, v. 54, n. 3, p. 421–456, 2000.

ABOUT EFSA. EFSA. [s.l /s.d.]. Disponível em: http://www.efsa.europa.eu/en/aboutefsa. Acesso em: 10 jun. 2019.

ADLER, Jonathan H. Labeling the little things. *The Nanotechnology Challenge: Creating Legal Institutions for Uncertain Risks*, n. August, p. 203–224, 2011.

AGÊNCIA BRASILEIRA DE DESENVOLVIMENTO INDUSTRIAL. *Estudo prospectivo nanotecnologia*. Brasília: ABDI, 2010.

ALDROVANDI, Andréa; ELGENMANN, Wilson. O direito à informação sobre a toxidade dos nanoalimentos. *Revista Pensar*, Fortaleza, v. 17, n. 2, p. 672-698, jul./dez. 2012.

ANVISA. *Agenda regulatória 2015/2016.* 2014. Disponível em: http://portal.anvisa.gov.br/documents/10181/2719431/Manual%2Bde%2BOrienta%C3%A7%C3%B5es%2B-%2BJPC_rev_TRC.pdf/e69e79e4-bd63-40ab-b45e-f331c41a19ed. Acesso em: 4 jul. 2018.

ANVISA. *Agenda regulatória 2015/2016.* 2014. Disponível em: http://portal.anvisa.gov.br/documents/10181/2719431/Manual%2Bde%2BOrienta%C3%A7%C3%B5es%2B-%2BJPC_rev_TRC.pdf/e69e79e4-bd63-40ab-b45e-f331c41a19ed. Acesso em: 4 jul. 2018.

ANVISA. *Perguntas e respostas sobre o recolhimento de alimentos.* Brasília: ANVISA, 2016. Disponível em: http://portal.anvisa.gov.br/documents/33916/2810640/Recolhimento+de+alimentos/a8c3bbc7-f96d-4ef5-b0a5-d397242754c2. Acesso em: 11 ago. 2019.

ANVISA. *Biblioteca de alimentos.* Atualizada até 2 ago. 2019. Disponível em: http://portal.anvisa.gov.br/documents/33880/4967127/Biblioteca+de+Alimentos_Portal-nNM6MLrs.pdf/f69da615-cd56-44f0-850e-cd816221110d. Acesso em: 6 ago. 2019.

ANVISA. *Codex Alimentarius.* Brasília, 2016. Disponível em: http://portal.anvisa.gov.br/documents/33916/388701/Codex+Alimentarius/10d276cf-99d0-47c1-80a5-14de564aa6d3. Acesso em: 15 ago. 2019.

ANVISA. *Guia de procedimentos para pedidos de inclusão e extensão de uso de aditivos alimentares e coadjuvantes de tecnologia de fabricação na legislação brasileira*. Elaborado pela Gerência de avaliação de risco e eficácia para alegações e Gerência Gera de Alimentos. 2ª ed. Brasília: ANVISA, 2015.

ANVISA. *Guia para comprovação da segurança de alimentos e ingredientes*. Elaborado pela Gerência de produtos especiais – Gerência Geral de alimentos. Brasília: ANVISA, 2013. Disponível em: http://portal.anvisa.gov.br/documents/33916/395734/Guia+para+Comprova%C3%A7%C3%A3o+da+Seguran%C3%A7a+de+Alimentos+e+Ingredientes/f3429948-03db-4c02-ae9c-ee60a593ad9c. Acesso em: 10 ago. 2019.
ANVISA. *Manual administrativo sanitário em alimentos*. Brasília: ANVISA, 2016.

ANVISA. Resolução n. 16, de 30 de abril de 1999. Regulamento referente a procedimentos para registro de alimentos e ou novos ingredientes. *Diário Oficial da União*: seção 1, Brasília, DF, derrogada pela Resolução RDC n. 243, de 26 de julho de 2018.

ANVISA. Resolução n. 22, de 15 de março de 2000. Dispõe sobre os procedimentos básicos de registro e dispensa de registro de produtos importados pertinentes à área de alimentos. *Diário Oficial da União*: seção 1, Brasília, DF, 16 de março de 2000

ANVISA. Resolução n. 23, de 15 de março de 2000. Dispõe sobre o manual de procedimentos básicos para registro e dispensa da obrigatoriedade do registro de produtos pertinentes à área de alimentos. *Diário Oficial da União*: seção 1, Brasília, DF, 16 de março de 2000

ANVISA. *Resolução n. 275, de 21 de outubro de 2002*. Dispõe sobre o Regulamento Técnico de Procedimentos Operacionais Padronizados aplicados aos Estabelecimentos Produtores/Industrializadores de Alimentos e a Lista de Verificação das Boas Práticas de Fabricação em Estabelecimentos Produtores/Industrializadores de Alimentos. Brasília, DF. 2011. Disponível em: http://portal.anvisa.gov.br/documents/10181/2718376/RDC_275_2002_COMP.pdf/fce9dac0-ae57-4de2-8cf9-e286a383f254. Acesso em: 6 ago. 2019.

ANVISA. Resolução n. 259, de 20 de setembro de 2002. Regulamento técnico para a rotulagem de alimentos embalados. *Diário Oficial da União*: seção 1, Brasília, DF, n. 184 p. 33-34. 23 de setembro de 2002. Disponível em: http://portal.anvisa.gov.br/documents/33880/2568070/RDC_259_2-002.pdf/e40c2ecb-6be6-4a3d-83ad-f3cf7c332ae2. Acesso em: 11 ago. 2019.

ANVISA. Resolução n. 27, de 6 de agosto de 2010. Dispõe sobre as categorias de alimentos e embalagens isentos e com obrigatoriedade de registro sanitário. *Diário Oficial da União*: seção 1, Brasília, DF, 6 de agosto de 2010.

ANVISA. *Resolução n. 59, de 6 de dezembro de 2012*. Dispõe sobre os critérios para importação no Brasil de produtos e matérias-primas alimentícios acabados, semi-elaborados ou a granel, originários ou provenientes do Japão, destinados ao consumo humano. Brasília,

DF. 2011. Disponível em:
http://bvsms.saude.gov.br/bvs/saudelegis/anvisa/2011/res0015_08_04_2011.html. Acesso em: 6 ago. 2019. Revogada pela Resolução n. 245, de 17 de agosto de 2018, da ANVISA.

ANVISA. Resolução n. 24, de 8 de junho de 2015. Dispõe sobre o recolhimento de alimentos e sua comunicação à Anvisa e aos consumidores. *Diário Oficial da União*: seção 1, Brasília, DF, 9 de junho de 2015.

APOTCKER, Arnauld. Ciência e democracia: o exemplo dos OGMs. In: ZANONI, Magda; FERMENT, Gilles. (orgs.) *Transgênicos para quem?* Agricultura, ciência e Sociedade. Brasília: MDA, 2011. p.82-92.

ARAGÃO, Alexandra. Princípio da precaução: manual de instruções. *RevCEDOUA*, Coimbra, n. 2, p. 9-57, 2008.

ARCOR lança biscoito com nanotecnologia. Exame, 2011. Disponível em:
https://exame.abril.com.br/marketing/arcor-lanca-biscoito-com-nanotecnologia/. Acesso em: 13 nov. 2018.

ARCURI, Rafael Dalsecco Braga. *A regulação do primeiro animal transgênico:* Um estudo do caso do Aedes aegypti geneticamente modificado na Anvisa. Obra (Mestrado em Direito). Centro Universitário de Brasília (UniCEUB), Brasília, 2018.

ASCOM. Para ministro, investimento em nanotecnologia pode acelerar desenvolvimento econômico. *MCTIC.* Brasília, 22 maio 2019. Disponível em:
http://www.mctic.gov.br/mctic/opencms/salaImprensa/noticias/arquivos/2018/10/Para_min istro_investimento_em_nanotecnologia_pode_acelerar_desenvolvimento_economico_do_pa is.html. Acesso em: 10 jun. 2019.

BAILEY, Ronald. Precautionary Tale: The latest environmentalist concept--the Precautionary Principle--seeks to stop innovation before it happens. Very bad idea. *Reason*, [s.l., 1999]. Disponível em: https://reason.com/1999/04/01/precautionary-tale. Acesso em: 7 ago. 2019.

BALDWIN, Robert; CAVE, Martin; LODGE, Martin. *Understanding Regulation*: Theory, Strategy, and Practice. 2. ed. New York: Oxford, 2012.

BANCO MUNDIAL. 1986. *Poverty and Hunger:* Issues and Options for Food Security in Developing Countries. Washington: The International Bank for Reconstruction and Development/The World Bank, 1986. Disponível em:
http://documents.worldbank.org/curated/en/166331467990005748/pdf/multi-page.pdf. Acesso em: 1 jun. 2019.

BARROS, Leite. O excesso de informação como abuso do Direito (Dever). *Revista Luso-Brasileiro de Direito do consumo*. v. 7, n. 23, p. 13–60, mar. 2017.

BARTOLUCCI, Cecilia. Nanotechnologies for agriculture and foods: past and future. In PUERS, Robert *et al.* (orgs.) *Nanotechnology in Agriculture and Food Science*. Weinheim: Wiley-VCH, 2017. p. 9.

BAUMAN, Zygmunt. *A ética é possível num mundo de consumidores?* Tradução de Alexandre Weneck. Rio de Janeiro: Zahar, 2011.

BDTD. *Biblioteca Digital Brasileira de Teses e Dissertações*. Disponível em: http://bdtd.ibict.br/vufind/. Acesso em: 10 jun. 2019

BECK, Ulrich. *Sociedade de risco.* Tradução de Sebastião Nascimento. São Paulo: Editora 34, 2011.

BECK, Ulrich. Sociedade global, sociedade de riscos. *Cadernos da Escola do Legislativo*. Belo Horizonte, v. 7, n.4, p. 53-81, jan./jun. 1998

BECK, Ulrich; GIDDENS, Anthony; LASH, Scoot. Modernidade reflexiva. Tradução de Magda Lopes. São Paulo: UNESP, 1997.

BENJAMIN, Antonio Herman V.; MARQUES, Claudia Lima; BESSA, Leonardo Roscoe. *Manual de Direito do Consumidor.* 8ª ed. São Paulo: Revista dos Tribunais, 2017.

BENNETT-WOODS, Deb. *Nanotechnology*: Ethics and society. Série Perspectives in nanotechnology. Boca Raton: CRC Press, 2008.

BEN-SHAHAR, Omni; SCHNEIDER, Carl E. The Failure of Mandated Disclosure. SSRN, Chicago Law and Economics. [s.v.], 2010. Disponível em: http://www.ssrn.com/abstract=1567284.

BEN-SHAHAR, Omri; SCHNEIDER, Carl E. *More than you wanted to know : the failure of mandated disclosure.* Princeton: Princeton University Press, 2014. (E-book).

BERGER FILHO, Aírton Guilherme. *A governança dos riscos das nanotecnologias e o princípio da precaução*: um estudo a partir da teoria dialética da rede. Tese (Doutorado em Direito). Universidade do Vale do Rio dos Sinos, São Leopoldo, 2016.

BERGER, Michael. What's happening with nanofoods? *Portal NanoWerk.* [s.l.], 2012. Disponível em: https://www.nanowerk.com/spotlight/spotid=24155.php. Acesso em: 6 jun. 2019.

BERKELEY. Código Municipal (The Berkeley Municipal Code). Atualizado até 9 de julho de

2019. Berkeley, 2019. Disponível em:
https://www.codepublishing.com/CA/Berkeley/html/pdfs/Berkeley15.pdf. Acesso em: 13 ago.
2019.

BERTI, Leandro Antunes. *Nanotecnologia Aplicada ao Agronegócio*. Cartilha do Ministério da
Ciência, Tecnologia, Inovações e Comunicações, Brasília: CGTC, 2018.

BERTI, Leandro Antunes; PORTO, Luismar Marques. *Nanossegurança*: Guia de boas práticas
em nanotecnologia para fabricação e laboratórios. São Paulo: Cengage Learning, 2016.

BESSA, Leonardo Roscoe. *Relação de consumo e aplicação do Código de Defesa do
Consumidor*. 2ª ed. São Paulo: Revista dos Tribunais, 2009.

BEUC/ANEC. *Inventory of products claiming to contain nano-silver particles available on the
EU Market.* Disponível em: https://www.beuc.eu/publications/2013-00141-01-e.xls. Acesso
em: 9 jun. 2019

BITTAR, Carlos Alberto. *Direitos do Consumidor*: Código de Defesa do Consumidor. Rio de
Janeiro: Forense Universitária, 2003.

BORJES, Isabel Cristina Porto; GOMES, Taís Ferraz; ENGELMANN, Wilson. *Responsabilidade
civil e nanotecnologias*. São Paulo: Atlas, 2014.

BOSETTI, Cleber José. Ciência e política nas decisões da CTNBio. *Revista do Programa de
Pós-Graduação em Sociologia da USP*. São Paulo, v.19.2, p.29-50, 2012.

BOUCHER, Patrick M. *Nanotechnology:* Legal aspects. Boca Raton: CRC Press, 2008.

BOURGOIGNIE, Thierry. *Un droit de la consommation est-il encore nécessaire en 2007?*
[S.l./s.d.]. Disponível em:
http://www.oas.org/dil/esp/XXXV_curso_Un_droit_de_la_consommation_est-
il_encore_n%E9cessaire_en_2007_Thierry_Bourgoignie.pdf. Acesso em: 9 ago. 2019.

BOURGUIGNON, Didier. *Le principe de précaution*: Définitions, applications et gouvernance,
analyse approfundie. Bruxelas: União Europeia (EPRS), 2015. Disponível em:
http://www.europarl.europa.eu/RegData/etudes/IDAN/2015/573876/EPRS_IDA(2015)57387
6_FR.pdf. Acesso em: 4 jul. 2019.

BRADLEY, E et al. Applications of nanomaterials in food packaging with a consideration of
opportunities for developing countries. *Trends Food Science and Technology*. v. 22. n. 11. P.
603-610, 2011.

BRASIL. Assessoria Parlamentar da Procuradoria Geral do Trabalho. *Parecer técnico ao Projeto de Lei do Senado n. 880/2019*. Brasília: Ministério Público do Trabalho, 12 de junho de 2019. Disponível em: https://docs.google.com/viewer?a=v&pid=sites&srcid=ZGVmYXVsdGRvbWFpbnxwcm9wb3N0YX-NwbHNuYW5vdGVjbm9sb2dpYW1wdHxneneDoxNTI1YTA5NDYzNWI4N2Jj. Acesso em: 11 ago. 2019

BRASIL. Câmara dos Deputados. *Projeto de Lei 3514/2015*. (2015). Altera a Lei nº 8.078, de 11 de setembro de 1990 (Código de Defesa do Consumidor), para aperfeiçoar as disposições gerais do Capítulo I do Título I... Disponível em: https://www.camara.leg.br/proposicoesWeb/fichadetramitacao?idProposicao=2052488. Acesso em: 11 jun. 2018.

BRASIL. Câmara dos Deputados. *Projeto de Lei 6.741/2013*. (2013). Dispõe sobre a Política Nacional de Nanotecnologia, a pesquisa, a produção, o destino de rejeitos e o uso da nanotecnologia no país, e dá outras providências. Disponível em: https://www.camara.leg.br/proposicoesWeb/fichadetramitacao?idProposicao=600333. Acesso em: 10 jun. 2019.

BRASIL. Câmara dos Deputados. *Projeto de Lei 5.133/2013*. (2013) Regulamenta a rotulagem de produtos da nanotecnologia e de produtos que fazem uso da nanotecnologia. Disponível em: https://www.camara.leg.br/proposicoesWeb/fichadetramitacao?idProposicao=567257. Acesso em: 11 jun. 2019.

BRASIL. Câmara dos Deputados. *Projeto de Lei n. 5.076/2005*. (2005). Dispõe sobre a pesquisa e o uso da nanotecnologia no País, cria Comissão Técnica Nacional de Nanossegurança - CTNano, institui Fundo de Desenvolvimento de Nanotecnologia - FDNano, e dá outras providências; Disponível em: https://www.camara.leg.br/proposicoesWeb/prop_mostrarintegra;jsessionid=66796628BA9A 9F732B3E136277CAB410.node2?codteor=337343&filename=Avulso+-PL+5076/2005. Acesso em: 10 jun. 2019.

BRASIL. *Constituição da República Federativa do Brasil de 1988*. Brasília, DF: Presidência da República, 1988. Disponível em: http://www.planalto.gov.br/ccivil_03/Constituicao/Constituiçao.htm. Acesso em: 1 ago. 2019.

BRASIL. *Lei n. 13.844/2019, de 18 de junho de 2019*. Estabelece a organização básica dos órgãos da Presidência da República e dos Ministérios; altera as Leis [...]. Brasília, DF: Presidência da República, [2019]. Disponível em: http://www.planalto.gov.br/ccivil_03/_Ato2019-2022/2019/Lei/L13844.htm. Acesso em: 8 ago. 2019.

BRASIL. *Lei n. 11.346, de 15 de setembro de 2006*. Cria o Sistema Nacional de Segurança Alimentar e Nutricional – SISAN com vistas em assegurar o direito humano à alimentação adequada e dá outras providências. Brasília, DF: Presidência da República, [2006]. Disponível em: http://www.planalto.gov.br/ccivil_03/_ato2004-2006/2006/lei/l11346.htm. Acesso em: 6 ago. 2019.

BRASIL. *Lei n. 11.105, de 24 de março de 2005*. Regulamenta os incisos II, IV e V do § 1º do art. 225 da Constituição Federal, estabelece normas de segurança e mecanismos de fiscalização de atividades que envolvam organismos geneticamente modificados – OGM e seus derivados [....]. Brasília, DF: Presidência da República. 2005. Disponível em: http://www.planalto.gov.br/ccivil_03/_ato2004-2006/2005/lei/l11105.htm. Acesso em: 6 ago. 2019.

BRASIL. *Lei n. 8.080, de 18 de setembro de 1990*. Dispõe sobre as condições para a promoção, proteção e recuperação da saúde, a organização e o funcionamento dos serviços correspondentes e dá outras providências. Brasília, DF: Presidência da República, [1990]. Disponível em: http://www.planalto.gov.br/ccivil_03/leis/l8080.htm. Acesso em: 8 ago. 2019.

BRASIL. *Lei n. 9.782, de 26 de janeiro de 1999*. Define o Sistema Nacional de Vigilância Sanitária, cria a Agência Nacional de Vigilância Sanitária, e dá outras providências. Brasília, DF: Presidência da República, [1999]. Disponível em: http://www.planalto.gov.br/ccivil_03/LEIS/L9782.htm. Acesso em: 8 ago. 2019.

BRASIL. *Lei n. 7.070,* de 20 de dezembro de 1982. Dispõe sobre pensão especial para os deficientes físicos que especifica e dá outras providencias. Brasília, DF: Presidência da República, [1982]. Disponível em: http://www.planalto.gov.br/ccivil_03/leis/1980-1988/L7070.htm. Acesso em: 1 ago. 2019.

BRASIL. *Decreto n. 10.095, de 6 de novembro de 2019*. Dispõe sobre o Comitê Consultivo de Nanotecnologia e Novos Materiais no âmbito do Ministério da Ciência, Tecnologia, Inovações e Comunicações. Brasília, DF: Presidência da República, [2019]. Disponível em: http://www.planalto.gov.br/ccivil_03/_ato2019-2022/2019/decreto/D10095.htm. Acesso em: 22 nov. 2019.

BRASIL. *Decreto n. 7.940, de 20 de fevereiro de 2013*. Promulga o Protocolo Adicional ao Acordo-Quadro sobre Meio Ambiente do MERCOSUL em Matéria de Cooperação e Assistência frente a Emergências Ambientais, adotado pela Decisão 14/04 do Conselho do Mercado Comum, em 7 de julho de 2004. Brasília, DF: Presidência da República, 2013. Disponível em: http://www.planalto.gov.br/ccivil_03/_ato2011-2014/2013/decreto/D7940.htm. Acesso em: 5 jan. 2019.

BRASIL. *Decreto n. 5.705, de 16 de fevereiro de 2006*. Promulga o Protocolo de Cartagena sobre Biossegurança da Convenção sobre Diversidade Biológica. Brasília, DF: Presidência da República, 2006. Disponível em: http://www.planalto.gov.br/ccivil_03/_Ato2004-2006/2006/Decreto/D5705.htm. Acesso em: 10 set. 2019.

BRASIL. *Decreto n. 4.680, de 24 de abril de 2003*. Regulamenta o direito à informação, assegurado pela Lei no 8.078, de 11 de setembro de 1990, quanto aos alimentos e ingredientes alimentares destinados ao consumo humano ou animal que contenham ou sejam produzidos a partir de organismos geneticamente modificados, sem prejuízo do cumprimento das demais normas aplicáveis. Brasília, DF: Presidência da República, [2003]. Disponível em: http://www.planalto.gov.br/ccivil_03/decreto/2003/D4680.htm#art8. Acesso em: 11 ago. 2019.

BRASIL. *Decreto n. 3.871, de 18 de julho de 2001*. Disciplina a rotulagem de alimentos embalados que contenham ou sejam produzidos com organismo geneticamente modificados, e dá outras providências. Brasília, DF: Presidência da República, [2001]. Disponível em: http://www.planalto.gov.br/ccivil_03/decreto/2001/D3871.htm. Acesso em: 11 ago. 2019. Decreto revogado.

BRASIL. *Decreto Legislativo n.2, de 5 de junho de 1992*. Aprova o texto da Convenção sobre Diversidade Biológica (CDB). Brasília, DF: Presidência da República, 1992. Disponível em: http://www.propp.ufu.br/legislacoes/decreto-legislativo-ndeg-2-de-5-de-junho-de-1992-convencao-sobre-diversidade-biologica. Acesso em: 8 ago. 2019.

BRASIL. Decreto nº 1.306, de 9 de novembro de 1994. Regulamenta o Fundo de Defesa de Direitos Difusos, de que tratam os arts. 13 e 20 da Lei nº 7.347, de 24 de julho de 1985, seu conselho gestor e dá outras providências. Brasília, DF: Presidência da República, 1994. Disponível em: http://www.planalto.gov.br/ccivil_03/decreto/1990-1994/D1306.htm. Acesso em: 1 jan. 2019.

BRASIL. *Decreto-Lei n. 986, de 21 de outubro de 1969*. Institui normas básicas sobre alimentos. Brasília, DF: Presidência da República, [1969]. Disponível em: http://www.planalto.gov.br/ccivil_03/Decreto-Lei/Del0986.htm. Acesso em: 8 ago. 2019.

BRASIL. Ministério da Ciência, Tecnologia, Inovações e Comunicações. Gabinete do Ministro. Instrução normativa n. 11, de 2 de agosto de 2019. Diário Oficial da União: seção 1, Brasília, DF, n. 154, p. 9 ago. 2019. Disponível em: http://pesquisa.in.gov.br/imprensa/servlet/INPDFViewer?jornal=515&pagi-na=9&data=12/08/2019&captchafield=firstAccess. Acesso em: 22 nov. 2019.

BRASIL. Ministério da Ciência, Tecnologia, Inovações e Comunicações. Gabinete do Ministro. Portaria n. 13.459, de 26 de julho de 2019. Institui a Iniciativa Brasileira de Nanotecnologia, como principal programa estratégico para incentivo da Nanotecnologia no país. *Diário Oficial da União*. Brasília, DF, 8 de outubro de 2019, Seção 1, Edição 152, Página 286. Disponível em: http://www.in.gov.br/web/dou/-/portaria-n-3.459-de-26-de-julho-de-2019-209514505. Acesso em: 16 ago. 2019.

BRASIL. Ministério da Ciência, Tecnologia, Inovações e Comunicações. Gabinete do Ministro.

Portaria n. 2.376, de 16 de maio de 2019. Altera a Portaria MCTI n° 245, de 05.04.2012, que institui o Sistema Nacional de Laboratórios em Nanotecnologias – SisNANO. *Diário Oficial da União*. Brasília, DF, 17 de maio de 2019, Seção 1, Página 10. Disponível em: https://www.mctic.gov.br/mctic/opencms/legislacao/portarias/Portaria_MCTIC_n_2376_de_16052019.html. Acesso em: 22 nov. 2019.

BRASIL. Ministério da Justiça. Gabinete do Ministro. Portaria nº 2.658, de 22 de dezembro de 2003. Define o símbolo de que trata o art. 2º, § 1º, do Decreto 4.680, de 24 de abril de 2003, na forma do anexo à presente portaria. Diário Oficial da União: seção 1, Brasília, DF, 26 dez. 2003. Disponível em: http://portal.anvisa.gov.br/documents/33916/393963/Portaria_2685_de_22_de_dezembro_de_2003.pdf/54200bc1-8c57-4d36-bf1e-2045fcff1919. Acesso em: 28 jul. 2019.

BRASIL. Ministério da Saúde. Agência Nacional de Vigilância Sanitária. Portaria n. 1.428, de 26 de novembro de 1993. Aprova, na forma dos textos anexos, o "Regulamento Técnico para Inspeção Sanitária de Alimentos [...]. *Diário Oficial da União*. Brasília, DF, 2 dez. 1993. Disponível em: http://portal.anvisa.gov.br/documents/33916/388704/Portaria_MS_n_1428_de_26_de_novembro_de_1993.pdf/6ae6ce0f-82fe-4e28-b0e1-bf32c9a239e0. Acesso em: 5 jun. 2019.

BRASIL. Senado Federal. *Projeto de Lei n° 131, de 2010.* (2010). Altera o Decreto-Lei nº 986, de 21 de outubro de 1969, que institui normas básicas sobre alimentos, e a Lei nº 6.360, de 23 de setembro de 1976, que dispõe sobre a vigilância sanitária [...]. Disponível em: https://www25.senado.leg.br/web/atividade/materias/-/materia/96840. Acesso em: 10 jun. 2019.

BRASIL. Senado Federal. *Projeto de Lei 34/2015.* (2015) Altera a Lei n. 11.105, de 24 de março de 2005. Disponível em: https://legis.senado.leg.br/sdleg-getter/documento?dm=3436557&ts=1553284857304&disposition=inline. Acesso em: 11 jun. 2019. p. 5.

BRASIL. Superior Tribunal de Justiça (Terceira Turma). *Recurso Especial n. 476.428 SC.* Direito do Consumidor. Recurso especial. Conceito de consumidor. Critério subjetivo ou finalista. Mitigação. Pessoa Jurídica. Excepcionalidade. Vulnerabilidade. Constatação na hipótese dos autos. Prática abusiva. Oferta inadequada. Característica, quantidade e composição do produto. Equiparação (art. 29). Decadência. Inexistência. Relação jurídica sob a premissa de tratos sucessivos. Renovação do compromisso. Vício oculto. Relatora: Min. Nancy Andrighi, 14 abr. 2005. Disponível em: https://ww2.stj.jus.br/processo/revista/inteiroteor/?num_registro=200201456245&dt_publicacao=09/05/2005. Acesso em: 9 ago. 2019.

BRASIL. Superior Tribunal de Justiça (Terceira Turma). *Recurso Especial n. 967.623 RJ.* Consumidor. Responsabilidade pelo fato ou vício do produto. Distinção. Direito de reclamar. Prazos. Vício de adequação. Prazo decadencial. Defeito de segurança. Prazo prescricional.

Garantia legal e prazo de reclamação. Distinção. Garantia contratual. Aplicação, por analogia, dos prazos de reclamação atinentes à garantia legal. Relatora: Min. Nancy Andrighi, 16 abr. 2009. Disponível em: https://ww2.stj.jus.br/processo/revista/inteiroteor/?num_registro=200701596096&dt_public acao=29/06/2009. Acesso em: 9 ago. 2019.

BRASIL. Superior Tribunal de Justiça (Segunda Turma). *Recurso Especial n. 586.316 MG.* Direito do consumidor. Administrativo. Normas de proteção e defesa do consumidor. Ordem pública e interesse social. Princípio da vulnerabilidade do consumidor. Princípio da transparência. Princípio da boa-fé objetiva. Princípio da confiança. Obrigação de segurança. Direito à informação. Dever positivo do fornecedor de informar, adequada e claramente, sobre riscos de produtos e serviços. Distinção entre informação-conteúdo e informação-advertência. Rotulagem. Proteção de consumidores hipervulneráveis. Campo de Aplicação da lei do glúten (lei 8.543/92 ab-rogada pela lei 10.674/2003) e eventual antinomia com o art. 31 do código de defesa do consumidor. Mandado de segurança preventivo. Justo receio da Impetrante de ofensa à sua livre iniciativa e à comercialização de seus produtos. Sanções administrativas por deixar de advertir sobre os riscos do glúten aos doentes celíacos. Inexistência de direito líquido e certo. Denegação da segurança. Relator: Min. Herman Benjamin. 17 de abril de 2007. Disponível em: https://ww2.stj.jus.br/processo/revista/inteiroteor/?num_registro=200600998380&dt_public acao=25/05/2009. Acesso em: 10 ago. 2019.

BRASIL. Superior Tribunal de Justiça (Quarta Turma). *Recurso Especial n. 237.964 SP.* Código de Defesa do Consumidor. Lata de tomate Arisco. Dano na abertura da lata. Responsabilidade civil da fabricante. O fabricante de massa de tomate que coloca no mercado produto acondicionado em latas cuja abertura requer certos cuidados, sob pena de risco à saúde do consumidor, e sem prestar a devida informação, deve indenizar os danos materiais e morais daí resultantes. Rejeitada a denunciação da lide à fabricante da lata por falta de prova. Recurso não conhecido. Relator: Min. Ruy Rosado de Aguiar, 16 de dezembro de 1999. Disponível em: https://ww2.stj.jus.br/processo/ita/listarAcordaos?classe=&num_processo=&num_registro=1 99901023734&dt_publicacao=08/03/2000. Acesso em: 11 ago. 2019.

BRASIL. Supremo Tribunal Federal (Plenário). *Ação Direta de Inconstitucionalidade n. 3.470 RJ.* Ação Direta de Inconstitucionalidade. Lei nº 3.579/2001 do Estado do Rio de Janeiro. Substituição progressiva da produção e da comercialização de produtos contendo asbesto/amianto. Legitimidade ativa ad causam. Pertinência temática. Art. 103, IX, da Constituição da República. Alegação de inconstitucionalidade formal por usurpação da competência da União. Inocorrência. Competência legislativa concorrente.[...]. Sem repercussão geral. Relatora: Min. Rosa Weber, 29 nov. 2017. Disponível em: http://redir.stf.jus.br/paginadorpub/paginador.jsp?docTP=TP&docID=74902050. Acesso em: 6 ago. 2019.

BRASIL. Supremo Tribunal Federal (Plenário). *Recurso Extraordinário n. 327.189 SP.* Recurso extraordinário. Repercussão geral reconhecida. Direito Constitucional e Ambiental. Acórdão do tribunal de origem que, além de impor normativa alienígena, desprezou norma técnica mundialmente aceita. Conteúdo jurídico do princípio da precaução. Ausência, por ora, de fundamentos fáticos ou jurídicos a obrigar as concessionárias de energia elétrica a reduzir o campo eletromagnético das linhas de transmissão de energia elétrica abaixo do patamar legal. Presunção de constitucionalidade não elidida. Recurso provido. Ações civis públicas julgadas improcedentes. Com repercussão geral. Relator: Min. Dias Toffoli, 8 jun. 2016. Disponível em: http://redir.stf.jus.br/paginadorpub/paginador.jsp?docTP=TP&docID=12672680. Acesso em: 6 ago. 2019.

BRASIL. Tribunal Regional Federal (4ª Região). Apelação Cível Nº 5004106-85.2012.4.04.7004. 1. Multas e demais Sanções, Infração Administrativa, Atos Administrativos, direito administrativo e outras matérias de direito público. Relator: Cândido Alfredo Silva Leal Junior (4ª Turma). 7 de setembro de 2013. Disponível em: https://www2.trf4.jus.br/trf4/controlador.php?acao=consulta_processual_resultado_pesquisa&txtPalavraGerada=mDmu&hdnRefId=6e5577023c361731f1f54ee73 2e25004&selForma=NU&txtValor=50041068520124047004&chkMostrarBaixados=&todasfas es=&todosvalores=&todaspartes=&txtDataFase=&selOrigem=TRF&sistema=&codigoparte=&t xtChave=&paginaSubmeteuPesquisa=letras. Acesso em: 11 ago. 2019.

BRASIL. Supremo Tribunal Federal (Plenário). *Ação de Descumprimento de Preceito Fundamental n. 101 DF*. Arguição de Descumprimento de Preceito Fundamental: adequação. Observância do princípio da subsidiariedade. Arts. 170, 196 e 225 da Constituição da República. Constitucionalidade de atos normativos proibitivos da importação de pneus usados. Reciclagem de pneus usados: ausência de eliminação total de seus efeitos nocivos à saúde e ao meio ambiente equilibrado. Afronta aos princípios constitucionais da saúde e do meio ambiente ecologicamente equilibrado. Coisa julgada com conteúdo executado ou exaurido: impossibilidade de alteração. Decisões judiciais com conteúdo indeterminado no tempo: proibição de novos efeitos a partir do julgamento. Arguição julgada parcialmente procedente. Sem repercussão geral. Relatora: Min. Cármen Lúcia, 24 jun. 2009. Disponível em: http://redir.stf.jus.br/paginadorpub/paginador.jsp?docTP=AC&docID=629955. Acesso em: 7 ago. 2019.

BRASIL. Supremo Tribunal Federal (Plenário). *Ação Direta de Inconstitucionalidade n. 3510*. Constitucional. Ação direta de inconstitucionalidade. Lei de biossegurança. Impugnação em bloco do art. 5º da lei nº 11.105, de 24 de março de 2005 (lei de biossegurança). Pesquisas com células-tronco embrionárias. Inexistência de violação do direito à vida. Constitucionalidade do uso de células-tronco embrionárias em pesquisas científicas para fins terapêuticos. Descaracterização do aborto. Normas constitucionais conformadoras do direito fundamental a uma vida digna, que passa pelo direito à saúde e ao planejamento familiar. Descabimento de utilização da técnica de interpretação conforme para aditar à lei de biossegurança controles desnecessários que implicam restrições às pesquisas e terapias por ela visadas. Improcedência total da ação. Sem repercussão geral. Relator: Min. Ayres Britto, 29 abr. 2008. Disponível em:

http://redir.stf.jus.br/paginadorpub/paginador.jsp?docTP=AC&docID=611723. Acesso em: 9 ago. 2019.

BRONNER, Gérald; GÉHIN, Étienne. *L'inquiétant principe de precaution*. Paris: Presses Universitaires de France, 2012.

BULL, Alan T.; HOLT, Geoffrey; LILLY, Malcolm D. *Biotechnology*. International trends and perspectives. Paris: OCDE, 1982. Disponível em: http://www.oecd.org/sti/emerging-tech/2097562.pdf. Acesso em: 10 jun. 2019.

BUSQUETS, Rosa; MBUNDI, Lubinda. Concepts of nanotechnology. In: BUSQUETS, Rosa. (org.) *Emerging nanotechnologies in food science*. Cambridge: Elsevier, 2017. p. 1-10.

BUZBY, J. C. Nanotechnology for food applications: More questions than answers. *Journal of Consumer Affairs,* v. 44, n. 3, p. 528–545, 2010.

CALIFÓRNIA. *Health and Safety Code*. Califórnia, 2019. Disponível em: https://leginfo.legislature.ca.gov/faces/codesTOCSelected.xhtml?tocCode=HSC&tocTitle=+Health+and+Safety+Code+-+HSC. Acesso em: 13 ago. 2019.

CALIXTO, Marcelo Junqueira. *A responsabilidade civil do fornecedor de produtos pelos riscos do desenvolvimento*. Rio de Janeiro: Renovar, 2004.

CÂMARA, Claria Clara Coelho et al. A produção acadêmica sobre a rotulagem de alimentos no Brasil. *Rev Panam Salud Publica*. V. 23, n. 1, p. 52-58, 2008. Disponível em: https://www.scielosp.org/pdf/rpsp/2008.v23n1/52-58/pt. Acesso em: 11 ago. 2019.

CAPES. Catálogo de Teses e Dissertações. Disponível em: https://catalogodeteses.capes.gov.br/catalogo-teses/#!/. Acesso em: 10 jun. 2019.

CASTRO. Biancca Scarpeline de; YOUNG, Carlos Eduardo Frickmann; LIMA, Gulherme Rodrigues. A opinião pública a respeito dos organismos geneticamente modificados no Brasil: confiança e percepção de riscos. In*: II Seminário Internacional Empírika* - Comunicação, Divulgação e Percepção de Ciência e Tecnologia, Campinas, 2012.

CAVALIERI FILHO, Sérgio. Responsabilidade por danos causados por remédios. *Revista da EMERJ*, v.2 n.8, 1999. Disponível em: http://www.emerj.tjrj.jus.br/revistaemerj_online/edicoes/revista08/Revista08_11.pdf. Acesso em: 28 nov. 2019.

CAVALIERI FILHO, Sergio. *Programa de Direito do Consumidor*. 4. ed. São Paulo: Atlas, 2014.

CAVALIERI FILHO, Sergio. *Programa de Responsabilidade Civil*. 13ª ed. São Paulo: Atlas, 2019.

CHAUDHRY, Qasim; WATKINS, Richard; CASTLE, Laurence. Nanotechnologies in the food arena: new opportunities, new questions, new concerns. In: CHAUDHRY, Qasim; WATKINS, Richard; CASTLE, Laurence (orgs.*) Nanotechnologies in food*. Cambridge: Royal Society of Chemistry, 2010.

CHERUTTI, Guilherme; ENGELMANN, Wilson. Nanotecnologias e direito do consumidor: o direito fundamental à informação e sua necessidade de efetivação nas relações de consumo envolvendo nanoprodutos. *Direito Fundamentais e Justiça*. Ano 5, n. 17, p. 78-95, out./dez. 2011.

CHEVALLIER, Jacques. La régulation juridique en question. Editions juridiques associées: *Droit et Société*. V. 3 n. 49, p. 827-846, 2001.

CHUAH, A. *et al.* Label it or ban it? Public perceptions of nano-food labels and propositions for banning nano-food applications. *Journal of Nanoparticle research*. v. 20. Ano 2, fev. 2018.

CIPRIANO, Ana Cândida Muniz; SANTANA, Héctor Valverde. The UN Guidelines for consumer Protection: Review and next steps. In: MARQUES, Claudia Lima; WEI, Dan (orgs.). *Consumer Law and Socioeconomic development*: National and International Dimensions. Cham: Springer, 2017. p. 25-38.

COMISSÃO CODEX. *Principles and guidelines for national food control systems*. Documento CAC/GL 82-2013. [s.l: CODEX, 2013]. Disponível em: file:///C:/Users/Rafael/Downloads/CXG_082e.pdf Acesso em: 12 ago. 2019.

COMISSÃO CODEX. *Principles for tracebility/product tracing as a tool within a food inspection and certification*. Documento CAC/GL 60-2006. [s.l: CODEX, 2006]. Disponível em: http://www.fao.org/fao-who-codexalimentarius/sh-proxy/es/?lnk=1&url=https%253A%25-2F%252Fworkspace.fao.org%252Fsites%252Fcodex%252FStandards%252FCXG%2B60-2006%252FCXG_060e.pdf Acesso em: 12 ago. 2019.

COMISSAO EUROPEIA. *Nanotechnologies: principles, applications, implications and hands-on activities* – A compendium for educators. Luxembourg: Publications Office of the European Union, 2012.

CONSEA. Políticas públicas de segurança alimentar e nutricional – análise de conjuntura, monitoramento da sociedade civil do Consea. CONSEA, Brasília, 2016. Disponível em: http://www4.planalto.gov.br/consea/eventos/plenarias/documentos/2016/politicas-publicas-de-san-analise-de-conjuntura. Acesso em: 6 ago. 2019.

CONSEA. *4ª Conferência Nacional de Segurança Alimentar*: Relatório final – declarações e proposições. Brasília: CONSEA, 2011. Disponível em:

http://www4.planalto.gov.br/consea/publicacoes/site/relatorio-final-4a-conferencia-nacional-de-seguranca-alimentar-e-nutricional/relatorio-final-4a-conferencia-nacional-de-seguranca-alimentar-e-nutricional/view. Acesso em: 30 jun. 2019.

CONSEA. *II Conferência Nacional de Segurança Alimentar*. Brasília: CONSEA, 2004. Disponível em:http://www4.planalto.gov.br/consea/eventos/conferencias/arquivos-de-conferencias/2a-conferencia-nacional-de-seguranca-alimentar-e-nutricional/relatorio-final.pdf. Acesso em: 30 jun. 2019.

CONSEA. *I Conferência Nacional de Segurança Alimentar*. Brasília: CONSEA, 1995. Disponível em: http://www4.planalto.gov.br/consea/eventos/conferencias/arquivos-de-conferencias/1a-conferencia-nacional-de-seguranca-alimentar-e-nutricional/1-conferencia-completa-ilovepdf-compressed.pdf. Acesso em: 30 jun. 2019.

CONSELHO DE ESTADO FRANCÊS. VARELLA, Marcelo Dias (coord.). *Responsabilidade e socialização do risco*. Tradução de Michels Abes. Conselho de Estado da França. Brasília: UniCEUB, 2006.

CONSELHO NACIONAL DE SECRETÁRIOS DE SAÚDE (CONASS). *Vigilância em saúde*: parte 2. Coleção para entender a gestão do SUS. Brasília: CONASS, 2011. v. 6. Disponível em: https://www.conass.org.br/bibliotecav3/pdfs/colecao2011/livro_6.pdf. Acesso em: 8 ago. 2019.

COSTA, Édina Alves. Fundamentos da vigilância sanitária. In: COSTA, Ediná Alves (org.). Vigilância sanitária: temas para debate. Salvador: EDUFBA, 2009. p. 11-36.

CRUZ, Gisela Sampaio da. *O problema do nexo causal na responsabilidade civil*. Rio de Janeiro: Renovar, 2005.

DAKE, Karl; WILDAVSKY, Aaron. Theories of Risk Perception: Who Fears What and Why? *Daedalus (The MIT Press)*, v. 119, n. 4, p. 41-60, 1990. Disponível em: https://www.jstor.org/stable/pdf/20025337.pdf. Acesso em: 7 ago. 2019.

DELGADO, Joedson de Souza. *Limites ao poder regulatório da Agência Nacional de Vigilância Sanitária*. Obra (Mestrado em Direito). Centro Universitário de Brasília (UniCEUB), 2017.

DENARI, Zelmo. Da qualidade de produtos e serviços, da prevenção e da reparação dos danos. Segmento atualizado por José Geraldo Brito Filomeno. In: GRINOVER, Ada Pellegrini *et al. Código Brasileiro de Defesa do Consumidor:* Comentado pelos autores do Anteprojeto. *12ª ed*. Rio de Janeiro: Forense, 2019.

DEPARTMENT OF TOXIC SUBSTANCES CONTROL. Nanomaterial company visits report. *DTSC.*

Califórnia, 2009. Disponível em: https://dtsc.ca.gov/wp-content/uploads/sites/31/2017/05/Nanomaterial-Company-Visit-Report.pdf. Acesso em: 13 ago. 2019.

DI GIORGI, Rafaelle. Il rischio nella società contemporanea. In: *Revista do Tribunal Regional Federal da Primeira Região.* Nov./dez. 2007.
Drexler, K. Eric. *Engines of Creation*, New York: Anchor Press/Doubleday, 1986.

DREXLER, K. Eric. *Radical Abundance*: how a revolution in nanotechnology will change civilization. New York: BBS, 2013.

EBBESEN, Mette. KAISER, Michael J; LIEN, Marianne E. Nanofood – lessons to be learn from the debate on GM crops ? *Semantic Scholar*, [s.v.], 2006. (não paginado).

ECKSCHMIDT, Thomas. *O livro verde do rastreamento*: conceitos e desafios. São Paulo: Livraria Varela, 2009.

EFING, Antônio Carlos KALIL, Ana Paula Maciel Costa. Consumo Consciente: o anverso subjacente da Política Nacional de Resíduos Sólidos. *Revista Jurídica da UNI7*. v. 13, n. 2, p. 25-37, jul./dez. 2016.

EFSA. Guidance on risk assessment of the application of nanoscience and nanotechnologies in the food and feed chain: Part 1, human and animal health.

EFSA Journal, v. 16, n. 7, p. 1–210, jul. 2018. Disponível em: <https://efsa.onlinelibrary.wiley.com/doi/10.2903/j.efsa.2018.5327>. Acesso em: 9 jun. 2019.

EMBRAPA (org.). *Anais do IX Workshop da rede de nanotecnologia aplicada ao agronegócio.* São Carlos: Embrapa Instrumentação, 2017.

EMBRAPA. Quem somos: Rede de nanotecnologia aplicada ao agronegócio. *Rede Agronano*, [s.l. / s.d.]. Disponível em: https://www.agropediabrasilis.cnptia.embrapa.br/web/agronano-rede/rede. Acesso em: 10 jun. 2019.

ENGELMANN, Wilson; ALDROVANDI, Andrea; BERGER FILHO, Airton Guilherme. Perspectivas para a regulação das nanotecnologias aplicadas a alimentos e biocombustíveis. *Vigilância Sanitária em Debate*, v. 1, n. 4, p. 115–127, 2014.

ENGELMANN, Wilson; MARTINS, Patrícia Santos. A ISSO, suas normas e estruturação: possíveis interfaces regulatórias. In: ENGELMANN, Wilson;
MARTINS, Patrícia Santos. (orgs.) *As Normas ISO e as Nanotecnologias: entre a autorregulação e o pluralismo jurídico.* São Leopoldo: Editora Karywa, 2017, p. 75-120. p 75.

EPA. Reviewing New Chemicals under the Toxic Substances Control Act (TSCA). *EPA*. EUA: 2019. Disponível em: https://www.epa.gov/reviewing-new-chemicals-under-toxic-substances-control-act-tsca/control-nanoscale-materials-under. Acesso em: 10 jun. 2019.

EPIZOÓTICO. In: Michaelis. [s.l./s.d.] Disponível em: https://michaelis.uol.com.br/moderno-portugues/busca/portugues-brasileiro/epizootia/. Acesso em: 6 ago. 2019.

ESPANHA. *Lei n. 22/1994*, de 6 de julho. Lei relativa à responsabilidade civil pelos danos causados por produtos defeituosos. Boletín Oficial del Estado. Disponível em: https://www.boe.es/eli/es/l/1994/07/06/22. Acesso em: 11 ago 2019. Revogada.

ESPANHA. *Real Decreto Legislativo n. 1/2007*, de 16 de novembro. Lei geral de Defesa dos Consumidores e usuários e outras leis complementares. Boletín Oficial del Estado. Disponível em: https://www.boe.es/buscar/act.php?id=BOE-A-2007-20555&p=20190316&tn=1#cii-10. Acesso em: 11 ago. 2019.

EUA. *Regulamento "RIN 2070–AJ54"*, outono de 2010. Materiais em nanoescala; Relatórios de acordo com a Seção 8 (a) da TSCA. Disponível em https://www.federalregister.gov/documents/2017/01/12/2017-00052/chemical-substances-when-manufactured-or-processed-as-nanoscale-materials-tsca-reporting-and. Acesso em: 12 ago. 2019.

EUROPEAN ENVIRONMENT AGENCY. *Late lessons from early warnings:* science, precaution, innovation. Luxemburgo: EEA, 2013. Disponível em: https://www.eea.europa.eu/publications/late-lessons-2. Acesso em: 6 ago. 2019.

EUROPEAN ENVIRONMENT AGENCY. *Late lessons from early warnings*: the precautionary principle 1896–2000. Environmental issue report. Copenhagen: EEA, 2001. Disponível em: https://www.eea.europa.eu/publications/environmental_issue_report_2001_22. Acesso em: 6 ago. 2019.

EZELL, Stephen J. A policymaker's Guide to smart manufacturing. *Information technology & Innovation Foundation*. [s.a/s.n.] nov. 2016. P. 1-44. Disponível em: http://www2.itif.org/2016-policymakers-guide-smart-manufacturing.pdf?_ga=1.%20260516741.904228042.1489586683. Acesso em: 21 jun. 2019.

FAO/OMS. *Biotechnology and food safety*: FAO Food and Nutrition Paper 61, Roma: FAO, 1996. Apud: FAO/OMS. Consultations and workshops: Safety assessment of foods derived from genetically modified microorganisms. Genebra: OMS, 2001.

FAO/OMS. *Codex Alimentarius*: Understanding Codex. Roma: FAO/OMS, 2016. Disponível em: http://www.fao.org/3/a-i5667e.pdf. Acesso em: 20 ago. 2019.

FAO; EMBRAPA. *International Conference on Food and Agriculture Applications of*

Nanotechnologies. Report of Technical Round table sessions. [s.l.] 2010. Disponível em: http://www.fao.org/fileadmin/user_upload/agns/pdf/nanoagri_2010.pdf. Acesso em: 10 jun. 2019.

FAO; OMS. *Reunión Conjunta de Expertos acerca de la aplicación de la nanotecnología en los sectores alimentario y agropecuario*: posibles consecuencias para la inocuidad de los alimentos. Informe de la Reunión. Roma: FAO/OMS, 2010.

FAO; OMS. *State of the art on the initiatives and activities relevant to risk assessment and risk management of nanotechnologies in the food and agriculture sectors.* Technical paper. Geneva: FAO/OMS, 2013. Disponível em: http://www.fao.org/3/i3281e/i3281e.pdf. Acesso em: 10 jun. 2019.

FDA. Guidance for Industry Considering Whether an FDA-Regulated Product Involves the Application of Nanotechnology. *U.S. Department of Health and Human Services*. p. 1–14, 2014. Disponível em: http://www.fda.gov/RegulatoryInformation/Guidances/ucm257698.htm. Acesso em: 10 jun. 2019.

FDA. Nanotechnology fact sheet. *Programas de Nanotecnologia da FDA*. EUA: 2018. Disponível em: https://www.fda.gov/science-research/nanotechnology-programs-fda/nanotechnology-fact-sheet. Acesso em: 10 jun. 2019.

FEDERAL INSTITUTE FOR RISK ASSESSMENT. *BfR Delphi Study on nanotechnology:* Expert survey of the use of nanomaterials in food and consumer products. Berlin: BfR, 2010. p. 90-91.

FEDERAL INSTITUTE FOR RISK ASSESSMENT. *Public Perceptions about nanotechnology*: Representative survey and basic morphological-psychological study. Berlin: BfR, 2008.

FERNANDES, Rafael Gonçalves. OLIVEIRA, Liziane Paixão Silva. Novas formas de pensar a relação contratual na atualidade. *Revista Jurídica Luso-Brasileira*, Lisboa, ano 5, n. 5, p. 1503-1526, 2019.

FEYNMAN, Richard Phillips. *There's Plenty of Room at the Bottom*. Disponível em: <http://www.zyvex.com/nanotech/feynman.html>. Acesso em: 27 maio 2019.

FLORES, André Stringhi; DOSSENA JUNIOR, Juliano; ENGELMANN, Wilson. Nanotecnologias e o Código de Defesa do Consumidor: um olhar a partir do princípio da precaução. *Revista de Direito do Consumidor*. Ano 19, n. 76, p.152-175, out.-dez, 2010, p. 172.

FOOD Irradiation. In: CENTER FOR FOOD SAFETY. Washington: [s.d.] Disponível em: http://www.centerforfoodsafety.org/issues/1039/food-irradiation/about-food-irradiation. Acesso em: 9 jun. 2019.

FREITAS, Carlos Machado de et al. Da Samarco em Mariana à Vale em Brumadinho: desastres em barragens de mineração e Saúde Coletiva. *Cadernos de Saúde Pública*, v. 35, n. 5, 2019.

FUNDAÇÃO INSTITUTO BRASILEIRO DE GEOGRAFIA E ESTATÍSTICA (IBGE). *PNAD Contínua 2018: Educação*. Rio de Janeiro: IBGE, 2017. Disponível em: https://www.ibge.gov.br/estatisticas/sociais/educacao/17270-pnad-continua.html?edicao=24772&t=sobre. Acesso em: 10 ago. 2019.

GÓES, Maurício de Carvalho; ENGELMANN, Wilson. *Direito das nanotecnologias e o meio ambiente do trabalho.* Porto Alegre: Livraria do Advogado, 2015.

GOLDBERG, Ray A. *Agribusiness Coordination:* A systems Approach to the Wheat, Soybean, and Florida Orange Economies. Boston: Harvard Business School, 1698.

GONÇALVES, R.A.S. et al. Percepção do consumidor em relação à nanotecnologia – resultados preliminares. In: EMBRAPA. Quem somos: Rede de nanotecnologia aplicada ao agronegócio. *Rede Agronano*, [s.l. / s.d.]. Disponível em: https://www.agropediabrasilis.cnptia.embrapa.br/web/agronano-rede/rede. Acesso em: 10 jun. 2019. p. 719-722.

GRASSI NETO, Roberto. *Segurança alimentar*: da produção agrária à proteção do consumidor. São Paulo: Saraiva, 2013.

GUIMARÃES, Paulo Jorge Scartezzini. *Vícios do produto e do serviço por qualidade, quantidade e insegurança*. São Paulo: Revista dos Tribunais, 2004.

GUNNINGHAM, Neil. Enforcement and Compliance Strategies. In: BALDWIN, Robert; CAVE, Martin; LODGE, Martin. *The oxford Handbook of regulation*. New York: Oxford University Press, 2016. P. 1-18.

GUSTIN, Miracy Barbosa de Sousa. *[Re]pensando a pesquisa jurídica*: teoria e prática. 2. ed. Belo Horizonte: Del Rey, 2006. p. 21

HABER, Bernd; STÄHLE, Sieglinde. Nanotechnology in foods: fact or fiction? *EFLL - European Food and Feed Law Review*. v. 6 n. 3, p. 400-4006, Berlin: Lexxion, 2008.

HANSEN, Steffen Foss. *Regulation and Risk Assessment of Nanomaterials* – Too Little, Too Late? Tese (Doutorado em Engenharia Ambiental). Technical University of Denmark, Denmark, 2009. P. 45

HARARI, Yuval Noah. *Uma breve história da humanidade*: Sapiens. Tradução de Janaína Marcoantonio. São Paulo. Editora LPM. E-book.

HAYES, J.; KNOX-HAYES, J. Rescuing EU Emissions Trading: Mission Impossible? Security in Climate Change Discourse: Analyzing the Divergence between US and EU Approaches to Policy. *Global Environmental Politics*, v. 14, n. 2, p. 82–101, 2014.

HE, Xiaojia; DENG, Hua; HWANG, Huey-min. The current application of nanotechnology in food and agriculture. *Journal of Food and Drug Analysis*, v. 27, n. 1, p. 1–21, jan. 2019.

HELMUT KAISER CONSULTORIA. *Nanotechnology in Food and Food Processing Industry Worldwide*: 2011-2025. Informações sobre o estudo realizado. Disponível em: http://www.hkc22.com/Nanofood.html. Acesso em: 9 jun. 2019.

HERMITTE, Marie-Angèle. Os fundamentos jurídicos da Sociedade de risco. In: VARELLA, Marcelo Dias (org.). *Governo dos Riscos*. Rede Latino-Americana-Europeia sobre Governo dos Riscos. Brasília: Eunice de Oliveira, 2005.

HERMITTE, Marie-Angèle; DORMONT, D. Propositions pour le principe de precaution a la lumiere de l'affaire de la vache folle. In: KOURILSKY, Philippe; VINEY, Geneviève. *Le príncipe de précaution*: Rapport au Premier Ministre. França. 1999. Disponível em: https://www.ladocumentationfrancaise.fr/var/storage/rapports-publics/004000402.pdf. Acesso em: 6 jun. 2019. p. 36-74 (anexo 3).

HERRERA, Edgardo López. *Teoría general de la responsabilidad civil*. Buenos Aires: Lexis Nexis Argentina, 2006;

HIRONAKA, Giselda Maria F. Novaes. *Responsabilidade pressuposta*. Belo Horizonte: Del Rey, 2005.

HOLLEY, Steven E. Nano Revolution – Big Impact: How Emerging Nanotechnologies Will Change the Future of Education and Industry in America [...]. *The journal of Technology studies*, v. 35, n.1, p. 9-19, 2009.

HOUSE OF LORDS. *Nanotechnologies and food* – Volume I (1 st Report of Session 2009-10). Londres: House of Lords, 2010.

HULL, Matthew S.; BOWMAN, Diana M. *Nanotechnology Environmental Health and Safety*: Risks, Regulation, and Management. 2.ed., EUA: Elsevier, 2014.

IDEC et al. Carta das entidades da sociedade civil contra o PL 4148/2008, que prevê acabar com a rotulagem dos transgênicos. In: *IDEC*. [s.l./s.d.]. Disponível em: https://www.idec.org.br/pdf/carta-rotulagem-transgenicos.pdf. Acesso em: 11 ago. 2019.

INN. *Nano 101:* Benefits and Applications. [s.l / s.d]. Disponível em: https://www.nano.gov/you/nanotechnology-benefits. Acesso em: 9 jun. 2019.

ISO. *ISO TS 800004-1:2015*: Nanotechnologies — Vocabulary — Part 1: Core terms. Suíça, 2015. Disponível em: https://www.iso.org/obp/ui/#iso:std:iso:ts:80004:-1:en. Acesso em: 21 jun. 2018.

ISO. *ISO/TC 229* – Technical Committees. Suíça, [s.d]. Disponível em: https://www.iso.org/committee/381983.html. Acesso em: 6 jun. 2019.

KADDOUR, Nadia. No Laws in Nanoland: How to Reverse the Trend? The French Example. *Nanotechnology and the Environment*, v. 30, n. 2, p. 486-522, 2013.

KAH, Melanie. Nanopesticides and Nanofertilizers: Emerging Contaminants or Opportunities for Risk Mitigation? *Front Chem.* v. 3, n. 64, [n.p], 2015.

KEARNS, Peter; MAYERS, Paul. Substantial equivalence is a useful tool. *Nature*, v. 401, n. 6754, p. 640–640, out. 1999. Disponível em: http://www.nature.com/articles/44260. Acesso em: 10 ago. 2019. (não paginado).

KHAN, Ahmed S. Nanomaterials in food applications. In: RAI, V. Ravishankar; BAI, Jamuna A. (orgs.) *Nanotechnology applications in the food industry.* Boca Raton: CRC Press, 2018. p. 45-57.

KISS, Alexandre. Os direitos e interesses das gerações futuras e o princípio da precaução. In: VARELLA, Marcelo Dias; BARROS-PLATIAU, Ana Flávia. *Princípio da precaução*. Coleção Direito Ambiental em Debate. Belo Horizonte: Del Rey, 2004.

KOURILSKY, Philippe; VINEY, Geneviève. Le principe de précaution Editions Odile Jacob: la Documentation Française, Paris . Revista De Direito Sanitário, v. 2, n. 1, p. 148-151, 2001.

KOURILSKY, Philippe; VINEY, Geneviève. *Le príncipe de précaution*: Rapport au Premier Ministre. França. 1999. Disponível em: https://www.ladocumentationfrancaise.fr/var/storage/rapports-publics/004000402.pdf. Acesso em: 6 jun. 2019.

KRAEGELOH, Annette *et al.* Implementation of Safe-by-Design for Nanomaterial Development and Safe Innovation: Why We Need a Comprehensive Approach. *Nanomaterials*, v. 8, n. 4, p. 1-12, 14 abr. 2018. Disponível em: http://www.mdpi.com/2079-4991/8/4/239. Acesso em: 11 ago. 2019.

LAAS, Kelly; WEIL, Vivian. Taking a Proactive Approach Towards Responsibility: Indications of Nano Policy-Making Around the World, 2001-2008. *Annals of Economics and Statistics*, b. 115/116, p. 255-275, 2014.

LEHFELD, Lucas de Souza. Biossegurança e a responsabilidade civil e administrativa da Comissão Técnica Nacional de Biossegurança (CTNBio). *Revista de Direito Ambiental*. v. 8, ano 2, p. 27-59, out./dez. 2006.

LISBOA, Roberto Senise. *Responsabilidade civil nas relações de consumo*. São Paulo: Revista dos Tribunais, 2001.

LÔBO, Paulo Luiz Netto. A informação como direito fundamental do consumidor. In: *Revista de Direito do Consumidor*, São Paulo: Revista dos Tribunais, n. 37, p. 59-76, jan./mar. 2001.

LOPEZ, Teresa Ancona. *Nexo causal e produtos potencialmente nocivos*: a experiência brasileira do tabaco. São Paulo: Quartier Latin, 2008.

LOPEZ, Teresa Ancona. *Princípio da precaução e evolução da responsabilidade civil*. São Paulo: Quartier Latin, 2010.

MACEDO JUNIOR, Ronaldo Porto. Privacidade, mercado e informação. *Justitia*. São Paulo, n. 61 (185/188), p. 245-259, jan.-dez. 1999. Disponível em: https://core.ac.uk/download/pdf/79074338.pdf. Acesso em: 20 jan. 2020.

MAJONE, Giandomenico. What Price Safety? The Precautionary Principle and its Policy Implications. *Journal of Common Market Studies*, v. 40, n. 1, p. 89-109, 2002.

MALEC, Mieczyslaw. *A regulatory framework for nanotechnology*. Obra (Master of Arts in Security Studies). Naval Postgraduate School, Monterey, 2018.

MALFATTI, Alexandre David. *O direito à informação no Código de Defesa do Consumidor*. São Paulo: Alfabeto Jurídico, 2003.

MALUF, Renato S.; MENEZES, Francisco. *Caderno "Segurança Alimentar"*. [S.l. / s.d.] Disponível em: https://www.researchgate.net/publication/266884132_Caderno_'Seguranca_Alimentar'. Acesso em: 13 jun. 2019.

MALUF, Renato S.; MENEZES, Francisco; VALENTE, Contribuição ao Tema da Segurança Alimentar no Brasil. *Cadernos de Debate (UNICAMP)*, Campinas, v. 4, p. 66-88, 1996. Disponível em: https://www.researchgate.net/publication/266884132_Caderno_'Seguranca_Alimentar'. Acesso em: 13 jun. 2019.

MARCHANT, Gary E. et al. Big issues for small stuff: nanotechnology regulation and risk management. *Jurimetrics:* The Journal of Law, Science & Technology, v. 52, n. 3, p. 243-277,

2012.

MARCHANT, Gary E.; MOSSMAN, Kenneth L. *Arbitrary and Capricious*: The Precautionary Principle in the European Union Courts. Washington D.C.: The AEI Press, 2004.

MARINS, James. *Responsabilidade da empresa por fato do produto*. São Paulo: ed. Revista dos tribunais, 1993.

MARQUES, Claudia Lima. 25 Years to Celebrate: Horizons Reached by the 1990 Brazilian Consumer Protection Code and Horizons to Come, Especially on the International Protection of Consumers. In: MARQUES, Claudia Lima; WEI, Dan. (orgs.) *Consumer Law and socioeconomic development*: National and International dimensions. Cham: Springer, 2017.

MARQUES, Cláudia Lima. *Contratos no Código de Defesa do Consumidor*: O novo regime das relações contratuais. 7ª ed. São Paulo: Revista dos Tribunais, 2014.

MARQUES, Cláudia Lima. Organismos geneticamente modificados, informação e risco da "novel food": o direito do consumidor desarticulado? Cadernos do Programa de Pós-Graduação em Direito da UFRGS. v. 3, n. 6, p. 105-124, 2005.

MARQUES, Cláudia Lima; BERGSTEIN, Laís Gomes; BASSANI, Matheus Link. A necessária manutenção do direito à informação dos consumidores sobre produtos transgênicos: uma crítica ao Projeto de Lei 34/2015(4148/2008). *Revista de Direito Ambiental*, v. 91, ano 23, p. 637-653, 2018.

MAXWELL, Simon; FRANKENBERGER, Timothy. *Household Food Security*: concepts, indicators, Measurements. A technical Review. Nova Iorque: UNICEF/IFAD, 1992. Disponível em: http://socialprotection.gov.bd/wp-content/uploads/2017/06/IFAD-HH-Food-Security-Full-Document.pdf. Acesso em: 20 jun. 2019.

MAZZAGLIA, Angelo *et al.* Nanomaterials in plant protection. In: PUERS, Robert *et al.* (orgs.) *Nanotechnology in Agriculture and Food Science*. Weinheim: Wiley-VCH, 2017. p. 115-134.

MCCRAY, W. Patrick. Will small be beautiful? Making policies for our nanotech future. *History and Technology*, v. 21, n. 2, p. 177–203, 2005.

MCHUGHEN, Alan. *Pandora's picnic basket*. Oxford: Oxford University Press, 2000.

MCTIC. *Diálogos setoriais entre Brasil e União Europeia*: Regulação da nanotecnologia no Brasil e na União Europeia. Brasília: MCTI, 2014.

MCTIC. *Laboratórios estratégicos do SISNANO*: Incentivos ao desenvolvimento. MCTIC. Disponível em:

http://www.mctic.gov.br/mctic/opencms/tecnologia/incentivo_desenvolviment-o/sisnano/laboratorios.html?searchRef=sisnano&tipoBusca=expressaoExata. Acesso em: 10 jun. 2019.

MCTIC. *Plano de ação de CT&I para tecnologias convergentes e habilitadoras*: Volume I – Nanotecnologia. Brasília: MCTIC, 2019. Disponível em: https://www.mctic.gov.br/mctic/export/sites/institucional/tecnologia/tecnologias_convergen tes/arquivos/cartilha_plano_de_acao_nanotecnologia.pdf. Acesso em: 9 jun. 2019.

MERCOSUL. Tratado para a constituição de um Mercado Comum entre a República Argentina, a República Federativa do Brasil, a República do Paraguai e a Republica oriental do Uruguai *(Tratado de Assunção)*. Assinado em 26 de março de 1991. Disponível em: http://www.tprmercosur.org/pt/docum/Tratado_de_Assuncao_pt.pdf. Acesso em: 10 jun. 2019.

MIETTINEN, Mirella. *Comparison of the approaches to regulate environmental , health , and safety risks of nanomaterials in the chemicals , food , and pesticides / biocides sectors in the EU and the US*. Obra (Mestrado em Direito). University of Eastern Finland. Law School. Finland, 2016.

MILANI, Juliane Teixeira; GLITZ, Frederico Eduardo Zenedin. Anotações sobre o risco do desenvolvimento: análise do caso da talidomida. *Revista Luso-Brasileira de Direito do Consumo*, v. 5, n. 17, p. 177-205, 2015.

MILLER, John et al. *The Handbook of Nanotechnology*: Business, policy, and intellectual property law. New Jersey: John Wiley & Sons, 2005.

MILLSTONE, Erik; BRUNNER, Eric; MAYER, Sue. Beyond 'substantial equivalence'. *Nature*, v. 401, n. 6753, p. 525–526, out. 1999. Disponível em: http://www.nature.com/articles/44006. Acesso em: 10 ago. 2019. (não paginado).

MINISTÉRIO DO DESENVOLVIMENTO SOCIAL (SISAN/CAISAN). *Sistema Nacional de Segurança Alimentar e Nutricional (SISAN)*: Avanços e Desafios na Gestão do Sistema. Brasília: MDS, 2013. Disponível em: http://www.mds.gov.br/webarquivos/arquivo/seguranca_alimentar/sisan_avancos_desafios. pdf. Acesso em: 12 jun. 2019.

MIRAGEM, Bruno. *Curso de Direito do Consumidor*. 5ª ed. São Paulo: Revista dos Tribunais, 2014.

MITTS, J. How Much Mandatory Disclosure is Effective? [s.v.], Ssrn, 2014. Disponível em: https://papers.ssrn.com/sol3/papers.cfm?abstract_id=2404526. Acesso em: 11 ago. 2019.

MORICONI, Patrícia Rossi et al. Regulação de organismos geneticamente modificados de uso agrícola no Brasil e sua relação com os modelos normativos europeu e estadunidense. *Revista de Direito Sanitário*, São Paulo, v. 14, n. 3, p. 112-131, nov. 2013/fev. 2014.

MORRIS, Julian. Defining the Precautionary Principle. In: MORRIS, Julian (org.) Rethinking Risk and the Precautionary Principle. Oxford: Butterworth Heinemann (BH), 2002. Disponível em: https://www.academia.edu/502663/Defining_the_precautionary_principle?auto=download. Acesso em: 10 jun. 2019. (versão online não paginada).

MOSS, Michael. *Sal, açúcar, gordura*: como a indústria alimentícia nos fisgou. Tradução de Andrea Gottlieb de Castro Neves. Rio de Janeiro: Intrínseca, 2015.

MOVSESIAN, Mark L. Enforcement of WTO rulings: an interest group analysis. *Hofstra Law Review*, v. 32, n. 1, p. 01-22, 2003. Apud. ELIAS, Fernando Lopes Ferraz. Dilemas e desafios da retaliação como mecanismo de indução ao cumprimento na OMC. RIL Brasília. a. 53, n. 209, p. 237-253, jan./mar. 2016.

NAIDU, B. David. *biotechnology & nanotechnology regulation under environmental, health, and safety laws*. Nova Iorque: Oxford, 2010.

NANOTECHNOLOGY in Our Food. Center for Food Safety. [s.l.] 2015. Disponível em: https://www.centerforfoodsafety.org/nanotechnology-in-food. Acesso em: 9 jun. 2019.

NANOTECHNOLOGY PRODUCTS DATABASE. [s.l.], 2019. Base de dados virtual atualizada periodicamente. Disponível em: https://product.statnano.com/. Acesso em: 9 jun. 2019.

NANOTECHNOLOGY. IFST. Jan. 2019. Disponível em: https://www.ifst.org/resources/information-statements/nanotechnology Acesso em: 25 abr. 2019. Acesso em: 25 maio 2019.

NANOWERK. *Nanotechnology food coming to a fridge near you*. 2006. Disponível em: https://www.nanowerk.com/spotlight/spotid=1360.php Acesso em: 29 abr. 2019.

NASCIMENTO, Amália Leonel; ANDRADE, Sonia Lúcia L Sousa. Segurança alimentar e nutricional: pressupostos para uma nova cidadania? *Ciência e Cultura*, São Paulo, v. 62, n. 4, p. 34-38, out. 2010. Disponível em: http://cienciaecultura.bvs.br/scielo.php?script=sci_arttext&pid=S0009-67252010000400012. Acesso em: 6 jul. 2019.

NEL, Andre E. et al. Understanding Biophysicochemical Interactions at the Nano-Bio Interface. *Nature Materials*, v. 8, p. 543-550, 2009.

NERY JUNIOR, Nelson. *Leis civis comentadas*. 3ª ed. São Paulo: Revista dos Tribunais, 2012.

NEWTON, David E. *GMO food:* A reference handbook. Santa Barbara: ABC-Clio, 2014.

NGARIZE, Sekai; MAKUCH, Karen E; PEREIRA, Ricardo. The Case for Regulating Nanotechnologies: International, European and National Perspectives. *RECIEL*. v. 17, n. 37, p. 1-27, 2015.

NICOLESCU, Basarab. *Um novo tipo de conhecimento*: Transdisciplinariedade. 1º Encontro Catalisador do CETRANS – Escola do Futuro USP. São Paulo: USP, 1999. Disponível em: http://www.ufrrj.br/leptrans/arquivos/conhecimento.pdf. Acesso em: 23 jun. 2019.

NISHIYAMA, Adolfo Mamoru; DENSA, Roberta. A proteção dos consumidores hipervulneráveis: os portadores de deficiência, os idosos, as crianças e os adolescentes. *Revista de Direito do Consumido*r, ano 19, n. 76, p.13-45, out.-dez. 2010.

NNI. *The National nanotechnology initiative supplement to the President's 2019 budget*. Subcommittee on nanoscale science, engineering, and technology. 2018. NNI. Disponível em: https://www.nano.gov/sites/default/files/pub_resource/NNI-FY19-Budget-Supplement.pdf. Acesso em: 16 jun. 2019.

NOIVILLE, Christine. Princípio da precaução e Organização Mundial do Comércio: da oposição filosófica para os ajustes técnicos? In: VARELLA, Marcelo Dias; BARROS-PLATIAU, Ana Flávia. *Princípio da precaução*. Coleção Direito Ambiental em Debate. Belo Horizonte: Del Rey, p. 317-350, 2004.

NOIVILLE, Cristine. Ciência, decisão, ação: três observações em torno do princípio da precaução. In: VARELLA, Marcelo Dias (org.). *Governo dos Riscos*. Rede Latino-Americana-Europeia sobre Governo dos Riscos. Brasília: Eunice de Oliveira, 2005.

NUNES, Rizzatto. *Comentários ao Código de Defesa do Consumidor*. 8ªed.São Paulo: Saraiva, 2015.

OCDE. *The next Production revolution*: Implications for governments and business. Paris: OCDE, 2017.

OCDE. *Key points of the hearing on disruptive innovation*. DAF/COMP/M(2015)1/ANN8/FINAL. 2015. Disponível em: https://one.oecd.org/document/DAF/COMP/M(2015)1/ANN8/FINAL/en-/pdf#_ga=2.165766584.788006979.1560172690-1038759775.1560172690. Acesso em: 16 nov. 2019.

OCDE. *Regulatory Frameworks for Nanotechnology in Foods and Medical Products*: Summary

Results of a Survey Activity. OECD Science, Technology and Industry Policy Papers, n. 4, Paris: OECD Publishing, 2013.

OCDE. Manual de Oslo (1997). Proposta de Diretrizes para Coleta e Interpretação de Dados sobre Inovação tecnológica. Organização para a Cooperação e Desenvolvimento Econômico. 2ª edição. Traduzido por FINEP. Rio de janeiro: Finep, 2004.

OCDE. Safety evaluation of foods derived by modern biotechnology: concepts and principles. *Relatório da Secretaria Geral da OCDE*. 1993. Disponível em: https://www.mobt3ath.com/uplode/book/book-9620.pdf. Acesso em: 8 ago. 2019.

OCDE. Search results. 2019. Disponível em: http://www.oecd.org/general/searchresults/?q=nanofood&cx=012432601748511391518:xze adub0b0a&cof=FORID:11&ie=UTF-8. Acesso em: 10 jun. 2019.

OLIVEIRA, Alice Monteiro; Otávio, Silvia Maria Gonçalves; ABREU, Joelma Moreira; SANTOS, Maria Rita de Morais Chaves. Nanoalimentos: uma prospecção tecnológica. Revista Saúde em Foco, Teresinam v.1, n.2, p. 123-133, ago./dez. 2014.

OLIVEIRA, André Luiz Meira de; BERTI, Leandro Antunes. *Nanossegurança na prática*: im guia para análise da segurança de empresas, laboratórios e consumidores que utilizam a nanotecnologia. Florianópolis: Fundação Certi, 2017.

OLIVEIRA, Liliana Saraiva de. O Mercosul e a União Europeia: Uma breve comparação. *Publicações da Escola da AGU*. v. 2. n.21. p. 203-224. 2012.

OLIVEIRA, Liziane Paixão Silva; MARINHO, Maria Edelvacy; FUMAGALI, Ellen de Oliveira. Nanowastes riscos para saúde humana e meio ambiente: diálogos entre o princípio da precaução e a sociedade de risco. *Araucaria*: Revista Iberoamericana de Filosofía, Política y Humanidades, v. 17, n. 33, p. 183–209, 2015.

OLIVEIRA, Liziane Paixão Silva; MARINHO, Maria Edevalcy; FUMAGALI, Ellen de Oliveira. Nanomedicamentos e os desafios da ANVISA diante da inexistência de um marco regulatório no Brasil. In: *Revista Amazon's Research and Environmental Law - AREL FAAR*, v.3, n. 3, p. 36-51, 2015.

OMC. *Acordo sobre a Aplicação de Medidas Sanitárias e Fitossanitárias*. Tradução oficial do Ministério da Economia, Indústria, Comércio Exterior e Serviços. Brasília: MCTIC, [s.d.]. Disponível em: http://www.mdic.gov.br/comercio-exterior/negociacoes-internacionais/1885-omc-acordos-da-omc. Acesso em: 16 ago. 2019.

OMC. *Acordo sobre Barreiras Técnicas ao Comércio*. Tradução oficial do Ministério da Economia, Indústria, Comércio Exterior e Serviços. Brasília: MCTIC, [s.d.]. Disponível em:

http://www.mdic.gov.br/comercio-exterior/negociacoes-internacionais/1885-omc-acordos-da-omc. Acesso em: 16 ago. 2019.

OMC. Informe do Grupo Especial "Mesures communautaires concernant les viandes et le produits carnés hormones" WT/DS26/AB/R, 1998. Disponível em: https://docs.wto.org/dol2fe/Pages/FE_Search/DDFDocuments/37940/Q/WT/DS/26-9.pdf. Acesso em: 14 ago. 2019

OMC. Informe do Órgão de Apelação "Mesures communautaires concernant les viandes et le produits carnés –hormones" WT/DS26/AB/R, 1998, parágrafo 187. Disponível em: https://www.wto.org/english/tratop_e/dispu_e/291r_add9_e.pdf. Acesso em: 14 ago. 2019.

OMC/OCDE. *Facilitating trade through regulatory cooperation*: the case of the WTO's TBT/SPS Agreements and Committees. [s.l.; s.n.], 2019. Disponível em: https://www.wto.org/english/res_e/booksp_e/tbtsps19_e.pdf. Acesso em: 5 ago. 2019.

OMS. Wingspread Statement on the Precautionary Principle. Adotada em 20 de janeiro de 1998. Disponível em: http://www.who.int/ifcs/documents/forums/forum5/wingspread.doc. Acesso em: 23 nov. 2019.

OPREA, Alexandra Elena; GRUMEZESCU, Alexandru Mihai. *Nanotechnology applications in food*: flavor, stability, nutrition and safety. Londres: Elsevier, 2017.

ORGANIZAÇÃO DAS NAÇÕES UNIDAS PARA A ALIMENTAÇÃO E A AGRICULTURA. *Trade reforms and food security*: Conceptualizing the Linkages. Roma: FAO, 2003.

ORGANIZAÇÃO DAS NAÇÕES UNIDAS PARA A ALIMENTAÇÃO E A AGRICULTURA. *Rome Declaration on World Food Security and World Food Summit Plan of Action*: World Food Summit 13-17 November 1996. Roma, 1996. Disponível em: http://www.fao.org/3/w3613e/w3613e00.htm. Acesso em: 6 ago. 2019.

ORGANIZAÇÃO DAS NAÇÕES UNIDAS PARA A ALIMENTAÇÃO E A AGRICULTURA. *O direito à alimentação no quadro internacional dos direitos humanos e nas constituições*. Cadernos de Trabalho sobre o direito à alimentação. Disponível em: http://www.fao.org/3/a-i3448o.pdf. Acesso em: 14 jun. 2019.

ORGANIZAÇÃO DAS NAÇÕES UNIDAS. *Directrices para la protección del consumidor*. Conferência das Nações Unidas sobre o comercio e desenvolvimento. (UNCTAD). Nova York: ONU, 2016. Disponível em: https://unctad.org/es/PublicationsLibrary/ditccplpmisc2016d1_es.pdf. Acesso em: 9 out. 2019.

ORGANIZAÇÃO DAS NAÇÕES UNIDAS. Conferência das Nações Unidas sobre o Meio Ambiente e o Desenvolvimento (Rio+20). The future we want. Adotada em 19 junho de 2012. Disponível em: http://www.rio20.gov.br/documentos/documentos-da-conferencia/o-futuro-que-queremos/at_download/the-future-we-want.pdf. Acesso em: 6 ago. 2019.

ORGANIZAÇÃO DAS NAÇÕES UNIDAS. Conferência das Nações Unidas sobre o Meio Ambiente e o Desenvolvimento (Rio-92). *Declaração do Rio sobre Meio Ambiente e Desenvolvimento (Agenda 21)*. Adotada em 1992. Disponível em: http://www.meioambiente.pr.gov.br/arquivos/File/agenda21/Declaracao_Rio_Meio_Ambiente_Desenvolvimento.pdf. Acesso em: 10 jul. 2019.

ORGANIZAÇÃO DAS NAÇÕES UNIDAS. Assembleia Geral. *Declaração universal dos direitos humanos*. Adotada e proclamada pela Assembleia Geral das Nações Unidas (resolução 217 A III) em 10 de dezembro 1948. Disponível em: https://nacoesunidas.org/wp-content/uploads/2018/10/DUDH.pdf. Acesso em: 14 jun. 2019.

ORGANIZAÇÃO DAS NAÇÕES UNIDAS. Assembleia Geral. *Pacto Internacional dos Direitos Econômicos, Sociais e Culturais*. Adotado pela Assembleia Geral das Nações Unidas (resolução 2200A XXI) em 16 de dezembro 1966. Disponível em: http://www.unfpa.org.br/Arquivos/pacto_internacional.pdf. Acesso em: 13 jun. 2019.

ORGANIZAÇÃO DAS NAÇÕES UNIDAS. Conferência das Nações Unidas sobre Comércio e Desenvolvimento: curso sobre solução de controvérsias. Genebra: ONU, 2003. Disponível em: https://unctad.org/pt/docs/edmmisc232add22_pt.pdf Acesso em: 8 ago. 2019.

ORGANIZAÇÃO DAS NAÇÕES UNIDAS. Conferência Mundial sobre Alimentação. *Declaração Universal sobre Erradicação da Fome e Desnutrição de 1974*. Adotada e ratificada pela Assembleia Geral das Nações Unidas (resolução 3348 XXIX) em 17 de dezembro de 1974. Disponível em: http://gddc.ministeriopublico.pt/sites/default/files/decl-erradicacaofome.pdf. Acesso em: 14 jun. 2019.

ORGANIZAÇÃO DAS NAÇÕES UNIDAS. *Relatório da Conferência Mundial de Alimentos:* Roma 5-16 de novembro de 1974. Nova York: FAO, 1974. Apud: ESCRITO de sua excelência Dom Agostino Ferrari-Toniolo, observador permanente da Santa Sé junto da FAO sobre a VIII Sessão Anual do Conselho Mundial da Alimentação e Estratégia Alimentar. In: L'Osservatore Romano, ed. Seminal em Português, Vaticano, Roma, 1982. Disponível em: http://www.vatican.va/roman_curia/secretariat_state/archivio/documents/rc_seg-st_19820621_fao-mexico_po.html. Acesso em: 6 mai. 2019.

ORGANIZAÇÃO PAN-AMERICANA DE SAÚDE. *Marco Legal brasileiro sobre Organismos Geneticamente Modificados*. Brasília: Ministério da Saúde 2010. Disponível em: https://www2.fcfar.unesp.br/Home/CIBio/MarcoLegalBras.pdf. Acesso em: 9 ago. 2019.

OVER 40 new products added to nanotechnology database. Center for Food Safety. [s.l.] 2018. Disponível em: http://www.centerforfoodsafety.org/press-releases/5284/over-40-new-products-added-to-nanotechnology-database. Acesso em: 9 jun. 2019.

PAÍSES do Mercosul debatem segurança e soberania alimentar, em Brasília. Conselho Nacional de Segurança Alimentar e Nutricional (CONSEA). Presidência da República, 15 jun. 2015. Disponível em: http://www4.planalto.gov.br/consea/comunicacao/noticias/2015/junho/paises-do-mercosul-debatem-seguranca-e-soberania-alimentar-em-brasilia. Acesso em: 30 jun. 2019.

PATRA, Debasmita; EJNAVARZALA, Haribabu; BASU, Prajit K. Nanoscience and nanotechnology: Ethical, legal, social and environmental issues. *Current Science*, v. 96, n. 5, p. 651–657, 2009.

PEIXOTO, Marcus. *Rastreabilidade alimentar*: reflexões para o caso da carne bovina. Coleção textos para discussão n. 47. Brasília: Consultoria Legislativa do Senado Federal – Centro de Altos estudos, 2008. Disponível em: https://www12.senado.leg.br/publicacoes/estudos-legislativos/tipos-de-estudos/textos-para-discussao/td-47-rastreabilidade-alimentar-reflexoes-para-o-caso-da-carne-bovina Acesso em: 11 ago. 2019.

PEREIRA, Caio Maria da Silva. *Responsabilidade Civil*. 11ª ed. Atualizado por Gustavo Tepedino. Rio de Janeiro: Forense, 2016.

PORTAL NANODEFINE. *Methods for the implementation of the European definition of a nanomaterial.* [s.d. / s.l.]. Disponível em: http://www.nanodefine.eu/. Acesso em: 10 jun. 2019.

PRECAUTIONARY PRINCIPLE. In: OMC. [s.l./s.d.] Disponível em: https://www.wto.org/english/thewto_e/glossary_e/precautionary_principle_e.htm. Acesso em: 8 ago. 2019.

Prefácio de CHAUDHRY, Qasim; WATKINS, Richard; CASTLE, Laurence. In: CHAUDHRY, Qasim; WATKINS, Richard; CASTLE, Laurence (orgs.) *Nanotechnologies in food.* Cambridge: Royal Society of Chemistry, 2010. p. v-vi.

PRIESTLY, Brian G.; HARFORD, Andrew J.; SIM, Malcolm R. Nanotechnology: A Promising New Technology—But How Safe? *The Medical Journal of Australia*, v. 186, n. 3, p. 187-188, 2007.

RATNER, Dan; RATNER, Mark. *Nanotechnology and Homeland Security*: New Weapons for New Wars. New Jersey: Prentice Hall, 2004.

REED, Robert et al. *Detecting Engineered Nanomaterials in Processed Foods from Australia.* Relatório encomendado pela Friends Of the Earth. 2015. Disponível em:http://emergingtech.foe.org.au/wp-content/uploads/2015/09/FoE-Aus-Report-Final-web.pdf. Acesso em: 6 jun. 2019.

REINIG, Guilherme Henrique Lima. *A responsabilidade do produtor pelos riscos do desenvolvimento*. São Paulo: Atlas, 2013.

REINIG, Guilherme Henrique Lima; CARNAÚBA, Daniel Amaral. Riscos do desenvolvimento no Código de Defesa do Consumidor: a responsabilidade do fornecedor por defeitos não detectáveis pelo estado dos conhecimentos científicos e técnicos. *Revista de Direito do Consumidor*. v. 124, ano 28, p. 343-392. São Paulo: RT, jul./ago 2019.

RIBEIRO, Isabelle Geoffroy; MARIN, Victor Augustus. A falta de informação sobre os Organismos Geneticamente Modificados no Brasil. *Ciência & Saúde Coletiva*, v. 17, n. 2, p. 359–368, fev. 2012. Disponível em: http://www.scielo.br/scielo.php?script=sci_arttext&pid=S1413-81232012000200010&lng=pt&tlng=pt.

ROCO, Mihail C; BAINBRIDGE, William Sims. *Societal implications of nanoscience and nanotechnology*: NSET Worshop Report. Virginia: National Sicence Foundation, 2001. Disponível em: http://www.wtec.org/loyola/nano/NSET.Societal.Implications/nanosi.pdf. Acesso em: 12 ago. 2019.

ROCO, Mihal. Governance of new generations of nanotechnology products and processes. *Apresentação realizada na Reunião na National Nanotechnology Initiative (NNI)*. Health & Consumers DG. Brussels: 2009. Disponível em: https://www.researchgate.net/figure/Timeline-for-the-Beginning-of-Industrial-Prototyping-and-Nanotechnology_fig1_226028649. Acesso em: 10 jun. 2019.

RODINE-HARDY, Kirsten. Nanotechnology and Global Environmental Politics: Transatlantic Divergence. *Global Environmental Politics*, v. 16, n. 3, p. 89–105, ago. 2016.

ROSENVALD, Nelson. *As funções da responsabilidade civil*: a reparação e a pena civil. 2. ed. São Paulo: Atlas, 2014.

RUIZ-FABRI, Hélène. A adoção do princípio da precaução pela OMC. In: VARELLA, Marcelo Dias; BARROS-PLATIAU, Ana Flávia. *Princípio da precaução*. Coleção Direito Ambiental em Debate. Belo Horizonte: Del Rey, 2004. p. 298-316.

RYDLEWSKI, Carlos. Empresa paulista cria tecnologia que triplica o prazo de validade dos alimentos. Época Negócios, 2013. Disponível em: https://epocanegocios.globo.com/Informacao/Visao/noticia/2013/04/empresa-paulista-cria-tecnologia-que-triplica-o-prazo-de-validade-de-alimentos.html. Acesso em: 4 jan. 2019.

SADELLER, Nicolas. O estatuto do princípio da precaução no Direito Internacional. In: VARELLA, Marcelo Dias; BARROS-PLATIAU, Ana Flávia. *Princípio da precaução*. Coleção Direito Ambiental em Debate. Belo Horizonte: Del Rey, 2004

SAFE by design. In: NANOREG2. Paris, 27 fev.2019. Disponível em: https://www.nanoreg2.eu/safe-design. Acesso em: 10 ago. 2019.

SANDS, Philippe. O princípio da precaução. In: VARELLA, Marcelo Dias; BARROS-PLATIAU, Ana Flávia. *Princípio da precaução*. Coleção Direito Ambiental em Debate. Belo Horizonte: Del Rey, 2004.

SANTANA, Héctor Valverde. *Dano moral no Direito do Consumidor*. Coleção Biblioteca de direito do consumidor. São Paulo: Revista dos Tribunais, 2014.

SAVOLAINEN, K. et al. Nanotechnologies, engineered nanomaterials and occupational health and safety – A review. *Safety Science*. v. 48. n. 8. [S. l.]: Elsevier, Out. 2010.

SCHAWAB, Klaus. *A quarta Revolução Industrial*. Tradução de Daniel Moreira Miranda. São Paulo: Edipro, 2016.

SCHEREIBER, Anderson. *Novos paradigmas da responsabilidade civil*: da erosão dos filtros da reparação à diluição dos danos. 6ª ed. São Paulo: Atlas, 2015.

SECRETARIA NACIONAL DO CONSUMIDOR. Ministério da Justiça. *Boletim recall 2015*. Brasília: Ministério da Justiça, 2016. Disponível em: https://justica.gov.br/seus-direitos/consumidor/saude-e-seguranca/anexos/boletimrecall2015.pdf. Acesso em: 11 ago. 2019.

SECRETARIA NACIONAL DO CONSUMIDOR. Ministério da Justiça. *Boletim saúde e segurança do consumidor 2015*. Brasília: Ministério da Justiça, 2016. Disponível em: https://www.justica.gov.br/seus-direitos/consumidor/saude-e-seguranca/anexos/boletim-saude-e-seguranca-do-consumidor-2015.pdf. Acesso em: 11 ago. 2019.

SEGURANÇA alimentar no Mercosul é tema de seminário. Conselho Nacional de Segurança Alimentar e Nutricional (CONSEA). Presidência da República, 7 nov. 2008. Disponível em: http://www.secretariadegoverno.gov.br/noticias/2008/11/not_07112008. Acesso em: 30 jun. 2019.

SIEGRIST, M *et al*. Acceptance of nanotechnology foods: a conjoint study examining consumers willingness to buy. *British Food Journal*, v. 111. N. 7, p. 660-668, 2009.

SILVA, João Calvão da. *Responsabilidade civil do produtor*. Coimbra: Almedina, 1999.

SILVEIRA, Vladmir Oliveira da; SANTOS, Queila Rocha Carmona dos. Os potenciais riscos das nanotecnologias: Informação e responsabilidade à luz do Código de Defesa do Consumidor. *Revista de Direito do Consumidor*. n. 97, p. 173-196, 2015.

SIMS BAINBRIDGE, William; C. ROCO, Mihail. *Managing Nano-Bio-Info-Cogno Innovations*: Converging Technologies in Society. Dordrecht: Springer, 2005.

SINGH, Trepti et al. Application of Nanotechnology in Food Science: Perception and Overview. *Frontiers in Microbiology*, v. 8, n. 1501, 2017.

STERN, Stephan T.; MCNEIL, Scott E. Nanotechnology Safety Concerns Revisited. *Toxicological Sciences*, v. 101, n. 1, p. 4–21, jan. 2008.

STIGLITZ, Gabriel A. *Protección jurídica del consumidor*: responsabilidad del empresario, publicidad comercial engañosa, crédito al consumo, prácticas mercantiles irregulares, acesso a la justicia. Buenos Aires: Depalma, 1990.

STOCO, Rui. Defesa do consumidor e responsabilidade pelo risco do desenvolvimento. *Revista dos Tribunais*. Ano 96, v. 855, p. 46-53, jan./2007.

SUNSTEIN, Cass R. Para além do princípio da precaução. Tradução de Letícia Garcia Ribeiro Dyniewicz et al. Revista de Direito Administrativo, Rio de Janeiro, v. 259, p. 11-71, jan./abr. 2012.

SUPPAN, Steve. *Nanomaterials in Soil*: Our Future Food Chain? Institute for Agriculture and Trade Policy (IATP), [s.l.]: IATP, 2013.

SZAKAL, Christopher et al. Measurement of nanomaterials in foods: Integrative consideration of challenges and future prospects. *ACS Nano*, v. 8, n. 4, p. 3128–3135, 2014.

TAGER, Jeremy; SALES, Louise. *Way too little*: our government's failure to regulate nanomaterials in food and agriculture. [s.I], Friends of the earth Australia, 2014.

TANIGUCHI, Norio. On the basic concept of nano-technology. in Proc. Intl. Conf. Prod. Eng. Tokyo, part II, Japan Society of precision engineering. 1974. Apud OCDE. *Small sizes that matter*: Opportunities and risks of nanotechnologies. Report in co-operation with the OECD International Futures Programme. Paris: OCDE. [s.d.].

TEPEDINO, Gustavo. A responsabilidade Médica na experiência brasileira contemporânea. *Revista dos Tribunais*, v. 2, Ano I, 2000.

THAYER, James D. The SPS agreement: can it regulate trade in nanotechnology? *Duke Law &*

Technology Review, v.4, n.5, 2005. Disponível em:
https://scholarship.law.duke.edu/dltr/vol4/iss1/14/. Acesso em: 20 jul. 2019.

THE PROJECT ON EMERGING NANOTECHNOLOGIES (PEN). Mission. United States: 2005.
Disponível em: https://www.nanotechproject.org/about/mission/. Acesso em: 9 jun. 2019.

THE ROYAL SOCIETY. *Nanoscience and nanotechnologies*: Opportunities and uncertainties.
Londres: Clyvedon Press, 2004.

THE UNITED STATES DEPARTMENT OF AGRICULTURE. *Nanoscale science and engineering for
agriculture and food systems:* a report submitted to cooperative state research, education
and extension service. Department of Agriculture, Washington, DC (2003). National Planning
Workshop. Disponível em:
http://www.agronavigator.cz/userfiles/File/Agronavigator/Kvasnickova/USDA_nanotech.pdf.
Acesso em: 19 jun. 2019.

TOUMEY, Chris. Plenty of room, plenty of history. In: *Nature Nanotechnology*, v. 4, n. 12, p.
783–784, 2009.

UNESCO. Eighth UNESCO Medals for contributions to the development of nanoscience and
nanotechnologies. 22 nov. 2018. *UNESCO*. Disponível em: https://en.unesco.org/news/eighth-
unesco-medals-contributions-development-nanoscience-and-nanotechnologies. Acesso em:
10 jun. 2019.

UNESCO. *UNESCO science report: towards 2030*. Paris: UNESCO, 2015.
UNIÃO EUROPEIA. *Comunicação COM(2005)243* final da Comissão. Comunicação da Comissão
ao Conselho, ao Parlamento Europeu e ao Comité Económico e Social - Nanociências e
nanotecnologias - Plano de ação para a Europa 2005-2009.Disponível em: https://eur-
lex.europa.eu/legal-content/EN/TXT/?uri=COM:2005:0243:FIN. Acesso em: 10 jun. 2019.

UNESCO. *Ética y política de la nanotecnología*. França: UNESCO, 2006. Disponível em:
http://unesdoc.unesco.org/images/0014/001459/145951e.pdf. Acesso em: 10 jun. 2019.

UNIÃO EUROPEIA. *Tratado da União Europeia/Tratado de Maastricht.* Assinado em 7 fev.
1992. Entrada em vigor em: 1 nov. 1993. Holanda: UE. Disponível em: https://eur-
lex.europa.eu/legal-content/PT/TXT/?uri=CELEX:11992M/TXT. Acesso em: 10 jun. 2019.

UNIÃO EUROPEIA. *Regulamento (CE) n.º 1333/2008* do Parlamento Europeu e do Conselho,
de 16 de dezembro de 2008, relativo aos aditivos alimentares. Disponível em: https://eur-
lex.europa.eu/legal-content/PT/TXT/PDF/?uri=CELEX:32008R1333&from=RO. Acesso em: 10
jun. 2019.

UNIÃO EUROPEIA. *Regulamento (UE) n. 2015/2283*, do Parlamento Europeu e do Conselho, de 25 de novembro de 2015, relativo a novos alimentos, que altera o Regulamento (UE) n. 1169/2011 do Parlamento Europeu e do Conselho e que revoga o Regulamento (CE) n. 258/97 do Parlamento Europeu e do Conselho e o Regulamento (CE) n. 1852/2001 da Comissão. Disponível em: https://eur-lex.europa.eu/legal-content/PT/TXT/PDF/?uri=CELEX:32015R2283&from=en. Acesso em: 10 jun. 2019.

UNIÃO EUROPEIA. *Regulamento (UE) n. 528/2012*, do Parlamento Europeu e do Conselho de 22 de maio de 2012, relativo à disponibilização no mercado e à utilização de produtos biocidas. Disponível em: https://eur-lex.europa.eu/legal-content/PT/TXT/PDF/?uri=CELEX:32012R0528&from=EN. Acesso em: 10 jun. 2019.

UNIÃO EUROPEIA. *Regulamento (UE) n. 1169/2011*, do Parlamento Europeu e do Conselho de 25 de Outubro de 2011, relativo à prestação de informação aos consumidores sobre os géneros alimentícios, que altera os Regulamentos (CE) n. 1924/2006 e (CE) n. 1925/2006 do Parlamento Europeu e do Conselho e revoga as Diretivas 87/250/CEE da Comissão, 90/496/CEE do Conselho, 1999/10/CE da Comissão, 2000/13/CE do Parlamento Europeu e do Conselho, 2002/67/CE e 2008/5/CE da Comissão e o Regulamento (CE) n. 608/2004 da Comissão. Disponível em: https://eur-lex.europa.eu/LexUriServ/LexUriServ.do?uri=OJ:L:2011:304:0018:0063:PT:PDF. Acesso em: 10 jun. 2019.

UNIÃO EUROPEIA. *Regulamento (UE) n. 609/2013,* do Parlamento Europeu e do Conselho de 12 de junho de 2013, relativo aos alimentos para lactentes e crianças pequenas, aos alimentos destinados a fins medicinais específicos e aos substitutos integrais da dieta para controlo do peso e que revoga a Diretiva 92/52/CEE do Conselho, as Diretivas 96/8/CE, 1999/21/CE, 2006/125/CE e 2006/141/CE da Comissão, a Diretiva 2009/39/CE do Parlamento Europeu e do Conselho e os Regulamentos (CE) n. 41/2009 e (CE) n. 953/2009 da Comissão. Disponível em: https://eur-lex.europa.eu/legal-content/pt/TXT/?uri=CELEX%3A32013R0609. Acesso em: 10 jun. 2019.

UNIÃO EUROPEIA. *Diretiva 1999/34/CE,* do Parlamento Europeu e do Conselho de 10 de maio de 1999, que altera a Directiva 85/374/CEE, de 10 de maio de 1999, do Conselho relativa à aproximação das disposições legislativas, regulamentares e administrativas dos Estados-Membros em matéria de responsabilidade decorrente dos produtos defeituosos. Disponível em: https://publications.europa.eu/en/publication-detail/-/publication/6a0c196c-06b4-48ba-b133-bcf1b57167db/language-pt. Acesso em: 10 jun. 2019.

UNIÃO EUROPEIA. *Directiva 85/374/CEE do Conselho*, de 25 de julho de 1985, relativa à aproximação das disposições legislativas, regulamentares e administrativas dos Estados-Membros em matéria de responsabilidade decorrente dos produtos defeituosos. Disponível em: https://publications.europa.eu/pt/publication-detail/-/publication/b21bef4e-b528-49e2-a0f9-142dc503969a/language-pt. Acesso em: 10 ago. 2019.

UNIÃO EUROPEIA. *Comunicação da Comissão (COM/2000/0001)*, de 2 de fevereiro de 2000, relativa ao princípio da precaução. Disponível em: https://eur-lex.europa.eu/legal-content/PT/ALL/?uri=celex:52000DC0001. Acesso em: 12 jun. 2019

UNIÃO EUROPEIA. *Comunicação da Comissão*: Towards a European strategy for nanotechnology. Comunicação da Comissão ao Conselho, ao Parlamento Europeu e ao Comité Económico e Social. Disponível em: https://ec.europa.eu/research/industrial_technologies/pdf/policy/nano_com_en_new.pdf. Acesso em: 10 jul. 2019

UNIÃO EUROPEIA. *Conclusões da Presidência do Conselho Europeu de Nice*, de 7 a 10 de dezembro de 2000. Disponível em: http://www.europarl.europa.eu/summits/nice2_pt.htm. Acesso em: 15 jun. 2019. Anexo III, sobre a Resolução do Conselho relativa ao princípio da precaução. (não paginado).

UNIÃO EUROPEIA. *Decisão 94/571/CE* do Conselho de 27 de julho de 1994 que adota um programa específico de investigação, desenvolvimento tecnológico e demonstração no domínio das tecnologias industriais e dos materiais (1994-1998). Disponível em: https://eur-lex.europa.eu/legal-content/PT/TXT/?uri=CELEX:31994D0571. Acesso em: 10 jun. 2019.

UNIÃO EUROPEIA. *Recomendação da Comissão n. 2011/696/EU*, de 18 de outubro de 2011, relativa a definição de nanomaterial. Disponível em: https://eur-lex.europa.eu/LexUriServ/LexUriServ.do?uri=OJ:L:2011:275:0038:0040:pt:PDF. Acesso em: 10 jun. 2019.

UNIÃO EUROPEIA. Recomendação "C(2008)424", de 7 de fevereiro de 2008, da Comissão relativa a um código de conduta para uma investigação responsável no domínio das nanociências e das nanotecnologias. Disponível em: https://eur-lex.europa.eu/legal-content/PT/TXT/?qid=1562675229209&uri=CELEX:32008H0345. Acesso em: 13 jun. 2019.

UNIÃO EUROPEIA. *Recomendação da Comissão n. 2008/345/CE,* de 7 de fevereiro de 2008, relativa a um código de conduta para uma investigação responsável no domínio das nanociências e das nanotecnologias. Disponível em: https://eur-lex.europa.eu/legal-content/PT/TXT/?uri=CELEX%3A32008H0345. Acesso em: 10 jun. 2019.

UNIÃO EUROPEIA. *Relatório (2008/2208(INI),* do Parlamento Europeu, de 8 de abril de 2008, sobre aspectos regulamentares dos nanomateriais. Disponível em: http://www.europarl.europa.eu/sides/getDoc.do?pubRef=-//EP//TEXT+REPORT+A6-2009-0255+0+DOC+XML+V0//PT. Acesso em: 10 jun. 2019.

UNIÃO EUROPEIA. *Resolução "C5-0143/2000"*, de 23 de novembro de 2000, do Parlamento Europeu sobre a Comunicação da Comissão relativa ao princípio da precaução. Disponível em: http://www.europarl.europa.eu/sides/getDoc.do?pubRef=-//EP//NONSGML+REPORT+A5-2000-0352+0+DOC+PDF+V0//PT. Acesso em: 13 jun. 2019.

UNIÃO EUROPEIA. Tribunal Geral da União Europeia (1ª Instância, 2ª Seção). *Processo "T-74/00"*. Medicamentos para uso humano - Procedimentos comunitários de arbitragem - Revogação das autorizações de introdução no mercado - Competência - Critérios de revogação - Anorexígenos: anfepramona, clobenzorex, fenproporex, norpseudoefedrina, fentermina - Directivas 65/65/CEE e 75/319/CEE. Relator: Juiz R. M. Moura Ramos.Publicado em 11 de setembro de 2002. Disponível em: http://curia.europa.eu/juris/document/document.jsf?text=&docid=47533&pageIndex=0&doc lang=PT&mode=lst&dir=&occ=first&part=1&cid=6209499 Acesso em: 26 de nov. 2019.

UNIÃO EUROPEIA. Tribunal Geral da União Europeia (1ª Instância, 3ª Seção). *Processo "T-13/99"*. Transferência de resistência aos antibióticos do animal para o homem - Directiva 70/524/CEE - Regulamento que retira a autorização de um aditivo na alimentação animal - Admissibilidade - Artigo 11.° da Directiva 70/524 - Erro manifesto de apreciação - Princípio da precaução - Avaliação e gestão dos riscos - Consulta de um comité científico - Princípio da proporcionalidade - Confiança legítima - Dever de fundamentação - Direito de propriedade - Desvio de poder. Relator: juiz J. Azizi.   Publicado em 11 de setembro de 2002. Disponível em: http://curia.europa.eu/juris/document/document.jsf?text=&docid=47642&pageIndex=0&doc lang=PT&mode=lst&dir=&occ=first&part=1&cid=6209499. Acesso em: 7 ago. 2019.

UNIÃO EUROPEIA. Tribunal de Justiça da União Europeia. *Processo "C-157/96"*. Agricultura - Polícia sanitária - Medidas de urgência contra a encefalopatia espongiforme bovina - Doença dita 'das vacas loucas'. Relator juiz L. Sevón.   Publicado em 5 de maio de 1998. Disponível em: http://curia.europa.eu/juris/document/document.jsf?text=&docid=43817&pageIndex=0&doc lang=PT&mode=lst&dir=&occ=first&part=1&cid=6209499. Acesso em: 7 ago. 2019.

UNITED NATIONS DEVELOPMENT PROGRAMME. Human development report 1994. Nova Iorque: UNDP, 1994. Disponível em: http://hdr.undp.org/sites/default/files/reports/255/hdr_1994_en_complete_nostats.pdf. Acesso em: 6 jun. 2019.

US COMMITTE ON TECHNOLOGY. *Supplement to the President's 2019 Budget request submitted to Congress on February 12, 2018*. Product of the Subcommittee on Nanaoscale Science, Engineering, and technology. EUA: National science and technology Council, 2018.

VALENTE, Flávio Luiz Schieck. Fome, desnutrição e cidadania: inclusão social e direitos humanos. *Saúde e Sociedade.* São Paulo, v. 12, n. 1, p. 51-60, jan-jun. 2003.

VALOIS, Afonso C. *Biodiversidade, biotecnologia e organismos transgênicos.* Brasília: Embrapa, 2016.

VAN TASSEL, Katherine. Regulating in Uncertainty: Animating the Public Health Product Safety Net to Capture Consumer Products Regulated by the

FDA that Use Innovative Technologies, Including Nanotechnologies, Genetic Modification, Cloning, and Lab Grown Meat. *University of Chicago Legal Forum*, [s.v./s.n.], p. 433-488, 2013.

VANCE, M. et al. Nanotechnology in the real world: Redeveloping the nanomaterial consumer products inventory. *Beilstein Journal of Nanotechnology*, v. 6, p. 1769-1780, 2015.

VARELA, Justo Cortis. O relatório do grupo especial da OMC sobre os OGM. In: BARROS-PLATIAU, Ana Flavia. (eds.) *A Efetividade do Direito Internacional Ambiental*. Brasília: Uniceub/UNB, 2009. p. 174-209.

VARELLA, Marcelo Dias. A dinâmica e a percepção pública de riscos e as respostas do direito internacional econômico. In: VARELLA, Marcelo Dias (org.). *Governo dos Riscos*. Rede Latino-Americana-Europeia sobre Governo dos Riscos. Brasília: Eunice de Oliveira, 2005. p. 77-92.

VARELLA, Marcelo Dias. O tratamento jurídico-político dos OGM no Brasil. In: VARELLA, Marcelo Dias; BARROS-PLATIAU, Ana Flávia (orgs.). *Organismos geneticamente modificados*. Belo Horizonte: Del Rey, 2005.

VARELLA, Marcelo Dias. Variações sobre um mesmo tema: o exemplo da implementação do princípio da precaução pela CIJ, OMC, CJCE e EUA. In: VARELLA, Marcelo Dias; BARROS-PLATIAU, Ana Flávia. *Princípio da precaução*. Coleção Direito Ambiental em Debate. Belo Horizonte: Del Rey, 2004.

VERAS, Dauro. Santa Catarina concentra indústria de nanotecnologia. In: Valor Econômico. Florianópolis, 27 set. 2018. Disponível em: https://www.valor.com.br/empresas/5691379/santa-catarina-concentra-industria-de-nanotecnologia. Acesso em: 9 jun. 2019.

VIGNA, Edélcio. Segurança Alimentar no âmbito do Mercosul e do Parlasul. *Conselho Nacional de Segurança Alimentar e Nutricional (CONSEA)*. Presidência da República, 30 out 2008. Disponível em: http://www4.planalto.gov.br/consea/comunicacao/artigos/2008/seguranca-alimentar-no-ambito-do-mercosul-e-do-parlasul. Acesso em: 30 jun. 2019.

WATANABE, Edson; NUTTI, Marilia Regini. Alimentos geneticamente modificados: avaliação de segurança e melhorias de qualidade em desenvolvimento. *Revista Brasileira de Milho e Sorgo*, v. 1, n. 1, p. 1-14, 2002. Disponível em: https://pdfs.semanticscholar.org/7c99/c57c3a7ca63c6b15f2c386ade2d97c564c0b.pdf. Acesso em: 10 jun. 2019.

WHITMAN, Jim. Nanotechnology and dual-use dilemmas. In: PAPPERT, Brian; SELGELID, Michael (orgs.). On the dual uses of sicence and ethics: principles, practices and prospects. [s.l.: *ANU Press*, 2013.

WILDAVSKY, Aaron. Riskless Society. [s.l. / s.d.] Disponível em: https://www.econlib.org/library/Enc1/RisklessSociety.html. Acesso em: 8 ago. 2019.

WINICKOFF, David E. Public acceptance and emerging production technologies. In: OCDE (org.). *The next Production revolution*: Implications for governments and business. Paris: OCDE, 2017. P. 277-298.

YEUNG, Karen. The regulatory state. In: BALDWIN, Robert; CAVE, Martin; LODGE, Martin. *The oxford Handbook of regulation*. New York: Oxford University Press, 2016. P. 1-14.

YUE, C. et al. Investigating factors influencing consumer willingness to buy GM food and nano-food. *Journal of Nanoparticle Research*, v. 17, n. 7, p. 1-19. 2015.

YUE, Chengyan; ZHAO, Shuoli; KUZMA, Jennifer. Heterogeneous Consumer Preferences for Nanotechnology and Genetic-modification Technology in Food Products. *Journal of Agricultural Economics*, v. 66, n. 2, p. 308–328, 2015.

ZHOU, Gushen. *Nanotechnology in the food system*: consumer acceptance and willingness to pay. Tese (Doctor of Philosophy). College of Agriculture at the University of Kentucky, Lexington, 2013.

ANEXOS

Anexo A – Produção normativa em nanotecnologia na União Europeia

Espécie de ato	Temática
Regulamento	Regulamento (UE) 2019/6 do Parlamento Europeu e do Conselho, de 11 de dezembro de 2018, relativo aos medicamentos veterinários e que revoga a Diretiva 2001/82/CE.
Regulamento	Regulamento (UE) 2015/2283 do Parlamento Europeu e do Conselho, de 25 de novembro de 2015, relativo a novos alimentos, que altera o Regulamento (UE) 1169/2011 do Parlamento Europeu e do Conselho e que revoga o Regulamento (CE) 258/97 do Parlamento Europeu e do Conselho e o Regulamento (CE) n. 1852/2001 da Comissão.
Regulamento	Regulamento (UE) 609/2013 do Parlamento Europeu e do Conselho, de 12 de junho de 2013, relativo aos alimentos para lactentes e crianças pequenas, aos alimentos destinados a fins medicinais específicos e aos substitutos integrais da dieta para controlo do peso e que revoga a Diretiva 92/52/CEE do Conselho, as Diretivas 96/8/CE, 1999/21/CE, 2006/125/CE e 2006/141/CE da Comissão, a Diretiva 2009/39/CE do Parlamento Europeu e do Conselho e os Regulamentos (CE) 41/2009 e (CE) e 953/2009 da Comissão.
Regulamento	Regulamento Delegado da Comissão (UE) 1363/2013, de 12 de dezembro de 2013. Altera o Regulamento (UE) 1169/2011, do Parlamento Europeu e do Conselho relativo à prestação de informação aos consumidores sobre os gêneros alimentícios, no que se refere à definição de nanomaterial artificial.
Regulamento	Regulamento (UE) 528/2012 do Parlamento Europeu de Conselho, de 22 de maio de 2012, relativo à disponibilização no mercado e à utilização de produtos biocidas.

Regulamento	Regulamento (UE) 1169/2011 do Parlamento Europeu e do Conselho, de 25 de outubro de 2011, relativo à prestação de informação aos consumidores sobre os gêneros alimentícios, que altera os Regulamentos (CE) 1924/2006 e (CE) n.o1925/2006 do Parlamento Europeu e do Conselho e revoga as Diretivas 87/250/CEE da Comissão, 90/496/CEE do Conselho, 1999/10/CE da Comissão, 2000/13/CE do Parlamento Europeu e do Conselho, 2002/67/CE e 2008/5/CE da Comissão e o Regulamento (CE) 608/2004 da Comissão.
Regulamento	Regulamento (CE) nº 10/2011 da Comissão, de 14 de janeiro de 2011, relativo aos materiais e objetos de matéria plástica destinados a entrar em contato com os alimentos.
Regulamento	Regulamento (CE) 1223/2009 do Parlamento Europeu e do Conselho, de 30 de novembro de 2009, relativo aos produtos cosméticos.
Regulamento	Regulamento (CE) 450/2009, da Comissão, de 29 de maio de 2009, sobre materiais e objetos ativos e inteligentes destinados a entrar em contato com os alimentos.
Regulamento	Regulamento (CE) 1333/2008 do Parlamento Europeu e do Conselho, de 16 de dezembro de 2008, relativo aos aditivos alimentares.
Diretiva	Diretiva 2012/19/UE do Parlamento Europeu e do Conselho, de 4 de julho de 2012, relativa aos resíduos de equipamentos elétricos e eletrônicos (REEE).
Recomendação	Recomendação da Comissão, de 18 de outubro de 2011, sobre a definição de nanomaterial.
Recomendação	Recomendação da Comissão relativa a um código de conduta para uma investigação responsável no domínio das nanociências e das nanotecnologias de 7 de fevereiro de 2008.

Comunicado	Comunicação da Comissão ao Parlamento Europeu e ao Conselho e ao Comitê Econômico e Social Europeu. Segunda revisão regulamentar relativa à nanomateriais de 3 de outubro de 2012.
Comunicado	Comunicação da Comissão ao Parlamento Europeu, ao Conselho e ao Comitê Econômico e Social Europeu. Aspectos regulamentares dos nanomateriais de 17 de junho de 2008.
Resolução	Resolução do Parlamento Europeu, de 24 de abril de 2009, sobre aspectos regulamentares dos nanomateriais (2008/2208(INI).

Fonte: Elaborado pelo autor com base nos dados oficiais colhidos do Portal "EUR-Lex – Acesso ao direito da União Europeia".

Anexo B – Produção de *standards* em nanotecnologia na ISO

Código dos padrões	Temática
ISO / TS 10797: 2012	Nanotecnologias - Caracterização de nanotubos de carbono de parede única usando microscopia eletrônica de transmissão.
ISO / TS 10798: 2011	Nanotecnologias - Caracterização de nanotubos de carbono de parede única utilizando microscopia eletrônica de varredura e análise por espectrometria de raios X por dispersão de energia.
ISO 10801: 2010	Nanotecnologias - Geração de nanopartículas metálicas para teste de toxicidade por inalação pelo método de evaporação / condensação.
ISO 10808: 2010	Nanotecnologias - Caracterização de nanopartículas em câmaras de exposição por inalação para teste de toxicidade por inalação.
ISO / TS 10867: 2010	Nanotecnologias - Caracterização de nanotubos de carbono de parede única usando espectroscopia de fotoluminescência no infravermelho próximo.
ISO / TS 10868: 2017	Nanotecnologias - Caracterização de nanotubos de carbono de parede única usando espectroscopia de absorção por ultravioleta-visível-infravermelho próximo (UV-Vis-NIR).
ISO / TR 10929: 2012	Nanotecnologias - Caracterização de amostras de nanotubos de carbono de múltiplas paredes (MWCNT).
ISO / TS 11251: 2019	Nanotecnologias - Caracterização de componentes voláteis em amostras de nanotubos de carbono de parede única usando análise de gases evoluídos / espectrometria de massa por cromatografia em fase

	gasosa.
ISO / TS 11308: 2011	Nanotecnologias - Caracterização de nanotubos de carbono de parede única usando análise termogravimétrica.
ISO / TR 11360: 2010	Nanotecnologias - Metodologia para a classificação e categorização de nanomateriais.
ISO / TR 11811: 2012	Nanotecnologias - Orientação sobre métodos para medições de nano e microtribologia.
ISO / TS 11888: 2017	Nanotecnologias - Caracterização de nanotubos de carbono de múltiplas paredes - Fatores de forma mesoscópicos.
ISO / TS 11931: 2012	Nanotecnologias - Carbonato de cálcio em nanoescala na forma de pó - Características e medição.
ISO / TS 11937: 2012	Nanotecnologias - Dióxido de titânio em nanoescala na forma de pó - Características e medição.
ISO/TR 16197: 2014	Nanotecnologias - Compilação e descrição dos métodos de rastreio toxicológicos de nanomateriais manufaturados.
ISO / TS 12025: 2012	Nanomateriais - Quantificação da liberação de nano-objetos de pós por geração de aerossóis.
ISO / TR 12802: 2010	Nanotecnologias - Modelo de estrutura taxonômica para uso no desenvolvimento de vocabulários - Conceitos fundamentais.
ISO / TS 12805: 2011	Nanotecnologias - Especificações dos materiais - Guia para a especificação de nano-objetos.

ISO / TR 12885: 2018	Nanotecnologias - Práticas de saúde e segurança em ambientes ocupacionais.
ISO / TS 12901-1: 2012	Nanotecnologias - Gerenciamento de risco ocupacional aplicado a nanomateriais modificados - Parte 1: Princípios e abordagens.
ISO / TS 12901-2: 2014	Nanotecnologias - Gerenciamento de risco ocupacional aplicado a nanomateriais modificados - Parte 2: Uso da abordagem de controle de bandas.
ISO / TR 13014: 2012	Nanotecnologias - Guia para caracterização físico-química de materiais em nanoescala de engenharia para avaliação toxicológica.
ISO / TR 13014: 2012 / COR 1: 2012	Nanotecnologias - Guia para caracterização físico-química de materiais em nanoescala de engenharia para avaliação toxicológica - Corrigenda técnica 1.
ISO / TR 13121: 2011	Nanotecnologias - Avaliação de riscos nanomateriais.
ISO / TS 13278: 2017	Nanotecnologias - Determinação de impurezas elementares em amostras de nanotubos de carbono usando espectrometria de massa de plasma indutivamente acoplada.
ISO / TR 13329: 2012	Nanomateriais - Preparação da ficha de dados de segurança do material (MSDS).
ISO / TS 13830: 2013	Nanotecnologias - Guia para rotulagem voluntária de produtos de consumo contendo nano-objetos fabricados.
ISO / TS 14101: 2012	Caracterização superficial de nanopartículas de ouro para a triagem de toxicidade específica de nanomateriais: método FT-IR.

ISO / TR 14786: 2014	Nanotecnologias - Considerações para o desenvolvimento de nomenclatura química para nano-objetos selecionados.
ISO / TS 16195: 2018	Nanotecnologias - especificação para o desenvolvimento de materiais de teste representativos constituídos por nano-objetos na forma de pó seco.
ISO / TR 16196: 2016	Nanotecnologias - Compilação e descrição dos métodos de preparação e dosagem de amostras para nanomateriais projetados e fabricados.
ISO / TR 16197: 2014	Nanotecnologias - Compilação e descrição de métodos de triagem toxicológica para nanomateriais manufaturados.
ISO / TS 16550: 2014	Nanotecnologias - Determinação da potência das nanopartículas de prata pela liberação de ácido murâmico de Staphylococcus aureus.
ISO / TS 17200: 2013	Nanotecnologia - Nanopartículas em pó - Características e medidas.
ISO / TR 17302: 2015	Nanotecnologias - Estrutura para identificar o desenvolvimento de vocabulário para aplicações de nanotecnologia na saúde humana.
ISO / TS 17466: 2015	Uso da espectroscopia de absorção UV-Vis na caracterização de pontos quânticos coloidais de cádmio e cádmio.
ISO / TS 18110: 2015	Nanotecnologias - Vocabulário para indicadores de ciência, tecnologia e inovação.
ISO / TR 18196: 2016	Nanotecnologias - Matriz da técnica de medição para caracterização de nano-objetos.

ISO / TR 18401: 2017	Nanotecnologias - explicação em linguagem simples de termos selecionados da série ISO / IEC 80004.
ISO / TR 18637: 2016	Nanotecnologias - Visão geral das estruturas disponíveis para o desenvolvimento de limites e faixas de exposição ocupacional para nano-objetos e seus agregados e aglomerados (NOAAs).
ISO / TS 18827: 2017	Nanotecnologias - Ressonância de spin eletrônico (ESR) como método para medir espécies reativas de oxigênio (ERO) geradas por nanomateriais de óxido metálico.
ISO / TS 19006: 2016	Nanotecnologias - diacetato de 5- (e 6) -clorometil-2 ', 7' dicloro-di-hidrofluoresceína (CM-H2DCF-DA) para avaliar a produção de espécies reativas intracelulares de oxigênio (ROS) induzidas por nanopartículas na linha celular de macrófagos RAW 264,7.
ISO 19007:2018	Nanotecnologias - Ensaio MTS in vitro para medir o efeito citotóxico de nanopartículas.
ISO / TR 19057: 2017	Nanotecnologias - Uso e aplicação de testes e metodologias acelulares in vitro para avaliar a biodurabilidade de nanomateriais.
ISO / TS 19337: 2016	Nanotecnologias - Características das suspensões de trabalho de nano-objetos para ensaios in vitro para avaliar a toxicidade inerente a nano-objetos.
ISO / TS 19590: 2017	Nanotecnologias - Distribuição por tamanho e concentração de nanopartículas inorgânicas em meio aquoso via espectrometria de massa de plasma indutivamente acoplada a uma única partícula.

ISO / TR 19601: 2017	Nanotecnologias - geração de aerossóis para estudos de exposição ao ar de nano-objetos e seus agregados e aglomerados (NOAA).
ISO/TR 19716:2016	Nanotecnologias - Caracterização de nanocristais de celulose.
ISO / TR 19733: 2019	Nanotecnologias - Matriz de propriedades e técnicas de medição para grafeno e materiais bidimensionais relacionados (2D).
ISO / TS 19807-1: 2019	Nanotecnologias - Nanomateriais magnéticos - Parte 1: Especificação de características e medidas para nanossuspensões magnéticas.
ISO / TS 20477: 2017	Nanotecnologias - Termos padrão e sua definição para nanomaterial de celulose.
ISO / TR 20489: 2018	Nanotecnologias - Preparação de amostras para a caracterização de nano-objetos de metais e óxidos metálicos em amostras de água.
ISO / TS 20660: 2019	Nanotecnologias - Nanopartículas antibacterianas de prata - Especificação de características e métodos de medição.
ISO / TS 20787: 2017	Nanotecnologias - Avaliação da toxicidade aquática de nanomateriais manufaturados em lagos de água salgada utilizando Artemia sp. Nauplii.
ISO / TS 21236-1: 2019	Nanotecnologias - Nanomateriais de argila - Parte 1: Especificação de características e métodos de medição para nanomateriais de argila em camadas.
ISO / TS 21361: 2019	Nanotecnologias - Método para quantificar as concentrações atmosféricas de negro de carbono e sílica amorfa na faixa de tamanho de nanopartículas

	em um ambiente de fabricâção de poeiras mistas.
ISO / TS 21362: 2018	Nanotecnologias - Análise de nano-objetos usando fracionamento de fluxo assimétrico e fluxo de campo centrífugo.
ISO / TR 21386: 2019	Nanotecnologias - Considerações para a medição de nano-objetos e seus agregados e aglomerados (NOAA) em matrizes ambientais.
ISO / TR 22019: 2019	Nanotecnologias - Considerações para a realização de estudos toxicocinéticos com nanomateriais.
ISO 29701: 2010	Nanotecnologias - Teste de endotoxina em amostras de nanomateriais para sistemas in vitro - Teste de lisado de amebócitos de limulus (LAL).
IEC/TS 62607-2-1: 2015	Nanomanufatura - principais características de controle para aplicações de filmes CNT - Resistividade - Parte 2-1.
IEC / TS 62622: 2012	Grelhas artificiais utilizadas em nanotecnologia - Descrição e medição de parâmetros de qualidade dimensional.
IEC / TS 80004-9: 2017	Nanotecnologias - Vocabulário - Parte 9: Produtos e sistemas eletrotécnicos habilitados para nano.
ISO / TS 80004-11: 2017	Nanotecnologias - Vocabulário - Parte 11: Nanocamada, nanocoating, nanofilme e termos relacionados.
ISO / TS 80004-12: 2016	Nanotecnologias - Vocabulário - Parte 12: Fenômenos quânticos em nanotecnologia.
ISO / TS 80004-13: 2017	Nanotecnologias - Vocabulário - Parte 13: Grafeno e materiais bidimensionais relacionados (2D).

ISO / TS 80004-1: 2015	Nanotecnologias - Vocabulário - Parte 1: Termos principais.
ISO / TS 80004-2: 2015	Nanotecnologias - Vocabulário - Parte 2: Nano-objetos.
ISO / TS 80004-3: 2010	Nanotecnologias - Vocabulário - Parte 3: Nano-objetos de carbono.
ISO / TS 80004-4: 2011	Nanotecnologias - Vocabulário - Parte 4: Materiais nanoestruturados.
ISO / TS 80004-5: 2011	Nanotecnologias - Vocabulário - Parte 5: Interface Nano/Bio.
ISO / TS 80004-6: 2013	Nanotecnologias - Vocabulário - Parte 6: Caracterização de nano-objetos.
ISO / TS 80004-7: 2011	Nanotecnologias - Vocabulário - Parte 7: Diagnóstico e terapêutica para a saúde.
ISO / TS 80004-8: 2013	Nanotecnologias - Vocabulário - Parte 8: Processos de nanomanufatura.

Fonte: Elaborado pelo autor com base nos dados oficiais da ISO dos padrões em vigor até novembro/2019.

Brasília, 2020.